읽지 못하는 사람들

읽지 못하는 사람들

매슈 루버리
지음

장혜인
옮김

**우리의 인간다움을 완성하는
읽기와 뇌과학의 세계**

더퀘스트

《레이저》에 보낸다

차례

감춰졌던 '읽기'의
세계를 찾아서

나는 읽어야 한다.
내 삶의 대부분은 독서다.

올리버 색스Oliver Sacks

이 책에서는 평범하지 않은 독자들의 이야기를 바탕으로 다양한 신경학적 조건이 활자를 이해하는 능력에 끼치는 영향을 살펴본다. 처음으로 **신경다양인**neurodivergent (일반적인 뇌신경 체계의 발달이나 연결과 차이가 있는 사람-옮긴이)의 읽기가 거쳐온 역사를 따라가면서, 전통적인 읽기의 역사에서 비켜나 있던 사람들의 개인적 증언을 바탕으로 **인지차이**cognitive difference가 책 안팎에서 인간의 경험을 어떻게 형성하는지 밝힌다. 이 책의 핵심전제는 '읽기'라는 단일한 활동은 없다는 것이다. 우리는 읽기라는 말을 쉽게 사용하고 모든 사람이 기본적으로 같은 방식으로 읽는다고 가정한다. 하지만 **읽기** 또는 이 책에서 다루는 **읽지 않기**에는 여러 가지 방법이 있다. '읽기'라는 말의 뜻을 잠시 떠올려보자. 읽기의 개념을 무엇이라고 생각하든, 읽기를 잘 안다고 생각하든 아니든, 지금부터 여러 가지 사례를 살펴보며 읽기의 범위를 다시 생각하게 될 것이다. 이 책의 목표는 읽기를 낯설게 만드는 것이다. 당신이 찰스 디킨스Charles Dickens의《위대한 유산Great Expectations》에 나오는 조 가저리처럼 자세를 바로잡고 "읽기란 얼마나 흥미로운지!"라고 감탄할 수 있게 말이다.[1]

　　서번트증후군savant syndrome을 안고 살던 킴 픽Kim Peek(뛰어난 기억력으로 유명했던 천재 서번트이자 학자-옮긴이)은 읽기의 독창성을 설득력 있게 보여준 인물이다. 픽은 책의 양쪽 페이지를 동시에 읽을 수 있었다. 왼쪽 눈으로는 왼쪽 페이지를, 오른쪽 눈으로는 오른쪽 페이지를 읽었다. 책을 옆으로 돌려놓든 뒤집어놓든 거울로 비춰 보든 상관없었다. 세상에서 가장 빨리 읽는 사람이었던 픽은 톰 클랜시Tom Clancy의 벽돌책《붉은 10월 호The Hunt for Red October》를 90분도 안 되어 다 읽었다.[2] 문고판 소설 두 페이지를 거의 완벽하게 암기하는 데는 15초 정도밖에 걸리지 않았다. 독서가보다 스캐너라는 표현이 더 어울렸다. 그래서 그의 별명은 '킴퓨터Kim-puter'였다.[3] 픽은 계산능력이 뛰어난 **서번트**savant, 엄밀하게는 **자폐성서번트증후군**autistic savant syndrome이 있는 사람을 주인공으로 해서 아카데미상을 휩쓴 영화 〈레인 맨Rain Man〉에 영감을 줬다. 이 영화에서는 서번트의 능력뿐 아니라 장애에도 주목한다. 실제 '레인 맨'은 샤워하고 옷 입고 양치질할 때도 다른 사람의 도움을 받아야 했다. 요컨대 픽은 책 전체를 암기하는 천재성과, 신경다양인에게 우호적으로 설계되지 않은 세상에서 겪는 고초 모두를 통해 인간의 마음이 얼마나 역동적인지 보여준다. 오늘날에는 **신경다양성**neurodiversity(신경학적 차이 때문에 발생하는 질환을 장애가 아닌 다양성으로 보는 관점-옮긴이)이라는 렌즈를 통해 픽처럼 보통 사람과 다르게 생각하고 행동하며 세상과 만나는 사람을 더 깊이 이해할 수 있다.

신경다양성이라는 개념은 뇌에서 발견되는 수많은 다양성을 인식하기 시작한 1990년대에 등장했다.[4] 장애인 권리 운동가들은 이 용어를 도입해 **정상적인 뇌**normal brain라는 개념을, 사람마다 다른 신경학적 차이의 연속체라는 개념으로 대체했다. 뇌가 단일하지 않고 다양하다고 본 것이다. 사람들의 뇌는 모두 다르며 이 차이 때문에 사고방식도 달라진다. 심지어 **신경전형인**neurotypical(뇌신경 체계가 전형적으로 발달한 사람-옮긴이)이거나 인지 구조가 서로 비슷한 사람들 사이에서도 이런 차이가 나타난다. 신경과학자였다가 소설가로 거듭난 로라 오티스Laura Otis는 "사람들의 정신세계는 놀랄 만큼 다양하다"는 사실을 깨달았다.[5] 신경다양성 운동에서는 신경학적 다양성을 《정신질환의 진단 및 통계편람 제5판》곧 DSM-5 Diagnostic and Statistical Manual of Mental Disorders 5th edition 진단표에 나오는 결함이나 병리적 증상이 아니라 그저 차이로 인정하자고 주장한다. 이런 움직임은 **자폐증**autism(저자는 광범위한 자폐성 질환을 포괄하는 용어인 '자폐스펙트럼장애autistic spectrum disorder'와 '자폐증'을 통용했다-옮긴이)에서 보이는 인지적 차이를 인정하자는 운동으로 시작해 읽기능력에 영향을 끼치는 질환을 포함하여 여러 질환까지 확장되었다. 나는 잠재적인 강점보다 결함이나 문제를 강조하는 기존 틀에서 벗어나기 위해 되도록 **읽기장애**reading disability라는 말 대신 **읽기차이**reading difference라는 말을 사용할 것이다.

이제 신경다양성에 주목하며 읽기라는 개념 자체를 새롭게 이해하고자 한다. 신경과학자들은 뇌에서 무언가 잘못되었을 때 뇌에 대해 가장 많이 알 수 있다고 주장해왔다.[6] 읽기에서도 마찬가지로 생각해볼 수 있다. 예상을 뒤엎는 극단적인 사례에 주목하면 읽기의 복잡함, 다양성, 무궁무진한 풍성함에 대해 많은 것을 알 수 있다. 따라서 앞으로 뇌졸중으로 쓰러졌다가 깨어난 뒤 혀로 글을 읽게 된 사람 같은 예외적인 사례에 주목하며 읽기라는 개념의 풍경을 다시 생각해볼 것이다. 이런 예외적인 사례('텍스트를 거슬러 읽기'보다는 '뇌를 거슬러 읽기'라고 할 수 있다)는 관습적인 읽기를 할 수 없게 되자 대안적 읽기 방법을 고안한 수많은 사례의 일부에 불과하다.

이 책에서는 전형적인 독자(그런 것이 있다면)를 넘어서는 읽기를 대담하게 탐색하며 **난독증**dyslexia, **과독증**hyperlexia, **실독증**alexia부터 **공감각**synesthesia, **환각**hallucination, **치매**dementia까지, 다양한 신경질환 때문에 활자를 접할 때 문제를 겪는 신경다양적 독자들의 증언을 되살린다. 우선 세 가지 **읽기문제**를 비롯해 몇 가지 진단명을 설명하겠다. 먼저 난독증이 어린이의 읽기 학습을 방해한다는 사실은 잘 알려져 있다. 하지만 오랫동안 **후천적 문맹**acquired illiteracy이나 **단어맹**word blindness(지능이나 표현 언어는 손상되지 않았지만 문자를 인지하고 읽는 능력에만 문제가 생긴 상태-옮긴이)으로 불렸던 실독증이 뇌졸중, 질병, 뇌 외상의 결과로 발생해서 글을 읽을 수 있었던 성인의 읽기능력을 앗아갈 수 있다는 사실은 잘 알려지지 않았다. 한편 과독증은 자폐스펙트럼장애와 관련된 증상으로, 말을 익히기도 전에 단어를 **해독**decoding(문자를 소리로 변환하는 정신적 과정으로, 개별 글자나 철자를 알아보고 의미와 짝짓는 단발적인 과정-옮긴이)하거나 **이해**comprehension(읽은 내용을 조합해 전체 맥락을 파악하고 내용을 소화하는 종합적 과정-옮긴이)하지도 못하면서 책을 통째로 외우는 어린이가 보이는 조숙한 능력을 일컫는다.

인지cognition(감각적 자극을 받아들이고 저장하고 처리하는 일련의 정신적 과정—옮긴이)는 다른 방식으로 읽기에 영향을 끼친다. 어떤 사람은 검은색으로 인쇄된 글자도 각기 다른 색으로 본다. 블라디미르 나보코프^{Vladimir Nabokov}는 《말하라, 기억이여^{Speak, Memory}》에서 a가 오래된 나무색으로 보이는 등 글자가 총천연색으로 보인 기억을 인상 깊게 묘사한다. 글을 읽으며 촉각, 청각, 후각, 심지어 미각을 느끼는 사람도 있다. 어떤 사람은 '감옥'이라는 단어를 보면 베이컨 맛을 느낀다.[7] **비전형 지각**^{atypical perception}은 책이 지닌 평범한 힘을 뛰어넘어 현실과 상상의 경계를 흐릿하게 만든다. 뇌의 시각단어형태영역^{visual word form area, VWFA}이 과도하게 활성화되면 실제 활자를 보고 있는지 아닌지 분간하기 힘든 **어휘 환각**^{lexical hallucination}이 일어난다. 이 환각은 종교적 환상(예컨대 다니엘서 속 벨사살왕의 연회 도중 벽에 나타난 글자)부터 현실과 단절되는 조현병적 환각까지 다양하다. 마지막으로 치매 환자는 기억을 잃으며 읽기를 어려워한다. 《걸리버 여행기^{Gulliver's Travels}》에서 "문장 시작부터 끝까지 기억을 끌고 갈 수 없어서" 책을 던져버리는 불사인간 스트럴드블럭이 떠오른다.[8]

뇌 영상기술과 심리 평가가 발달한 오늘날에는 다양한 읽기차이를 쉽게 진단할 수 있다. 하지만 읽기차이가 특정 텍스트를 볼 때 끼치는 영향, 나아가 예로부터 문맹에 낙인을 찍어온 사회에서 읽기차이가 사람들의 삶, 웰빙, 정체성에 끼치는 영향은 아직 충분히 연구되지 않았다. 결코 쉽지 않겠지만, 이 책은 문학, 영화, 생활문, 소셜미디어, 과학저널, 의학 사례연구, 그 밖의 자료에서 비전형적 읽기 경험을 표현한 개인적 증언을 토대로 신경다양적 읽기의 현상학을 드러내고자 한다. 이어지는 장에서는 읽기를 둘러싼 거의 모든 논의에서 무시해온, 책을 대하는 비전형적인 반응을 살펴본다. 이것은 읽기의 의미를 제대로 이해하려면 주의 깊게 살펴야 할 주제다.

우리는 읽도록 태어나지 않았다

무엇이 '진짜' 읽기인지를 둘러싼 논쟁을 다룬 다른 책 집필을 마무리하던 중 이 책에 관한 아이디어가 떠올랐다. 많은 사람이 읽기와 아주 밀접한 연관이 있지만 '가짜 읽기'로 치부되는 활동(오디오북 듣기 등)과 진짜 읽기를 분명하게 구분해야 한다고 주장한다. 나는 그들의 생각보다 그들의 확신, 다시 말해 읽기라는 단일하고 일관된 실체가 있으며 사람들이 책으로 하는 다른 모든 활동과 읽기를 뚜렷하게 구분할 수 있다는 믿음에 주목했다. 읽기가 정말 그렇게 단순한 활동일까?

읽기에 관한 가장 생산적인 접근법은 읽기를 공통의 단일한 특성을 지닌 활동이 아니라, 루트비히 비트겐슈타인Ludwig Wittgenstein의 가족유사성family resemblance(한 집단을 이루는 구성 요소에 공통적인 특성은 없지만 유사한 특성들이 연결되어 하나의 집단으로서 구별되는 특성을 형성한다는 개념-옮긴이)처럼 느슨하게 이어진 다양한 행동 집합으로 보는 것이다.[9] 결국 읽기와 읽기가 아닌 것을 구분하려는 노력은 실패할 수밖에 없다. 애초에 무엇이 읽기에 해당하는지 합의되지 않았기 때문이다. 읽기와 읽기가 아닌 것의 경계가 어디인지 알아내려 할수록 읽기라는 용어의 범위를 넓히는 예외적인 사례를 더 많이 발견할 뿐이다. 이 책은 예외적인 읽기 형태를 하나의 담론장으로 그러모아, 읽기의 시작과 끝을 정하려고 할 때 직면하는 어려움을 조망한다.[10] 그러면서 앞으로 서술할 다양한 행동은 물론 그 너머에서 필연적으로 등장할 새로운 활동들을 아우르는 하나의 스펙트럼으로서 읽기를 이해하고자 한다.

흥미롭게도 인문학자들조차 '읽기'라는 기본적인 말의 정의에도 합의하지 못했다. 알베르토 망겔Alberto Manguel은 《독서의 역사A History of Reading》에서 "우리는 읽기를 만족스럽게 정의하지 못했지만 신기하게도 계속 읽는다"라고 썼다.[11] 읽기라는 행위는 너무 당연하게 이뤄지고 있어서 그 의미를 따질 필요도 없어 보인다. 대부분의 사람은 마음속에서 무슨 일이 일어나는지 몰라도 어쨌든 잘 읽기 때문이다. 읽기는 철학자 대니얼 데닛Daniel Dennett이 말한 **이해 없는 능력**competence without comprehension의 대표적인 예다.[12] 인지신경과학자들은 읽기를 뒷받침하는 신경 작용을 이해하지 못해도 읽기의 즐거움을 누릴 수 있다는 점에 동의한다. 한 가지 예를 들자면 최근 마크 세이덴버그Mark Seidenberg는 "사람들은 자기가 어떻게 읽는지 모르면서도 잘 읽는다"라는 사실을 발견했다.[13] 내 경험상 문학평론가들도 자기가 어떻게 읽는지 모르면서도 아주 잘 읽는 것 같다. 읽기 행위의 복잡성을 자각하지 못하는 이런 사람은 인지신경과학자 스타니슬라스 드앤Stanislas Dehaene이 말한 '과잉훈련된 독자overtrained reader'라 할 수 있다.[14]

역사학자들은 일찍이 우리가 책을 펼칠 때 어떤 일이 일어나는지 정의할 수 있다는 기대를 접었다. 스티븐 로저 피셔Steven Roger Fischer는《읽기의 역사A History of Reading》서두에서, 읽기란 절대적인 용어가 아니라 가변적인 용어이므로 읽기가 어떤 활동인가라는 질문에 단순하게 답할 수 없다고 주장했다.[15] 오늘날 읽기의 의미는 과거나 미래 사회에서 보는 읽기의 의미와 다르다. 읽기의 정의는 인류와 함께 진화한다. 피셔는 이렇게 결론 내렸다. "생각 자체와 마찬가지로 읽기 역시 우리가 선택하는 무엇이든 될 수 있다."[16] 읽기를 너무 협소하게 바라보면 우리 주변에서 볼수 있는 "한계가 없는 형태the endless forms(찰스 다윈Charles Darwin의《종의 기원On the Origin of Species》마지막 문장의 표현을 빌려왔다)"의 읽기를 배제할위험이 있으므로 이런 관점은 피해야 한다.

이 책의 목표 하나가 읽기를 낯설게 하는 것이라면 또 다른 목표는 읽기를 자연스럽지 않은 일로 만드는 것이다. 솔직히 말하면 읽기는전혀 자연스러운 행위가 아니다. 아이들이 책에 둘러싸여 자라면 **문해**literacy(글을 읽고 이해함—옮긴이)가 저절로 가능해진다는 관점은 윌리엄 모리스William Morris가《유토피아에서 온 소식News from Nowhere》에서 상상한 미래처럼 그야말로 이상일 뿐이다.[17] 필립 고프 Philip Gough와 마이클 힐링거Michael Hillinger의 연구 논문〈읽기 학습: 자연스럽지 않은 행위Learning to Read: An Unnatural Act〉에 따르면 보통 어린이는 많은 지도를 받아야 읽는 법을 천천히, 겨우 배울 수 있다.[18] 진화적으로 볼 때 읽기가 수천 년에 걸쳐 점진적으로 나타났다는 사실은 사람마다 읽기 방법이 그토록 다른 이유를 일부 설명해준다.

읽기는 후천적으로 습득하는 기술이며 굴절적응exaptation(생물학적 특질이 본래의 기능과 관계없는 새로운 기능을 수행하는 방향으로 진화하는 것-옮긴이)과 **신경가소성**neuroplasticity(뇌의 신경회로가 외부 자극 또는 학습을 통해 스스로 회복하거나 구조적·기능적으로 재조직되는 능력-옮긴이)이 준 선물이다. 인지신경과학자인 매리언 울프Maryanne Wolf는 "우리는 읽도록 태어나지 않았다"는 사실을 상기시킨다.[19] 인간의 뇌는 말하기와 마찬가지로 읽기를 위해 설계되거나 유전적으로 정해져 있지 않으므로 읽기를 위한 보편적인 설계도는 없다. 문해력을 갖추는 과정은 사람마다 당혹스러울 정도로 다르다. 내가 이 책을 쓰게 된 동기 중에는 내 독특한 읽기 습관을 더 깊이 이해하고 싶다는 소망도 있다. 나는 수년간 사람들의 읽기 습관에 대해 이야기하고, 이 책을 쓰기 위해 다른 사람들이 읽는 모습을 관찰하며 특이한 읽기 사례를 수집했다. 그 과정에서 적어도 표준적인 읽기 방식은 없다는 사실을 확인했다. 읽기에는 여러 가지 방법이 있다.

놀랍게도 일찍이 이런 관점을 주장한 사람들 가운데 한 명인 지크문트 프로이트Sigmund Freud는 평범한 읽기가 아닌 과독 성향 때문에 문학계와 관련 있는 인물이다. 프로이트는 신경학자로 경력을 시작했으며, 첫 번째 저서 《실어증 연구On Aphasia》에서 문자 그대로의 의미로 읽기 유형을 구분했다. 이 책이 그의 저서 중에서는 인문학자 사이에서 가장 덜 읽힌 책이기는 하겠지만 말이다.

누구나 자기 자신을 관찰해보면 읽기에 다양한 방식이 있다는 사실, 심지어 이해하지 않고도 읽을 수 있다는 사실을 깨닫는다. 글자나 기호 하나하나에 세심하게 주의를 기울이며 교정쇄를 읽을 때면 내가 읽고 있는 글의 의미는 완전히 놓쳐버린다. 문체를 수정하려면 다시 한번 정독해야 할 정도다. 반면 흥미로운 소설을 읽을 때면 오탈자는 신경 쓰지 않고, 등장인물의 이름에 몇몇 사소한 특징이 있다거나 길거나 짧거나 x나 z 같은 특이한 글자가 포함되어 있다는 점을 빼고는 거의 기억하지도 못한다. 글을 낭송할 때는 단어 발음의 인상이나 단어 사이의 간격에 집중하느라 글의 의미는 신경 쓰지 않게 된다. 그러다 피곤해지면 낭송을 듣는 사람은 이해하는데 정작 나 자신은 무엇을 읽고 있는지 모르는 상태로 읽게 된다.[20]

프로이트가 언급한 세 가지 읽기 유형은 서로 다르지만 모두 읽기로 볼 수 있다는 점에는 대체로 동의할 것이다(프로이트의 낭송을 들은 사람까지 엄밀히 포함시킨다면 '해독 없는 이해'라는 네 번째 유형이 추가된다). 읽기 과정은 단어 **인식**recognition(해독 과정의 일부로서 글자가 글자라는 사실이나 글자 모양, 책의 구성요소 등을 알아보는 일–옮긴이)과 **이해**라는 두 가지 핵심 요소로 나뉘며 어느 쪽에든 중점을 둘 수 있다. 인지 자원을 해독에 더 많이 쏟을수록 이해에 사용할 자원은 줄어든다. 오늘날 교육학자들은 프로이트가 발견한 이런 관계를 정설로 받아들인다. 책을 하나도 이해하지 못했다고 고백하면서도 다 읽기는 했다고 말할 수 있는 것은 이 때문이다. 프로이트는 환경, 상황, 목적에 따라 다양한 방법을 조합해 읽는다는 사실을 꿰뚫어본 시대를 앞서간 인물이다. 우리는 고치며 읽기proof reading, 깊이 읽기deep reading, 소리 내어 읽기reading aloud라는 세 가지 방법을 수시로 바꿔가며 활용한다. 읽기라는 한 가지 용어가 이 서로 다른 세 가지 읽기 방법을 수월하게 아우를 수 있다면 다른 읽기 방법이라고 왜 포함할 수 없겠는가?

교육심리학자들은 오래전부터 읽기의 정의를 확장해 다양한 읽기 방법을 포함시켜야 한다고 주장했다. 심리언어학자 프랭크 스미스Frank Smith는 읽기를 한 가지로 정의하는 일은 무의미하다고 주장했다. 읽기의 의미를 둘러싼 논쟁은 사실 언어에 대한 논쟁이기 때문이다.[21] '텍스트를 이해할 수 있다' '활자의 의미를 파악한다' 같은 평범한 표현조차 독자가 그 목표를 달성하기 위해 신체적·정신적으로 어떤 활동을 하는지는 설명하지 않은 채 읽기 과정의 한 단면만을 포착한다.[22] 물론 모든 사람이 똑같은 방식으로 읽지 않는다는 점에서 이 모호성은 전략일 수도 있다. 이 관점의 반대편에는 모든 독자는 인지 구조가 똑같고 비슷한 방식으로 읽는다고 추정한 인지심리학자 샐리 앤드루스Sally Andrews의 '균일성 가정uniformity assumption'이 있다.[23] 한 가지 방식으로 읽는 데 익숙한 사람은 이 책에 등장하는 다양한 읽기 형태를 인정하지 않을 것이다.

문학평론가도 다양한 읽기 방식에 주목한다. 이들은 읽기 과정에서 자세히 읽기, 멀리서 읽기, 느리게 읽기, 교차 읽기hyper reading(긴 텍스트를 분할하고 훑어보고 재조합하며 읽는 독자 주도의 읽기 방식—옮긴이) 등 다양한 해석interpretation(단순히 글을 읽는 것에서 나아가 그 의미를 찾거나 부여하는 과정—옮긴이) 방법에만 주로 관심을 갖는다. 하지만 읽기에 대한 관심이 되살아나며 논의 주제는 점차 해석에서 벗어나 다양한 읽기 방식으로 옮겨갔다.[24] 교육학, 역사학, 신경과학, 심리학, 사회학, 계산과학 등 다양한 분야의 학자들이 읽기를 '하는 것'이 아니라 읽기 자체에 주목하며 읽기라는 행위를 더욱 깊게 이해하려 노력한다. 읽기라는 말의 다채로운 의미에 새로운 관심이 쏟아지면서, 읽기의 메커니즘부터 사람마다 다른 읽기의 정서적·인지적·생리적 차원에 이르는 모든 부분에 주목하기 시작했다. '읽기'라는 말의 의미가 절대 자명하지 않다는 사실에는 이제 모두 동의할 것이다.

인문학자가 읽기의 개념을 명확히 정의하려 하지 않는 것은 오히려 잘된 일일 수도 있다. 신경과학, 인지심리학, 계산과학처럼 정량적 사고를 바탕으로 한 분야에서는 읽기라는 용어를 알고리즘처럼 정확하게 정의하려 한다. 그러나 인문학자들은 동시에 여러 가지를 의미하는 모호하고 유연한 용어를 사용하는 데 익숙하다. 실제로 최근 학자들은 읽기라는 용어를 확장해 주변부로 밀려났던 새로운 읽기 형태(오디오북, 점자, 수어 등)를 포함해야 한다고 주장한다. 예를 들어 미디어 이론가인 캐서린 헤일즈Katherine Hayles는 21세기 멀티미디어 생태계에 대응해 읽기를 재개념화해야 한다고 주장했다. 미디어 역사학자 마라 밀스Mara Mills는 신체장애가 있는 사람을 위해 고안된 읽기 방식을 포함하도록 읽기라는 용어를 폭넓게 적용해야 한다고 주장했다.[25] 나는 이런 논의들을 한층 더 발전시켜 신경다양성까지 고려하자고 주장한다.

　이 책에서는 난독증이나 치매 수기 같은 새로운 생활문 장르에 주목하는 한편 《셜록 홈스의 모험Adventures of Sherlock Holmes》《작은 아씨들Little Women》《벨 자The Bell Jar》《스틸 앨리스Still Alice》 같은 친숙한 작품을 바라보는 새로운 관점을 제시한다. 이를 통해 비전형적 읽기, 읽기의 방법, 윤리, 재현을 둘러싼 학자들의 오랜 탐구에 힘을 보태주고자 한다. 또한 읽기에 관한 다방면의 최신 연구를 바탕으로 읽기라는 기본 용어에 대한 이해를 넓히고, 다양한 읽기 방식을 설명하는 비유적 표현('자세히 읽기' '편집증적 읽기' '표면 읽기' 등)을 명확하게 다듬고, 대안적 읽기가 텍스트와 만날 때 어떤 영향을 끼칠 수 있는지 분석하고자 한다. 구체적으로 말하자면 해독과 이해부터 주의력, 기억, 지각, 감각, 심상mental image까지, 읽기 과정에서 간과되어온 여러 측면이 텍스트를 해석하는 과정 전후로 끼치는 영향에 관해 후속 연구를 촉구한다.

　다시 말하지만 신경다양적 독자와 신경전형적 독자를 뚜렷하게 구분할 수는 없다. 앞으로 다양한 읽기능력 스펙트럼을 살펴볼 것이다. 신경다양적 독자가 평범한 방식으로 책을 읽을 수 있듯이 신경전형적 독자도 조금 이상한 방식으로 책을 읽을 수 있다. 예를 들어 전설적인 미디어 이론가 마셜 매클루언Marshall McLuhan은 책의 오른쪽 페이지만 읽고 나머지 정보는 뇌로 채워야 한다고 주장했다[26](한편 정말로 한쪽 페이지만 건너뛰는 신경증 환자에게는 왼쪽 손목에 밝은색 리본을 묶어두라고 권유하기도 한다[27]). 이때 매클루언이 진짜 책을 '읽었다'고 할 수 있을까? 읽기에 관한 기존 정의와 분류로는 만족스럽게 대답하기 어렵다. 따라서 읽기와 관련된 이 모든 논의를 확장할 필요가 있다.

읽기를 정의하면 곧바로 예외가 나타난다. 이 책에서는 이 점을 염두에 두고 읽기에 대한 하나의 정의를 다른 하나의 정의로 대체하고 싶은 유혹에 저항한다. 일반적으로는 읽기에 대한 정의를 내린 다음 이어지는 사례가 정의에 부합하는지 따진다. 하지만 나는 반대로 사례에서 시작해 기존의 읽기 개념이 이런 사례를 어떻게 수용할지 질문한다. 비트겐슈타인의 영향을 받은 이런 예화exemplification의 방법론은 공통 요소가 아닌 개별 사례를 통해 용어를 이해한다.[28] 비전형적 읽기 방식을 살펴보면 책을 펼쳤을 때 일어나는 일에 대한 일반적인 표현에서 벗어나, 다양한 이질적 활동의 조합으로서 읽기 개념을 확립할 수 있다. 사례를 통한 방법론은 '읽기'라는 두루뭉술한 용어를 확장해 기존 정의에 들어맞지 않던 행동 유형까지 아우른다. 읽기에 대해서는 이쯤 해두자. 내가 진짜 염두에 두는 일은 다음과 같다.

마음이 망가진 독자들

읽기에서 절대적인 것은 거의 없다. 그래픽 기호를 시각적으로 해독하고, 책을 왼쪽에서 오른쪽으로 읽고, 수직이 아니라 수평으로 눈동자를 움직이는 등 읽기 활동과 관련된 관습 대부분은 특정한 읽기 방식일 뿐이다. 시각 외에도 촉각, 청각, 심지어 후각 같은 감각을 이용해 단어를 해독할 수 있다. 문장을 쓸 때도 왼쪽에서 오른쪽으로(영어, 현대 유럽어) 쓸 수도 있고, 오른쪽에서 왼쪽으로(아랍어, 페르시아어, 히브리어) 쓸 수도 있으며, 좌우 교대 서법으로 방향을 번갈아가며(고대 그리스어) 쓸 수도 있다. 특정 방향에 익숙하더라도 연습하면 어떤 방향으로든 읽을 수 있다. 읽기에는 따로 규칙이 없으므로 예외는 끝도 없다. 당신이 무언가가 읽기의 필수 요소라고 한다면 나는 반례를 보여줄 수 있다.

이 책의 각 장에서는 난독증, 과독증, 실독증, 공감각, 환각, 치매 등 읽기와 밀접한 관련이 있는 신경학적 질환을 다룬다. 하지만 신경다양성에 포함되는 **우울장애**depressive disorder, **양극성장애**bipolar distorder, **뇌전증**epilepsy, **투렛증후군**Tourette syndrome 등 다른 질환도 읽기에 드물지만 심각한 영향을 끼친다. 먼저 이 책에서 다루지 않는 신경학적·정신과적 질환이 텍스트를 대하는 사람에게 어떤 영향을 끼치는지 설명하겠다. 분명히 말해두자면 이런 사람들은 두 부류로 나뉜다. 시간에 따라 점차 증상이 발현된 사람과, 질병, 부상, 외상성 사건 때문에 갑자기 혼란을 겪게 된 사람이다.

먼저 평생에 걸쳐 천천히 증상이 나타나는 질환부터 살펴보자. **독서치료**bibliotherapy 분야에서는 읽기가 정신건강에 끼치는 영향을 널리 알렸다.[29] 이 책에서는 반대로 정신건강이 읽기 또는 읽지 않기에 어떤 영향을 끼치는지 살핀다. 독서치료사들은 문학에 치료적 효과가 있다고 강조하겠지만 그런 치료법은 애초에 읽을 수 있는 사람에게만 효과가 있다.

불안, 우울, 조증, 스트레스, 트라우마, 수면 부족, 그 밖의 심리적 부적응을 겪는 사람도 읽기를 어려워한다. 적절한 마음 상태는 책에 몰입하기 위한 전제조건이다.

마음이 힘든 사람에게 책은 문제의 원인이자 치료제다. 존 스튜어트 밀John Stuart Mill은 우울할 때면 시를 읽으며 위안을 얻었던 것으로 유명하다.[30] 이와 반대로 로버트 버턴Robert Burton의 《우울증의 해부The Anatomy of Melancholy》에서는 감수성 예민한 독자에게 "힘들어지거나 마음을 다치지 않으려면" 증상 목록을 보지 말라고 경고한다.[31] 어떤 사람에게는 읽기라는 행위 자체가 치료 효과가 있다. 새뮤얼 존슨Samuel Johnson은 밤에 잠들지 못하게 방해하는 '검은 개'를 쫓아내기 위해 머리맡에 책을 뒀다. 존슨에 따르면 이때 책은 '마음 관리'에 중요한 역할을 했다.[32] 하지만 마음을 관리할 수 없다면 애초에 책에서 안식을 찾을 수 없다. 검은 개가 곁에 있다면 책 읽기는 고사하고 책을 펴기만 해도 지친다. 앤드루 솔로몬Andrew Solomon은 《한낮의 우울The Noonday Demon》에서 한때 독서광이었지만 이제는 잡지를 훑어보는 일조차 헤라클레스의 과업처럼 느껴졌다고 회상했다. 도서관은 아무런 위로가 되지 못했다. "집에는 읽을 수 없는 책이 가득했다."[33]

우울장애와 책 혐오의 상관관계는 역사가 길다. 오늘날의 우울장애와 상응하여 중세에는 정신적 무기력 상태를 가리키는 **나태**acedia(우울병이라고도 했다-옮긴이)라는 개념이 있었다. 이것이 수도사들에게 찾아오면 성서에서도 위안을 얻지 못하는 증상이 주로 나타났다. 그래서 베네딕트

회의 《베네딕트의 규칙서Regula Benedicti》에서는 원로 수도사 두 명을 임명해 "읽을 의지조차 없어" 형제들의 도움이 필요한 수도사를 돌보도록 했다.[34] 읽기는 오랫동안 우울장애의 원인이자 증상으로 여겨졌다. 너무 많이 읽든 너무 적게 읽든 둘 다 건강에 위험 신호였다. 고대 의사들이 정신이 과로하면 우울해진다고 믿은 것처럼 현대 정신의학계의 우울장애 증상에도 읽기문제가 포함된다. 오늘날에는 환자가 읽는 내용을 따라가기 어려워한다는 정반대 내용이기는 하지만 말이다.[35]

자신이 무엇을 놓치고 있는지 안다면 읽을 수 없다는 사실이 더 힘겹게 느껴진다. 심리학자 스튜어트 서덜랜드Stuart Sutherland는 40대 중반에 정신쇠약을 겪기 전까지 대부분의 시간을 읽기와 글쓰기를 하며 보냈다. 하지만 그는 회고록에서 "생각이 끊임없이 이어지고 너무 고통스러워 사실상 아무것도 읽을 수 없었다"라고 썼다.[36] 독서광이었던 사람에게 신문조차 읽을 수 없다는 것은 "몹시 고상한 고문"이나 다름없다.[37] 가장 힘든 순간에 책에서 위안을 찾던 사람이 정신질환 때문에 읽기가 가장 필요한 순간에 읽지 못하게 되었으니 말이다. 오랫동안 읽지 못하는 상태로 지내던 사람이 회복 단계에 들어서면서 다시 읽을 수 있게 되기도 한다. 작가 맷 헤이그Matt Haig는 오랜 우울장애에서 벗어난 뒤 전에 없이 강렬하게 몰입해 책을 읽게 되었다. 책을 '좋아하는' 사람에서 책이 '필요한' 사람으로 바뀐 셈이다.[38]

정신건강은 읽기능력뿐 아니라 읽는 내용에도 영향을 끼친다. 대니얼 스미스Daniel Smith는 《원숭이의 마음Monkey Mind》에서 자신의 독서치료 경험에 대해 적었다. 도서관에서 책을 펼쳤을 때 첫 문장이 불안한 마음을 달래준다면 무엇이든 가져와 읽었다. 꽁꽁 언 마음을 녹이는 책이라면 무엇이든 집으로 가져간 것이다. 나보코프가 "등골이 오싹해지는지"를 기준으로 책의 가치를 따졌던 것과 비슷하다. 솔 벨로Saul Bellow, 에드거 로런스 닥터로Edgar Lawrence Doctorow, 어니스트 헤밍웨이Ernest Hemingway, 윌리엄 스타이런William Styron, 존 업다이크John Updike의 작품들이 스미스의 독서 목록에 올랐다.[39] 마음을 끄는 문장이 담긴 책은 고스란히 서가에 남았다 (존 치버John Cheever, 돈 드릴로Don DeLillo, 윌리엄 포크너William Faulkner, 윌리엄 가디스William Gaddis, 헨리 제임스Henry James, 플래너리 오코너Flannery O'Connor, 토머스 핀천 2세Thomas Pynchon Jr.에게는 심심한 위로를 전한다). 필립 로스 Philip Roth가 소설에서 자신의 분신 네이선 주커먼을 찾았듯 스미스는 이렇게 스스로를 치료한 덕에 자신의 분신을 찾았을 뿐 아니라 진단받는 데도 도움을 얻었다.

임상심리학자 케이 레드필드 제이미슨Kay Redfield Jamison의 회고록《조울병, 나는 이렇게 극복했다An Unquiet Mind》의 원제인 "요동치는 마음"은 양극성장애의 어두운 일면을 보여준다. 조증 삽화가 최고조에 이르면 무엇이든 할 수 있을 것 같지만 필연적으로 우울증 삽화가 뒤따르면 읽기 같은 간단한 일도 할 수 없게 된다. 우울장애 환자와 마찬가지로 집중력 저하도 겪었다. "똑같은 구절을 반복해서 읽다가 문득 방금 읽은 내용이 하나도 기억나지 않는다는 사실을 깨닫곤 했다. 시집이든 뭐든 집어든 책은 모두 마찬가지였다. 전혀 이해할 수 없었다."[40] 제이미슨은 기분을 일정하게 유지하는 약을 먹으며 책에서 멀어졌다. 일주일에 서너 권씩 읽던 사람이 10년 넘게 한 권도 읽지 못하게 됐다. 제이미슨은 양극성장애 조절에 사용하는 약물인 리튬lithium이 유발하는 신체적 부작용(메스꺼움, 구토, 가끔 나타나는 독성 등)보다 심리적 부작용(집중력 저하, 주의력 유지 시간 단축, 기억력 저하 등)을 더 걱정했다. 문장을 빽빽하게 메모하며 여러 번 다시 읽으면 약의 부작용을 완화할 수 있었다. "하지만 보통은 열선을 깔아놓은 도로에서 눈이 사르르 녹아내리듯 읽은 내용이 사라져버렸다"라고 덧붙였다.[41] 그는 '리튬을 삶에 우아하게 받아들이기 위한 규칙'에서 다음과 같이 조언한다. "번거롭게 노력하지 않으면 책을 읽을 수 없다는 사실에 마음 쓰지 마라. 철학적으로 생각하자. 어차피 읽을 수 있다고 해도 대부분의 내용은 기억하지 못했을 테니 말이다."[42] 다른 우울장애 환자처럼 제이미슨이 회복에 이르는 핵심 단계 역시 다시 읽을 수 있는 때일 것이다.

시인 수전 안토네타Susanne Antonetta도 양극성장애 때문에 책을 끝까지 읽고 싶어도 다 읽지 못하는 **읽기장벽**readers' block(영어에서 글쓰기가 막혀 애를 먹는 상황을 뜻하는 쓰기장벽, 곧 writer's block이라는 표현을 활용한 저자 고유의 용어로, 읽기에 어려움을 겪는 상황이나 읽을 수 없는 문제를 통칭한다-옮긴이)을 겪었다고 고백했다. 그는 《조각난 마음A Mind Apart》에서 "책을 읽고 싶었고 읽기에 매료되기도 했지만, 단어들이 페이지에서 미끄러지거나 꽉 막히거나 강물처럼 굽이쳤다"고 회상했다.[43] 그는 특정 단어를 혐오하게 되면서 자석의 양극이 서로 밀어내듯 읽기에서 멀어졌다는 사실을 깨달았다. 단어가 너무 강한 자극을 유발하는 바람에 자신의 책에서조차 그 단어를 쓸 수 없었다. 특정 단어에 열광하는 것도 피곤한 일이었다. 안토네타는 '부드러운' '무성한' 같은 단어에 꽂히면 계속 읽어나가지 못했다.

환자 때문에 발작을 겪은 경우에도 책을 멀리하게 된다. 안면근경련이나 턱 떨림 같은 증상이 나타난 뒤에도 계속 책을 읽으면 심한 경련이 일어나거나 의식을 잃을 수 있다.[44] 빅토리아시대 대학자인 허버트 스펜서Herbert Spencer도 이런 **독서간질**reading epilepsy(epilepsy는 간질이 아닌 뇌전증으로 옮겼지만 독서간질의 경우 뚜렷한 대체어가 없어 '간질' 그대로 표기했다-옮긴이)을 겪었다. 그는 1855년에 출간한 《심리학의 원리The Principles of Psychology》 집필을 마무리하는 동안 머리에서 불쾌한 감각을 느꼈다. 그는 《자서전Autobiography》에서 "아침에 일을 시작한 지 얼마 되지 않아 머리에 통증도 열도 무거움도 긴장도 아니고, 견딜 만은 하지만 뭔가 이상한 감각을 느꼈다"고 썼다.[45] 이후 몇 달 동안 소설을 읽을 때마다 "머리가 뜨거워지는" 느낌이 들었다.[46]

문장을 읽다가 의식을 잃고 구급차에서 깨어난 뒤에야 자신이 독서간질이 있음을 깨닫는 사람도 있다.[47] 이런 사람은 보통 책을 읽다가 혼란을 느끼고 이어서 의식을 잃었다고 회상한다. 한 청소년은 쓰러지기 직전에 "한 단어에 꽂혔다"고 설명했다.[48] 이들은 글꼴에도 심미적인 취향이 있다. 한 여성은 타임스뉴로만체 같은 특정 글꼴을 보면 발작을 일으켰지만 다른 글꼴로 적힌 같은 구절에는 아무런 반응도 하지 않았다. 그는 이 위험한 글꼴로 적힌 글을 읽고 몇 분도 되지 않아 "목에 뭔가 이상한 감각"을 느끼고 나서 미동도 없이 몇 분이나 글자를 응시했다.[49] 이 여성에게 여러 가지 글꼴로 쓴 디킨스의 《두 도시 이야기A Tale of Two Cities》 서문을 읽게 하고 뇌전도electroencephalogram, EEG를 측정하자 뇌의 전기 활동에서 차이가 나타났다. 연구진은 이 차이가 글자 끝에 있는 세리프serif(로마자에서 획의 시작이나 끝부분에 있는 작은 장식 돌출선-옮긴이) 때문이라고 설명했다.

앞서 설명한 여러 가지 사례는 정신건강이 문해에 끼치는 영향을 보여준다. 글이 아니라 마음이 문제라는 뜻이다. 뇌는 기호 해독부터 그 기호나 책 자체에 관한 느낌까지 등 문해의 모든 부분에 관여한다. 하지만 뇌는 투렛증후군이나 강박장애처럼 읽기장애와는 관련 없어 보이는 질환에서도 큰 역할을 한다. 투렛증후군의 증상인 틱, 경련성 움직임, 소리 내기는 사회생활은 물론 지적 생활에도 영향을 끼친다. 칼 베넷Carl Bennett 은 의과대학에 다닐 때 투렛증후군이 있는 사람에게 공통적으로 나타나는 강박 성향 때문에 과제조차 하기 어려웠다. 그는 이렇게 회상했다. "한 줄 한 줄 여러 번 읽어야 했어요."[50] 머릿속으로 문단을 대칭으로 정렬하고, 음절의 균형과 구두점의 비례를 맞추고, 글자가 나타나는 빈도를 확인하고, 단어나 구나 행을 반복해 읽어야 했던 탓에 술술 읽어나가기가 어려웠다. 그러다 우연히 돌파구를 찾았다. 담배를 피우며 실내 사이클을 타는 동안에는 가끔 키득거리기는 했지만 틱 증상 없이 책을 읽을 수 있을 정도로 안정되었다.

베넷의 요령을 보면 역사상 가장 유명하고도 특이한 독자 한 사람이 떠오른다. 바로 새뮤얼 존슨이다. 그가 투렛증후군을 겪었을 것이라고 추측하는 사람도 있다.[51] 존슨이 독서광으로 유명했다는 사실은 생생한 목격담으로 증명되었다. 어떤 사람은 그가 "몸을 격렬하게 앞뒤로 흔들며 책을 읽는 바람에 멀리서 그 모습을 본 사람이 무슨 일인가 싶어 달려올 정도였다"라고 기억했다.[52] 뒤틀린 자세로 책을 손에 들고 몸을 앞뒤로 흔들며 신경을 안정시키고 책에 몰입하는 방법은 존슨에게 치료 효과가 있었던 것 같다. 말 그대로 독서치료다.

책을 내려놓지 못하는 사람도 있다. 꼭 내용이 흥미진진해서만은 아니다. 끝을 봐야 한다는 완벽주의 성향 때문에 읽다가 지치기도 한다. 니콜라 테슬라Nikola Tesla의 전기를 쓴 작가는 테슬라가 볼테르Voltaire 같은 '괴물'이 쓴 100권쯤 되는 방대한 저서를 다 읽어야 비로소 마음의 평화를 찾았다고 썼다.[53] 강박 성향 때문에 같은 책을 여러 번 읽는 사람도 있다. 강박장애를 진단할 때 같은 구절을 한 번 이상 읽어야 한다고 느끼는지 묻기도 한다.[54] 텔레비전 프로그램 진행자 마크 서머스Marc Summers는 같은 구절을 30번이나 읽었다. "멈출 수가 없었다. 왜 그런지는 몰랐다." 그는 《모든 것이 제자리에Everything in Its Place》에서 이렇게 설명했다. "무슨 일이든 완벽해질 때까지 반복해야 한다."[55] 그는 반복적인 읽기강박(일반적인 여러 번 읽는 습관과는 다르다) 때문에 아무리 애써도 읽은 내용을 기억할 수 없었다. 강박에 시달리던 한 여성은 여섯 번째에 나오는 단어마다 여섯 번씩 읽는 데 너무 집착한 나머지 글의 내용은 전혀 기억하지 못했다.[56] 하지만 이들에 따르면 읽기 습관을 지배하는 정교한 규칙은 불길한 일을 막아주는 이점도 있었다. 서머스는 한 단락이라도 잘못 읽으면 부모님이 돌아가신다고 생각했다.[57]

뇌손상과 읽기장벽

이제 머리손상, 질병, 뇌졸중 같은 문제 때문에 세상을 다르게 보게 된 사람을 살펴보자. 철학자 카트린 말라부Catherine Malabou는 이런 문제에서 살아남은 사람들은 '새로운 부상자the new wounded'라고 불렀다.[58] 사람들은 문해력이 평생 지속된다고 착각한다. 하지만 뇌졸중을 겪은 다음 책 페이지에 얹힌 단어가 뒤죽박죽 보이는 독자에게 그렇게 말할 수 있겠는가. '상해insult'는 뇌손상을 임상적으로 가리키는 말이지만 모욕이라는 뜻도 있다. 신경질환이 있다면 이 절묘한 진실을 곧바로 실감하게 된다. 뇌혈관 문제는 눈 깜짝할 사이에 언어능력, 이동성, 인지능력과 함께 해독능력을 앗아간다. 문해력은 이런 상실을 조금도 막아주지 못한다. 조 토치오Joe Torchio도 같은 이유로 읽기를 포기했다. 그는 "공원에서 비둘기 떼가 휙 날아가듯 단어가 눈앞에서 흩어져" 한 문장도 끝까지 읽을 수 없었다.[59]

아무리 뛰어난 독자라도 뇌 외상에는 취약하다. 예를 들어 로버트 매크럼Robert McCrum이 42세에 뇌졸중으로 쓰러진 후 치료받는 동안 파버앤파버출판사에서 그가 쌓았던 경력은 아무런 도움이 되지 않았다. 그는 영국에서 가장 영향력 있는 편집자였지만 회복하는 동안에는 다른 사람에게 책을 읽어달라고 부탁해야 했다. 망겔은 이를 '대리 독서'라고 불렀다.[60] 《이상한 나라의 앨리스Alice's Adventures in Wonderland》《샬롯의 거미줄 Charlotte's Web》《사자와 마녀와 옷장The Lion, the Witch and the Wardrobe》처럼 어릴 때 즐겨 읽은 책은 마음의 위안이 되어줬을 뿐 아니라 읽는 법을 다시 배우는 데도 적당했다. 매크럼은 뇌졸중 생존자들이 으레 그렇듯 자신의 달라진 처지를 성인기의 새로운 국면이 아니라 아동기로의 퇴행으로 생각했다. 부모님이 책을 읽어주자 그는 "아이가 된 듯 무력해졌다"라고 고백했다.[61] 그는 작업치료를 받으며 가즈오 이시구로Kazuo Ishiguro, 밀란 쿤데라Milan Kundera, 마리오 바르가스 요사Mario Vargas Llosa처럼 자신이 담당했던 작가들이 색색의 플라스틱 글자를 갖고 노는 자기 모습을 보면 어떻게 생각할까 걱정했다.

제1차 세계대전 이후 문해력과 트라우마의 연관성이 드러나기 시작했다. **셸쇼크**shell shock(전쟁, 폭격, 전투 등 극한의 상황을 겪은 뒤 나타나는 정신적·심리적 장애나 충격 상태-옮긴이)를 겪은 병사들은 전쟁터에서 돌아온 뒤 책에 집중하지 못하는 증상을 겪었다.[62] 하지만 이들의 이야기에서 읽기장벽은 일부에 불과하다. 신경과 전문의들은 트라우마 생존자가 읽기 능력을 잃은 뒤에도 얼마나 능란하게 대처하는지에 주목했다. 예를 들어 쿠르트 골드슈타인Kurt Goldstein이 맡은 환자 가운데 한 명은 두개골에 박힌 철 파편을 제거한 다음부터 글자 모양을 인식하지 못했다. 수술 뒤에는 책을 봐도 점밖에 보이지 않았다. 하지만 이 병사는 눈동자가 아니라 고개 자체를 움직이며 눈의 황반으로 글자 윤곽을 따라가는 동시에 손으로 글자 모양을 따라 쓰며 읽기를 다시 익혔다. 골드슈타인은 "환자가 눈으로 보면서 손으로 '썼다'"라고 설명했다.[63] 이 환자가 다른 사람도 모두 자신처럼 힘들게 읽는다고 생각한 것으로 보아, 아주 특이한 읽기 방식이라도 당사자는 금방 익숙해진다는 사실을 알 수 있다.

이렇듯 이 책에서는 읽기장벽은 물론 읽기문제를 풀기 위해 고안된 기발한 전략도 다룬다. 외상성 뇌손상을 입은 사람은 해독능력을 잃고 나서도 다른 읽기 방식을 찾아냈다. 이에 관해서는 3장에서 자세히 살펴볼 것이다. 예를 들어 시야가 제한되어 다음에 오는 글자를 미리 볼 수 없는 **한쪽시야결손**hemianopia 때문에 가로로 읽을 수 없다면 세로로 읽으면 되지 않을까? 뇌졸중을 겪은 다음 히브리어를 읽을 수 없게 된 한 미술대학 교수는 책을 90도 돌려 글자 행을 열로 보면서 해독했다.[64] 누구나 충분히 연습하면 책을 뒤집어 읽을 수 있다는 연구 결과도 있다.[65] 연습이 완벽을 만든다는 말은 읽기에도 통한다.

짐 캐롤로Jim Carollo는 해독이 아니라 **재부호화**recoding(문자를 숫자 같은 다른 기호로 변환하는 정신적 과정-옮긴이)에 의존해 읽었다. 교통사고로 혼수상태에 빠진 그가 살아날 것이라고는 아무도 예상하지 못했다. 그는 두개골이 골절되어 혼수상태에 빠졌다가 깨어난 뒤 뛰어난 계산능력을 얻었지만 글을 술술 읽을 수 없게 되었다. 사고 전에는 열렬한 독서광이었지만 이제 한 문장도 처음부터 끝까지 기억하지 못했다. 이제 그는 거의 책을 읽지 않는다. 설령 책을 펼쳐 들더라도 사실 읽기가 아니라 산수를 한다. 글자마다 숫자를 할당하는 복잡한 요령을 고안한 것이다. "나는 머릿속에서 계속 글자와 단어를 더하거나 빼고 있습니다. " 그는 자신이 숫자로 읽는 셈이라고 설명했다.[66]

사고에서 살아남은 뒤 읽기가 버거워진 사람도 있다. 케라 스완슨 Kara Swanson은 《포크 가져갈게요 I'll Carry the Fork!》에서 화물차에 치이는 사고를 당한 뒤 읽기가 어떻게 달라졌는지 설명한다. 주목할 만한 부분은 전에는 자연스럽게 이뤄졌던 과정을 통제할 수 없게 되었다는 점이다. 스완슨은 서사를 순차적으로 읽어나가지 않고 문장의 시작, 중간, 끝에서 단어를 무작위로 뽑아내고 문장을 건너뛰며 읽는다. 책을 따라가는 순조로운 과정은 마치 "봄날에 푹푹 팬 미시간 도로를 달리는 트럭 뒷좌석에서 책을 읽는 듯한 느낌"으로 바뀌었다.[67] 스완슨은 본인은 이 수기를 읽지 않았다는 특이한 단서를 달았다.

사고 전에는 제 몫을 다하며 성공적으로 살았던 뇌손상 생존자들은 자신이 읽지 못하는 사람, 곧 이 책에서 **문해력 상실인**postliterate reader이라고 부르는 사람이 되었다는 현실을 쉽사리 받아들이지 못한다. 평생 미국 국립정신건강연구소National Institute of Mental Health, NIMH에서 다른 사람의 정신질환을 연구하던 바버라 립스카Barbara Lipska는 뇌종양에 걸린 다음 단어를 전혀 이해할 수 없게 되었다. "뭔가 읽으려고 단어를 점점 더 빨리 훑어도 뭘 읽었는지 전혀 알 수 없었다."[68] 뇌가 작동을 멈추면 뇌의 작동 원리를 안다 해도 아무런 도움이 되지 않는다.

사람들은 읽기를 생리적 차원보다는 지적 차원에서 생각한다. 하지만 신체 기관처럼 읽기도 손상될 수 있다. 미술 평론가 톰 러벅Tom Lubbock

은 뇌에 교모세포종^{glioblastoma}이 퍼지며 점차 읽을 수 없게 되었다. 암에 걸리기 전에는 weightlessly(무중력 상태로)를 walterkly로 쓴 실수도 금방 발견했지만, 이제는 올바른 글자와 엉터리 글자를 구분할 수 없었다.[69] 그는 해독에서 이해까지 오랜 시간이 걸리는 **글자 지연**^{letter lag}을 겪었지만 계속 읽었다. 많은 신경다양성 독자처럼 러벅도 뇌손상 때문에 문해력이 회색 지대에 빠졌다. 그는 "책 구절을 이해하는 것도 이해하지 못하는 것도 아닌 그 중간의 애매한 상태였다".[70] 뇌종양과 문해는 한쪽이 커지면 다른 한쪽이 작아지는 적대적인 관계에 갇히기도 한다. 러벅은 자신의 문해력 저하를 남 일 보듯 이렇게 말한다. "읽기를 완전히 포기한 것 같다."[71]

조각가 매리언 쿠츠^{Marion Coutts}는 남편인 러벅과 비슷한 시기에 읽기를 그만뒀다. 읽기장벽이 생리적 문제뿐 아니라 심리적 문제 때문에 생길 수도 있다는 사실을 알려주는 사례로, 공감성 읽기장벽이라고도 할 수 있다. 쿠츠는 현실 문제에 너무 사로잡힌 나머지 상상의 세계에 빠져들지 못했다. 쿠츠는 수기에서 이렇게 썼다.

> 눈은 초점을 맞추지 못했고 단어들에 잠시 머물렀다가 의미를 찾아 훑으며 스쳐갔다. 마치 더 중요한 무언가를 찾는 길에 잠깐 들르는 정거장에 불과한 듯 말이다. 소설은 읽을 수 없었다. 왜 허구를 만들어내고 싶어하겠는가?[72]

부부는 각자 다른 이유로 책을 읽지 못했다. 남편 러벅은 글자를 붙들고 있을 수는 있지만 해독하지는 못했고 아내 쿠츠는 해독할 수는 있지만 더 이상 글자에 흥미를 느끼며 붙들고 있지 못했다. 하지만 이 부부는 서로 협력해 함께 읽는 방법을 찾아냈다. 진정한 마음의 결혼이라 할 만하다.

읽기에 통달하겠다는 포부는 나이가 들고 특히 건강이 악화하며 뇌가 더는 말을 듣지 않을 때 벽에 부딪힌다. 극단적인 사례로 올리버 색스는 《깨어남^Awakenings》에서 졸림뇌염, 곧 기면성뇌염^encephalitis lethargica이라는 질병 때문에 오랫동안 긴장 상태에 있다가 깨어난 환자들의 삶을 그렸다. 향정신성 약물은 환자들의 삶은 물론 읽기능력도 되찾아줬다. 모두가 본래의 읽기 방식을 되찾은 것은 아니었지만 말이다. 한때 읽을 수 있던 사람이라도 너무나 쉽게 읽지 못하는 상태에 빠질 수 있다. 예를 들어 O는 약을 먹지 않으면 책에 집중하지 못했고 더 이상 책을 사랑할 수 없었다. 책을 읽는 동안 거슬리는 생각이 마음에 "꽂히거나" "생각이 갑자기 사라지거나 문장 사이에 끼어들기도 했다. (…) 생각이 떨어져나가 마치 그림 없는 액자처럼 공간만 남았다".[73] 한편 P는 너무 빨리 읽느라 아무것도 소화하지 못하고 특정 단어에 집착했다.[74] H는 계산 강박 때문에 예전처럼 디킨스의 작품에 빠져들지 못했다. 한 페이지에 글자 e가 몇 개 있는지 세느라 줄거리를 따라갈 수조차 없었다.[75]

반면 색스의 치료를 받고 다시 깨어난 사람은 모두 극적으로 읽기능력을 회복했다. 레너드 L.은 알리기에리 단테^Alighieri Dante의 《신곡^Divine

Comedy》에서 〈연옥Purgatorio〉 편을 넘어가지 못했지만, 약물치료를 받자 곧바로 〈천국Paradiso〉 편을 읽게 되었다며 눈물을 흘렸다. 하지만 안타깝게도 약물로 타오른 열정은 이내 조증 행동으로 바뀌었다. 말이 너무 빨라지고 간호사들을 괴롭혔으며 몇 시간이나 자위하기도 했다. 읽기 역시 강박적으로 바뀌었다. 활력이 급격히 늘어난 탓에 레너드 L.은 의미나 구문에 신경 쓰지 않고 점점 빨리 읽어나갔다. 색스는 이를 '가속 읽기festinant reading'라고 진단했다.[76] 레너드 L.은 한 구절이 끝날 때마다 책을 덮어야 읽은 내용을 겨우 이해할 수 있었다.

이 책에서는 읽기를 논할 때 뇌와 몸을 구분할 수 없다고 전제한다. 하지만 엄밀히 말하면 읽기에 뇌가 꼭 필요하지는 않다. 적어도 뇌 전체가 필요한 것은 아니다. 뇌의 양 반구 중 한쪽을 절제하는 대뇌반구절제술hemispherectomy을 받은 환자도 계속 읽을 수 있다. 케이트라는 환자는 수술받은 뒤에도 언어능력을 그대로 유지했다. 왼쪽 뇌가 고장나자 말하기, 이해하기, 읽기 같은 필수 언어기능을 포함한 인지기능을 오른쪽 뇌에서 대신 수행했기 때문이다. 30년 뒤 인지기능을 평가했을 때도 케이트의 언어능력은 평균 범위에 속했다. 게다가 아이러니하게도 뇌 일부를 잘라내자 그는 독서가로 변신했다. 수술 전에는 읽기를 좋아한 적이 없지만, 수술 뒤에 고무적인 인지 평가 결과를 받고 나서는 소설에 빠져들었다.[77] 장애 이득disability gain을 보여주는 우연한 사례다. 케이트는 반쪽 뇌만으로도 다른 사람들이 온전한 뇌로 읽는 것보다 더 많은 소설을 읽었다.[78]

뇌가 손상되었다고 읽기를 그만둘 필요는 없다. 하지만 모두가 읽기 방식을 수월하게 바꿀 수 있는 것은 아니다. 읽기장벽은 신경생리학적 원인 때문에 생기기도 하지만 올바른 읽기 방법과 잘못된 읽기 방법이 따로 있다는 개인적 믿음 때문에도 생긴다. 영국 공군 통신병 출신인 테드의 이야기는 생각할 거리를 던진다. 그는 뇌졸중 때문에 단어의 첫 글자를 알아볼 수 없게 되었다. 사라진 글자를 손으로 따라 쓰는 등 다른 방법을 이용하면 계속 정확하게 읽을 수 있지만 테드는 이런 기술을 사용하려 하지 않았다. 그에 따르면 "이런 방법은 정상적인 읽기가 아니었다".[79] 대안적 문해가 문맹보다 나쁘다고 보는 것이다. 이 책에서는 무엇이 '정상적인' 읽기인가에 관한 이런 인식을 바꾸고자 한다.

'올바른 읽기'가 있다는 착각

신경다양성은 도서역사학자나 읽기역사학자에게 과제를 던진다. 이 분야의 연구자들은 과거부터 현재까지 전 세계에서 발견되는 다양하고 독특하며 주변적인 읽기 방식과 그 '낯섦'을 기록하려고 오랫동안 애썼다.[80] 이전까지 기록연구는 이상적 독자를 상정한 추상적이고 이론적인 산물에 주목했다(커린 리타우 Karin Littau는 '탈체화된 마음 disembodied mind' 이라는 개념을 통해 현대문학론의 이런 유심론적 편향을 지적했다). 이제 기록연구는 관심을 바꿔 다양한 사회적 배경과 연령·계층·교육 수준·민족·젠더·국적·인종·종교·성적 지향 같은 사회학적 요인으로 형성되는 현실 독자의 이질성에 주목한다.[81] 다양한 시대, 지역, 집단에서 드러나는 풍부한 읽기 관행을 찾아내려는 노력은 큰 성공을 거뒀다.[82] 하지만 이런 연구는 독자들 사이에서 드러나는 인지차이가 아니라 문화적 차이에 주목한다. 읽기역사학자 역시 인구학적 다양성에 관심을 기울이긴 하지만 대체로 신경전형적 독자에게 집중한다. 다시 말해 읽기라는 행위가 동일한 인지적·심리적 과정에 따라 작동한다는 균일성 가정을 전제로 연구하는 것이다. 이들은 읽기를 로제 샤르티에Roger Chartier와 굴리엘모 카발로Guglielmo Cavallo가 말한 '인류학적 불변성anthropological invariant'으로 보지는 않지만 신경학적 행동으로 보지도 않는다. 따라서 이런 관점은 인지차이를 설명하는 데 도움이 되지 않는다.[83] 그렇다면 사회적 배경이 아니라 뇌의 차이에 따라 책에 반응하는 사람을 어떻게 다뤄야 할까?

뇌는 읽기의 역사가 시작된 이래 도서역사학자들이 계속 염두에 둔 주제다. 로버트 단턴Robert Darnton은 〈읽기의 역사를 향한 첫걸음First Steps Toward a History of Reading〉에서 독자가 어떻게 단어를 해독하는지 이해하려면 신경학적 증거가 필요하다고 주장했다.[84] 단턴이 말한 읽기 경험의 '내적 차원'을 되살리려면 아직 멀었지만, 과거에 내부자의 관점에서 비전형적 읽기 방식을 바라본 텍스트 증거를 활용할 수 있다.[85] 단턴의 표현을 빌리자면 이 책은 '신경다양적 읽기의 역사를 향한 첫걸음'이다. 기존의 인지문학 연구와 서사론적 접근법이 독자의 공통된 정신적 과정에만 주목하며 간과해온 비전형적 반응을 되살리는 출발점인 것이다.[86]

독자반응비평 같은 학파에서 상정하는 '이상적인 독자'가 아니라 장애 때문에 읽기가 어렵거나 아예 불가능해진 '비이상적인 독자'에 주목해야 한다.[87] 폭넓은 인지능력을 보여주는 증언에서 보듯이 마음의 다양한 작동 방식을 포괄하는 읽기 모델이 필요하다. 최근 연구에서는 읽기의 역사와 장애학적 통찰을 종합해 단턴이 제안한 읽기의 인지적 측면과 신경다양성 모두를 포착할 방법을 제시한다.[88] 우리는 신경다양적 읽기와 신경전형적 읽기의 차이점은 물론 공통점에도 주목할 것이다.

색스의 이름을 이미 언급한 바 있다. 이 책의 접근법은 신경장애를 연구한 많은 의학 전문가의 관점과는 상당히 다르다. 의학 전문가는 사례를 연구할 때 의학적 진단과 관련된 임상증상에 초점을 맞추고 각 개인의 세부 사항은 간과하는 경향이 있다. 하지만 내 접근법은 개별 사례에 주목한 색스의 인도적 치료법을 토대로 한다. 영국의 신경과 전문의인 색스는 특이한 신경질환을 겪는 환자들을 묘사한 베스트셀러로 유명하다. 그는 병리만큼이나 사람에게도 관심을 가졌다. 색스는 전통적인 병력case history 기록은 지나치게 질병에만 초점을 맞춘다고 비판했다. 그러면서 "고통받고 괴로워하며 투쟁하는 인간 주체"인 환자를 병력의 중심에 두며 간과되어온 측면들을 되살려야 한다고 주장했다.[89]

색스는 병력, 그의 표현을 빌리면 '임상전기clinical biography'에서 질병의 생리적 측면보다 심리적 측면에 주목한다. 전기와 병리의 만남이라 할 수 있다.[90] 색스의 사례연구 방식은 19세기 의학저널이나 이후 러시아 신경심리학자 알렉산드르 루리야Alexander Luria가 남긴 책 한 권 분량의 상세한 기록에서 영향을 받았다(색스 본인이 환자에게서 직접 들은 경험은 말할 것도 없다). 내 접근법 역시 개인적·정서적·심리적인(그리고 준準의학적인) 세부 사항을 선택해 환자의 삶을 통찰하는 임상 관찰 전통에 바탕을 둔다. 사실 색스는 이 책에서 다루는 많은 질환에 관해 저술했으며 그 역시 좌골신경통 때문에 책을 읽을 수 없게 되자 처음으로 자살을 생각했다고 기록했다. 그의 독서열을 고려하면 놀랍지 않다. 색스는 "나는 읽어야 한다. 내 삶의 대부분은 읽기다"라고 말할 정도였다.[91]

내 방법론은 한 가지 중요한 점에서 색스의 방법과 다르다. 색스의 사례연구는 환자와 나눈 상담을 바탕으로 한다. 하지만 나는 주로 역사적 자료에서 수집한 증언을 바탕으로 한다. 발터 베냐민Walter Benjamin의 표현을 빌리자면 '병리학의 도서관Library of Pathology'이라 할 수 있다.[92] 나는 사람 대신 활자를 다루는 읽기역사학자로서 (또한 장애학에서 제기되는 비판도 고려하는 학자로서) 기존의 텍스트 증거에서 읽기차이를 개인별 특성과 상관없이 임상적으로만 설명하며 간과해온 측면들을 밝히고자 했다. 하지만 내 목표는 어떤 점에서는 의사의 목표와 비슷하다. 읽기가 지위·특권·권력을 나타내는 정체성의 중요한 요소이자 의미 있는 삶의 전제조건으로 여겨지는 오늘날, 읽기차이가 사람들에게 끼치는 영향을 더 잘 이해하려는 것이다.

이 책은 거꾸로 읽는 사람, 발가락으로 글자를 따라가는 사람, 글자에서 색깔을 보는 사람처럼 뇌기능장애가 있는 사람을 차례로 무대에 올려 유희 거리로 전락시키는 신경학적 서커스를 지양한다. 색스에게도 현대판 피니어스 테일러 바넘Phineas Taylor Barnum(미국의 하원의원이자 서커스 사업을 주도한 기업인-옮긴이)이라는 비난이 쏟아졌다.[93] 하지만 많은 이가 색스가 그린 초상에서 한 사람의 삶을 향한 깊은 공감을 발견한다. 색스가 인지차이를 다루며 보인 공감 어린 시선은 의학을 넘어 우리 모두의 존재의 의미를 질문한다. 색스의 책을 읽는 많은 독자는 우리의 마음이 제각기 다름에도 불구하고 모두가 공유하는 인간성을 새롭게 발견한다.

나 역시 '독특하게 읽기'나 '전혀 읽지 않기'가 품위 있고 의미 있는 삶과 모순되지 않는다고 생각한다. 이 책에서는 신경다양적 독자들의 이야기를 책임감 있게 전달하기 위해 몇 가지 단계를 거쳤다. 첫째, 역사적 기록에서 주변화되거나 낙인 찍히거나 배제된 독자의 경험을 다시 다루려고 했다. 둘째, 다양한 인지능력이 있는 사람들에게 스스로 말할 기회를 주려고 했다. 환자의 이야기를 듣는 역사학자의 방식이다(의사들은 이런 방식을 항상 시도하지는 못한다).[94] 임상사례보고 대부분이 환자의 목소리보다 의학적 관점을 우위에 두기 때문에 결코 쉽지 않은 작업이었다.[95] 셋째, 능력ability과 장애disability 사이의 선명한 경계는 일부 사람을 이류독자로 보는 인식을 강화할 수 있으므로 지우려 했다. 넷째, 모든 형태의 문해가 인간이 공통으로 지닌 인지능력이라는 점을 중시하며 읽기의 작동 방식에 대한 이해를 넓히려 했다. 마지막으로 애초에 '정상적인' 읽기 방식이 있다는 생각을 단호하게 거부했다. 이 책을 통해 다양한 읽기 형태와 방법에 관심을 기울이며, 읽기를 각자의 방식으로 참여하는 다채롭고 포괄적인 활동으로 이해하기를 바란다.

앞서 설명했듯 읽기의 폭을 보여주는 가장 효과적인 방법은 다양한 읽기 방법을 직접 보여주는 것이다. 따라서 이 책에서는 개인의 행동을 세세하게 설명한다. 색스는 "누구나 일화를 좋아한다"고 썼다.[96] 통계 같은 정량적 증거에 의지하는 의학 전문가들은 일화를 그다지 선호하지 않는다.[97] 역사학자들도 마찬가지다.[98] 이 책이 일화적 증거에 기반한다고 밝히면 그들은 분명 비판할 것이다. 물론 일화적 증거에는 질적 한계가 있지만 읽기역사학자들은 오랫동안 일화를 통해 다른 방법으로는 조사하기 어려운, 잘 알려지지 않은 읽기 형태를 연구해왔다.[99] 통계적 평균을 벗어난 비전형적 독자가 바로 이렇게 비공식적으로 보존된 이야기의 주인공이다. 문학연구가 캐스린 몽고메리 헌터Kathryn Montgomery Hunter가 주장했듯 의학 전문가는 "일화는 주로 변이와 예외를 다룬다"라고 생각한다.[100] 이 책은 바로 이런 변칙적이고 예외적인 읽기 형태에 주목한다. 소설을 포함해 비전형적 자료에 마음을 활짝 열고, 익숙해 보이는 읽기를 새롭게 생각해보자는 것이다.

소설은 의학적 틀을 확장해 새로운 관점을 던진다는 점에서 가장 흥미롭다. 예를 들어 올더스 헉슬리Aldous Huxley의 《연애대위법Point Counter Point》에서는 한 소설가가 신경학자 헨리 찰턴 바스티안Henry Charlton Bastian의 1880년 연구를 접한 일을 묘사한다. 〈마음 기관으로서의 뇌The Brain as an Organ of Mind〉라는 이 연구에서, 실독증이 있는 사람에게 의과대학 정관에서 '이는 대학의 권한에 속한다It shall be in the power of the College'라는 문장을 읽어 보라고 하자 그는 '벌은 트로토두두 엄마마 안에 있다An the bee-what in the tee-mother of the trothodoodoo'라고 읽는다.[101] 이 일화는 의학계에서 신경학적 장애에 관한 교과서적인 잘못 읽기 사례로 통하지만 소설의 주인공은 상당히 다른 인상을 받는다. 그는 음소가 왜곡된 소리에 매료되어 혼잣말로 감탄한다. "놀랍군! 얼마나 장엄하고 아름다운 양식인가!"[102] 이 일화는 환자가 횡설수설한다고 반사적으로 평가하기 전에 적어도 인지차이의 긍정적인 면을 살펴보자는 교훈을 준다. 이처럼 소설은 읽기라는 행위를 재현하는 것은 물론 읽기의 경이로움을 성찰한다. 이 거대한 본질을 이해하기 위해 주이상스jouissance(자크 라캉Jaques Lacan이 제시한 개념으로, '고통스러운 쾌락' 곧 병리적인 증상을 즐기면서 역설적으로 만족을 얻는 상태-옮긴이) 개념까지 끌어올 필요는 없을 것 같다.

　이 책에서는 수기부터 임상사례연구까지 다양한 출처를 토대로 또 다른 과제에 도전한다. 바로 서로 무관하거나 일부는 정반대라고 보는 의료인문학과 장애학이라는 두 분야의 틈을 메우는 것이다.[103] 두 분야의 핵심 쟁점은 다음과 같다. 의학 모델은 장애의 원인을 개인의 몸에서 찾지만 사회적 모델은 우호적이지 않은 환경에서 찾는다. 두 학문의 방향 차이는 관점(진단 대 활동), 어휘(장애 대 차이), 강조점(결함 대 강점)에서 분명히 드러난다.[104] 하지만 두 접근법 모두 읽기차이에 관한 복잡한 역사를 이해하는 데 유용하다. 이 책에서는 이 두 분야에서 사용하는 도구나 둘 사이에서 일어나는 갈등을 이용해 신경적 결함에 관한 기존 의학사를 탐구하고, 이어서 직접 인지차이를 경험하는 개인의 관점에서 읽기의 역사를 재구성한다.[105] 이로써 대안적 읽기의 가치를 인정하지 않고 인지차이를 병리적으로 축소하는 의학적 틀에 대항하며, 다양한 독자에게 말할 기회를 준다.

나는 무엇이 '정상'인지 결정할 권한을 의료 전문가에게서 빼앗아오는 데 중점을 두는 장애학의 관점에 적극 동의한다. 이 책의 큰 목표는 텍스트와 만나는 다양한 방법을 인정하지 않는 '정상적인 읽기'라는 개념에서 벗어나는 것이다. 지난 세기 진일보한 인지장애에 관한 관점과 마이클 베루베Michael Bérubé, 조지 토머스 카우저George Thomas Couser, 에바 페더 키테이Eva Feder Kittay, 랠프 새브리스Ralph Savarese, 토빈 시버스Tobin Siebers 같은 장애학 학자들의 중요한 연구가 없었다면 이 책은 빛을 보지 못했을 것이다.[106] 한때 교육할 수 없다고 생각했던 **다운증후군**Down syndrome 어린이의 사례를 보자. 1928년에 다운증후군을 몽골증mongolism이라 불렀던 〈몽골증: 몽골 저능아들의 신체적·정신적 특성 연구Mongolism: A Study of the Physical and Mental Characteristics of Mongolian Imbeciles〉 같은 구닥다리 연구에서는 이런 아이들이 아주 단순한 단어조차 인식할 수 없다며 읽기를 가르치지 말라고 했다.[107] 하지만 나이절 헌트Nigel Hunt는 "몽골증 아이는 읽을 수 없다"는 교사의 말을 들으면서도 끝내 '몽골증 청소년의 일기'라는 부제가 붙은 《나이절 헌트의 세계The World of Nigel Hunt》라는 책을 펴냈다.[108] 또한 부모, 시민단체, 장애인 권리 운동의 투쟁 덕분에 인지차이가 있는 어린이에 대한 교육 기회가 확대되고 기대치가 높아졌다. 오늘날 이런 아이들은 더 이상 낙오자가 아니다. 베루베는 모두가 《치킨 리틀Chicken Little》 같은 동화책 정도밖에 읽을 수 없다고 했던 다운증후군 아들과 함께 《해리 포터Harry Potter》 시리즈를 읽었다.[109]

하지만 결함보다 강점에만 집중해야 한다는 일부 장애학 연구자의 주장은 이 책의 핵심 목표인 읽기 상실의 결과를 기록하는 일과 상충한다. 몇몇 장애인 권리 운동가는 장애를 결핍으로 규정하지 않도록, 예전의 삶과 새로운 삶을 부정적으로 비교하며 달라진 능력을 논하는 일을 정중하게 거부한다. 그들의 말대로 분명히 시각적으로 읽을 수 없더라도 만족스러운 삶을 살 수 있다. 특히 오늘날에는 조지나 클레그Georgina Kleege가 '다른 수단으로 읽기'[110]라고 말한 오디오북, 텍스트 음성 변환 소프트웨어, 그 밖의 보조 기술 등 활자 접근법을 대체할 방법이 다양하다. 하지만 이 책은 시버스, 수전 웬델Susan Wendell, 톰 셰익스피어Tom Shakespeare, 크리스티나 크로스비Christina Crosby, 마이클 데이비슨Michael Davidson 같은 저자의 논지에 따라 문해력을 그저 하나의 기술로 치부하는 일부 장애학적 관점을 거부한다.[111] 읽지 못하는 사람의 삶을 깎아내리지 않고도 후천적인 읽기장애의 상실감이 얼마나 큰지 헤아릴 수 있다. 한때 문해가 문화적 이상이었던 사람은 사라진 문해력을 애도하고 상실의 여파를 탐색하며 독자로서의 지위가 달라지면서 정체성이 어떻게 변화하는지 성찰한다. 결국 읽기장벽에 관한 증언은 사람들이 읽기와 열정적인 관계를 맺는다는 바로 그 점 때문에 더욱 울림을 준다.

사람들은 다양한 읽기장벽에 대해 각기 다르게 반응한다. 이 책은 읽는 방법을 배우거나 반대로 그만 읽기 위해 애쓰는 이야기, 읽기능력을 잃고, 독특한 읽기 방법을 추구하고, 다시 읽기 위해 해결책을 찾고, 읽기 이후의 삶에 적응하는 사람들의 이야기다. 이 모든 사례의 공통점은 읽기가 말로 표현할 수 없을 정도로 중요하다는 것이다. 많은 증언이 내게 큰 영향을 끼쳤다. 예를 들어 한때 의사였지만 외상성 뇌손상을 입은 클로디아 오즈번Claudia Osborn은 잃어버린 것에 연연하지 말고 남아 있는 것에 감사하라는 말에 짜증이 치밀었다고 한다. 오즈번은 수첩에 이렇게 적었다.

나는 살아 있다는 것을 포함해 삶에서 감사할 일이 얼마나 많은지 잘 알고 있다. 하지만 읽기능력이 저하되어 편지를 분류할 수 없을 정도라면, 혼수상태가 아니라서 다행이라고 위로해봤자 아무런 도움이 되지 않는다. 활자와 맺었던 옛 관계를 갈망하는 나는 글을 읽지 못하는 기능저하자가 많다는 이야기는 듣고 싶지도 않다.[112]

오즈번의 진술은 이 책에서 계속 반복된다. 많은 사람에게 '읽는 존재'로서의 자신은 정체성의 기반이다. 따라서 더더욱 읽기와 맺는 관계가 달라졌을 때의 이야기에 귀 기울여야 한다.

우리는 아직 읽기를 모른다

가끔 이런 질문을 받는다. "일반 독자가 왜 읽기문제에 관심을 가져야 하나요?"

먼저 문학에 관심이 있다면 독특한 읽기 방식은 중요하지 않지만 호기심을 자극한다. 예를 들어 윌리엄 엠프슨William Empson은 편두통, 뇌전증, 환각제 복용 등으로 인해 감각에 이상이 생겨도 시를 읽는 독자에게는 문제가 되지 않는다고 일축했다.[113] 이에 대해 나는 이렇게 생각한다. 다른 사람의 읽기 방식을 이해하는 일은 자신의 읽기 방식을 이해하는 데 필수적인 단계다(사실 당신의 읽기 방식은 생각만큼 평범하지 않을 수도 있다).

다양한 읽기 방식을 알게 되면 이전에는 상상조차 할 수 없던 방식으로 읽기의 본질을 성찰할 수 있다. 윌리엄 제임스William James가 자신의 책을 향한 애정이 개에게 어떻게 보일지 질문했듯 주변인의 관점에서 읽기에 대해 생각해보는 것은 가치 있는 일이다.[114] 이 책은 개의 관점에서 읽기를 보는 셈이다. 앞으로 이어질 여섯 장에서는 서로 다른 읽기차이에 초점을 맞춰 신경전형적 읽기와 신경다양적 읽기가 맺는 관계의 본질을 살피고, 궁극적으로 전형적인 독자라는 것이 존재하는지 질문한다.

첫 세 장에서는 세 가지 읽기 질환을 다룬다. 먼저 1장에서는 가장 잘 알려진 읽기차이인 **난독증**을 다룬다. 단어 인식과 해독 문제를 의학계가 어떻게 설명하는지 살펴보자. 난독증 독자의 경험은 인간이 책을 이해하는 방식에 대한 가장 근본적인 가정, 곧 누구나 같은 페이지에서는 같은 텍스트를 본다는 가정을 뒤집는다. 읽는 사람마다 페이지가 달라 보이거나 심지어 처음 읽을 때와 두 번째 읽을 때 달라 보이는 것이다. 물론 같은 책을 읽더라도 저마다 해석은 다를 수 있다. 하지만 난독증은 해독 단계부터 차이를 보이는데, 이 단계에서는 두 독자가 애초에 활자를 똑같이 볼지 결정하는 데 뇌가 결정적인 역할을 한다. 똑같은 책을 읽고 있다고 해서 똑같은 내용을 인지한다는 보장은 없는 것이다.

1장에서는 **활자 유동성**이 난독증 독자의 책에 관한 경험에 어떤 영향을 끼치는지 탐구한다. 이를 위해 **난독증 수기**라는 거의 연구되지 않은 장르에 주목한다. 난독증 수기의 저자는 읽기차이가 개인의 삶부터 활자 지각까지 모든 것에 끼친 영향을 일인칭시점으로 설명한다. 일반적인 독자는 읽기가 자동으로 매끄럽게 일어난다고 생각하며, 해석에 이르기까지의 과정을 당연시한다. 하지만 난독증 독자가 경험하는 잘못 인지한 글자, 움직이는 단어, 뒤섞인 문장 등의 왜곡된 지각은 해석 전 단어 처리 단계부터 어그러질 수 있음을 보여준다. 《난독증의 눈으로 본 세상The World Through My Dyslexic Eyes》 같은 수기에서는 난독증 독자가 비전형 지각 때문에 같은 페이지를 남들과 어떻게 다르게 보는지 정확하게 설명한다. 다른 난독증 수기에서는 《작은 아씨들》 같은 고전 소설을 읽은 경험을 소개하며 난독증, 더 넓게는 읽기차이가 어떻게 해석 전에 지각 단계에서부터 본래 책의 내용과 부딪치게 하는지, 난독증 독자들이 책을 받아들이는 데 어떤 영향을 끼치는지를 능숙한 독자들에게 보여준다.

해석 과정의 여러 가지 요소를 뜯어보다 보면 모든 읽기 행위에서 **해독과 오독**이 하는 역할을 과소평가해왔다는 사실을 알게 된다. 신경전형적 독자는 누구나 텍스트 자체는 거의 비슷하게 해독하고 해석만 다르게 한다고 생각한다. 예를 들어 학생들이 한 단락을 꼼꼼하게 읽을 때 단어 자체는 모두 똑같이 읽고 의미만 서로 다르게 이해한다고 보는 것이다. 하지만 불일치는 읽기 과정 초반에도 나타날 수 있다. 난독증 독자는 해독 자체를 다르게 한다. 마르셀 프루스트^{Marcel Proust} 같은 모범적인 독자도 인정했듯이 때로는 평범한 독자도 해독 차이를 경험한다.[115] 단어를 잘못 읽은 다음 의미를 재확인하기 위해 같은 구절을 다시 읽었던 경험을 떠올려보라.

2장에서는 읽기가 더딘 어린이에서 시선을 옮겨, 빨리 어쩌면 너무 빨리 읽기 시작한 어린이에게 주목한다. **자폐증**을 겪는 아이들은 일찍 읽기 시작하고 심지어 한 글자도 이해하지 못하면서 책 한 권을 통째로 외우기도 한다. 이를 **과독증**이라고 한다. 자폐인 독자의 경험은 읽기가 해석 활동이라는 통념에 반론을 제기한다. 과독증 독자는 보통 사람처럼 텍스트의 의미를 이해하기 위해 읽는 것이 아니라 **표면 읽기**^{surface reading}를 한다. 글자 모양부터 표지의 질감, 제본 방식, 잉크, 종이, 글꼴 등 책의 내용이 아닌 표면적인 요소에 사로잡혀 읽는 것이다. 일반적인 읽기 이론이 해석학이나 텍스트 해석 방법에 초점을 맞춘다면, 이런 읽기 방식은 반대로 표면 아래로 파고들기를 거부하는 것이 특징이다. 표면 읽기 독자는 이해보다 감각을 중요시한다.

이 장에서는 역사에서 배제되어온 **자폐적 읽기** 사례를 다루며 뇌가 정보를 처리하는 다양한 방식이 책과의 상호작용에 어떤 영향을 끼치는지 설명한다. 자폐인 독자는 독특한 인지 특성 때문에 다른 독자는 발견하지 못하는 텍스트의 측면을 더 잘 인식한다. 1986년에 템플 그랜딘

Temple Grandin의 《어느 자폐인 이야기Emergence》 같은 선구적인 책이 출간된 뒤, 자폐인들은 소셜미디어나 '자폐 자서전autiebiography'이라 불리는 수기에서 신경다양적 경험을 풍부하게 표현해왔다. 이 장에서는 자폐인이 텍스트와 관계 맺는 독특한 방식을 살핀다. 책을 만지거나 맛보거나 냄새 맡으며 감각을 자극하고, 해독 자체를 목적으로 하며, 단어의 모양을 조작하거나 책 전체를 암기하고, 붙임표나 세리프처럼 활자의 사소한 세부 사항에 집착하는 일 등이다. 텍스트와 만나는 이런 방식은 읽기 경험에 영향을 끼친다. 신경전형적 독자에게는 그저 당황스럽고 '읽기가 아닌 것'으로 보이는 방식이라도 말이다. 임상에서는 19세기 후반에는 **백치천재**idiot savant, 20세기에는 과독증으로 불린 특출난 기술을 설명하며 표준에서 벗어난 결함이나 변이에 초점을 맞췄다. 반면 다양한 스펙트럼에 있는 사람들이 쓴 생활문에서는 책과 소통하기 위해 원치 않는 자극을 차단하거나 활자 고유의 감각적 만족감에 몰입하는 등 독특한 읽기 방법의 이점에 주목한다.

따라서 자폐적 읽기에 관한 증언을 통해 신경전형적 독자는 무엇이 읽기에 해당하는지, 나아가 읽기의 즐거움의 한계는 어디까지인지 생각하게 된다. 모든 읽기에는 일반적인 해석 과정 전에 자폐인 독자가 몰두하는 표면 읽기가 어느 정도 포함된다. 다시 말해 표면 읽기는 책을 접하는 사람이라면 누구나 보이는 행동이며, 자폐인 독자만 경험하는 특이한 만족의 형태가 아니다. 모든 독자에게 적용되는 일반적인 텍스트와의 만남에 구체적이고 독특한 요소(예를 들어 손때 묻은 문고본의 감촉, 책에서 발췌해 마음속에 고스란히 간직한 페이지들)가 영향을 끼친다.

3장은 나보코프가 《창백한 불꽃Pale Fire》에서 보여준 디스토피아적 상상에서 출발한다. "어느 날 잠에서 깼을 때 우리 모두 전혀 읽을 수 없게 되었다면 어떻게 될까?"[116] 문맹이 유행하게 될 위험은 거의 없지만 사람은 갑자기 읽지 못하게 될 수도 있다. 후천적 문맹이라고도 하는 **실독증**은 뇌졸중, 질병, 머리손상의 결과로 누구에게나 생길 수 있다. 이런 사고에 이어지는 결과는 문해력이 얼마나 쉽게 사라질 수 있는지 보여주며, 문해력이 영원하다는 뿌리 깊은 믿음을 뒤흔든다. 이 장에서는 과거에 읽을 수 있던 사람을 '문해력 상실인'으로 부르며 날 때부터 전혀 읽지 못했던 사람과 구분한다. 삶에서 읽기의 가치를 평가하는 가장 확실한 방법은 읽기를 박탈당한 사례를 자세히 조사하는 것이다. 따라서 이 장에서는 한 세기 이상의 임상사례연구, 수기, 실독증 형사가 등장하는 추리소설까지 살피며, 문해력이 점점 더 당연하게 여겨지고 문해력이 부족한 사람을 낙인찍는 사회에서 문해력 상실이 사람의 정체감에 끼치는 영향을 파악한다.

역설적으로 읽기장벽이라는 현상은 애초에 읽기가 어떻게 작동하는지를 더욱 깊이 이해하게 해준다. 3장에서는 읽을 수 있었다가 읽을 수 없게 된 **문해력 상실**을 설명하며 어릴 때 읽기를 배운 뒤로는 거의 관심 갖지 않았던 읽기의 메커니즘을 살핀다. 문해력 상실 서사는 매끄럽고 자동적으로 이뤄진다고 생각했던 읽기 과정이 사실 한순간에 잘못될 수 있는 복잡한 신경학적 작용으로 이루어진다는 사실을 보여준다. 여기에는 주의를 기울이고, 시각적으로 인지하고, 해독하고, 의미를 만드는 과정이 포함된다. 글자를 보고도 이해하지 못했다는 이야기는 읽기가 신체와 뇌의 상호관계에 얼마나 크게 영향받는지 보여준다. 이런 상호관계는 글자를 하나하나 따라가거나, 손등에 글자 모양을 따라 쓰거나, 심지어 혀로 입천장에 글자를 쓰는 등 실독증을 겪는 사람들이 계속 읽기 위해 고안한 재치 있는 방법을 통해 생생하게 드러난다. 그러나 이런 방법은 어쩔 수 없이 느리고 고되기 때문에 상상하고 즐기며 읽기는 힘들어진다. 다시 말해 우리가 읽는 방식은 우리가 읽기에 반응하는 방식에 영향을 끼친다.

일반적인 독자는 이런 대안적인 읽기 방식을 통해 읽기 과정의 본질을 두 가지 상반된 측면에서 성찰할 수 있다. 첫째, 읽기란 '올바른' 한가지 방법이 아니라 여러 가지 방법으로 실행할 수 있는 신경생리학적 과정이다. 둘째, 읽기란 그 작동 방식을 넘어 개인에게 훨씬 가치가 큰 활동이다. 따라서 3장에서는 하나의 행동이나 활동이 아닌 한 사람의 정체성으로서 읽기가 얼마나 폭넓게 영향을 끼치는지 강조한다. 문해력을 잃는다는 두려움은 '읽는다는 것'의 의미뿐 아니라 '읽을 수 있다는 것'의 의미도 다시 생각하게 한다.

책의 후반부에서는 읽기 관련 질환 이외에 독자에게 영향을 끼치는 세 가지 신경학적 질환인 공감각, 환각, 치매를 다룬다. 첫째, **공감각**은 장애라기보다는 초능력처럼 느껴진다. 다른 사람은 감지할 수 없는 현상을 느끼기 때문이다. 가장 흔한 공감각은 활자를 볼 때 색을 지각하는 것이다. 대부분의 사람은 평범한 검정색 글자를 보지만, 나보코프 같은 독자는 글자에서 블루베리나 뇌운의 푸른색을 본다. 공감각 독자는 **서지학적 이중의식**bibliographic double consciousness, 곧 원본 페이지와 그 페이지를 덮고 있는 다양한 색상으로 구성된 의식을 경험한다. 이런 이중적 관점은 독자가 책의 그래픽 디자인은 똑같이 이해하고 그 뒤 해석이 서로 달라진다는 일반적인 견해를 뒤흔든다. 공감각 독자는 책 페이지를 다른 독자와 전혀 다르게 지각하기 때문이다. 따라서 4장에서는 다음과 같이 질문하며 공감각과 읽기의 관련성을 살펴본다. "글자를 다양한 색으로 보는 것은 읽기 경험에 어떤 영향을 끼치는가?"

이 장에서는 또한 공감각 독자의 서지학적 이중의식, 곧 전체 독자가 공유하는 심상에 공감각 독자에게만 존재하는 사적 이미지가 더해진 의식이 책에 대한 반응에 어떤 영향을 끼치는지 설명한다. 개인적 증언, 과학적 사례연구, 기사, 소셜미디어, 글자를 색으로 보는 느낌을 표현한 여러 가지 텍스트 증거에서 알 수 있듯이 책 자체가 아니라 독자의 마음이 만드는 감각적 효과와 이 지각이 신경다양성 독자의 읽기 경험에 관여하는 방식은 간과되어왔다. 다시 말해 어떤 단어의 색은 매혹이나 혐오 같은 강렬한 감정 반응을 불러일으킬 수 있다. 《주홍 글씨The Scarlet Letter》 같은 고전의 제목을 볼 때도 마찬가지다. 색에 관한 지각은 읽기 과정 자체를 돕거나 반대로 방해할 수 있다. 매혹적인 색을 내뿜는 글자들에 더 잘 집중할 수도 있지만, 책 페이지에서 발생하는 감각에 이해력이 압도돼 주의가 흐트러질 수도 있다.

또한 이 장에서는 일반적인 독자가 지각하는 **심상**과 공감각이 어떻게 관련되어 있는지 살핀다. 오트밀색 글자, 주황색 단어, 초록색 그늘이 진 소설 같은 공감각적 이미지가 잘 와닿지 않을 수 있지만 공감각은 모든 독자가 지각하는 심상의 극단적인 형태다. 책의 페이지는 눈의 산물인 동시에 뇌의 산물이기 때문이다. 일반적으로 독자는 지각이 중립적이거나 적어도 편향되지 않았다고 생각한다. 따라서 공감각 독자의 마음속에서 어떤 일이 일어나는지 이해하면 지각 자체가 어떻게 해석의 한 형태로 작용하는지 더욱 깊게 이해할 수 있다. 나보코프의 표현을 빌리면 공감각 독자의 고백을 통해 우리 모두가 미적 취향, 궁극적으로는 텍스트 해석에 영향을 끼치는 자신의 독특한 선호(예를 들어 특정 글꼴에 대한 선호)를 발견할 수 있다.

5장에서는 또 다른 강력한 심상인 **환각**을 다룬다. 이런 오지각 misperception은 사람과 책 사이에 존재하는 마음을 드러낸다. 사람들은 책이 공통적인 틀을 제공하고 독자는 그 안에서 이런저런 해석이 타당한지 판단할 수 있다고 생각한다. 하지만 어떤 사람은 다른 사람은 지각할 수 없는 환각을 느낀다. 책 읽기에 공통의 이해가 있다는 것은 착각이다. 이런 독자는 다른 사람은 지각하지 못하는 글자, 단어, 문장, 책, 심지어 또 다른 독자를 본다. 5장에서는 이들이 보는 것을 **그것**이라고 하겠다. 난독증 독자가 저마다 다른 **유동적 페이지**fluid page를 만나듯, 환각을 보는 독자는 자신이 다른 사람과 같은 페이지를 보고 있는지, 심지어 그것이 책 페이지가 맞는지조차도 확신할 수 없다.

환각 이미지는 다른 모든 독자에게 어느 정도 영향을 끼친다. 윌리엄 제임스는 《심리학의 원리》에서 소설 독자에 대해 이렇게 언급했다. "단어의 절반 이상은 마음에서 나오지, 인쇄된 페이지에서는 절반도 나오지 않는다."[117] 하지만 정신질환을 겪는 독자는 그 두 가지를 구분하지 못하므로 이 비율은 맞지 않다. 성서부터 정신질환자가 직접 쓴 수기까지 여러 가지 출처에서 수집한 증언은 환각이 읽기를 방해하는 다양한 사례를 보여준다. 마음에서 생성된 이미지와 책 페이지에서 생성된 이미지가 충돌할 때 그 둘을 구별하기는 매우 어렵다. 때로 독자들은 사실과 허구를 잘 구분하지 못한다. 편집증 독자의 특징은 마음과 실제 책 사이에 일어나는 이런 긴장을 잘 보여준다. 시각 피질이 과도하게 활성화되면 글자, 단어, 문장이 벽에 번쩍이는 어휘 환각을 보기도 한다. 서사적 이미지를 받아들이는 과정에서 독자의 마음이 그 이미지를 완전히 바꿔놓을 수 있는 것이다.

인생의 후반기에 독자로 남기가 얼마나 어려운지 보여주며 이 책을 마무리한다. 첫 장에서는 읽는 법을 익히는 어린이에게 초점을 맞췄다면 마지막 장에서는 시간을 건너 읽는 법을 잊은 어른의 이야기를 조망한다. **치매**와 퇴행성 신경질환을 겪으면 책에 집중하거나 책의 내용을 기억하기조차 어려워진다. '알츠하이머로 뒤집힌 내 인생'이라는 부제가 달린 《그저 사랑해줘요Just Love Me》의 저자 진 리Jeanne Lee는 "혹시…… 몇 시간이고 책을 즐겁게 읽어놓고 하나도 기억이 안 난 적이 있는가?"라고 묻는다.[118] 이런 증언은 기억력이 읽기의 필수요소라는 보편적인 가정을 무너뜨린다. 예상과 달리 많은 치매 환자는 익숙한 의미의 읽기가 불가능해진 지 한참 뒤에도 계속 읽기에서 즐거움을 얻는다.

6장에서는 디킨스의 《크리스마스캐럴A Christmas Carol》, 아서 코넌 도일Arthur Conan Doyle의 《셜록 홈스의 모험》 같은 고전부터 리사 제노바Lisa Genova의 《스틸 앨리스》 같은 현대 소설을 아우르며 **기억상실**memory loss이 텍스트와 관계 맺는 능력에 어떤 영향을 끼치는지 살핀다. 또한 최근 널리 퍼지고 있는 치매 수기를 통해 치매 환자 본인(또는 간병인)이 활자와 맺는 관계에 인지저하cognitive decline와 기억상실이 끼치는 영향을 살펴본다. 나는 기억상실을 겪는 독자를 위해 각색된 고전 서사에 대한 나만의 분석과 내가 직접 경험한 이야기를 통해 치매를 안고 사는 삶에 관한 증언이 문학적 담론에서 간과해온 읽기의 측면을 어떻게 드러내는지 보여줄 것이다. 줄거리와 서사에 대한 회고적인 이해와 결말에 주목하는 기존 담론과 달리, 이들의 이야기는 끝까지 읽어내는 것에 가치를 부여하지 않으며 '지속continuance'이라는 읽기의 측면을 강조한다. 영원히 현재시제로 읽는 사람들(기억상실증, 치매, 그 밖의 기억장애를 겪는 모든 사람에게 해당되는 표현)은 작은 텍스트 뭉치를 보면서 골똘히 생각하거나, 주석을 소리 내어 읽거나, 그림을 보고 추억을 떠올리거나, 손가락으로 글자모양을 따라 쓰거나, 그저 책을 손에 들고 있는 것에서 즐거움을 얻는다. 여백에 줄거리를 요약해서 적거나, 요점을 훑어보거나, 간병인과 함께읽거나, 줄거리보다 페이지에 주목하는 등 책을 계속 읽기 위한 재치 있는 방법을 고안해내기도 한다. '누가'보다는 '어떻게'에 더 관심을 두는 새로운 감상법이다. 이런 증언을 통해 나이 듦에 관한 수기에서 곧잘 발견되는 '다시 읽는 즐거움'에서, '다시 읽을 수 없는 즐거움'이라는 반직관적 주제에 주목하게 된다. 치매 수기에서 나타나는 '탈脫읽기de-reading'에 주목하면 아무리 기억력이 뛰어나고 서사를 중시하는 독자라도 읽기에서 주변적인 요소가 그저 텍스트를 회고적으로 이해하기 위해 거쳐가는 단계가 아닌 그 자체로 의미 있는 과정이라는 사실을 깨닫게 된다.

한 가지 짚고 넘어가겠다. 이 여섯 장에서는 명확한 설명을 위해 각 읽기차이를 별개의 현상으로 다뤘다. 하지만 《신경다양성Neurodiversity》 같은 책에서 명확하게 언급했듯이 책 바깥의 현실 세계에서는 각 신경질환 사이에 뚜렷한 경계가 없으며 필연적으로 복잡하게 얽혀 있다.[119] 우리가 논의하는 진단 범주는 몇 년 안에 달라지거나 병합되거나 완전히 사라질 것이다. 이 책에서는 시대와 문화에 따라 달라지는 진단 범주의 유연성을 인정한다. 그와 동시에 이런 질환을 직접 겪은 사람 각자의 증언을 통해 유동적이고 잠정적인 범주인 읽기라는 개념 자체를 다시 생각해볼 수 있다.

끝으로 독자에게 이 책을 가장 잘 읽을 수 있는 방법을 제언하는 것이 관례다. 하지만 나는 그런 주제넘은 일을 하지 않겠다. 계속 강조했듯 사람마다 읽는 방법은 다르기 때문이다. 편한 대로 이 책을 읽어보라. 처음부터 끝까지 읽든 순서를 무시하고 읽든 띄엄띄엄 읽든 상관없다. 거꾸로 들고 읽어도 옆으로 눕혀놓고 읽어도 거울에 비춰 읽어도 좋다. 두 페이지를 동시에 읽어도 좋고 한 페이지씩 건너뛰며 읽어도 좋다. 외워

됐다가 상담에 활용하는 일도 환영한다. 읽기에 정답이 없듯 이 책을 읽는 방법에도 정답은 없다. 중요한 것은 당신이 이 책으로 무언가를 하고 있다는 사실, 곧 내가 '읽기'라고 불러야 한다고 주장하는 무언가를 하고 있다는 사실이다.

1장

문해력 신화 속
지워진 아이들

난독증 독자에게 타인은 지옥이다

실제로 읽는 것만 빼면
책의 모든 부분을 좋아한다.

필립 슐츠Philip Schultz, 《난독증 일기My Dyslexia》

난독증을 겪는 사람의 목소리는 난독증의 역사에서 대체로 가려져 있다. 최근까지도 난독증 당사자가 난독증의 역사를 말한 일은 드물었다. 다른 이들이 그들을 대신해 말했을 뿐이다. 예를 들어 1970년 신경과 전문의인 맥도널드 크리츨리Macdonald Critchley는 난독증 때문에 너무 괴로운 나머지 이민을 가서 읽는 법을 다시 배우기로 한 트리니다드섬의 유색인 여성 이야기를 들려준다. 그는 꼬박 4년 동안 아는 사람 하나 없고 가본 적도 없는 런던에 갈 뱃삯을 모았다. 런던에 도착한 여성은 공장에서 넝마를 분류하는 일을 하다가 병원 청소를 시작했고 그곳에서 병원 목사의 도움을 받아 읽기를 배웠다.[1] 그가 겪은 고난은 **읽기차이** 때문에 찍힌 낙인이 삶에 얼마나 큰 영향을 끼치는지 잘 보여준다. 하지만 그의 삶은 정확히 무엇 때문에 그토록 견디기 어려웠을까? 집, 가족, 친구들을 떠나올 때 어떤 느낌이었을까? **읽기**는 그 정도의 희생을 감내할 만큼 가치가 있었을까? 알 길이 없다. 이 여성이 자신의 이야기를 남기지 않았기 때문이다.

대서양을 건너간 한 여성의 여정 이후 읽기차이를 바라보는 대중의 이해 수준은 크게 높아졌다. '난독증'이라는 말은 그리스어 dys-(어려움)와 lexis(언어)에서 유래한 것으로, **인지**와 **해독**에 문제가 있어서 능숙하게 읽지 못하는 어려움을 가리키는 의학 용어다.[2] 난독증 뇌가 정보를 처리하는 방식은 다양하다. 따라서 난독증은 고정된 범주가 아니라 쓰기와 철자 등 읽기의 수많은 구성 요소에서 나타나는 발달 차이의 연속체로 이해해야 한다.[3] 같은 난독증 당사자라도 각자의 경험은 모두 다르다.

오늘날에는 난독증을 결함이 아니라 **인지차이**로서 이해한다. 사실 패턴 인식, 공간 추론, 직관적인 문제 해결, 구조를 보는 능력 등 '난독증 이득'이라 할 수 있는 사례도 많다. 특히 창의성 측면에서 난독증의 잠재적 이점을 다룬 연구는 수없이 많다.[4] 레오나르도 다빈치Leonardo da Vinci, 알렉산더 그레이엄 벨Alexander Graham Bell, 토머스 에디슨Thomas Edison 같은 유명인은 난독증이 '있음에도'가 아니라 난독증 '덕분에' 성공했다고 본다. 하지만 늦게나마 관점이 달라졌다고 해서 지난 세기 수많은 사람이 읽기 차이 때문에 고생했다는 사실을 잊어서는 안 된다. 의사 샐리 셰이비츠Sally Shaywitz는 "난독증은 고통을 준다"라고 짚었다.[5] 이제 설명하겠지만 이런 고통은 난독증 당사자가 책을 대하는 태도로도 이어진다.

읽기를 배우기 어려워하는 사람이 있다는 것은 읽기가 결코 자연스럽게 이뤄지는 행위가 아니라는 사실을 반증한다. 인지신경과학자 매리언 울프는 "문해는 문화가 발명한 것"이라고 말했다.[6] 읽기는 말하기와 달리 우리 뇌가 선천적으로 타고나는 것이 아니다. 읽기는 **신경가소성**에 크게 의존하는 후천적 기술이자, 훨씬 이전에 다른 인지 작업을 위해 설계된 회로를 다른 목적으로 사용하는 능력이다. 읽기가 수많은 감정적·인지적·언어적·지각적·생리적 과정을 동기화하며 일어나는 복잡한 행위라는 사실을 고려할 때, 읽지 못하는 사람이 있다는 사실은 전혀 놀랍지 않다. 누구나 읽을 수 있다는 사실이 더 놀랍다.

물론 모든 사람이 읽기를 배우면서 어려움을 겪지는 않는다. 누가 도와주지 않아도 스스로 읽기 시작하는 영재도 있다. 루돌프 플레시Rudolf Flesch는 고전적인 문해력 연구서인 《조니는 왜 읽지 못할까Why Johnny Can't Read》에서 어려서 재단사 도제로 들어갔으나 저명한 정치가들의 연설을 읽으며 독학으로 읽기를 배운 미국 제17대 대통령 앤드루 존슨Andrew Johnson의 사례를 소개한다.[7] 더 최근의 사례를 들면 공상과학소설 작가 아이작 아시모프Isaac Asimov는 학교에 들어가기도 전에 읽기를 깨우쳤다. 어떻게 배웠냐고 묻자 그는 "글쎄요, 그냥 알게 됐어요"라고 대답했다.[8] 하지만 대부분의 어린이는 읽기를 배우기를 어려워한다. 적어도 처음에는 그렇다. 《위대한 유산》의 주인공 핍이 "가시덤불을 헤치듯 철자와 씨름했다. 점점 더 어려워지고 글자 하나하나가 내 살을 후벼파는 듯했다"고 말한 것과 비슷하다.[9] 가시덤불을 장미 정원으로 바꾸려면 오랜 시간 교육해야 한다. 꽃을 피울 수 있다면 말이다. 게다가 읽는 법을 배우기가 몹시 어렵다 못해 고통스럽다고 느끼는 아이들도 있다. 소설가 귀스타브 플로베르Gustave Flaubert는 아홉 살이 될 때까지 글을 깨치지 못했고 어릴 때 글자를 해독하는 일이 너무 힘들어서 자주 울음을 터트리곤 했다. 장폴 사르트르Jean-Paul Sartre는 자서전에서 플로베르를 "알파벳의 노예"라고 불렀다.[10] 이 장에서는 책에 관한 태도뿐 아니라 이해에 읽기차이가 어떤 영향을 끼쳤는지 알파벳의 노예인 플로베르의 후손들이 털어놓는 이야기를 살펴본다.

읽기차이가 삶에 끼치는 영향에 주목하기 시작한 것은 20세기 후반에 이르러서였다. 초기 난독증 연구는 **읽기결함**reader's deficit을 유발하는 신경 메커니즘과 어린이의 문해력을 향상하는 최적의 치료법에 초점을 맞췄다. 크리츨리의 저서 《난독증 어린이The Dyslexic Child》는 읽기차이를 안고 살면서 겪는 심리적 고초를 처음으로 인식한 연구서다. "난독증 환자는 적대적이지는 않더라도 비판적인 환경에서 자주 이방인 취급을 받는다. 조롱받고 오해받고 불이익을 당하고 발전 기회를 빼앗긴다."[11] 이어지는 연구에서는 면담, 민족지학, 사례연구, 그 밖의 질적 연구 방법을 이용해 난독증이 초래하는 결과를 조사했다. 《난독증의 상처The Scars of Dyslexia》《난독증의 현실The Reality of Dyslexia》《난독증의 인간적 측면The Human Side of Dyslexia》 등은 보통 사람은 몰랐을 '난독증 경험'을 전하는 대표적인 책이다.[12] 난독증이 있는 사람이 스스로 자신을 표현할 방법을 찾는 일은 시간문제였다.

오늘날에는 난독증이 있는 사람이 직접 쓰거나 그들의 말을 옮겨 적은 책을 쉽게 찾아볼 수 있다. 문해력 교육이 발전하고 출판 기회가 늘고 장애를 바라보는 태도가 달라지며 개인의 난독증 이야기도 많이 알려졌다.[13] 당사자 증언이 부족해 연구가 가로막혔던 1960~1970년대와는 상황이 달라졌다. 아일린 심슨Eileen Simpson은 선구적인 수기 《반전Reversals》의 도입부에서 이렇게 설명했다. "이 분야의 전문가들은 글 읽는 사회에 살면서 읽고 쓸 수 없다는 것이 어떤 일인지를 내부자의 시선으로 볼 수 없었던 탓에 연구에 어려움을 겪었다."[14] 심슨은 초기에 이런 내부자적 관점을 제시한 사람들 가운데 한 명이다. 그 뒤 책과 온라인에는 이 장에서 '난독증 수기'라는 별개의 장르로 인정하는 '내부에서 바라본' 수많은 난독증 이야기가 등장했다.

어린 시절 대부분을 침묵했던 난독증 당사자들은 마침내 자신의 이야기를 들려줄 기회를 얻었다. 난독증에 관한 초기 임상 기록은 그들의 뇌에서 무엇이 잘못되었는지에만 집중한다. 하지만 난독증 당사자가 직접 쓴 생활문은 인지차이가 사회 속 개인의 위치부터 일반적인 책까지 모든 것을 바라보는 지각의 형성 과정을 개인적 관점에서 보여준다.[15] 동화 작가 퍼트리샤 폴라코Patricia Polacco가 말했듯 "당신이 지각하는 것은 다른 사람이 보는 것과 다르다".[16] 이런 관점 차이는 읽기를 개인적으로 증언하는 장르에서 생생하게 드러난다. 《난독증의 눈으로 본 세상》 같은 수기는 난독증 독자가 **비전형 지각** 때문에 같은 페이지를 다른 독자와 다르거나 심지어 서로 상충하는 내용으로 읽게 되는 과정을 정확히 보여준다. 우리는 난독증 수기를 통해 자동적이고 자연스럽게 읽는 일반 독자라면 쉽게 간과하는 해석 과정의 요소, 곧 해독이 얼마나 중요한 역할을 하는지 알 수 있다. 읽기차이는 해석이 시작되기도 전에 책과의 만남에 영향을 끼친다.

왜 그 아이들은 읽지 못하는가

난독증이 삶에 끼치는 영향은 옛 기록에서도 가끔 엿볼 수 있다. 적어도 17세기부터는 글을 읽을 수 있었던 사람이 뇌손상을 겪은 뒤 갑자기 '문맹'이 된 사례가 발견된다. 예를 들어 1652년 스위스 의사 요한 야콥 베퍼Johann Jakob Wepfer는 뇌졸중이 발병한 뒤 주기도문을 외울 수는 있었지만 읽는 법은 잊은 사람의 사례를 보고했다. 오늘날 **실독증**으로 알려진 이 질환은 3장에서 다룬다.[17] 1877년 독일 의사 아돌프 쿠스마울Adolf Kussmaul은 환자가 책 페이지에서 단어를 보고도 의미를 이해하지 못하는 당혹스러운 상태를 설명하기 위해 **단어맹**이라는 용어를 고안했다. 10년 뒤 루돌프 베를린Rudolf Berlin은 이런 후천적 문맹 사례를 '난독증'이라고 불렀다.[18] 하지만 대부분의 초기 의학 문헌에서는 읽을 때 겪는 갖가지 어려움을 쿠스마울의 용어로 뭉뚱그려 설명했다. 단어맹이라는 표현은 이런 질환들을 뇌가 아닌 눈과 잘못 엮을 여지가 있다. 다행히 쿠스마울과 그의 영향을 받은 학자들은 단어 처리에 신경학적 측면이 관여한다는 사실을 알고 있었다.[19] 의료계는 이런 통찰을 바탕으로 **읽기장벽**의 본질을 살피기 시작했다.

곧이어 의사들은 태어날 때부터 나타나는 읽기차이를 치료하기 시작했다. 대중 문해력mass literacy이라는 개념이 등장하기 전까지는 **선천적 읽기문제**보다 **후천적 읽기문제** 때문에 인생이 뒤바뀌는 사례가 훨씬 눈에 띄었다. 선천적 문제는 19세기 후반 학교에 다니는 아이가 많아지기 시작할 즈음에야 주목받기 시작했다. 1896년 영국의 의료 감독관 제임스 커James Kerr는 '괴상한 결함'이 있는 학생 목록에 단어맹을 겪는 소년을 추가했다.[20] 같은 해에 의사 윌리엄 프링글 모건William Pringle Morgan은 14세 학생 퍼시 F.가 "손으로 쓴 글씨나 인쇄된 단어에서 아무런 느낌도 받지 못하는 듯하다"라고 기록했다.[21]

모건의 보고에 촉매제가 된 것은 제임스 힌셜우드James Hinshelwood가 저명한 의학저널 《랜싯Lancet》에 발표한 단어맹 사례연구였다.[22] 글래스고에서 활동하는 안과 의사였던 힌셜우드는 읽기문제를 겪는 아이를 만났다. 부모는 당연하게도 아이의 읽기문제가 눈 때문이라고 생각했다. 힌셜우드는 그 뒤 10년 동안 임상 보고서에 훗날 난독증으로 진단되는 질환의 주요 특징을 상세하게 기록했다. 그가 파악한 사례는 다섯 단어 it(그것), is(이다), to(위해), can(할 수 있다), not(아니다)밖에 인식하지 못하는 12세 소년부터 9개월간 연습했는데도 알파벳을 기억하지 못하는 소녀까지 다양했다. 이런 아이들은 읽기를 너무 힘들어했다. 한 아이의 아버지는 "읽기가 아이에게서 많은 것을 빼앗아가는 것 같습니다"라고 말했다.[23] 예나 지금이나 난독증에는 해독하지 못한다는 결함에 사회적 배제까지 더해졌다. 이런 학생 상당수가 난독증이 있다는 사실을 숨기기 위해 학교 낭독 시간 전에 교과서를 통째로 외워버렸다. 어떤 난독증 어린이의 어머니는 힌셜우드에게 반 아이들이 놀려서 아들의 읽기문제가 악화되었다고 털어놓았다. 디킨스의 《데이비드 코퍼필드David Copperfield》에서 폭압적인 계부 머드스톤을 보는 순간 머릿속이 '하얘진' 주인공 데

이비드의 시련이 떠오르는 사례다.[24]

힌셜우드는 난독증에 관한 여러 가지 사례기록을 바탕으로 난독증을 겪는 사람이 예상보다 더 많지만 대부분 진단받지 못했을 것이라고 짐작하고는 이렇게 결론 내렸다.[25] "이런 아이들이 읽기를 배울 때 겪는 어려움의 원인과 진짜 본질을 깨닫는 일이 가장 중요하다. 그렇지 않으면 아이들은 멍청하고 구제 불능이라며 모진 대우를 받거나 방치되고, 자기 잘못이 아닌 결함 때문에 벌을 받을 수도 있다."[26] 힌셜우드의 예측은 적중했다. 난독증 사례는 곧 전 세계 곳곳에서 보고되기 시작했다. 한 연구에서는 1896년부터 1916년 사이에 기록된 단어맹만 64건이라고 추정했다.[27] 안타깝게도 '문제 있음'이라는 딱지가 붙은 어린이가 가혹한 대우를 받을 것이라는 힌셜우드의 우려도 빗나가지 않았다.

초기에는 의료계에서 난독증 사례를 다뤘지만 곧 교육학자와 임상심리학자도 읽기차이에 관심을 가졌다. 학습장애는 주된 교육 문제가 됐다. 이렇게 관점이 전환되자 읽기를 자연스러운 과정으로 보는 통념도 깨졌다. 1911년 잡지 《초등학교 교사Elementary School Teacher》에 발표된 〈읽기 학습에 대해Learning to Read〉라는 기사에서는 다음과 같이 설명한다.

어른은 걷기만큼이나 읽기에도 크게 주의를 기울이지 않는다. 이 과정은 자동적으로 이루어진다. 활자화된 기호를 보면 자기도 모르게 읽는다. 어떻게 걷는지 설명할 수 없는 것처럼 어떻게 읽는지도 설명할 수 없다. 그저 읽을 뿐이다. 어른은 지금까지 읽기 과정을 익히는 데 들인 시간과 노력을 잊었기 때문에 그 과정이 복잡하다는 사실조차 인식하지 못한다. 우리는 읽기가 뇌와 눈을 피로하게 만든다는 것을 알지만 그 기제를 분석하는 데까지 나아가지는 않는다.[28]

반면 난독증을 겪는 사람은 읽기의 복잡성을 잊는 사치를 누리지 못한다. 많은 학생이 난독증을 겪는다는 사실은 읽기에서 얼마나 많은 요소가 어그러질 수 있는지 보여준다.

그 뒤 난독증에 관한 후속 연구는 대부분 인지발달이론으로 옮겨갔다. 1925년 새뮤얼 오턴Samuel Orton이 미국 신경학회American Neurological Association에 발표한 논문은 미국 사회에서 **읽기장애**에 대한 큰 관심을 불러일으켰다. 오턴은 임상 관찰을 바탕으로 읽기장애와 낮은 지능에 연관성이 있다는 오래된 편견에 이의를 제기했다.[29] 심리학자 매리언 먼로Marion Monroe가 관찰했듯 당시 교사들은 읽기를 배우지 못하는 학생은 "게으르거나 아둔하다"고 생각했다.[30] 연구자들은 읽기결함과 지능 사이에 연관성이 없다는 사실을 알리려고 애썼다(오턴은 '결함'이나 '장애' 같은 용어를 다른 말로 대체해야 한다고 주장하기도 했다). 하지만 난독증 어린이를 위한 효과적인 교수법을 개발하는 데는 수십 년이 걸렸다.[31]

오턴은 자신이 발견한 사실에 스스로 자극받아 그저 읽기차이가 있는 뿐인데 "아둔하고 저능하거나 학교에서 낙제하거나 뒤처진다"는 이유로 아이오와 주립정신병원에 보내진 학생들을 구제하기 위해 애썼다.[32] 그는 문해력을 제외한 모든 항목에서 평균 지능을 기록한 클라크

C. 같은 학생에게 관심을 가졌다. "어머니는 내가 어딘가 이상하다고 해요. 남이 읽어주는 건 바로 이해하는데 내가 직접 읽은 건 이해하지 못하거든요."[33] 오턴이 클라크 C. 같은 아이들을 돕기 위해 개발한 치료법은 지난 세기에 엄청난 영향력을 발휘했다. 그는 발음 중심 교수법phonics instruction(음운 인식과 낱자-소리 대응 관계에 기초해 단어를 읽을 수 있도록 가르치는 교수법으로, 음운 인식 교수법 또는 파닉스 교수법이라고도 한다-옮긴이)을 처음으로 주창했다. 그 뒤 애나 질링엄Anna Gillingham, 베시 스틸먼Bessie Stillman과 함께 오늘날 읽기를 음운론적으로 바라보는 데 기여한 다중감각 학습법을 연구했다.

제2차 세계대전 이후 문해력이 전문가 집단의 성공에 중요한 역할을 하면서 난독증에 대한 지원도 늘었다. 1963년에는 런던에서 난독증 어린이를 위한 단어맹센터Word Blind Centre for Dyslexic Children가 문을 열었고, 난독증 어린이를 가르치고 가족을 지원하고 연구를 수행하는 특별기관이 연이어 설립되었다. 미국의 오턴 난독증협회Orton Dyslexia Society(나중에 국제난독증협회International Dyslexia Association로 이름이 바뀌었다)나 영국 난독증협회British Dyslexia Association 같은 단체도 난독증에 대한 관심을 높였다.[34] 사실 사람들은 난독증이라는 명칭에 합의하기 전부터 이런 질환이 존재한다는 사실을 알고 있었다.

난독증 당사자와 그들의 가족, 장애인 권리 운동 단체, 교육자들이 수십 년간 싸워온 덕에 오늘날 난독증은 질환으로 인정받게 되었다.[35] '난독증'이라는 용어는 20세기 후반에 이르러서야 '단어맹' '활자맹' '정신맹' '발달성 읽기문제' '기호 혼동' '독서 곤란' '활자 곤란' '단어 약시' '부분 글자증' '시각 언어 기억상실증' '언어장애' 같은 온갖 용어를 대체하며 널리 사용되기 시작했다[36](1918년 독일의 한 의사는 "단어 읽기에만 문제가 있는 부분적인 백치"라는 용어를 제안하기도 했다[37]). 하지만 '난독증'이라는 용어를 하나로 엄밀하게 정의하기란 어려웠고, 의학적 이해, 교육적 필요성, 사회적 가치 변화에 맞춰 정의가 점차 발전해 왔다.[38]

오늘날과 같은 난독증 연구는 말하기, 언어, 읽기 발달 간의 관계에 관한 심리학 연구가 활발했던 1970년대에 등장했다. 연구자들은 난독증이 언어 기반 장애라는 사실에 점차 공감했다. 이에 따라 이 질환이 시각이나 지각 문제라는 기존 이론은 힘을 잃었다. 난독증에서 시각 반전(b와 d를 혼동하거나 p와 q를 혼동하는)은 지각 문제가 아니라, 아이들이 글자의 소리에 올바른 표지를 붙이기 어려워하기 때문에 일어난다는 사실이 밝혀지기도 했다. 한 연구에 따르면 글자에 틀린 이름을 붙여도 아이들이 글자를 정확히 그릴 수 있다.[39] 또 다른 검사에 따르면 난독증 어린이는 일반적인 방식으로는 단어의 구성 요소를 지각하지 못한다.

신경학 연구가 발전하면서 난독증에 대한 과학적 이해가 계속 진화했다. 오늘날에는 신경영상neuroimaging 기술을 통해 지난 세기 신경학자들은 꿈도 꿀 수 없었던 방식으로 난독증 뇌의 해부학·활동·기능을 깊이 이해할 수 있다.[40] 연구진은 뇌기능영상을 이용해 읽기와 관련된 신경망을 정확히 찾아내고 활자를 해독할 때 난독증 뇌와 비非난독증 뇌에서 일어나는 반응의 차이를 관찰했다. 이런 연구 결과를 통해 난독증을 의학적으로 더욱 잘 이해할 수 있게 됐다. 무엇보다 읽기문제를 잘못된 교육, 열악한 가정 환경, 아이의 게으름 탓으로 돌리는 회의론을 반박할 수 있었다.

난독증의 본질이 정확히 무엇인지에 관한 의견은 다르더라도, 읽기 차이가 사람들의 삶에 불이익을 줄 수 있다는 사실에는 모두 동의한다. 난독증을 제대로 이해하지 못했던 시대의 사람들은 난독증의 실제 경험을 설명하지 못했다. 이제부터는 비유적 의미의 '신경영상', 곧 서사적 표현에 초점을 맞춰 난독증 뇌가 정체성에 어떤 영향을 끼치는지 살펴보자. 이 접근법은 난독증 당사자들이 직면하는 신경학적 문제는 물론 사회적 문제까지 논의를 넓힌다. 오늘날 사회에서는 문해력이 사회적 지위와 직결되기 때문이다. 앞으로 살펴볼 증언을 통해 읽기차이를 안고 살아간다는 것이 어떤 느낌인지, 우리 사회에서 읽기차이를 지닌 사람의 삶을 받아들이지 못하는 것은 구체적으로 어떤 메커니즘 때문인지 알 수 있다. '읽지 못하는 사람' 가운데 한 명은 이렇게 항변했다. "난독증이 있어도 완벽하게 잘 살 수 있습니다. 받아들일 수 있어요. 내가 싸우는 상대는 난독증이 아니라 사회입니다."[41]

학교가 남긴 트라우마

난독증 수기란 사실 있을 것 같지 않은 장르다. 활자 때문에 그토록 고통받는 사람이 왜 그 골칫덩어리를 매개로 소통하기로 결심했을까? 동기는 바로 불만이다. '난독'이라는 이름에서 알 수 있듯이 많은 난독증 당사자는 그들이 '할 수 없는 것'으로 정의되며 자랐다. 예를 들어 지라드 새그밀러Girard Sagmiller는 《난독증, 나의 삶Dyslexia, My Life》의 서두에서 "사람들은 내가 책을 쓸 수 없다고 했다"라고 말했다.[42] 난독증 당사자의 저술은 그를 향한 사회의 선입견에 도전적으로 반발한다. 저자가 자기는 이 책을 읽지 않았다는 짓궂은 단서를 다는 것도 마찬가지 맥락이다. 책 쓰기는 난독증과 언어를 적대적인 관계가 아닌 긍정적인 관계로 재정의한다. 나오미 폴브Naomi Folb는 《잊힌 글자들Forgotten Letters》의 서문에서 이렇게 말한다. "이 글에서는 다음과 같은 질문을 던진다. 누가 작가가 될 수 있는가? 작가가 될 수 있는 자격은 누가 정하는가? 그들은 어떻게 그런 권위를 갖게 되었는가?"[43] 난독증 수기는 자비 출판이 활발하다. 이처럼 이들은 출판 자체를 목표로 삼는다. 하지만 책을 쓴다는 것은 문맹이라는 혐의를 벗는 데 그치지 않는다. 난독증 당사자들은 쓰기를 통해 어릴 때부터 책과의 만남을 방해한 읽기에 대한 반감의 뿌리를 추적한다.

난독증 수기는 비非독자가 독자를 위해 만든 장르로, 난독증 질환만큼 형태가 다양하다. 가장 익숙한 형태는 역경을 이겨내는 뻔한 성공담이다. 《전 미국 프로미식축구선수 로버트 테이트가 말하는 '나는 어떻게 2부 리그 선수에서 프로선수가 되었는가Former NFL Veteran Robert Tate Reveals How He Made It from Little League to the NFL》 같은 볼썽사나운 책이 이런 부류에 속한다.[44] 전통적인 역경 서사에서는 장애가 있어도 성공할 수 있다고 강조한다면 반ᛃ전통적인 역경 서사에서는 난독증의 장점을 강조한다. 존 로드리게스John Rodrigues의 놀라운 수기 《고등학교 낙제생 하버드에 가다High School Dropout to Harvard》에서는 자신의 성공이 진단받지 않은 난독증 덕분이라고 확신한다.[45]

난독증 수기의 제목에서는 그 자체로 보이지 않는 장애, 곧 교실에서 받았던 숨겨진 상처가 드러난다. 《사고뭉치Trainwreck》《엄마! 나 하꾜에서 제일 바부래Look Mom, I'm the Dumest One in My Clas!》 같은 책 제목의 오자는 저자가 겪는 언어적 난관을 보여준다.[46] 《멍청이라고 부르지 마!Please Don't Call Me Dumb!》는 학습 차이를 겨냥한 모욕에 선제공격을 하고 《천재적 바보Brilliant Idiots》는 가시 돋친 표현을 끌어와 이런 모욕을 전복한다.[47] 《절대 성공 못 할걸Most Unlikely to Succeed》 같은 책의 제목은 한때 난독증 어린이에게 거는 기대가 높지 않았던 탓에 실제로 이런 말을 들었던 저자가 성공한 자신을 소개하며 비꼬는 농담이다.[48] 가장 최근에 나온 책 제목을 보면 읽기차이에 대한 태도가 상당히 달라졌다는 것을 알 수 있다. 《난독증은 내 초능력Dyslexia Is My Superpower》처럼 난독증의 강점을 강조하는 제목은 예전 같으면 상상할 수도 없었다.[49]

평생 이야기하기에서 배제되어온 난독증 당사자는 쓰기를 통해 자신의 이야기를 직접 들려줄 기회를 얻는다. 난독증 수기는 주인의 도구를 이용해 주인의 집을 부수는 시도라 할 수 있다. 난독증에서 벗어나는 데 실패하자 난독증에 대해 써야겠다는 강박을 느끼는 사람도 있다. 리처드 크래머Richard Kraemer가 자신의 어린 시절을 글로 남긴 이유를 설명하는 부분은 트라우마 생존자의 서사와 닮아 있다. "그 시절로 절대 돌아가고 싶지 않다. 그 시절을 기억하고 싶지도 않다. 하지만 글을 쓰기 시작하자 멈출 수가 없었다."[50] 사소해 보이는 읽기장애가 어떻게 암처럼 퍼지는지 추적한 수기도 있다. 조 리스[Jo Rees]는 난독증이 책을 넘어 일상생활에 어떤 영향을 끼치는지 묘사한다. "난독증이 모든 일상에 어떻게 숨어드는지, 하루하루 매시간 어떻게 영향을 주는지, 어떻게 난독증에서 벗어날 수 없게 되는지 보여주고 싶었다."[51] 수많은 수기에서 같은 통찰을 전한다. 난독증은 책 너머 손 닿지 않는 곳까지 영향을 뻗친다.

난독증 수기는 대부분 흐름이 비슷하다. 처음에는 학교에서 아주 만족스럽고 행복한 어린 시절을 보내다가 읽기문제 때문에 반 친구들과 사이가 틀어진다. 보통 읽기 수업이 전환점이 된다. 글자를 볼 때의 좌절감이 밖으로 표출되면서 또래, 교사, 가족과의 관계가 어그러지고, 성적표에 F가 보이기 시작하면 걱정해야 할 글자가 하나 더 늘어난다. 아이들은 읽기 때문에 곤란해지는 상황을 피하려고 학교 체계를 탐색하느라 진을 다 뺀다. 난독증 수기에서는 독후감을 거짓으로 써가는 등 관심을 피하고 최대한 자신의 진짜 모습을 감추려는 생존 전략을 볼 수 있다. 하지만 결국 일이 터진다. 또래에게 놀림을 받거나 교사들이 학습장애를 반항으로 오인해 벌을 주거나 부모가 게을러서 성적이 나쁘다고 오해해 갈등이 생긴다. 이런 서사의 이면에는 폭력이라는 위협이 도사리고 있다. 사실 불성실하다는 주변의 평가가 무색하게도 난독증이 있는 사람 본인이야말로 읽기를 가장 심각하게 받아들인다. 단어를 잘못 발음하는 일 같

은 사소한 문제가 비행, 우울장애, 심지어 자살 시도로까지 이어질 수 있다.[52]

난독증 수기에는 숙제, 시험, 처벌, 괴롭힘, 등교와 관련된 충격적인 장면들이 두드러지게 나온다. 어떤 소년은 학교에 가기 전에 토할 정도였다.[53] 낭독 시간이면 피할 수 없는 위기가 찾아온다. 루이즈 베이커 Louise Baker는 이렇게 물었다. "어떤 아이가 친구들 앞에 서서 망신당하고 바보가 되고 싶겠어요?"[54] 《데이비드 코퍼필드》에서 보듯 압박은 읽기 장벽 자체보다는 그 상황과 더 깊이 관련되어 있다. 에이브러햄 슈미트 Abraham Schmitt는 같은 반 친구들이 보는 앞에서 몇 번이고 자존감이 무너졌던 낭독 시간을 '죽음 경험'에 비유했다.[55] 또래의 심판을 받는다는 점에서 그 순간 교실은 법정이나 마찬가지다. 《읽을 수 있는 척 Faking It》의 저자는 이렇게 회상했다. "내가 글을 못 읽는다는 것을 반 애들 모두가 보고 있었다. 더는 내가 멍청이라는 사실을 숨길 수 없다는 것을 깨달았다."[56] 그는 낭독이 너무 두려운 나머지 선생님이 이름을 부르자 기절한 적도 있다.

심리학자가 아니어도 **난독증 화자**dyslexic narrator의 불편을 감지할 수 있다. 증상은 눈에 띄는 곳에 숨어 있다. 스티븐 본필드Steven Bonfield는 이렇게 설명했다. "글을 낭독할 차례가 되면 콧물이 흐르고 눈물이 나고 심지어 숨이 가빠지기 시작했다."[57] 다른 난독증 당사자도 낭독에 거부 반응을 보였다. 제프 니콜스Jeff Nichols는 "낭독할 때 발진이 일어나는 사람을 데려와라. 그가 난독증 환자라는 사실을 확인시켜주겠다"라고 말하기도 했다.[58] 남들 앞에서 글을 읽느니 차라리 공개적으로 관장을 하겠다고도 했던 니콜스는 사람들 앞에서 단체의 강령 다섯 줄을 읽지 않으려고 익명 알코올의존증 치료모임에 빠지기도 했다.[59] 지지모임조차 낭독할 때의 굴욕감을 없애주거나 난독증 당사자를 지지해주지는 못할 수 있다.

모든 난독증 당사자가 낭독의 두려움을 극복할 수 있는 것도 아니다. 이런 불편은 나이 들며 더욱 심해지는 경우가 많다. 나이와 읽기 수준의 차이가 점점 벌어져 구경거리가 될 수 있기 때문이다. 어떤 열 살짜리 소년이 《꼬마 기관차 토마스와 친구들Thomas the Tank Engine》을 낭독할 차례가 되자 반 아이들은 예상대로 '칙칙폭폭' 소리를 내며 소년을 놀렸다.[60] 낭독을 하지 않는다고 해결되는 문제가 아니었다. 켄터키주의 한 광부는 고등학교 1학년 때 초등학교 1학년 아이들과 함께 책을 읽어야 했던 고통스러운 기억을 털어놓았다. 그 일이 있고 나서 그는 곧바로 학교를 그만뒀다.[61]

난독증 학생은 "안경 놓고 와서요"라고 변명하는 것보다 더 극단적인 방법을 동원해 낭독을 피한다. 심리적 트라우마 대신 신체적 트라우마를 택하기도 한다. 한 소녀는 코피가 난다고 변명하려고 콧속을 후비는 등 자해를 했다. 차라리 체벌을 받겠다는 학생도 있다. 빅터 비야세뇨르Victor Villaseñor는 공개적으로 굴욕을 당하느니 선생님에게 자로 맞겠다고 했다.[62] 그는 멍청이가 될 바에야 차라리 비행소년이 되기로 했다. 낭독하지 않겠다고 했다가 매를 맞자 선생님의 손을 물어뜯어 복수했다. "선생님은 아프다며 비명을 질렀어요. 난 신이 났죠!"[63] 선생님의 손을 깨물어 잠깐 위기를 모면할 수는 있었지만 비슷한 상황을 계속 피할 수는 없었다. 슈미트는 《천재적 바보》에서 반항적인 태도 뒤에 '숨겨진 바보'를 들킬까 봐 늘 마음을 졸였다. "내가 아무리 남들이 함부로 건드리지 못하는 사람이 돼도 마음 깊은 곳에서는 내게 문제가 있다고 수군대는 목소리가 들렸다."[64] 난독증 수기에서는 학생들이 읽기를 거부하는 행위를 통해 어떻게 타인의 비판을 내면화하는지 보여준다.

난독증 수기에는 필연적으로 '멍청이'라는 말이 나온다. 예를 들어 《성공 Making the Grade》을 쓴 데일 업햄Dayle Upham은 "얘 완전 멍청해요"라는 네온사인이 번쩍이는 옷을 입고 다니는 기분이었다고 설명한다.[65] 언어라는 암호를 해독할 수 없다는 사실이 만천하에 드러나는 순간부터 난독증 학생은 '멍청이' '바보' '백치' '천치' 같은 말을 들으며 난독증 자아를 형성한다. 치부를 들킨 난독증 학생은 어빙 고프먼Erving Goffman이 《낙인Stigma》에서 '반갑지 않은 차이undesired differentness'라고 표현한 낙인이 찍히며 반 아이들과 멀어진다.[66] 난독증 수기에서는 아이들이 낙인에 얼마나 취약한지 짚는다. 유명인조차 이런 낙인에서 벗어날 수 없다. 세계 최고 자동차경주대회 F1 챔피언인 재키 스튜어트Jackie Stewart는 "애들은 내가 멍청하다고 했고 난 그 말을 믿었다. 누구라도 어릴 때 멍청하다는 말을 들으면 그럴 것이다"라고 고백했다.[67] 그의 수기에서는 보통의 독자가 자신은 주변인으로 여겨질 리 없다고 선을 긋기 전에, 우리를 집단 역학관계에 끌어들이며 상황을 뒤집는다.

난독증 수기에서는 정체성의 핵심을 구성하는 다른 후천적인 기술

대부분과 읽기가 다르다고 주장한다. 소설 속 인물이야 난독증 때문에 겪는 수치심이 자존감과 장래에 미치는 부정적인 영향을 축소할 수 있다. 윌리엄 서머싯 몸William Somerset Maugham이 자기 소설 속 교회 관리인에 대해 읽을 줄 몰라도 "글 읽는 습관이 없어서" 잘 지낼 수 있다고 묘사했듯이 말이다.[68] 하지만 현대 사회에서 문해력은 자아를 정의하는 동시에 지능을 대표하는 요소로 여겨진다.[69]《데이비드 읽기Reading David》의 저자는 '난독증'이라는 용어를 접하기 훨씬 전부터 이런 차이를 느꼈다. "다른 아이들처럼 읽지 못한다는 것은 무엇을 의미하는가? 바로 당신이 돌연변이나 괴물이라는 뜻이다."[70] 읽는 법은 몰라도 주변부로 밀려났다는 사실은 알 수 있다.

난독증 서사의 주된 감정은 필연적으로 수치심이다. 난독증이 문제가 되는 이유는 읽기가 어렵기 때문이 아니라(읽기를 어려워하는 아이들은 많다) 불안, 어색함, 당혹감, 굴욕감 같은 불편한 감정과 얽혀 있기 때문이다. 53세의 한 여성도 부족한 문해력을 자신이 부적절하다는 감정과 단단히 연결시켰다. 그는 "아, 수치스러운 상황에 처할지도 모른다는 엄청난 두려움에 사로잡히지 않고 글을 읽을 수 있다면!"이라고 한탄하기도 했다.[71] 고난을 겪는 독자의 자존감은 시간이 흘러도 거의 높아지지 않는다. 41세에 난독증 진단을 받은 한 여성은 이렇게 고백했다. "매일 창피함이나 굴역감을 겪지 않는다고? 난 아니라고!" 조금만 실수해도 '굴역감'은 심해졌다. 그는 일부러 '굴욕감'을 '굴역감'이라고 잘못 표기함으로써 단어가 어떻게 자신을 공격하는 무기가 되는지 보여준다.[72] 난독중 당사자는 언뜻 기계적으로 보이는 읽기 기술을 묘사할 때 '어려운' '도전적인' 같은 표현보다 훨씬 개인적이고 감정적인 표현을 즐겨 쓴다. 크리스 리Chris Lee는 "읽기는 내가 학교에서 해치워야 했던 두려운 과제 중 하나였다"고 썼다.[73] 읽기에 대한 부정적인 감정은 읽기라는 과제 자체보다 이들에게 장애가 있다고 손가락질하는 환경 때문에 생긴다. 난독증 환자에게 다른 독자는 지옥이다.

　다수의 연구에 따르면 난독증 어린이가 특히 신체적 학대를 많이 받는다.[74] 이런 학대는 또래, 부모, 교사, 심지어 난독증 당사자 자신이 유발한다. 남자라고 해서 학대로부터 더 안전한 것은 아니다. 럭비선수 케네스 매커로우 로건Kenneth McKerrrow Logan은 욕실 거울 앞에 서서 자기 머리를 주먹으로 때리기도 했다.[75] 아직 공격성을 내면화하지 않은 아이들도 다른 사람의 공격을 받는다. 부모가 아이를 게으르거나 구제 불능이라고 여기는 가정에서는 난독증이 가족 관계의 걸림돌이 된다. 한 청소년은 "어릴 때 아버지가 날 옆에 앉혀놓고 책을 읽지 않으면 혼날 거라고 다그쳤어요. 결국 보통은 벌을 받았죠"라고 회상했다.[76] 읽기를 좋아하게 만드는 데는 '사랑의 매'도 별로 도움이 되지 않는다.

　교사들이 읽기문제를 반항으로 쉽게 오해하기 때문에 난독증 학생들과 좋은 관계를 맺기가 특히 어렵다.《난독증의 상처》에서 한 교사는 읽기를 거부한다는 이유로 학생의 머리를 빗자루 손잡이로 때렸다.[77] 학생은 교장에게 교실에서 받은 굴욕을 고발하며 보답했다. 한 학생은 교사가 '미련하다'라고 하면 어떤 느낌이 드냐고 묻자 "때리고 싶어요"라고 대답했다.[78] 난독증 어린이 서사에서는 당연하게도 약자 집단이 겪는 부당함이 두드러진다. 난독증이 있는 많은 사람이 부커 톨리버 워싱턴 Booker Taliaferro Washington의 《노예에서 벗어나Up from Slavery》에서 교육을 받으려고 고군분투하는 노예에 자신을 대입해본다. '알파벳의 노예' 상태를 진짜 노예 상태와 진지하게 동일시하는 것이다.

비유가 아닌 문자 그대로 폭력 때문에 읽기 수업을 그만두기도 한다. 책은 어느 쪽에든 무기가 된다. 이런 맥락에서 《폭풍의 언덕Wuthering Heights》에서 책을 던지는 장면은 난독증 수기 저자가 이 책을 읽었는지와 관계없이 난독증 수기의 틀이 되었다. 난독증 어린이에게 《폭풍의 언덕》은 글 읽는 사회가 읽지 못하는 사람에게 가하는 폭력을 보여주는 작품이다. 윌리엄 버틀러 예이츠William Butler Yeats의 아버지는 아들에게 읽기를 가르치다가 너무 화가 난 나머지 장차 시인이 될 아들의 머리에 책을 집어던지기도 했다.[79] 하지만 책의 쓰임새가 읽기 말고도 얼마나 다양한지 간파한 난독증 어린이들은 교사에게 책을 다시 집어던지며 억압자의 도구를 되돌려준다.[80] 책은 말과 달리 강제로 복종시킬 수 있기 때문에 난독증 어린이가 쉽게 분노를 표출하는 표적이 된다. 흉부외과 의사 그레임 해먼드Graeme Hammond는 어린 시절의 분노를 회상하며 이렇게 고백했다. "난 책에 화풀이하곤 했어요. 이해되지 않는 단어를 연필로 북북 긁기도 했죠. 글자를 읽을 수 없으면 책을 쾅쾅 두드렸고요."[81] 고장 난 기계를 쿵쿵 치는 것과 비슷한 행동이다.

《읽을 수 있는 척》 같은 난독증 수기의 제목에서 알 수 있듯 난독증 성인이 글을 읽을 줄 아는 척 **위장**passing하는 것은 폭력을 피하는 가장 손쉬운 방법이다. 시버스는 장애인이 비장애인으로 위장하면 편견에서 잠깐 해방될 수는 있지만 동시에 정신건강에 큰 타격을 입는다는 점을 지적했다.[82] 난독증 수기를 보면 지인이나 사랑하는 사람에게까지 힘겹게 읽기차이를 감추며 **신경전형인**으로 위장할 때면 극도의 긴장을 경험한다. 심슨은 이렇게 설명했다. "나는 오랫동안 '위장'해왔다. 위장하는 사람은 누구나 정체가 탄로날지도 모른다는 두려움과 함께 살아가는 법을 익혔겠지만, 주기적으로 이런 위협에 노출되지 않았다면 나는 문맹이라는 장애를 안고 살아가는 일이 어떤 것인지 거의 잊었을지도 모른다."[83] 하지만 모든 난독증 당사자가 심슨만큼 잘 적응하지는 못한다. 관용이 부족한 시대에는 더욱 그랬다. 1936년 자신의 정체성을 숨기고 싶었던 한 여성은 "나는 이 끔찍한 비밀을 항상 안고 산다"라고 고백했다. "무언가를 읽어내야 한다는 두려움이 있다."[84] 위장의 대가는 끊임없는 불안이었다.

가면증후군impostor syndrome(자신이 노력이 아니라 순전히 운으로 성공했다고 생각하고 지금껏 주변 사람들을 속여왔다며 불안해하는 심리적 현상—옮긴이)은 난독증 환자에게 특히 영향을 끼친다. 언제든 속임수가 드러날 수 있기 때문이다. 정신과 의사 하워드 롬Howard Rome은 이렇게 주장했다.

정상으로 간주될 때의 보상이 크기 때문에, 누구나 가능하기만 하다면 술술 읽을 수 있는 척 위장할 것이다. 하지만 이렇게 '위장'한 사

람은 끊임없이 정체가 발각될 수도 있다는 위협을 느낀다.[85]

친한 사람들과 있어도 끊임없이 불안하다. 리는 실수를 저지른 다음 이렇게 고백한다. "마침내 친구들이 날 꿰뚫어본 것을 알았다. 친구들은 나를 바보라고 불렀고 나는 더 이상 숨길 수 없다는 것을 깨달았다."[86] 졸업한 지 한참 지나도 그런 위협은 계속된다. 《최후의 독자Last Reader Standing》에서 아치 윌러드Archie Willard는 54세인데도 삶이 여전히 위태롭다고 느꼈다. 사소한 자극에도 "지울 수 없는 수치심과 고통을 느꼈던 초등학교 1학년 교실 구석 책상으로 돌아가버리기 때문이다".[87] 읽을 수 없는 사람에게 안전한 공간은 없다. 한 53세 여성은 교회학교에서 성서를 읽으라고 할까 봐 두려움에 떨며 살았다.[88]

난독증 학생에게 읽을 수 있는 척 위장하는 일은 수치를 당하지 않기 위한 필수적인 생존술이다. 그래서 이런 학생은 읽기 자체에는 서툴러도 읽는 척 연기하는 데는 능숙했다. 리스는 이렇게 썼다. "나는 읽는 척을 정말 잘했다. 눈치챈 선생님은 없었다."[89] 이들이 게으르다는 말은 근거 없는 이야기다. 읽는 척하기는 실제 읽기보다 훨씬 많은 시간이 걸리기 때문이다. 제니퍼 스미스Jennifer Smith는 매주 책 한 권을 통째로 외워서 마치 책을 읽는 듯 속였다. 나중에 그는 이렇게 말했다. "창피당하지 않으려고 다른 애들이 하는 것처럼 했어요. 눈속임한 거죠."[90] 문해력 흉내 내기는 주목받지 않으려는 전술이었다. 《앞뒤를 바꿔서Backwords Forword》의 저자는 자율 독서 시간을 "책 속 그림을 보고 읽는 척하는 시간"이라고 표현했다.[91] 학교를 졸업한 지 한참 지난 성인도 가짜로 읽어야 한다는 압박을 느낀다. 《언어 없는 삶Life with No Words》의 저자는 딸에게 책을 읽어주는 척하면서 이야기를 지어냈다고 고백했다.[92]

글을 읽기는 어려워도 사람을 잘 읽는 이들도 있다. 장애학의 관점에서 위장의 역할을 생각해보면 다른 독자의 행동을 모방하는 데 얼마나 많은 기술이 필요한지 알 수 있다. 심슨은 학교에서 읽을 수 있는 사람으로 위장하려고 애쓴 일을 설명했다. "나는 배우처럼 연기력을 기르려고 노력했다. 어려운 단어가 나오면 어물쩍 넘어가는 척했다. '너무 어려운' 단어가 나오면 다른 아이들을 흉내 내서 선생님께 도움을 청하기도 했다."[93] 심슨은 극적인 연기를 펼치며 책 페이지를 손가락으로 따라가고, 단어 사이에서 머뭇거리고, 단 한 번의 실수에도 연기가 들통날까 봐 다른 아이들이 어디에서 페이지를 넘기는지 몰래 훔쳐보곤 했다. 루이즈 그린Louise Green도 책을 미리 외워서 난독증을 들키지 않고 학교에 다닐 수 있었다. 선생님이 실수로 한 페이지가 아니라 두 페이지를 넘기기 전까지는 말이다.[94]

많은 난독증 수기가 "내 이름은 ○○○이고 나는 읽기문제가 있다"라고 고백하는 얼개인 것도 이들이 신경전형적 독자로 위장하며 겪는 가면증후군 때문이다. 읽기가 어렵다고 해서 부끄러워할 필요는 없지만 난독증 환자들은 오랫동안 인지차이를 숨기기 위해 엄청난 노력을 기울였다. '읽지 못하는 사람'이라고 먼저 고백하며 위장의 압박에서 벗어난 사람도 많다. 난독증 수기라는 장르를 이용해 자신이 독특한 독자라는 사실을 드러낼 수도 있다. 읽기차이 때문에 전형적이지 않은 방식으로 책을 읽고, 심지어 모두가 좋아하는 책에 적대적으로 반응하기도 하는 독자라고 스스로 밝히는 것이다. 이처럼 스스럼없는 책 혐오자들의 반응을 고려하지 않고는 아동문학의 역사를 온전히 이야기할 수 없다.

책에 대한 사랑을 고백하는 **독서 수기**bibliomemoir는 어려움 없이 책을 읽는 독자들이 사랑하는 장르다.[95] 반면 **난독증 수기**는 독서 수기와 정반대의 장르로, 좋아하는 책에 대한 추억이나 읽기의 즐거움 따위는 찾아볼 수 없다. 난독증이 있다면 아동문학의 황금기를 시련의 시기로 생각한다. 초기에 난독증에 대한 글을 쓴 여성 가운데 한 사람은 "《블랙 뷰티 Black Beauty》는 악몽이었다"라고 고백했다(그 책을 다 읽었다는 뜻은 아니다).[96] 난독증 수기는 책을 좋아하는 사람과 책을 싫어하는 사람을 뚜렷하게 구분하고, 독서 또는 읽기 자체를 싫어하는 사람에게 스스로 말할 무대를 제공했다. 판타지소설 작가 테리 굿카인드Terry Goodkind는 "읽기는 내게 고문이다"라고 불평했다.[97] 독서 수기에서는 책이 어떻게 인생을 바꿨는지 이야기하는 반면 난독증 수기에서는 읽기의 부정적인 면을 강조한다. 평범한 독자라면 난독증 독자가 루이자 메이 올컷Louisa May Alcott의 《작은 아씨들》처럼 많은 사랑을 받는 소설에 보이는 반응을 이해하지 못할 것이다. 애너 퀸들런Anna Quindlen은 수많은 애서가의 감정을 이렇게 전했다. "《작은 아씨들》이 내 인생을 바꿨어요."[98] 난독증 수기 저자들은 이렇게 반격한다. "《작은 아씨들》이 내 인생을 망쳤어요." 양쪽 모두 이 책을 잊을 수 없는 책으로 기억하지만 그 이유는 정반대다.

심슨은 고전소설에 대한 난독증 독자의 반감을 가장 설득력 있게 표현했다. 150년도 넘게 독자들에게 말을 걸어온 소설도 그에게는 말을 걸지 않았다. 심슨은 《반전》에서 《작은 아씨들》의 주인공들은 잘난 체나 하고 대화는 시끄러우며 등장인물을 구별할 수조차 없다고 불평한다. 누가 말하고 있는지도 알 수 없었지만("누가 말하는 거야? 메그야 조야?") 그는 사실 그런 것에 신경 쓰지 않았다. "이야기가 이렇게 따분한데 누가 말하는 건지 알 필요가 있나?"[99] 《작은 아씨들》은 여주인공 조가 자신의 '가장 큰 고통'은 원하는 만큼 읽지 못하는 것이라고 말하는 소설이기는 하지만 말이다.[100]

누군가는 이렇게 술술 읽히는 책은 없다고 생각했을지 모르지만 반대로 심슨은 올컷의 이 소설이 몇 페이지나 되는지(536페이지나 된다!) 정확히 안다. 난독증 독자에게는 크기가 중요하다. 올컷의 팬은 단어 하나하나에 집중하겠지만 심슨은 '불필요한 충전재'는 건너뛴다. 감탄사, 사투리, 일기, 어려운 단어, 꿈, 편지, 자연 묘사, 시적인 표현, 고유명사, 극적인 연기, 복잡한 문장, 심지어 막내 에이미가 단어, 철자, '구두점'을 어려워했다는 묘사까지도 말이다.[101] 심슨에게 남은 것은 대화뿐이었다. 이처럼 제멋대로 축약해버린 탓에 그는 자연스럽게 소설의 줄거리를 다른 독자들과는 상당히 다르게 이해했다. 예를 들어 베스가 죽는 장면을 건너뛴 탓에 소설을 다 읽은 뒤에도 눈가가 촉촉해지지 않은 몇 안 되는 독자가 됐다. 하지만 그의 상반된 반응은 취향이 아닌 인지차이가 책 내용을 받아들이는 데 끼치는 영향을 더욱 잘 보여준다.

움직이는 글자, 산만한 마음

난독증 독자의 증언은 똑같은 책 페이지도 독자마다 얼마나 다르게 인지하는지 생생하게 보여준다. 보통은 책의 페이지가 고정되어 있어서 모든 독자가 같은 페이지를 똑같이 본다고 생각한다. **활자 고정성**typographical fixity은 15세기 요하네스 구텐베르크Johannes Gutenberg가 인쇄기를 발명한 뒤 얻은 주요 이점 가운데 하나다.[102] 하지만 난독증 독자는 책 페이지를 볼 때 흔히 종이가 아닌 픽셀화된 화면처럼 가변적인 **활자 유동성**typographical fluidity 상태를 경험한다. 심슨은 비전형 지각 때문에 "단어가 없힌 책 페이지가 마치 알파벳이 뒤섞인 수프 접시로 보인다"라고 말했다.[103] 난독증 독자도 다른 독자처럼 단어를 해독한다. 하지만 같은 단어라도 다른 독자와 똑같은 뜻으로 해독하는 것은 아니다. 이때 문제가 발생한다.

난독증 독자는 책을 펼쳤을 때 무엇을 볼까? 가장 대표적인 것은 뒤집힌 글자다. 《반전》《반전된Reversed》《난독증으로 퇴보한 나의 삶My Backward Life with Dyslexia》 같은 책 제목에서 알 수 있듯이 난독증 독자 모두 읽기차이로 글자가 반전되어 보이는 점을 첫손에 꼽는다.[104] 난독증 수기는 《뭔가 이상해Something's Not Right》 표지처럼 제목 글자 하나를 뒤집는 전략을 종종 사용한다.[105] 글자가 뒤섞여 보이는 현상은 읽기문제의 원인을 뇌가 아닌 눈으로 의심했던 최초의 보고로 거슬러 올라간다.[106] 오턴은 이런 방향 반전을 '거울상지각장애strephosymbolia' 또는 '뒤틀린 기호twisted symbol'로 표현했다.[107] 하지만 난독증 어린이가 글자를 거꾸로 본다는 생각은 오해였다. 난독증은 시력문제가 아니고, 시각 정보를 제대로 인식하지 못해 기호를 소리로 잘못 변환하는 과정에서 발생한다. 아이들이 글자를 제대로 읽지는 못해도 그대로 따라 쓸 수 있다는 사실이 수많은 테스트를 통해 확인되었다. 곧 글자 반전은 시력문제가 아니라 언어문제였다. 인지신경과학자 드앤은 읽기문제를 언어 처리 문제로 접근하게 된 변화를 '혁명적인' 전환이라 평했다.[108]

더 이상 시력을 난독증의 주요 원인으로 보지 않는다. 학습이 느린 어린이라도 시력은 보통 다른 아이들과 비슷하기 때문이다.[109] 물론 시력은 활자 읽기의 기본이며 시력문제는 분명히 읽기에 방해가 된다. 하지만 가장 중요한 것은 뇌가 정보를 해석하는 방법이다. 어떤 안과 의사들은 "읽기는 눈이 아니라 뇌에서 배운다"라고 말했다.[110] 난독증 수기 저자는 읽기에 시력 외의 훨씬 많은 요소가 관여한다는 사실을 신경전형적 독자에게 설명할 때부터 난관에 부딪힌다. 그들은 디지털 애플리케이션으로 난독증을 시뮬레이션할 수 있게 되기 훨씬 전, 난독증이 있으면 어떻게 보이는지 직접 경험해보고 싶은 사람에게 이렇게 조언했다. "페이지를 거꾸로 들고 읽어보세요."[111]

난독증 화자는 책 페이지가 유동적으로 보이는 어려움을 묘사하기 위해 다양한 실험을 했다. 한때 '읽기 싫어하는 배우'로 불렸던 수전 햄프셔Susan Hampshire는 《수전 이야기Susan's Story》 도입부에서 일반 독자의 관점이 보편적이라고 오해해서는 안 된다고 경고한다.

지금까지 내가 쓴 글을 어려움 없이 읽었다면, 당신의 눈이 문장을 술술 따라가고, 문장을 덩어리로 보고, 획획 뒤로 넘겨보지 않거나 마지막 몇 단어를 다시 살펴보거나 확인하지 않았다면, 단어를 잘못 읽거나 틀린 순서로 읽지 않았다면, 당신은 다행히도 나와 같은 문제가 없는 사람이다.[112]

"획획 넘겨보거나 다시 살펴보거나 확인하거나 잘못 읽거나 틀린 순서로 읽는" 행동들은 능숙한 독자라면 물 흐르듯 읽어나가는 과정에 제동을 건다. 읽기라는 행위는 부자연스러워진다. 다른 사람은 당연하게 여기는 단어 처리 과정에서 난독증 화자가 얼마나 어려움을 겪는지 강조하는 구절도 있다. 글자가 춤추는 것처럼 보이거나 빙빙 돌거나 겹쳐 보이거나 떨리거나 번쩍이거나 깜빡이거나 희미해지거나 빛나거나 커지거나 줄어드는 등 자신이 책에서 본 것을 정확하게 묘사하기란 쉽지 않다. 난독증 화자에게 책 페이지는 움직이는 표적이다.

난독증 화자는 읽기장벽이 어떤 느낌인지 표현하기 위해 독특한 비유를 사용한다. 햄프셔는 머릿속에 뭔가 들어 있는 것 같아서 "'나비'는 어떻게 쓰나요?"처럼 간단한 질문에도 대답하기 힘들어했다. 햄프셔는 이렇게 설명했다. "머릿속이 실처럼 엉켜 대답할 수가 없었다. 머릿속에 진짜 실타래 한 뭉치가 들어 있고 한쪽 끝이 정수리 밖으로 튀어나온 것 같았다. 이 실을 잡아당기면 엉킨 실타래를 꺼내 머릿속을 비울 수 있을 것 같았다."[113] 화자의 머릿속에 떠오르는 이미지는 실제 책 페이지에서 묘사된 사건이나 장면에서 주의를 돌리게 하고, 동시에 손에 잡힐 듯 생생한 착각을 일으킨다.

20세기 대부분 동안 난독증 연구자들은 **거울 읽기**mirror reading라는 현상을 이용해 일부 환자의 인지 왜곡을 조사했다. 애초에 연구자들은 난독증 환자가 글자의 방향 문제를 겪는다는 점 때문에 난독증과 '거꾸로' 해독하는 현상이 관련 있을 것이라고 짐작했다. 1900년 미네소타의 한 신경학자는 책을 옆으로 읽거나 뒤집어 읽는 것은 물론 반전시켜 쓴 글도 쉽게 읽는 12세 소년의 사례를 기록했다.[114] 후속 연구에 따르면 텍스트의 방향이 전혀 문제 되지 않는다고 느끼는 독자도 있다. 크리즐리는 심지어 책을 거꾸로 들고 읽는 것이 난독증 독자에게 도움이 될 수도 있다고 주장했다.[115] 하지만 난독증과 거울 읽기가 관련 있다는 가설은 잘못됐다. 둘 다 특이한 읽기 방법은 맞지만 글자 반전은 모든 아이가 발달 초기 단계에서 보인다. 난독증이 있다고 해서 거울 읽기를 더 자주 하지는 않는다.

문장을 쓸 때 일반적인 방향과 반대로 쓰거나 거울에 비추듯 글자를 거꾸로 쓰는 보완적인 **거울 쓰기**mirror writing 방법 역시 더 이상 난독증의 증거로 받아들이지 않는다. 수천 장이나 되는 수첩 가득 반전된 글씨를 채운 레오나르도 다빈치 같은 유명한 사례를 생각해보자. 피렌체의 예술가 조르조 바사리Giorgio Vasari는 다빈치를 관찰하고 이렇게 썼다.

다빈치는 왼손으로 이상한 모양의 글자를 거꾸로 썼다. 이런 글자를

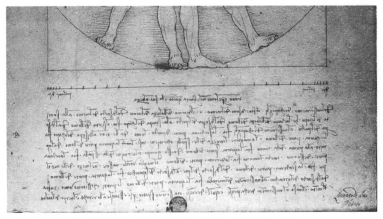

그림 1. 1940년 작품 〈인체비례도Vitruvian Man〉 속 레오나르도 다빈치의 거울 쓰기

읽는 데 익숙하지 않은 사람이라면 그의 글을 이해할 수 없다. 거울로 비춰보지 않고는 읽을 수 없기 때문이다.[116]

다빈치가 실제로 난독증이었거나 적어도 신경다양적 독자였을 수는 있다. 하지만 대부분의 사람이 조금만 연습하면 거꾸로 쓸 수 있기 때문에 거울 쓰기가 난독증의 결정적인 증거는 아니다.[117] 거울 쓰기에 관한 한 연구에서 지적했듯 직접 이마에 종이를 대고 글씨를 써보면 누구나 거울 쓰기를 할 수 있다.[118] 예를 들어 루이스 캐럴Lewis Carroll은 거울에 비춰야 읽을 수 있도록 고안한 '거울 글씨'로 친구들을 즐겁게 했다. 《거울나라의 앨리스Through the Looking-Glass》에서 앨리스가 맨 처음 본 것도 거울 글씨로 인쇄된 책이었다.[119]

그럼에도 난독증과 거울 이미지가 연관되어 있다는 가정이 여전히

대중의 뇌리에 각인된 이유가 있다. 이런 가정은 비유적으로는 유용하다. 거울 이미지는 똑같은 책 페이지를 서로 다르게 보는 신경전형적 독자와 신경다양적 독자의 상반된 관점을 생생하게 드러낸다. 《난독증 딕 Dyslexic Dick》 같은 여러 난독증 수기의 표지에 제목이 거꾸로 인쇄된 것은 이런 이유 때문이다.[120] 반전된 글자는 복잡한 인지차이와 단어 처리의 어려움을 한눈에 보여준다.

사실 난독증 독자는 글자가 어떤 방향으로 놓여 있든 글자를 읽기 어려워한다. 대부분의 독자는 단어를 해독하는 방법을 깨우치지만 어떤 독자는 결코 깨닫지 못한다. 이런 독자에게 글자는 이해할 수 없는 잉크 자국에 불과하다. 업햄은 《성공》에서 초등학교 1학년 때 알파벳이 얼마나 혼란스럽게 보였는지 떠올렸다. "책 페이지 위에 얹힌 구불구불한 글자나 그 글자가 내는 소리, 구불거리는 글자를 여러 개 조합해 만든 단어를 하나도 이해할 수 없었다."[121] 《조니는 왜 읽지 못할까》 등 난독증을 다룬 여러 가지 책도 단어를 해독한다는 개념 자체를 이해하지 못하는 사람에게는 아무런 도움이 되지 못했다.

어떤 단어를 다시 봤을 때 똑같은 단어로 보이지 않는 독자도 있다. 대부분의 어린이는 마음의 금고에 단어를 저장한다. 반면 난독증이 있는 한 초등학교 1학년 어린이는 자기가 '금방 까먹는 사람'이라고 설명했다.[122] 몇 번을 봐도 같은 단어가 계속 낯설었다. 《난독증 안고 살기Living with Dyslexia》에서 예로 든 한 어린이는 said(말했다)라는 단어를 인지하는 데 3년이 걸렸다. 업햄은 순서가 달라지면 was(있었다), want(원하다), what(무엇), which(어느 것), went(갔다), where(어디), why(왜), who(누구) 같은 단어도 이해할 수 없었다.[123] 난독증을 겪던 한 퇴역 군인은 어릴 때 단어를 100번씩 써서 '반복 학습'해야 했다.[124] 비슷해 보이는 단어를 구분하는 일이 특히 골칫거리였다. 예를 들어 푸블리우스 베르길리우스 마로Publius Vergilius Maro의 서사시 〈아이네이스Aeneis〉 제목을 봐도 Achates(아카테스), Anchises(안키세스), Ascanius(아스카니오스) 등 다른 글자로 읽었다.[125] 서로 다른 단어 genetically(유전적으로)와 generally(일반적으로)를 똑같이 읽기도 하고 Ascomycota(자낭균류)와 ascomycota처럼 첫 글자만 대문자로 바뀐 같은 단어를 다른 단어로 오인하기도 했다.[126] 애초에 철자법에 서툴거나 글자 인식능력이 부족해 단어가 어디에 있는지 알 수 없는 사람에게는 사전도 쓸모없다. 햄프셔는 사전에서 indifferent(무관심한)라는 단어를 찾을 때 여러 번 잘못된 단어(endefarint, endifarent, endefere 등)를 찾다가 결국 실패했고 올바른 철자를 알려줘도 i가 어디 있는지조차 찾지 못했다.[127] 일부 수기에 수록된 손글씨는 난독증 독자가 얼마나 다르게 언어를 보는지 생생하게 알려준다.《나는 난독증과 함께 산다Dyslexia》의 도입부에는 원래 페이지와 저자가 보는 페이지의 이미지가 나란히 배치되어 있다.[128]

난독증 독자가 생각하는 '읽기'의 의미와 다른 사람이 생각하는 '읽기'의 의미는 서로 다르다. 난독증 수기에서 읽기를 현상학적으로 설명한 부분을 보면 '읽기'라는 똑같은 용어를 서로 다른 사람에게 적용하는 일이 과연 유효한지 의문이 든다. 심슨은 이렇게 설명했다. "내가 하는 행동이 무엇이든 그걸 '읽기'라고 부를 수는 없겠다는 생각이 들었다."[129] 그는 마음속에서 글자의 위치를 뒤바꾸거나(and를 nad로) 글자를 빼고 더하거나(before를 bfore로) 음절을 더했다(examine을 examimine으로). 고정된 페이지가 끊임없이 움직이는 것처럼 보이는 경우에는 지각차이가 훨씬 심해진다. 소피 콘란Sophie Conran은 단어들이 "축축한 물감처럼 페이지 아래로 흘러내리는 듯했다"고 설명했다. 문해력 공포영화에나 나올 법한 이미지다. 반면 존 코코란John Corcoran은 《읽지 못하는 선생님The Teacher Who Couldn't Read》에서 책 속 문장이 "이해하기도 전에 녹아버리는 듯했다"라고 묘사했다.[130] 단어들이 마구 뒤섞이거나 합쳐져 "혼란스럽고 말도 안 되는 뒤죽박죽 상태"가 되어 이해할 수 없다고 말한 사람도 있다.[131] 필리스 스나이더Phylis Snyder는 단어들이 카멜레온처럼 모양은 물론 색까지 바뀌고 페이지에서 무지개가 번쩍이는 듯 보여서 읽을 수 없었다.[132]

단어가 가만히 있다면 이런 사람도 더 수월하게 읽을 수 있을 것이다. 단어가 책 페이지 위를 뛰어다니거나 춤추고 번쩍이고 소용돌이쳐서 읽을 수 없다고 말하는 사람도 많다. 《난독증의 현실》에는 단어들이 너무 움직이는 바람에 울음을 터트린 열 살 학생, 제인 오스틴Jane Austen의 《에마Emma》 중 "고민거리나 성가신 일 하나 없는" 여주인공을 소개하는 첫 부분에서 단어들이 성가시게 움직이는 바람에 결국 읽기를 포기한 고등학생의 사례도 있다.[133] 초등학교 낭독 시간, 단어들이 움직이거나 책에서 떨어져 나와 둥둥 떠다니는 바람에 책을 읽을 수 없었던 스티븐 서턴Stephen Sutton의 이야기 같은 더 심각한 사례도 있다.[134] 난독증 독자에게 읽기는 썼다 지웠다 할 수 있는 장난감 칠판 위의 글씨를 읽는 것과 마찬가지다. 디지털 화면의 선명한 글자가 도움이 되기도 한다. 한 컴퓨터 사용자는 "단어가 가만히 있는 것 같았다"라고 말했다.[135]

난독증 화자는 지면이 출렁이는 현상을 설명할 때 종종 디지털 화면에 비유한다. 슈미트는 보통 책의 대척점으로 보는 매체인 텔레비전에 페이지가 흐르는 듯한 끔찍한 경험을 빗댄다.

> 글자에서 초점이 흔들릴 때마다 눈이 깜빡이는 것 같다. 책 페이지는 마치 폭풍 때문에 안테나가 흔들려 지직거리는 텔레비전 화면 같다. 페이지가 선명했다가 다시 흐려지기 때문에 띄엄띄엄 읽어야 한다. 활자가 떠내려가지 않도록 문장 끝을 손으로 막아 단어를 가둬야 할 것 같다. 다 읽을 때까지 단어 하나하나를 붙잡아 제자리에 묶어둬야 한다. 그러지 않으면 글자가 뒤섞이거나 아예 사라져버릴 테니 말이다. 어떤 단어는 정말로 사라져버려서 그냥 그 단어는 처음부터 없었다는 듯 읽기도 한다.[136]

읽기가 진 빠지는 일이라고 느끼는 것도 당연하다. 이 장에서는 읽기 과정에서 해독에 특히 집중했다. 난독증 독자가 단어를 읽을 수 있는 것은 아주 잠깐뿐이기 때문이다. 슈미트가 '띄엄띄엄 읽기'라는 독특한 방법을 고안한 것처럼 난독증은 읽는 내용뿐 아니라 읽는 방법에도 영향을 끼친다. 그래서 꼼꼼한 독자가 될 수 있었을 사람이 어느 정도만 읽는 것으로 만족하기도 한다.

난독증 독자는 느리게 읽는 사람과 빠르게 읽는 사람으로 구분된다. 두 경우 모두 **유동적 페이지**라는 개념을 통해 설명할 수 있다. 어떤 사람은 글자가 움직이는 것처럼 보이는 탓에 읽는 데 한나절이 걸린다. 다섯 페이지를 읽는 데 몇 시간이 걸릴 수도 있다.[137] 한 난독증 수기의 저자는 전자책에서 글자를 확대해서 보면 빨리 읽는 것처럼 느낄 수 있다고 조언하기도 했다. 반대로 사라지는 글자를 따라가려는 압박을 느끼는 사람도 있다. 제니 필Jennie Peel은 '뛰어가는' 활자를 따라잡기 위해 최대한 빨리 읽었다.[138] 크리스토퍼 리Christopher Lee도 수업을 따라가기 위해 훑어 읽었다. 그는 수기에서 "훑기는 내 주된 읽기 전략이었다"라고 설명했다.[139] 난독증 독자는 이해력이 해독능력보다 좋은 경우가 많기 때문에 글을 훑기만 해도 의미를 어느 정도 파악할 수 있다. 한 난독증 독자는 추측에 크게 의존하며 읽는 방법을 '의역'이라고 표현했다.[140]

느리게 읽더라도 아예 읽지 못하는 것보다는 낫다. 텍스트가 주는 단서가 비#텍스트 단서와 경쟁하며 독자의 주의력을 분산시키기도 한다. 누구나 주의가 흐트러질 수 있다. 당신도 여기까지 읽는 동안 한 번 이상은 주의가 흐트러졌을 것이다. 하지만 난독증이 **주의력결핍장애**attention deficit disorder, ADD나 **주의력결핍과잉행동장애**attention deficit hyperactivity disorder, ADHD처럼 밀접하게 관련된 질환과 함께 발생하면 특히 주의가 산만해지기 쉽다. 난독증이 있는 사람 가운데 45퍼센트가 다른 주의력장애를 함께 겪는 것으로 추정된다.[141] 다만 난독증은 언어 처리 문제고 ADHD는 집중력 문제다. ADHD 환자는 사소한 방해 요인 하나에도 읽기를 상당히 어려워한다. 슈미트는 다른 사람은 신경 쓰지 않는 주변 소음에 특히 취약했다. "조용한 거실에서 책을 읽고 있는데 차 한 대가 지나간다고 치자. 그러면 내 마음은 책에서 벗어나 그 소리를 따라간다."[142] 점점 더 출렁거리는 페이지에 집중하려고 필사적으로 애를 써도 슈미트의 마음은 이미 흩어져버렸다.

머리를 고정하려고 손가락으로 뺨을 움켜쥐었던 기억이 난다. 손톱으로 허공을 파듯 허우적댔다. 활자가 떠내려가는 듯했고 글자가 흘러내렸다. 엄청나게 노력해야 겨우 글자를 한 자리에 잡아두고 읽을 수 있었다.

눈으로 주의 깊게 문장을 따라갈 수 있을 때도 있었지만 아무것도 읽지 못했다. 뇌가 떠나버린 것이다. 나는 뇌를 제어하고 눈이 글자 하나하나에 머물게 하려고 말 그대로 머리를 붙들고 있는 모습을 상상했다. 다시는 마음이 떠돌지 않게 하리라 굳게 결심하고 나서야 몇 단락을 간신히 읽을 수 있었다. 그러나 마음은 금세 다시 미끄러져버렸다.[143]

슈미트가 자란 마을에서는 책을 유창하게 읽을 수 있을 때까지는 속으로 읽어야 했다. "난독증의 치료법은 읽는 것이다"라고 주장한 프랭크 스미스의 잘못된 조언을 연상시키는 교육법이다.[144] 수영을 못하는 아이를 수영장에 던져넣는 일이나 다름없다.

마음이 과도하게 활성화된 독자는 책을 읽을 수 있을 정도로 오래 집중하기가 어렵다. 한 ADD 지도서 서문에서는 "여러분 가운데 대다수가 실제로는 전혀 읽지 못한다는 사실을 잘 알고 있다"라는 말로 독자를 맞이한다.[145] 이 말은 모욕이 아니라, 집중력이 흐트러지면서 책에서 멀어지고 책이 즐거움을 위한 것이 아닌 지구력 시험처럼 느껴지는 경험에 대한 깊은 공감이다. 정신과 의사 게일 솔츠Gail Saltz는 "ADD 어린이에게는 읽기가 특히 버거울 수 있다"라고 주장했다.[146] 관심 있는 것에는 수월하게 집중할 수 있는 학생도 눈과 뇌 사이의 연결이 끊어져 산만해지면 주의가 흐트러진다. 톰 나르돈Tom Nardone은 책에 집중할 수 없어 중학교 3학년 영어 시험에서 낙제했다. "게을러서가 아니었다. 나는 줄거리를 따라갈 수 있을 만큼 뇌를 차분하게 만들 방법을 찾지 못했을 뿐이다."[147] 그는 두세 페이지만 읽어도 금세 줄거리를 놓쳤다.

과잉행동 독자를 묘사한 초기 기록은 쉽게 집중할 수 있는 독자를 대상으로 한 책에 있다. 읽기문제는 '안절부절못하는 필립'이나 '창밖만 내다보는 웬디'처럼 전형적인 과잉행동 어린이가 보이는 증상으로 나타났다.[148] 오늘날 언론에서는 가만히 앉아 읽지 못하는 불안한 아이를 가리켜 '벽 타는 빌리' 같은 표현을 썼다.[149] 리탈린ritalin(ADHD 치료에 쓰이는 중추신경자극제-옮긴이) 같은 향정신성 의약품을 만드는 제약회사는 부모의 불안을 겨냥해 약을 쓰면 과잉행동 어린이가 얌전한 학생으로 바뀐다고 광고했다. 친구들과 싸우고 숙제를 찢고 읽기 힘들어하던 여섯 살 재키 D.가 리탈린을 복용한 뒤 모범생이 되었다는 기사까지 나왔다. 이들은 약물을 복용하면 더 잘 읽을 수 있다는 매혹적인 전망을 제시했다.[150]

ADD나 ADHD 독자는 약물을 복용하면 집중력에 큰 영향을 받는다. 단편소설 하나도 다 읽지 못하던 사람도 각성제의 도움을 받아 탐독할 수 있게 된다. 니콜스는 《뉴욕타임스New York Times》를 다 읽었다. "리탈린을 복용하자 읽을 수 있었다. 리탈린을 먹으면 읽기가 훨씬 흥미로웠다. 행복하고 희망에 차서 머리가 쭈뼛 설 정도로 신문과 책을 마음껏 파고들었다."[151] 하지만 그런 흥분은 오래가지 않았다. 니콜스는 중독되지 않기 위해 소설 한 권을 다 읽고 나면 약을 변기에 버렸다.

이런 읽기장벽은 읽기에 필요한 주의집중과 주의산만 사이에서 적절한 균형을 잡는 일이 얼마나 어려운지 보여준다. 물론 집중하지 못하면 읽기에 방해가 되지만 너무 집중해도 마찬가지로 비생산적이다. 한 소년은 책을 읽는 동안 눈을 깜박이는 것조차 잊을 정도로 집중했다.[152] 단어 하나하나를 해독하는 데 너무 에너지를 쏟은 나머지 정작 요점을 놓치는 학생도 있다. 너무 꼼꼼한 읽기는 도리어 해가 되는 것이다. "나는 눈을 부릅뜬 채 코를 종이에 대고 단어를 노려봤다." 캐서린 허시먼Catherrine Hirschman은 《앞뒤를 바꿔서》에서 이렇게 회상했다.

나는 아주 집중하면 내용을 이해할 수 있을 거라고 생각했다. 글자 뭉치에 너무 집중한 나머지 무엇을 읽었는지 잊어버릴 정도였다. 나

는 모든 정신을 위협적인 글자 하나하나에 집중했다.[153]

책 페이지를 너무 인식하면 그 자체로도 산만해진다. 눈에 의사소통 매체 자체가 보이지 않으려면 어느 정도는 주의가 산만해야 하기 때문이다. 한 변호사는 "나는 읽기라는 행위 자체 때문에 읽기에 집중하지 못하게 된다"고 설명했다.[154] 그는 실수나 오탈자가 있거나 심지어 i에 점이 빠져 있기만 해도 구절의 의미에 집중하지 못했다.

해독에 너무 집중해도 텍스트의 여러 부분을 조합해 일관된 전체로 보기가 어려워진다. 구성 요소가 작업기억에서 빠르게 사라져버리기 때문이다. 폴 닉슨Paul Nixon은 이렇게 회상했다. "책을 읽으려고 했지만 머릿속에 정보가 하나도 남아 있지 않았다. 한 페이지를 읽고 다음 페이지로 넘어가면 앞에서 무슨 내용을 읽었는지 전혀 기억나지 않았다. 정보를 붙잡아둘 수가 없었다."[155] 책을 덮는 순간부터 망각이 시작된다. 한 학생은 시 한 편을 15분 이상 기억하지 못했다. "아무것도 머릿속에 남아 있지 않았기" 때문이다.[156] 읽는 동시에 잊어버리는 사람도 있다. 심슨은 난독증이 텍스트를 기억하거나 기억하지 못하는 데 어떤 영향을 끼치는지 최초로 밝혔다. 그에게 읽기란 기억상실이나 마찬가지였다. 책에서 눈을 떼자마자 모든 내용을 깡그리 잊었기 때문이다. 집중력이 떨어지거나 그가 '배회하기'라고 부르는 과정이 일어나면 심슨의 마음은 전깃불을 끄듯 툭 꺼져버렸다. "눈은 읽는 동작을 하고 있지만 마음은 딴 곳에 있었다. 어디에 있었을까?"[157] **마음방황**mind-wandering은 난독증 독자 곁에 항상 도사리고 있는 위험이다. 이런 사람은 읽는 도중에 마음방황에 빠지기 쉽다. 현실도피 자체에서 도피하는 셈이다.[158]

마음방황을 겪는 사람은 한 구절을 두세 번 이상 읽어야 할 때도 있다. 아지 호스킨스Argie Hoskins은 "그런데 방금 뭘 읽었지?"라고 스스로 되물어야 했다.[159] 이런 독자는 처음에는 해독만을 위해 읽기 때문에 구절의 의미를 파악하려면 네다섯 번은 읽어야 한다. 오턴이 면담한 한 청소년은 "어떤 단어의 철자를 파악하는 데 너무 오래 걸려서 그 글자를 읽을 수 있게 될 쯤이면 앞에서 무엇을 읽었는지 다 잊어버려요"라고 말했다.[160] 그는 글을 여러 번 반복해 읽은 다음에야 겨우 이해할 수 있었다. 리스는 적어도 다섯 번 이상 읽지 않으면 글을 전혀 이해할 수 없었다.[161] 이런 행동은 엄밀히 말해 반복 읽기가 아니라 처음처럼 다시 읽기다.

난독증 때문에 읽기 자체에 대해 불안감을 느끼는 경우, 가장 쉬운 대처법은 자신이 읽고 있다는 사실을 무시하는 것이다. 시인 필립 슐츠는 읽기에서 오는 불안보다 몰입감이 커야 책을 계속 읽을 수 있었다. 그렇지 않으면 읽고 있다는 자각이 읽기를 방해했다. 그는 《난독증 일기》에서 이렇게 설명했다. "내가 읽고 있다는 사실, 이 신비롭고 짜릿한 과정이 일어나도록 행동하고 있다는 사실을 자각하는 실수를 저지른 순간 머릿속이 하얘졌고, 곧 불안에 휩싸여 읽기를 멈춰야 했다."[162] 이런 읽기장벽은 우리에게 좀 더 친숙한 **쓰기장벽**writer's block(작가들이 글감이 떠오르지 않아 애를 먹는 상황-옮긴이)과 매우 닮았다. 빈 페이지든 글자가 빼곡한 페이지든 모두 자의식을 약화시킬 수 있는 것이다. 슐츠는 워커 퍼시

Walker Percy의 《영화광The Moviegoer》을 다 읽을 수 있었던 이유가 "읽고 있다는 사실을 모른 채 읽었기 때문"이라고 말했다.[163]

시각 스트레스와 색을 통해 읽기

읽기차이에 대해 거의 알려지지 않았던 난독증의 암흑기에 사람들은 문해력을 얻기 위해 무슨 일이든 했다. 게일은 학교 숙제 구석에 "도와주세요"라고 썼다(아무도 그가 쓴 글씨를 읽을 수 없었지만 말이다).[164] 내털리 닐슨Natalie Nielson은 매일 밤 잠들기 전 기도를 올렸다.[165] 넬슨 로버Nelson Lauver는 20대에 〈세서미 스트리트Sesame Street〉를 몰래 봤다.[166] 읽기차이가 있는 사람은 필사적으로 세상을 장밋빛 안경(난독증 당사자를 위한 교정 안경의 렌즈는 장밋빛 분홍색인 경우가 있다-옮긴이)을 쓰고 봤다. 거울과 마찬가지로 읽기문제가 있는 사람에게 처방하는 색안경은 그들의 관점을 설명하는 또 다른 비유다. 색안경은 똑같은 페이지를 봐도 다른 렌즈를 끼고 보는, 다시 말해 보통 독자와 다른 방식으로 보는 난독증을 잘 표현해 준다. 색안경이 읽기문제를 완벽하게 해결하지는 못더라도, 지각 왜곡 때문에 텍스트 읽기가 방해받는다는 사실을 인식시키는 데는 성공했다.

20세기 교육자들은 한때 가르칠 수 없다고 치부한 학생의 읽기능력을 향상할 교수법을 개발했다. 앞서 살펴보았듯 학생에게 말하고 쓰고 듣고 점토로 단어 모형을 만들게 하는 오턴-질링엄-스틸먼 교수법Orton-

Gillingham-Stillman method은 오늘날에도 여전히 학교에서 사용한다. 하지만 안구 운동, 놀이치료, 비타민 고용량 요법, 최면 등 다른 방법으로도 학습차이를 치료할 수 있는지에 대해서는 논란의 여지가 있다. 읽기차이의 대중적인 치료법 가운데 하나는 색을 이용하는 것이다. 일부 전문가는 **시각 스트레스**visual stress 때문에 광과민성, 텍스트 오인, 지각 왜곡 등의 증상을 겪는 학생에게 색안경이 도움이 된다고 주장한다.[167] 일부 안과 의사는 환자에게 "책을 읽을 때 글자가 뭔가 불필요하게 움직이나요?"라고 질문하며 환자의 질환을 가려낸다.[168] 글자가 흐릿하거나 두 개로 보이거나 깜빡이거나 커지거나 움직이거나 줄어들거나 반대로 보이는 현상들은 모두 시각 스트레스 증상으로 진단한다. 따라서 부모와 교사는, 아이가 책을 읽을 때 눈을 비비거나 한쪽 눈을 가리거나 눈을 너무 자주 깜빡이거나 선글라스를 쓰거나 책을 비정상적으로 가까이 대거나 멀리서 보거나 하품하거나 꼼지락대거나 시선을 돌리거나 손가락으로 글을 따라가는 등의 행동을 하는지 눈여겨 봐야 한다.

색이 읽기에 영향을 끼친다는 사실은 1958년 무렵, 소아청소년과 의사들이 노란 종이에 적힌 단어는 알아보지만 흰 종이에 적힌 단어는 알아보지 못하는 아홉 살 소년을 발견한 다음 밝혀졌다.[169] 하지만 색이 도움이 된다는 것은 교육자들이 다양한 색상의 반투명 플라스틱을 책 페이지에 올려놓은 뒤에야 밝혀졌다. 1980년 뉴질랜드 교사 올리브 미어스Olive Meares는 활자 위에 색색의 플라스틱을 놓으면 일부 학생이 글을 읽을 때 겪는 지각 왜곡(글씨가 흐릿해지거나 움직이거나 뛰어다니거나 깜빡이는 등)을 줄일 수 있다고 주장했다. 색을 겹치면 일부 아이를 괴롭히는 흑백 활자 대비를 줄일 수 있다. 한 학생은 "불공평해요!"라며 출판사에 다음과 같이 불만을 표했다.

> 출판사에서 표지는 읽을 수 있게 만들어서 책을 읽고 싶은데 안에 든 활자는 모두 흑백으로 이글거려서 읽을 수가 없어요. 머리가 아파요. 당신들은 신경도 안 쓰겠지만요. [170]

색 필터를 이용하면 배경이 덜 번쩍거려서 흑백 대비 때문에 두통을 겪는 많은 독자에게 도움이 된다.

미어스의 획기적인 발견 이후 3년이 지나 미국 심리학자 헬렌 얼렌 Helen Irlen은 이 방법을 발전시켜 색깔 있는 플라스틱 렌즈를 끼운 교정 안경을 고안했다. 이 색안경이 상업적으로 성공하자 그는 얼렌연구소 Irlen Institute를 차리고 미국과 해외 학교에 색안경을 채택하도록 권고했다. [171] 얼렌은 미국 심리학회 American Psychological Association의 연례 회의에서 읽기문제는 뇌가 시각 정보를 처리하는 방식 때문에 발생한다고 설명했다. **얼렌증후군** Irlen syndrome이라고도 부르는 **광과민성증후군** scotopic sensitivity syndrom 으로 진단받은 학생들은 책을 볼 때 불편을 호소했다. 《색을 통해 읽기 Reading by the Colors》는 "책 읽으면 아파요!"라는 단순한 이유로 책을 거부하는 사람을 위한 책이다. [172]

읽기역사학자에게 얼렌의 지침서에서 가장 도발적인 부분은 같은 페이지를 모든 사람이 똑같이 읽는 것은 아님을 보여주는 증언들이다. 읽기문제와 씨름하는 독자는 술술 읽는 독자와는 전혀 다른 페이지를 본다. 거트루드 스타인Gertrude Stein이라면 "장미는 장미가 아닌 장미가 아닌 것"이라고 말했을 법하다(스타인의 시 〈신성한 에밀리Sacred Emily〉의 한 구절인 "장미는 장미인 장미인 것A rose is a rose is a rose"을 차용한 표현-옮긴이). 이런 문제를 겪는 많은 독자는 다른 사람도 글자를 왜곡해서 본다고 생각하며 자랐다. 작가 아요페미 폴라얀Ayofemi Folayan은 얼렌에게 이렇게 설명했다. "다른 애들은 벌레가 병에서 기어 나오려 목을 내밀듯 활자나 문장이 이상한 방향으로 움직이거나 꼬이지 않고 깔끔하게 고정된 것처럼 보는 줄은 정말 몰랐어요."[173] 난독증 독자가 왜곡된 지각을 교정하려고 노력한다는 사실은 그만큼 이들이 같은 페이지를 다르게 본다는 반증이다.

얼렌의 연구에서는 지각 왜곡을 유형화하며 일부 학생이 책을 볼 때 다른 학생과는 전혀 다르게 이해한다는 것을 증명했다. 그가 이름 붙인 후광효과halo effect를 겪는 사람은 글자 주변에 어른거리는 흰빛을 보고, 백시효과whiteout effect를 겪는 사람은 글씨와 배경이 반전된 광경을 본다. 한 학생은 "단어 하나하나에 밝고 하얀 후광이 있어요. 어떤 부분에 집중하면 배경의 흰색이 글자 사이로 파고들어 글자가 사라지죠"라고 말했다.[174] 유실효과washout effect를 겪는 사람에게는 흰색 배경이 글자 경계를 침범해 b, d, o가 모두 동그라미처럼 엇비슷하게 보인다. 한 학생은 "글자가 많이 보이지만 한 단어가 어디에서 끝나고 다음 단어가 어디에서 시작되는지 모르겠어요"라고 털어놓았다.[175] 얼렌은 단어들이 흘러가는 것처럼 보이는 현상을 강물효과rivers effect라고 불렀다. 중첩효과overlap effect는 한 문장의 단어가 모두 다른 문장 위에 겹쳐 있는 것처럼 보이는 현상이다. "문장이 하나가 아니라 뒤죽박죽된 것처럼 보여요."[176]

얼렌은 선명도 문제도 지적했다. 글자가 끊임없이 움직이는 것이다. 글자들이 상하좌우로 무작위로 움직이는 소용돌이효과swirl effect 탓이다. 한 학생은 글자를 볼 때 "점들이 춤추는 듯" 보인다고 말했다.[177] 단어가 검정에서 회색으로 흐려졌다가 다시 검정으로 진해지며 떨리는 진동효과shaky effect도 있고, 단어와 배경이 뒤섞여 흐려지는 것처럼 보이는 흐림효과blurry effect도 있다. 한 학생은 "활자가 사라지고 여러 색의 형체가 페이지 위로 떠다녀요"라고 말했다.[178] 마지막으로 글자가 기울어지거나 늘어나거나 서로 겹쳐 보이는 시소효과seesaw effect도 있다. 이처럼 얼렌이 관찰한 독자들은 다른 독자와 전혀 다른 방법으로 책을 봤다. 대부분의 독자는 똑같이 정지된 페이지를 보지만, 얼렌이 관찰한 독자는 페이지가 움직이기 때문에 해독은 물론 이어지는 해석에도 영향을 받았다. 시각 스트레스에 난독증이 더해지면 읽기문제를 더욱 극복하기 어렵다. 얼렌은 난독증이 있는 사람의 65퍼센트가 시각 스트레스를 겪는다고 추정했다.[179] 시각 스트레스와 난독증을 모두 겪고 있는 한 학생은 "읽기는 너무 끔찍해요"라고 단호하게 말했다.[180]

따라서 아이들이 움직이는 페이지를 가만히 잠재우기 위해 색안경을 쓴다는 아이디어를 받아들이는 것은 당연하다. 몇몇은 색안경이 어떤 변화를 가져왔는지 증언했다. 색안경을 쓰기 전후의 극적인 변화를 기록한 로버의 이야기에 따르면 원래는 페이지가 혼란스럽게 보여 "텍스트 위에 누군가 유리 조각을 올려놓고 이리저리 움직이면서 읽어보라고 하는 것과 가장 비슷"했지만 색안경을 쓰자 읽기능력이 곧바로 개선되었다.[181] 그는 "효과 좋네요!"라고 감탄했다. "노란색 셀로판지를 올려놓으니까 혼란스럽고 불안한 뇌를 안정시키는 데 도움이 됐어요."[182]

이와 마찬가지로 교육심리학자 데이비드 그랜트David Grant의 관찰에 따르면 텍스트에 라임색을 입히자 학생들의 읽기 속도가 30퍼센트나 빨라졌다. 한 학생은 책에 색깔 플라스틱을 올려놓자 "단어가 단어로 보였어요"라고 말했다.[183] 색안경을 사용하기 전에는 읽기가 신체적으로 몹시 힘들었다고 고백한 과학자 앨리슨 헤일Alison Hale의 증언은 특히 인상 깊다. "친구들이 어떻게 읽기를 좋아할 수 있는지 이해할 수 없었다." 그는 《당신의 세상은 내 세상과 달라My World Is Not Your World》에서 이렇게 강조한다.

> 너무 고통스러운 일이다. 책을 읽으면 머리가 아프고 눈이 따갑다. 문장을 건너뛰거나 문맥을 놓치지 않으려고 책갈피를 사용하거나 손가락으로 글자를 따라 쓰는 탓에 손도 아프다. 사람들은 이런 고통을 어떻게 참고 책을 읽는 것일까?[184]

색안경을 사용하자 초점 시야가 넓어지고 눈부심과 그림자가 줄었으며, 글자가 덜 움직이고, 미세한 흰색 입자나 눈이 흩날리는 듯하던 시간이 줄어 진이 덜 빠졌다. 그러자 전보다 훨씬 더 힘을 내 15분까지도 읽을 수 있게 되었다. 헤일은 색안경을 끼고 나서 '보통의' 독자가 어떻게 책을 보는지 이해하게 되었다고 말했다.[185]

색안경이 일부 독자에게는 분명히 도움이 됐다. 하지만 수많은 증언에도 불구하고 색안경의 이점을 과학적으로 입증하지는 못했다. 실험 결과 색 중첩을 이용하면 독자가 더욱 편안하게 느끼고 위약효과 대비 이득이 있다는 점이 밝혀졌지만 읽기능력이 향상된다는 과장된 주장을 엄밀하게 검증하지는 못했다.[186] 그래서 '얼렌증후군'은 임상 진단보다는 독자가 겪는 다양한 지각 차이를 직접 설명하는 용어로 더 유용하다. 이 장에서는 이런 현상을 '유동적 페이지'라고 불렀다.

특수 설계된 렌즈가 매력적이긴 하지만, 난독증과 관련된 인지적 언어 처리 문제를 해결하는 가장 효과적인 방법은 검증된 교육치료법이다. 다시 말해 난독증은 장밋빛 안경을 쓰고 세상을 보는 것만으로는 완전히 대처할 수 없다. 게다가 색안경을 쓰면 자신에게 책 페이지가 다르게 보이는 지각 차이가 있다는 사실을 다른 사람들에게 알리게 된다.

읽을 수 있다는 것은 기적이다

난독증 수기는 읽기가 즐겁고 자연스럽고 일관되고 성공에 필수적이며 지능의 지표라는 선입견에 도전한다. 난독자, 비ᵇ독자, 반ᵖ독자가 써내려간 증언은 활자를 풀어내는 새로운 힘의 도움을 받아 문해력 서사의 틀을 부수며 무지에서 앎으로 나아간다. "읽기는 즐거운 일이 아니다"라며 문해력 부족을 토로하는 사람은 "읽기는 그저 일, 그것도 좌절감을 주는 일이다"라고 주장한다.[187] 신호 대 잡음비가 낮아 텍스트를 해독하기 어렵다는 이들의 이야기는 문해력 찬양에 빠져 있는 개인적·사회적·정신적 어려움을 드러낸다. 또한 난독증 서사를 통해 대부분의 사람이 자동적으로 느끼는 읽기 과정을 다시 뜯어보며 읽기 자체를 더욱 폭넓게 이해할 수 있다. 특히 이런 서사는 난독증 독자는 물론 사소한 오독으로도 책을 이해하는 데 영향받는 독자가 텍스트를 만날 때 해독이 매우 중요한 역할을 한다는 점을 강조한다. 난독증 독자의 증언을 살펴보면 해독 과정 자체도 얼마나 다채로울 수 있는지 드러난다. 이들의 이야기는 "넌 읽을 수 없어"라고 속삭이는 내면의 목소리에서 "넌 읽을 수 있어. 다른 사람들과 다르게 읽을 뿐이야"라는 좀 더 희망적인 주문으로 나아간다.[188]

난독증을 겪는 사람도 읽기를 둘러싼 대화에 참여할 자격이 있다. 그들은 난독증 수기를 통해 많은 것을 해낸다. 읽기문제를 안고 사는 독자들이 겪는 고통을 기록하고, 읽기를 인지적 측면과 신체적 측면 모두에서 설명하면서 읽기라는 행위를 낯설게 하고, 인지차이가 책 페이지를 지각하는 데 어떤 영향을 끼치는지 보여주고, 이런 차이가 한 사람의 정체성에 어떤 영향을 끼치는지 추적한다. 게다가 난독증 독자가 자신의 목소리를 낼 수 있는 무대가 되어준다. 난독증의 역사는 난독증 독자의 역사이기도 하다. 이들의 증언은 읽기가 반드시 삶을 바꾸는 것은 아님을, 적어도 더 나은 방향으로 바꿔놓는 것은 아님을 일깨운다. 대부분의 문해력 서사에 비해 난독증 수기의 목표는 소박하다. 읽기가 읽지 못하는 사람의 삶 속으로 어떻게 들어오는지 기록하는 것이다. 한 난독증 수기 저자의 말로 이 장을 마무리하겠다. "나는 책을 잘 읽지는 못해도 어쨌든 읽는다. 괜찮은 일 아닌가?"[189]

2장

한 살에
책을 펼친 아이

자폐증이 드러내는 읽기와 감각의 관계

읽은 것 가운데
단어밖에 이해할 수 없었다.

도나 윌리엄스Donna Williams,《도나, 세상을 향해 뛰어Nobody Nowhere》

픽이 평생 책에 관심을 보였다는 사실은 신경다양적 읽기 방식의 잠재적 이점을 드러낸다. '들어가며'에서 살펴봤듯 픽은 책을 읽을 때 왼쪽 눈으로는 왼쪽 페이지를, 오른쪽 눈으로는 오른쪽 페이지를 보며 한 번에 양쪽을 다 읽을 수 있었다. 옆으로 놓고 보든 거꾸로 보든 거울에 비춰 보든 상관없었다. 그는 읽은 내용도 모두 기억했다. 1만 2,000권이 넘는 책을 다 외운 그에게는 '컴퓨터'라는 별명이 붙었다.[1] 오늘날 사람들은 픽을 그냥 천재가 아니라 전설적인 천재로 기억한다.

한때 주변 사람들은 픽이 책을 전혀 읽을 수 없을 것이라고 생각했다. 그래서 그가 독서광으로서 거둔 성취는 특히 빛난다. 픽은 1951년 솔트레이크시티에서 난산으로 태어나며 뇌손상을 입었다. 생후 9개월이 되자 의사는 그를 '지적장애'라고 진단했다.[2] 하지만 아버지의 말에 따르면 그는 일찍부터 책에 관심을 보였고 세 살 때부터 사전에서 단어를 찾기 시작했다. 책 쪽수만 말해줘도 단락 전체를 암송했고 보통 아이들이 《닥터 수스Dr. Seuss》를 읽을 여섯 살 무렵에는 백과사전의 차례를 다 외울 정도였다. 성인이 된 뒤에도 하루 3시간 넘게 연감, 지도집, 카탈로그, 백과사전, 잡지, 전화번호부 등 글자가 있는 것이라면 가리지 않고 푹 빠져

들어 읽었다. 몇 분 간격으로 왔다 갔다 하며 두세 권을 동시에 읽기도 했다. 픽이 책에 빠져 있는다는 것은 쉽게 알아볼 수 있었다. 그는 눈을 가늘게 뜨고 코끝에서 15센티미터 앞에 책을 들고는 엔진 소리처럼 낮게 그르렁거리며 읽었다. 휘파람을 불거나 우는 소리, 앓는 소리, 끙끙거리는 소리를 내고 킥킥거리며 이름이나 날짜를 중얼거리기도 했다. 이런 '자기 자극 행동 stimming'은 백색소음처럼 집중하는 데 도움이 되었다.[3]

외상성 뇌손상 때문에 기억력이 저하되었을 것이란 예상과 달리 픽의 기억력은 오히려 향상되었다. 픽의 아버지는 "아들은 읽거나 들은 건 절대 잊지 못하는 것 같습니다"라고 말했다.[4] 픽의 전문 분야는 성서, 모르몬교 성전, 윌리엄 셰익스피어 William Shakespear의 작품들, 30여 년치 《리더스 다이제스트 Reader's Digest》에 실린 이야기까지 다양했다. 《파계 The Nun's Story》에 대해 묻자 픽은 이 이야기가 《리더스 다이제스트》 1956년 4월호에 실린 캐스린 흄 Kathryn Hulme의 글이라고 단박에 대답했다.[5] 그는 다 읽은 책은 책장에 거꾸로 꽂아 표시했다(그러고는 마음속 도서관에 소장했다).

픽은 계산능력이 뛰어난 **서번트**의 이야기를 다룬 1988년 영화 〈레인맨〉의 실제 모델로 대중의 주목을 받았다. 이 영화에서는 픽의 행동을 주로 묘사하며 훗날 **서번트증후군**이라 불리는 이 특성의 인지적 장단점을 모두 다뤘다. 예를 들어 픽은 8초 만에 책 한 페이지를 다 외울 수 있지만 옷 입고 샤워하고 양치질할 때 다른 사람의 도움이 필요했다. 픽은 정보를 저장하는 능력이 뛰어났지만 인지차이 때문에 매일 어려움을 겪었다.

이 양면은 자폐성서번트증후군을 안고 살아간다는 것이 어떤 의미인지 잘 보여준다. 그 당시 많은 사람처럼 픽도 공식 자폐증 진단을 받지는 않았지만 그에게는 자폐 특성이 있었을 것이다. 신경유형neurotype(사람의 뇌가 자극에 반응하는 방식–옮긴이)에 대한 이해가 높아진 오늘날이라면 그는 **자폐스펙트럼장애**로 진단받았을 것이다.

　뛰어난 능력과 인지장애를 동시에 지닌 서번트는 천재에 대한 통념을 흔든다. 정신과 의사 대럴드 트레퍼트Darold Treffert는 이런 특성을 '천재성의 섬islands of genius'이라 불렀다.[6] 서번트는 미술, 수학, 음악, 날짜 계산, 기계적·공간적 기술 등에 재능을 보인다. 이 가운데 상당수의 재능은 놀라운 수준이다. 현대 서번트의 사례를 몇 가지 살펴보자. 다니엘 타멧Daniel Tammet은 원주율을 소수점 아래 2만 2,514번째 자리까지 외웠다. 스티븐 윌트셔Stephen Wiltshire는 헬리콥터를 타고 딱 한 번 본 도시의 전체 스카이라인을 그려냈다. 엘런 부르도Ellen Bourdeaux는 시계를 보지 않고도 시간을 정확히 알았다. 쌍둥이 형제 조지 핀George Finn과 찰스 핀Charles Finn은 달력에 있는 어떤 날짜든 요일을 맞췄다. 레슬리 렘키Leslie Lemki는 차이콥스키 피아노 협주곡 1번을 텔레비전에서 한 번 듣고 그대로 연주했다.

　신동, 천재, 서번트는 모두 재능과 기억력이 뛰어나지만, 서번트의 능력은 인지적 결함과 분리할 수 없다. 사실 최초로 보고된 서번트는 정신병원이나 일반 병원에서 치료할 수 없다고 진단받은 사람들 중에서 발견되었다. 과거 **백치천재**라 불렸던 이들은 내용을 전혀 이해하지 못하면서도 책 전체를 암기했다. 윌리엄 제임스는 《심리학의 원리》에서 당시 사용하던 의학 용어로 이렇게 말했다. "백치들 가운데 종잡을 수 없는 비범한 기억력이 있는 경우가 있다."[7] 오늘날에는 이렇게 능력과 무능력이 뒤섞인 상태를 가리켜 '백치'보다 '서번트증후군'이라는 용어를 더 많이 사용한다. 서번트증후군은 **자폐증**의 증상과 비슷한 점이 많았던 탓에 많은 오해를 받았다(자폐증은 제임스가 활동하던 시대에는 알려지지 않았다).[8]

최근까지도 자폐증은 제대로 이해되지 않았다. 게다가 자폐증 진단 기준은 자폐인 개개인의 경험을 정확하게 반영하지 못하는 경우가 많았다. 오늘날 자폐스펙트럼autism spectrum condition 또는 의학적 진단명인 자폐스펙트럼장애로 불리는 이 상태는 뇌의 정보처리 방식에 영향을 끼치는 복잡한 신경 발달 차이이며 읽기 방식을 포함한 모든 행동에 영향을 끼친다.[9] 진단 지침에서는 특징적인 증상으로 의사소통과 사회적 상호작용 문제(어색한 대화, 눈 맞춤 회피), 제한된 관심사와 반복 행동(손 흔들기, 경직된 일상, 심각한 집착)을 꼽는다.[10] 여러 가지 형태와 행동을 포함하는 이 질환은 스펙트럼이 넓고 진단 기준도 유연해서 어느 환자도 같은 범주로 분류되지 않는다. 자폐증의 범주에는 직장 생활을 곧잘 해나가는 **아스퍼거증후군**asperger syndrome 환자부터 시를 쓰지만 말은 하지 않거나 자폐인 시설에서 도움을 받는 자폐인까지 모두 포함된다.[11]

의학적 기준과는 달리 장애인 권리 운동가들은 자폐증을 결함이 아닌 **신경다양성**으로 봐야 한다고 주장한다.[12] 자폐인의 차이를 병리적으로만 보지 않으면 뇌의 다양성을 인지할 수 있고, 자폐인이 읽기 같은 활동에서 보이는 독특한 능력과 풍부한 잠재력에 주목할 수 있다.[13] 더글러스 비클런Douglas Biklen은 '능력 추정presuming competence' 모델을 이용해 자폐인의 행동이 일반인의 행동과 비슷한 정도로 복잡하다고 봤으며 대안적인 자폐증 치료법을 제안한다.[14] 이 장에서는 자폐인의 읽기 관행을 무시해온 역사를 다룬다. 나아가 의학·심리학·신경과학 사례연구와 자폐인 자신의 증언을 함께 살피며 읽기의 역사를 재구성한다.[15] 오랫동안 신경전형적 독자는 자폐인과 그들의 행동을 지나치게 오해해왔다. 자폐인이 다른 사람의 마음은 자기 마음과 다르다는 사실을 이해하지 못한다는 **마음맹**mind-blindness 이론이 그 예다. 최근까지도 발언권을 거의 얻지 못했던 자폐인의 목소리를 되살리면 이들의 행동이 얼마나 쉽게 곡해되는지 드러난다.[16]

자폐적 읽기라는 것이 따로 있는 것은 아니다. 자폐적 읽기 방식 자체가 하나의 스펙트럼이다. 사진 찍듯 기억하는 것부터 글자 모양을 따라가거나 책 페이지를 팔랑팔랑 넘기는 등 다양하다. 그야말로 "자폐인 독자 한 명을 만났다면 자폐인 독자 딱 한 명만 만난 셈이다". 사실 많은 자폐인은 신경전형적 독자와 같은 방식으로 책을 읽는다. 캄란 나지어Kamran Nazeer는 자신이 책을 암송하는 등 특별한 행동을 하지 않자 선생님이 실망했다고 회상했다.[17] 멜 백스Mel Baggs가 만든 영상에서도 책에 얼굴을 파묻고 읽는 특이한 모습과 평범한 방식으로 책을 읽는 모습을 나란히 보여주며 이런 기대를 불식시킨다. 질리언 실버먼Gillian Silverman은 이런 방식을 따르는 독자를 '다면적 독자multiliterate reader'라고 불렀다.[18] 최근 자폐적 읽기를 연구하고 있는 실버먼이나 랠프 새브리스 같은 학자들은 이렇게 다른 사람에게는 이상해 보이는, 책을 감각적으로 대하는 방식 하나하나가 어떻게 읽기 경험에 유의미하게 이바지하는지 썼다.[19]

이 장에서는 세 시대를 넘나들며 자폐적 읽기를 기록하고 읽기 경험의 범위를 더욱 넓힌다. 19세기 후반에는 '백치천재'로 불리고, 20세기 들어 '과독증'이라는 특출난 능력을 갖췄다고 진단받은, 오늘날 다양한 스펙트럼에 놓인 사람들이 스스로 기록한 증상을 살펴본다. '자폐적 읽기'라는 표현은 주로 자폐증 논의에서 (종종 잘못된 방식으로) 쓰이기 때문에, 읽기 방식을 가리켜 이 용어를 쓰는 것이 이상하거나 심지어 '적합하지 않게' 느껴질 수 있다. 하지만 자폐적 읽기는 책과 만나는 모든 사람이 보이는 **표면 읽기**의 또 다른 형태로 이해해야 한다.[20] 이 장의 목표는 읽기를 바라보는 우리의 시각과 이해를 확장해서 읽기라는 용어에서 배제되거나 읽기가 아닌 것으로 낙인찍혔던 책과의 다양한 소통 방식을 아우르는 것이다.

서번트증후군 독자를 둘러싼 오해

읽은 내용을 모두 기억한다면 매우 쓸모 있지 않을까? 실제로 그렇게 할 수 있는 사람도 있다. 이탈리아에서 가장 유명한 사서인 안토니오 말리야베키Antonio Magliabechi가 그 예다. 그는 1633년 피렌체의 보잘것없는 집안에서 태어났지만 메디치 가문 토스카나 대공의 사서직까지 올랐고 책에 관한 해박한 지식으로 유럽 전역에서 이름을 날렸다. '걸어다니는 도서관'으로 불린 그는 도서관의 모든 장서에서 어떤 내용이 몇 쪽에 있는지까지 정확히 알았다고 한다.[21] 한 후원자가 책을 찾자 그는 콘스탄티노플의 그랜드시뇨레도서관 오른쪽 서가 두 번째 단에 있는 일곱 번째 책이라고 알려준 적도 있다.

말리야베키는 어릴 때부터 활자에 매료되었다. 그는 읽기를 배우기 전부터 주인의 가게에서 폐지로 쓰던 헌책을 탐독하며 구할 수 있는 책이면 주제를 가리지 않고 읽는 강박적 독서광이었다.[22] 말리야베키는 오늘날 **사진기억**photographic memory이라 부르는 기억력이 있었다. 그는 사라진 원고 전체를 기억으로 복원한 적도 있는데, 원고가 발견되고 나서 그가 쓴 사본과 비교하자 오자까지 정확히 일치했다고 한다. 말리야베키는 방대한 도서를 마음껏 탐색하기 위해 속독법 또는 빠른 스캔법이라 할 수 있는 자신만의 방법을 고안했다. 속표지를 꼼꼼히 살피고, 서문과 헌사, 광고 문구를 슬쩍 본 다음 부, 절, 장을 모두 살폈다. 동시대에 살았던 어떤 사람은 그를 "제목이든 내용이든 모두 찾을 수 있는 만능 색인"이라고 묘사했다.[23]

오늘날에도 이 피렌체의 사서처럼 사람보다 책을 더 편안하게 느끼는 사람들이 있다. 말리야베키는 속세를 떠나 책에 헌신했지만 자기표현이나 개인위생 같은 일상적인 일에는 관심이 없었다. 항상 책더미에 둘러싸여 있던 것으로 유명했던 이 괴짜 미혼남은 옷도 대충 입고 밥을 먹으면서도 책을 읽었으며, 잠자리에 들려고 옷을 갈아입을 때조차 책 읽을 귀중한 시간을 빼앗긴다며 불평했다고 한다. 사회적 규범을 무시하는 그의 행동은 금욕주의 철학자 디오게네스Diogenes에 비견되기도 했지만 냉소적인 이들은 그를 '야만인'이라고 불렀다.[24] 말리야베키가 서번트였는지 확인하기 위해 굳이 당시로 되돌아가 그의 행동을 진단할 필요는 없을 것이다.

천재성과 인간 혐오가 독특하게 뒤섞인 말리야베키의 성격을 보면 19세기 가장 많은 오해를 받으며 등장한 '백치천재'라는 유형을 다른 방식으로 생각해볼 수 있다. 백치천재란 19세기 후반에 심리학과 정신의학 등 행동과학이 부상하면서 만들어진 용어로 천재적인 재능과 정신적 결함을 모두 지닌 사람을 가리킨다. 19세기 후반 의사들은 인지장애가 있지만 재능이 뛰어난 환자를 설명하기 위해 '백치천재'라는 표현을 사용하기 시작했다. 이 불쾌한 표현은 당시 IQ가 낮은 사람을 가리키던 과학 용어인 '백치idiot'와 지식이 풍부한 사람을 뜻하는 프랑스어 '사방savant'(영어로는 서번트, '알다'라는 뜻의 '사부아savoir'에서 나왔다)을 결합한 용어다.[25]

1869년 뉴욕 의학저널협회New York Medical Journal Association 강연에서 에두아르 세갱Édouard Séguin은 이런 사람을 "한 가지 능력이 쓸데없이 뛰어난 반면 일상적인 일에는 끔찍할 정도로 무능한 사람"으로 묘사했다.[26] 뛰어난 인지능력과 장애라는, 모순되지는 않지만 보통 공존하지 않는다고 생각하는 두 가지 특성이 모두 있는 이들에게 대중은 매혹됐다. 말리야베키가 살던 시대에는 그의 재능을 높이 평가했으므로 그는 당대 최고의 지식노동자가 될 수 있었다. 하지만 19세기 전반의 주류 의료 체계에서는 이런 환자가 스스로 할 수 없는 일이나 결함에만 집중했다.

'백치천재'라는 표현은 영국의 의사 존 랭던 다운John Langdon Down이 1887년 한 강연에서 처음 사용했다. 당시 얼스우드 백치정신병원으로 알려졌던 왕립 얼스우드병원에서 일하던 그는 자신이 보던 환자를 가리켜 이 용어를 썼다.[27] 30년 동안 인지발달장애가 있는 환자를 보던 다운은 런던 의학회Medical Society of London 강의에서 번개처럼 빠른 암산, 엄청난 기억력, 놀라운 예술성, 음악성, 기계 적성 등 뛰어난 능력이 있는 '정신박약feeble-minded' 환자에 대해 설명했다.[28] 초기에 보고된 사례는 대부분 수학 영재였다. 영국에서 최초로 보고된 사례는 더비셔에 사는 농장 일꾼이자 문맹인 제더다이어 벅스턴Jedediah Buxton이었다. 그는 39자리 숫자 곱셈 같은 복잡한 계산을 암산으로 해냈다(답을 확인하는 데 3개월 넘게 걸렸지만 말이다).[29] 기억력이 엄청나게 좋은 사례도 있었다. 세갱은 《백치Idiocy》라는 책에서 펠로폰네소스전쟁을 다룬 책을 통째로 외우는 '진짜 얼간이'를 묘사했다.[30]

다운이 본 환자들도 이와 비슷하게 기억력이 뛰어났다. 이들은 책을 한 번 보고도 전체를 암기했다. 한 소년은 에드워드 기번Edward Gibbon의 《로마제국쇠망사The History of the Decline and Fall of the Roman Empire》를 순서대로든 거꾸로든 암기할 수 있었다. 하지만 같은 실수를 끈질기게 반복했다는 점에서 다운은 이 소년이 서사를 피상적으로만 이해하고 있다고 생각했다. 다운은 이 소년이 '뛰어난 기억력'과 '매우 심각한 추론능력 결함'을 동시에 지녔다고 표현했다.[31] 소년은 처음 암송할 때 실수로 한 줄을 건너뛰었다가 다시 두 줄 되돌아와 빼먹었던 구절을 다시 읽었다. 그뒤로도 소년은 마치 이런 실수가 책에 적혀 있는 것처럼 암송할 때마다 정확하게 똑같이 생략하고 정정했다. 다운은 소년처럼 책에 있는 단어는 모두 알지만 이해하지는 못하는 독특한 특성을 '언어 유착verbal adhesion'이라고 치부했다.[32]

그 뒤 연구자들은 임상 검사를 통해 이런 기억력과 이해력 사이의 뚜렷한 단절을 탐구했다. 1908년 앨프리드 프랭크 트레드골드Alfred Frank Tredgold는 〈정신박약Mental Deficiency(Amentia)〉이라는 글에서 재능이 뛰어난 발달장애인 20명에 대해 설명했다. 이들 가운데 다수는 신문을 한 번 읽고도 기억하거나 전기문 전체를 암기하는 등 기억력이 뛰어났다. 하지만 나중에 저명한 우생학자가 되는 트레드골드는 다운과 마찬가지로 이런 능력을 **이해 없는 암기력**, 곧 단순한 언어 유착으로 깎아내렸다. 트레드골드는 정신박약인ament(인지장애가 있는 사람을 일컫는 또 다른 낡은 용어)의 행동을 관찰하며 문해력 있는 백치의 특징으로 소리와 이해의 불일치를 꼽았다. "이런 정신박약인은 시를 끊임없이 읊조리지만 자신이 무엇을 말하고 있는지, 심지어 그 단어의 의미가 무엇인지 전혀 알지 못한다."[33] 한 정신과 의사는 '자폐증'이라는 용어를 만든 스위스 정신과 의사 오이겐 블로일러Eugen Bleuler의 연구를 바탕으로 텍스트 전체를 암기하는 서번트의 능력을 **의식 없는 기억**이라고 특징지었다. 이 장의 목적에

맞게 이 말을 바꿔보자면 **의식 없는 읽기**라고 할 수 있다.[34]

20세기 초 의학계에서는 다른 사람과 소통하기 위해서가 아니라 자족을 위해 단어에 몰두하는 서번트를 병리적으로 규정했다. 한 사례연구를 보자. 고든이라는 아홉 살 소년은 옷을 입을 때 다른 사람의 도움을 받아야 했지만 제임스 볼드윈James Baldwin의 《50가지 유명한 이야기Fifty Famous Stories Retold》에 실린 이야기 가운데 절반 이상을 통째로 외웠다. 고든은 다른 언어기능보다 글 읽는 소리 자체에 집중했다. 산문이나 시를 읽어줄 때면 자주 끼어들어 "괜찮으면 그 부분 다시 읽어줄래요? 소리가 너무 좋아요"라고 부탁하기도 했다.[35] 하지만 심리학자들은 이런 언어적 민감성을 인정하지 않았다. 고든은 대화의 대부분을 그가 외운 시구로 채웠기 때문이었다. 하지만 이런 방식은 고든이 자기만의 방식으로 소통하려는 시도였을지도 모른다.[36]

몇몇 서번트는 실용적인 가치가 없는 주제에만 집중한다고 평가되기도 했다. 한스 아스퍼거Hans Asperger는 이를 '별난 관심'이라고 일축했다.[37] 방대한 정보 가운데 특정 유형만 기억하는 선택적 기억력은 노래, 시, 외국어, 일대기, 신문 기사, 책의 각 페이지를 기억할 때 발휘된다. 하지만 이들이 철도 시간표, 기관차 번호, 예산 수치, 인구통계, 달력 날짜, 숫자 큐브처럼 무의미하지는 않지만 따분한 정보에 집중하기도 한다. 심리학자들은 쓸모도 거의 없고 참고문헌에 적어두는 편이 더 효율적인, 철 지난 인구통계 같은 정보를 기억하는 데 그렇게 많은 시간을 할애하는 이유를 이해하지 못했다.

의사들은 이들의 성취를 계속 평가절하한 데 이어, 몇몇 서번트의 기억력은 그저 반복 연습 덕분이라는 점을 발견하자 타고난 천재성과 억지 기술을 구분하기 시작했다. 미시시피주 옥스퍼드 출신인 흑인 유진 호스킨스Eugene Hoskins는 기관차 엔진번호에 관한 해박한 지식으로 유명했다. 하지만 인종주의적 편견에 사로잡힌 심리학자들은 호스킨스의 재능이 타고난 능력이 아니라 그저 철도 시간표에 지나치게 몰두한 결과라고 깎아내렸다. 호스킨스의 수첩에는 이런 항목이 가득했다. "북부선 엔진번호는 1140, 1139, 1008, 1051, 1108, 1065, 1080, 1141. 일리노이주 샴페인 지구 샴페인에서 센트렐리아까지는 200킬로미터."[38] 《랜싯》에서는 이 사례를 "정신적 결함이 있는 '두뇌 운동선수'"라는 범주로 깎아내렸다.[39] 같은 시기 심리학자들은 주목할 만한 다른 서번트의 경력을 자세히 조사했다. 중학교까지만 졸업했지만 연예계에서 '기억 전문가memory artist'로 활동하며 생계를 꾸린 K라는 사람이었다.[40] 그는 미국 전역의 1910년 인구통계를 외우고 있어서 인구와 관련된 질문이라면 무엇이든 대답할 수 있었다. 예를 들어 83,252라는 숫자를 주면 조지아주 서배너라는 정확한 지역을 지목했다.[41] 그런데 한 심리학자는 K가 체계적인 예행연습을 통해 여러 번 통계를 적고 매년 노트를 검토하며 기억을 유지하는 것을 보고, 이런 기억 특성을 '비전형적으로 집중된 습관 체계'의 산물이라고 했다.[42] 누구든 끈질기게 연습하면 똑같이 할 수 있다는 의미였다. 훗날 현대 심리학자 마이클 하우Michael Howe는 "서번트가 기억하는 내용은 독특하지만 그 방법은 독특하지 않다"라는 사실을 지적했다.[43]

이 뛰어난 전문가들은 자신의 기술적인 지식을 바탕으로 사회에 기여할 수 있었음에도 특정한 방식으로 기억하지 않는다는 이유 하나로 무시당했다.

심리학자들이 신경전형인을 대상으로 한 심리평가에 의존하면서 고안한 여러 가지 읽기 개념은 서번트에 대한 오해를 키웠다. 제2차 세계대전 중 실행된 한 영향력 있는 연구에서는 서번트의 암기력과 이해력 간의 차이는 이들이 추상적 사고를 하지 못하기 때문에 생긴다고 설명했다. 연구진은 L이라는 11세 소년을 신경정신과적으로 상담한 결과, 소년이 링컨의 게티즈버그 연설을 그대로 외울 수는 있지만 그 내용을 자기 말로 소화해 설명하지는 못한다는 사실을 발견했다. 연구진 눈에 L은 대통령에 대해 공부한 바로 그 책에 대한 기본적인 질문에도 당황하는 것처럼 보였다.

질문: 링컨이 누구지?

대답: 1809년에 태어난 사람이요. 1866년에 죽었어요.

질문: 이 책에서 링컨을 뭐라고 하지?

대답: 이 책은 에이브와 샐리에 대한 책이에요.

질문: 링컨이 누구지?

대답: 링컨은 미국 제16대 대통령이에요. 후버는 제31대 대통령이고요.

질문: 대통령이 뭐지?

대답: 몰라요.[44]

하지만 다른 관점에서 보면 이런 질문은 사실적인 정보에 충실한 L의 지식을 제대로 측정하지 못한다. 어떤 단어를 그 쓰임과 구분해 설명해보라는 질문에도 소년은 난처해했다. "책이 있는 이유는 뭐지?"라고 묻자 L은 "내가 책을 읽으니까요"라고 대답했다.[45]

연구진은 신경전형인에 맞춰 고안한 평가 도구를 적용해서 이들이 단어의 정의, 비유, 은유를 이해하지 못한다고 결론 내렸다. 그러나 서번트가 단어의 감각적 특성에 이끌리는 이유나, 이 장의 뒷부분에서 당사자들의 증언을 통해 살펴볼 표면 읽기에는 주목하지 않았다. 그런데도 연구진은 '백치천재'라는 표현에 모순이 없다고 결론 내렸다. 서번트의 기술은 인지차이'에도 불구하고' 발생한 것이 아니라 인지차이 '때문에' 생겼다는 것이다(**장애 이득**은 오늘날 장애학 연구에서 핵심적인 개념이다[46]). 다시 말해 서번트는 책과 자유롭게 관계 맺을 수단이 제한되었기 때문에, 자신이 통제할 수 있는 수단을 한정된 관심사에만 극단적으로 사용한다는 의미였다.

오늘날 서번트의 행동은 더 이상 감춰져 있지 않다. 자폐인을 묘사하는 〈레인 맨〉 같은 영화나 대중소설, 텔레비전 프로그램에서 서번트의 사례를 곧잘 볼 수 있다.[47] 사실 19세기 말에서 20세기 초 의학 문헌에 기록된 많은 서번트는 자폐스펙트럼의 어딘가에 해당한다.[48] 조지프 스트라우스Joseph Straus는 "백치천재로 분류된 사람이 보이는 지능의 특징은 독특한 자폐성 지능과 관련된다"라고 말했다.[49] '백치천재'라는 용어가 결국 '자폐성서번트증후군'이라는 용어로 대체된 것은 대안적인 의사소통 수단을 선호하고, 사회적 규범을 무시하고, 특별한 관심사에 체계적으로 몰두하는 환자들의 유사성을 알아본 덕분이다.

1940년대 자폐증 진단은 기존 범주에 들어맞지 않는 행동을 하는 사람을 이해할 새로운 렌즈를 제공했다. 실제로 소아정신과 의사인 레오 캐너Leo Kanner의 탐색조사 보고서에서는 사회적 상호작용 회피, 비인칭 언어 사용, 자기만의 의례에 대한 집착 같은 독특한 행동 집합을 '자폐증'이라는 용어로 통칭하면서 기억력을 이런 증상의 하나로 지목했다. 캐너는 여러 가지 사례를 통해 아주 어린 나이에 텍스트를 기억하는 조숙한 능력을 연구했다. 예를 들어 미국에서 최초로 자폐증 진단을 받은 도널드 트리플렛Donald Triplett은 두 살 때 시편 23편을 암송했다. 비슷한 시기에 한스 아스퍼거는 자폐아와 신경전형적 어린이를 구별하는 특징의 하나로 '광적인 읽기fanatical reading'를 꼽았다.[50]

하지만 과거의 의사나 심리학자처럼 캐너도 의사소통 이외의 목적으로 언어를 사용하는 아이들을 제대로 이해하지 못했다. 캐너는 자신의 환자가 보여준, 백과사전 차례나 성서 일부를 암기하는 놀라운 재능조차 "자기만족적이며, 의미나 대화 면에서 가치 없거나 심하게 왜곡된 기억 연습"일 뿐이라고 깎아내렸다. 오늘날의 자폐인이라면 "누구에게 가치 없다는 말인가?"라고 반문할 수도 있다. 하지만 당시 캐너는 이런 조숙함이 사실상 무의미하다고 설명했다.

두세 살짜리 아이에게 이런 단어나 숫자, 시, 장로교 교리문답, 멘델

스존의 바이올린 협주곡, 시편 23편, 프랑스어 자장가, 백과사전 차례 따위는 성인이 이해할 수 없는 음절 모음 이상의 의미가 없다.[51]

캐너의 환자는 글의 구절을 이용해 다른 사람과 대화하기보다 그냥 외우는 것이 더 쉽다고 느끼는 것 같았다. 임상적 관점에서 자폐인의 단어를 향한 애착은 의사소통을 불가능하게 만드는 사회적 결함에 지나지 않았다. 시간이 지나서야 이런 특성은 훗날 **과독증**으로 알려지는, 서번트의 독특한 재능 가운데 하나로 바라보게 되었다.

기억 신동들

'기억 천재 워드웰Memorous Wordwell'이라는 가명으로만 알려진 한 어린이는 최초의 과독증 독자라는 독특한 이력이 있다. 1833년 뉴햄프셔주 월턴의 한 학생이 전한 일화에 따르면 워드웰은 두 살도 되기 전에 알파벳을 익혔다. 그는 다섯 살 때 러시아 귀족의 이름을 유창하게 발음하는 등 나이를 뛰어넘는 읽기능력으로 학교에서 '읽기 기계'로 불렸다.[52] 워드웰의 어머니는 "워드웰은 성서의 가장 어려운 부분도 나만큼 빨리 읽을 수 있어요"라고 말했다. 그의 아버지는 이렇게 덧붙였다. "이 아이의 읽기능력을 능가하는 사람은 본 적이 없어요."[53] 하지만 이 읽기 기계가 할 수 없는 것이 한 가지 있었다. 바로 자신이 읽은 단어의 뜻을 이해하는 것이다. 워드웰이 소리와 의미를 연결하지 못한다는 사실이 알려지자 그는 곧 친구들 사이에서 '학교에서 제일가는 멍청이'라고 불렸다.[54]

읽은 것의 의미는 모른 채 술술 읽는 어린이에게 읽기장애라는 진단이 내려지자 기억 천재 워드웰의 행동은 그다지 진기해 보이지 않았다. 예를 들어 1917년 발표된 한 연구에서는 앨프리드 테니슨Alfred Tennyson의 시 〈샬롯의 아가씨The Lady of Shalott〉를 읽으며 "단어와 소리에 너무 집중한" 어떤 소년의 사례를 들었다.[55] 다른 연구에서는 조숙한 단어 인지를 언어를 다루는 방식이 아닌 장애로 규정했다. 1923년 컬럼비아사범대학교의 한 교수는 "바보에 가까운 아이가 읽기 메커니즘을 배우는 것에 있어서만큼은 특출난 재능을 보이는 경우는, 평범한 아동이 읽기를 어려워하는 경우만큼 흔하다"라고 말했다.[56] 〈읽지 못하는 아이들Children Who Cannot Read〉이라는 후속 연구에서는 "술술 읽을 수는 있지만 읽은 내용을 지적으로 처리하지는 못하는 결함이 있는 어린이"에 주목할 것을 촉구했다.[57] 워드웰의 증상은 난독증 증상과는 정반대였다.

심리학자들은 결국 워드웰 같은 독자에게 '과독증'이라는 진단을 내렸다. 이 용어는 1967년 단어를 인지하는 능력이 단어를 이해하는 능력을 넘어서는 아이들을 설명하기 위해 도입됐다.[58] 의사들은 이런 아이들이 가장 단순한 차원에서만 '읽을 수 있다'고 생각했다. 예를 들어 한 연구에 참여한 교사는 어떤 초등학교 4학년 학생이 제 학년 수준에 맞게 소리 내 읽을 수는 있지만 내용은 전혀 이해하지 못한다고 걱정했다. 후속 연구에 참여한 아이 12명 가운데 11명은 텍스트를 자기 말로 바꿔 말하지 못했다.[59] 과독증 임상연구가 이어지며 해독과 이해가 연관되어 있다는 가정이 무너졌다. 후속 연구에서는 단어를 알아보지 못하는 난독증과 단어를 알아보긴 하지만 무슨 뜻인지 이해하지는 못하는 과독증이 읽기 스펙트럼의 양극단에 있다고 주장했다. 과독증을 둘러싼 담론은 지난 세기 서번트증후군에 관한 논의와 마찬가지로 과독증 독자가 할 수 있는 것보다 할 수 없는 것을 강조했다. 과독증 같은 읽기 방식이 자폐인에게 주는 잠재적인 이점을 무시한 것이다.

과독증 어린이는 빠르면 18개월이라는 매우 어린 나이에 읽기를 시작한다. '과독증'이라는 용어가 만들어진 연구에 참여한 어린이 20명 가운데 최소 다섯 명은 학교에 들어가기 전부터 읽기 시작했고 그중 한 명은 생후 28개월에 읽기 시작했다. 후속 연구에서도 비슷한 관찰이 이어졌다. 12명 모두 네 살 이전에 단어를 인지했다. 이런 조숙한 아이들은 보통 라벨이나 표지판을 읽는 것에서 시작해 알파벳 장난감 블록으로 단어를 쓰고, 시각과 음운 해독능력을 조합해 글자군을 단어로 인식해 읽었다. 심지어 3개 국어를 소리 내 읽는 과독증 어린이도 있었다.[60]

과독증 어린이는 말을 배우기도 전에 글을 읽는 경우가 많다. 보통 신경전형적 어린이는 그 반대다. 1972년 연구에 참여한 과독증 어린이 12명 가운데 한 명만이 대화식 언어를 사용했고, 상대방의 말을 메아리처럼 반복하는 반향어echolalia가 훨씬 흔하게 나타났다. 자폐증에 익숙하지 않은 연구진은 아이들의 단조로운 어조에 충격받았다. 한 신경학자는 이런 억양에서 "초기 그리고리안성가가 연상된다"라고 묘사하기도 했다.[61] 이 아이들 가운데 대다수는 언어능력이 있다는 징후를 전혀 보이지 않다가 갑자기 문해력을 드러냈다. 한 소년은 동물 울음소리처럼 끙끙 거리거나 꽥 소리 지르거나 웅웅거리다가 갑자기 유창하게 소리 내 읽기 시작했다. 또래보다 한참 전에 교과서를 읽기도 했다. 어떤 아이는 《뉴요커The New Yorker》 같은 잡지에 나온 복잡한 내용도 60~70퍼센트 정도 정확하게 읽어냈다.[62]

책과 감각적으로 만나는 경험 자체에서 자극을 얻는 아이들도 있다. 《아기들이 읽을 때When Babies Read》의 저자는 아들 아이작 젠슨Isaak Jensen을 떠올리며 이렇게 썼다.

아들은 몇 시간이나 앉아서 책에 몰두했다. 아주 부드럽게 책장을 넘겼다. 그림보다 책 페이지의 단어를 더 많이 봤다. 겨우 한 살이었는데도 말이다.[63]

아이작은 대부분의 과독증 아이와 비슷하게 두 살이 되자 단어를 읽었고 얼마 지나지 않아 모든 글을 읽을 수 있게 됐다. 하지만 서사가 점점 추상적으로 바뀌고 추론이 필요하거나 은유와 아이러니, 비유적인 표현이 등장하는 초등학교 2학년 수준 이상의 글은 거의 이해하지 못했다.

자녀가 어린 나이에 유창하게 읽을 수 있다는 사실을 안 부모들은 아이의 지능이 높다고만 생각하지 자폐증의 징후라고는 상상조차 하지 못한다. 자폐아를 둔 부모의 복잡한 심정을 다룬 글은 별개의 장르가 될 정도로 많다. 과독증에는 대부분 발달차이, 학습차이가 수반되며 과독증을 보이는 아이 대다수는 자폐스펙트럼의 어딘가에 속한다.[64] 트레퍼트는 과독증을 읽기능력과 학습장애가 독특하게 조합되어 말을 이해하기 어려워진 상태로 정의했다.[65] 많은 과독증 어린이가 사람보다 책을 더 편하게 느끼는 데는 그럴 만한 이유가 있다.

과독증은 천재적인 능력처럼 보인다. 과독증 아이들은 아무도 읽기를 가르쳐준 적이 없는데 어느 날 갑자기 혼자 읽기 시작해서 부모를 놀라게 한다. 어떤 어머니는 네 살짜리 아들이 '양파ONIONS'라고 적힌 깡통을 뒤집어 놓고 '스노이노SNOINO'라고 읽는 것을 보고 아이에게 조숙한 읽기능력이 있다는 사실을 발견했다.[66] 나이가 좀 더 있는 10대 자폐인도 읽을 줄 모르는 것 같았지만 어느 날 셰익스피어의 작품을 읽기 시작하며 갑자기 문해력을 드러냈다. 어떤 자폐증 청소년의 표현을 빌리자면 과독증이라기보다 '읽을 수 없다가 갑자기 읽을 수 있게 된' 상황이다.[67] 물론 아이들마다 읽기 시작하는 나이는 모두 다르다. 읽기를 빨리 시작하는 것은 그저 조숙하다는 뜻일 수도 있다. 그러나 과독증 아이의 뛰어난 단어 인식 기술은 일부 조숙한 아이가 일반적인 발달단계에서 보이는 비슷한 기술과는 다르다.[68] 보통 아이들은 먼저 유창하게 말을 할 수 있는 네 살 무렵부터 글자를 인식하기 시작해 일곱 살쯤 해독능력을 키우는 반면, 조숙한 아이는 더 일찍 시작한다. 프랜시스 골턴Francis Galton은 어릴 때 "나는 네 살인데 영어책 다 읽을 줄 알아"라고 뽐내기도 했다.[69]

신동을 다룬 전기에는 성인보다 읽기능력이 뛰어난 어린이의 사례가 넘쳐난다. 윌리엄 제임스 시디즈^{William James Sidis}는 18개월 때 《뉴욕타임스》를 읽었다. 그는 알파벳 블록으로 가득 찬 빨간 양철통을 들고 다니며 아버지의 의학 서적 책등에 적힌 '생리심리학^{physiological psychology}' 같은 단어의 철자를 따라 썼다.⁷⁰ 이 아이는 세 살이 되자 라틴어를 혼자 깨쳤고 그리스어를 배워 호메로스^{Homer}의 작품을 읽었으며 초등학교에 들어갈 즈음에는 8개 국어를 술술 읽었다. 선생님이 읽을 줄 아냐고 묻자 《줄리어스 시저^{Julius Caesar}》의 첫 장면을 암송했다. 다른 영재도 또래들이 모국어를 배우기도 전에 외국어를 익혔다. 존 스튜어트 밀이 세 살 때 그리스어를 배우기 시작했다는 사실은 유명하다. 그는 동화가 아니라 공리주의 사상 교과서를 읽으며 자랐고 여덟 살이 되자 헤로도토스^{Herodotos}, 이소크라테스^{Isocrates}, 루키아노스^{Lucianos}, 크세노폰^{Xenophon}, 디오게네스 라에르티오스^{Diogenes Laertios}의 저서를 모두 섭렵했다. 열 살 무렵에는 플라톤^{Platon}의 저서를 '아주 쉽게' 읽었다.⁷¹ 마찬가지로 독일 학자 장필립 바라티에^{Jean-Philippe Baratier}는 다섯 살에 그리스어, 라틴어, 프랑스어, 네덜란드어 글을 술술 읽었고, 3년 뒤에는 히브리 시편을 모두 암송했다.⁷²

일화적 증거에 따르면 몇몇 뛰어난 작가들은 아주 어려서부터 글쓰기에 소질을 보였다. 자라면서 자칭 '도서관 중독자'가 된 시인 새뮤얼 테일러 콜리지^{Samuel Taylor Coleridge}는 세 살 때 성서 한 장^章을 읽었다.⁷³ 마거릿 풀러^{Margaret Fuller}도 아버지에게서 읽기를 배운 세 살 6개월 때 '미국에서 가장 잘 읽는 여성'이라는 명성을 얻었고 이듬해에는 마리아 에지워스^{Maria Edgeworth}의 《보모^{The Parent's Assistant}》를 혼자 읽어냈다.⁷⁴ 결국 심리학

가 넘쳐난다. 윌리엄 제임스 시디즈[William James Sidis]는 18개월 때 《뉴욕타임스》를 읽었다. 그는 알파벳 블록으로 가득 찬 빨간 양철통을 들고 다니며 아버지의 의학 서적 책등에 적힌 '생리심리학[physiological psychology]' 같은 단어의 철자를 따라 썼다.[70] 이 아이는 세 살이 되자 라틴어를 혼자 깨쳤고 그리스어를 배워 호메로스[Homer]의 작품을 읽었으며 초등학교에 들어갈 즈음에는 8개 국어를 술술 읽었다. 선생님이 읽을 줄 아냐고 묻자 《줄리어스 시저[Julius Caesar]》의 첫 장면을 암송했다. 다른 영재도 또래들이 모국어를 배우기도 전에 외국어를 익혔다. 존 스튜어트 밀이 세 살 때 그리스어를 배우기 시작했다는 사실은 유명하다. 그는 동화가 아니라 공리주의 사상 교과서를 읽으며 자랐고 여덟 살이 되자 헤로도토스[Herodotos], 이소크라테스[Isocrates], 루키아노스[Lucianos], 크세노폰[Xenophon], 디오게네스 라에르티오스[Diogenes Laertios]의 저서를 모두 섭렵했다. 열 살 무렵에는 플라톤[Platon]의 저서를 '아주 쉽게' 읽었다.[71] 마찬가지로 독일 학자 장필립 바라티에[Jean-Philippe Baratier]는 다섯 살에 그리스어, 라틴어, 프랑스어, 네덜란드어 글을 술술 읽었고, 3년 뒤에는 히브리 시편을 모두 암송했다.[72]

일화적 증거에 따르면 몇몇 뛰어난 작가들은 아주 어려서부터 글쓰기에 소질을 보였다. 자라면서 자칭 '도서관 중독자'가 된 시인 새뮤얼 테일러 콜리지[Samuel Taylor Coleridge]는 세 살 때 성서 한 장章을 읽었다.[73] 마거릿 풀러[Margaret Fuller]도 아버지에게서 읽기를 배운 세 살 6개월 때 '미국에서 가장 잘 읽는 여성'이라는 명성을 얻었고 이듬해에는 마리아 에지워스[Maria Edgeworth]의 《보모[The Parent's Assistant]》를 혼자 읽어냈다.[74] 결국 심리학

자들은 이해력을 기준 삼아 일찍 읽기 시작한 조숙한 아이와 과독증 독자를 구분했다. 과독증 아이는 단어 그 자체를 목표로 삼지만 일찍 읽기 시작한 조숙한 아이에게 단어는 대체로 목적을 위한 수단이다. 그래서 해리엇 마티노Harriet Martineau는 일곱 살에 《실낙원Paradise Lost》을 읽은 것이 자신의 어린 시절에서 가장 중요한 순간이었다고 말했다.[75]

몇 가지 수복할 만한 예외를 제외한다면 대부분의 어린이는 적절한 나이가 되기 전에는 읽기를 배울 수 없다. 부모들은 이 사실을 염두에 둬야 한다. 예를 들어 1918년 스탠퍼드대학교의 심리학자 루이스 터먼Lewis Terman은 자신이 면담한 두 살 소녀를 "초등학생처럼 글을 읽을 수 있는 신동"으로 평가했다.[76] 마사라는 이 소녀는 '아기처럼' 발음하기는 했지만 초급 독본을 술술 읽는 등 그 나이에 맞는 능력을 뛰어넘었다.[77] 하지만 마사의 문해력은 저절로 생긴 것이 아니었다. 마사의 아버지는 응용행동분석applied behavior analysis, ABA이라는 방법을 이용해 딸에게 읽기 훈련을 시켰다. 거실 전체에 빨간색 종이 글자를 붙여두고 그림책에 나온 글자를 가리키게 했고, 딸이 한 페이지를 다 읽을 때마다 박수를 치거나 환호하거나 헹가래를 치는 등 읽기를 부추겼다. 심지어 인형을 갖고 노는 대신 글을 읽으면 상으로 사탕을 주기도 했다. 다른 방법이 모두 실패하자 아버지는 딸을 때렸다. 당연히 교육심리학자들은 이런 읽기 교육법을 옹호하지 않았다.

과독증에 관한 초기 심리검사에서는 읽기란 목적이 아닌 수단에 불과하다는 관점을 견지했고, 측정된 결함에만 초점을 맞췄다. 읽기가 쓸

모나 즐거움을 주는 다양한 방식은 무시한 채 아이들이 육하원칙(언제, 어디서, 누가, 무엇을, 어떻게, 왜)에 맞춰 답하기 어려워한다는 점에만 주목한 것이다. 이런 연구 대다수는 《미운 오리 새끼The Ugly Duckling》 같은 동화를 '잘못된' 방식으로 읽는다며 과독증 아이를 암묵적으로 비난했다. 한 연구에서는 "글자 자체만을 읽는 아이들은 이야기의 의미를 찾지 않고 흥미에만 집중한다"라고 결론 내렸다.[78] 임상 수련을 거친 연구자들은 '읽기란 어떤 것이어야 한다'는 신경전형적 기대를 충족하지 않는 읽기 형태를 이해하기 위해 안간힘을 썼다. 이렇게 임상적 관점에서만 이뤄진 연구에서는 과독증이 어떤 개인적 욕구를 충족하는지, 활자가 자폐적 인지 특성에 어떻게 부합하는지에는 거의 관심을 기울이지 않았다. 지나가는 CNN 뉴스 자막을 몇 시간이나 바라보거나 동화책 대신 비누 포장지를 읽다가 잠드는 아이들이 얻는 이점을 이해하려고도 하지 않았다.[79]

과독증 어린이의 가족은 사회에서 읽기를 바라보는 규범적 개념 때문에 자녀가 다른 아이들과 '다르다'는 사실을 예민하게 받아들인다.[80] 임상연구에서는 과독증 아이들이 활자에 집착하면 이야기를 즐기는 아이다운 즐거움을 넘어 전형적인 아동기 활동에 소홀해진다고 봤다. 예를 들어 한 소년은 놀이터에서 장난감을 갖고 노는 대신 책 보기를 좋아했고 다른 아이는 블록을 갖고 놀지 않고 블록 상자에 인쇄된 글자를 봤다.[81] 이 연구에 따르면 이런 아이들은 잘못된 방식으로 놀고 있다. 한 아이는 성서 구절이나 사전에서 동물을 설명하는 긴 구절을 암송하는 데

열중하지만 이를 다른 사람이 읽어주는 것은 그다지 좋아하지 않았다. 오늘날에는 과독증 독자가 단어 해독보다는 단어 **부호화**encoding(소리를 문자로 변환하는 정신적 과정–옮긴이) 자체에서 만족을 느낀다는 사실이 잘 알려져 있다.

1970년대 한 정신과 사례연구에서는 과독증 어린이가 단어에 보이는 관심이 얼마나 쉽게 병리적으로 바뀔 수 있는지 보여준다. 샘은 한 살이 되자 활자에 집착했다. 샘은 스스로 앉을 수 있기도 전에 긴 시간을 들여 책을 한 페이지씩 공들여 찢었고 나중에는 종이상자를 벗겨 일련번호 같은 표시를 찾아내기도 했다. 또한 온종일 전화번호부를 들여다보며 행복해했다. 한 심리학자는 샘이 걸어다니면서도 문장을 반복해 읽는 모습을 보고 샘이 "마치 다시는 그 활자를 암송할 수 없을 것처럼" 군다고 표현했다.[82] 책에 푹 빠져 있을 때는 누가 머리 뒤에서 손뼉을 쳐도 눈 하나 깜빡하지 않았고 팔에 붉은 자국이 생길 정도로 찰싹 때려도 집중력이 흐트러지지 않았다. 하지만 다른 사람이라면 칭찬받았을 이런 행동도 샘 같은 아이에게는 장애의 징후로만 치부됐다.

의료 전문가들은 과독증 독자 대부분이 무언가를 읽고 있다는 사실에만 신경 쓰고 읽는 내용에는 집중하지 않는 생각 없는 독자라고 생각했다. 신경과 전문의들은 읽는 내용의 본질에는 거의 관심을 두지 않는 여섯 살 과독증 아이의 행동을 '강박적인 의식'이라고 표현했다.[83] 이 아이에게는 광고, 메뉴판, 이름표, 포장지, 교통표지판처럼 단어로 이뤄진 것이라면 무엇이든 즐거움의 원천이었다(이 장의 뒷부분에서 설명할

'사실에 기반한 문학'을 향한 관심이 어느 정도인지 짐작할 수 있는 행동이다). 소아신경과 전문의들은 읽을거리를 찾아 병원 진료실을 돌아다니는 네 살짜리 소년을 관찰한 뒤 이렇게 말했다. "아이는 읽는 행위를 즐길 뿐 읽은 내용의 의미에는 전혀 관심이 없어 보였다."[84] 이 외부 관찰자들은 신경전형적 독자와 달리 표면 아래에는 거의 주목하지 않는 독자들을 어떻게 이해해야 할지 몰랐다. 과독증을 결함이 아닌 단어를 만나는 또 다른 방식으로 생각하기 위해서는 자폐인 당사자의 내부적 관점이 필요했다.

"읽기는 읽었다, 이해는 못했지만"

다양한 스펙트럼에 놓인 독자에게는 주류 읽기 이론이 들어맞지 않는다. 읽는 사람이 보이는 반응이 이야기 자체와 거의 관련이 없는데 독자반응 이론이 무슨 소용이 있을까? 지금부터는 자폐인 대부분의 읽기 성향(여기에서는 서번트증후군이나 과독증이 아닌 발달단계와 관련된 적절한 문해 기술에 주목한다)에 주목하며 **표면 읽기**라는 개념을 통해 표지, 제본, 종이, 질감, 글꼴, 잉크 등 책의 표면적 특성에 지나치게 집중하는 자폐적 읽기 방식을 살펴본다. 비평적 읽기는 주로 표면 아래 해석에 집중하는 반면 표면 읽기는 더 깊은 의미를 찾아 표면 아래로 파고들지 않는 것이 특징이다.

최근 문학비평가들은 깊이보다 표면을 중시하는 텍스트 해석을 '표면 읽기'라고 표현했다.[85] 이런 표현은 다양한 읽기 방식을 둘러싼 논의와 자폐적 읽기 방식의 연관성을 의도적으로 드러낸다. 새브리스 같은 비평가들은 자폐인이 텍스트와 맺는 관계와 문학비평가의 꼼꼼한 읽기를 비교한다.[86] '표면 읽기'라는 말을 사용한다고 해서 자폐인 독자가 피상적으로만 읽는다고 이해해서는 안 된다. 오히려 이런 사람들, 특히 과독증인 경우에는 독특한 인지능력 덕분에 다른 독자가 텍스트에서 간과하는 측면을 잘 알아본다. 앞으로 살펴보겠지만 자폐인은 읽기의 경계를 넓히는 탁월한 표면 읽기 독자다.

자폐아의 부모는 자녀가 읽기를 멈추지 못할까 봐 걱정하기도 하지만 반대로 읽기를 시작조차 하지 못할까 봐 걱정하기도 한다. 후자는 자폐아가 감각 처리 문제 때문에 혼자 읽지 못하는 **저독증**hypolexic인 경우다. 사실 이런 아이는 읽기라는 개념 자체를 나중에 알게 되며, 명문화되지 않은 문해 규칙을 익히는 데 몇 년씩 걸리기도 한다. 헤일은 해적에 관한 책에서 무엇을 봐야 하는지 깨닫는 데 몇 년이 걸렸다. "검은색 글자를 읽어야 하는지 아니면 검은색 사이의 공간, 그러니까 흰색 부분을 읽어야 하는지 몰라서 정말 당황스러웠어요".[87] 학교에서는 교사가 검은 칠판에 흰색 분필로 글씨를 쓰는 탓에 더욱 혼란스러웠다.

뇌가 정보를 처리하는 데 오래 걸리는 아이는 집중해야 하는 활동에 부담이나 위협을 느낀다. 데이비드 미지아닉David Miedzianik은 이렇게 말했다. "오랫동안 가만히 앉아 있기가 너무 힘들어요. 그래서 책을 많이 읽지 않아요. "[88] 자폐증 수기에는 읽기에 흥미를 잃고 멍해지거나 암송하지 못하는 아이들의 이야기가 넘쳐난다. 아들이 도망치기 전에 동화책한 권을 다 읽어주는 것이 소원이라고 심리학자에게 털어놓는 부모도 많다.[89] 공격이 최선의 방어라는 아이들도 있다. 저스틴이라는 한 소년은책을 읽어주려는 사람을 때렸다. 저스틴이 마침내 읽기를 좋아하게 되자그의 아버지는 "제가 책을 읽어주려고 하면 저를 때리고 할퀴고 멍들게했던 바로 그 아이입니다"라고 말했다.[90] 가만히 앉아 있을 수 있는 아이도 읽기를 부담스러워한다. 도나 윌리엄스는 반 친구들이 책을 낭독할때마다 읽는 아이를 쳐다보거나 목소리를 들었다. 그렇게 해도 소리를처리하기 힘들어서 다른 아이들이 말하는 내용을 따라갈 수가 없었다.[91]

몸이 말을 듣지 않는 경우에도 혼자 책을 읽기 힘들며, 어떤 부모의표현대로 '앞으로 나아가며' 책에 반응하지 못한다.[92] 티토 라자르시 무코파디야이Tito Rajarshi Mukhopadhyay는 책에 눈을 고정하기조차 어려웠지만어머니와 언어치료사의 도움을 받아 집중력 향상 훈련을 하며 혼자서도문장에 눈을 둘 수 있게 됐다. 마침내 그는 스스로 수많은 책을 저술했다.[93] 루시 블랙먼Lucy Blackman도 약간의(때로는 상당한) 개입을 통해 15세에 처음 책을 읽을 수 있었다. 루시의 어머니 제이는 말을 못 하는 딸의읽기능력을 높여주기 위해 키보드로 타자 칠 때와 같은 자세로 딸의 어깨를 자신의 팔로 감쌌다. 그다음 딸의 손목을 잡아 책 위에 놓았다. 이모성애 가득한 포옹 덕분에 루시는 이 문단 저 문단 왔다 갔다 하지 않고《폭풍 소년Storm Boy》의 문장을 순서대로 읽을 수 있었다. 제이는 루시가 책장을 이리저리 팔랑거리지 않도록 《폭풍의 언덕》 페이지를 직접 넘겨주기도 했다. 도움을 받으면 이런 아이들도 혼자 읽을 수 있다. 제이는 딸이 존 마스든John Marsden이 지은 《할 말이 많아요So Much to Tell》의 서문을 다 읽을 수 있도록 지켜봐준 적도 있다.[94]

자폐아는 읽기를 배울 때 보통의 아이들과 다른 문제에 직면한다. 짐 싱클레어Jim Sinclair는 세 살 때 읽기를 배웠지만 글자가 머릿속에서 사라져버려서 10세, 17세, 21세, 26세에 다시 읽기를 배워야 했다.[95] 하지만 일단 읽기 시작하면 읽기를 멈추기 어려울 수도 있다. 조지는 정보를 차곡차곡 쌓고 원치 않는 자극을 차단하기 위해 깨어 있는 시간 대부분을 낱말 사전이나 백과사전의 항목을 반복해 읽으며 보냈다.[96] 스패로 로즈 존스Sparrow Rose Jones의 부모는 딸의 책을 뺏으면서 딸이 또래들과 어울려 놀기를 기대했지만 그런 일은 일어나지 않았다.[97] 자폐인이 온종일 책만 읽는 것은 드문 일이 아니다. 메리앤 티론 스미스Mary-Ann Tirone Smith의 오빠는 하루 12시간씩 책을 읽었다.[98] 어떤 소년은 책과 떨어져 있는 것이 너무 괴로워서 학교를 빼먹고 읽을거리를 찾아 가게에 숨기도 했다.[99]

책이 감각을 너무 자극하는 탓에 전혀 읽으려고 하지 않는 아이들도 있다. 읽기 외에도 책으로 할 수 있는 일이 무궁무진하게 많다. 어떤 자폐아는 책을 바라보는 것에 그치지 않고 책을 만지고 맛보고 냄새 맡기를 좋아한다. 책을 알파벳순으로 나열하고, 쪽수를 세거나 종이를 팔랑팔랑 넘기고, 책 뒤에 숨거나 책을 담요로 덮기도 하며, 책을 던지고 찢고 자르기도 한다. 책이 읽기와 무관하게 감각을 만족시키는 의례가 되는 일도 혼하다. 어떤 소녀는 동화책 시리즈《리틀 골든 북Little Golden Books》페이지를 두른 장식 테두리를 따라 글자 하나하나를 큰 새 인형의 부리로 엄숙하게 두드리며 자폐인들이 흔히 표현하듯이 '회로'를 완성했다.[100]

이런 정교한 의례를 수행하는 사람은 읽기라는 목적과 별개로 책을 소중히 여긴다. 책을 '올바르게' 사용해야 한다는 신경전형적인 관점에서는 이렇게 책을 대하는 방식이 병적으로 느껴진다. 자폐증을 정신분석학적 패러다임으로 분석한 브루노 베텔하임Bruno Bettelheim의 신빙성 없는 연구서《텅 빈 요새The Empty Fortress》에도 이런 사례가 소개된다(여기에서는 프로이트식 분석은 걷어내고 살펴보겠다). 한 아홉 살 소년은 자신이 기계라고 믿는 바람에 시카고대학교 특수학교에 오게 되었다. 조이라는 이 소년은 바깥세상을 무시한 채 윙윙거리며 손을 휘저으며 로봇처럼 병동을 돌아다니다가 전구를 깨부수고 "폭발!" "꽝!" "펑!"이라고 외쳤다.[101] 로봇 조이는 침대 머리판을 철사, 판지, 마스킹테이프로 둘러 정교한 장치로 바꾼 다음 잠자는 동안 배터리를 충전하며 스스로 전원을 공급받았다. 책을 읽으려면 전자책 리더인 자기 몸과 책을 가상의 전선과 소켓으로 연결해야 했다. 하지만 아무리 정교하게 준비해도 "배터리가 충분히 채워지지 않았다"라는 등 기술적 문제나 불평을 늘어놓았다.[102] 베텔하임은 이 말을 "감정 에너지가 충분히 채워지지 않아 읽기의 위험을 감수할 수 없다"라는 뜻으로 해석했다.[103] 로봇 조이는 한 번에 한두 단어만 읽으면 바로 다시 충전해야 했다.

많은 자폐인 독자는 책의 감각적인 면에서 즐거움을 느낀다. 이들을 통해 평범한 독자 역시 자기가 느끼는 소소한 즐거움을 돌아보게 된다. 스티븐 쇼어Stephen Shore는 종이에 인쇄된 잉크를 손가락으로 더듬기를 좋아했다.[104] 데이비드 제임스 새브리스David James Savarese는 1시간 내내 전화번호부를 훑어보다가 가끔 멈춰서 종이의 두께를 느끼거나 구겨진 표면을 살폈다.[105] 무코파디야이가 책으로 가장 먼저 하는 일은 냄새를 맡으며 전에 그 책을 갖고 있던 사람의 흔적을 느끼는 일이었다.[106] 젠 버치Jen Birch는 오클랜드대학교 도서관의 독일문학 서가에서 "뭔가 매운 냄새"가 난다고 말했다.[107] 책을 좋아하는 사람이라면 여기서 언급한 감각적 즐거움이 낯설지는 않을 것이다. 하지만 그 강도는 다르다. 신경전형인은 자폐인이 책에 보이는 이런 강한 애착을 이해하기 어렵다. 어떤 부부는 아들이 책을 집에 쌓아두는 바람에 사람이 살 수 없는 지경이 되어버렸다고 증언했다.[108] 사람들은 이런 **책애호가**bibliophilia를 실제로 책을 읽고 내용에 몰입하는 **독서광**bibliomania이라고 생각하곤 하지만, 사실은 플로베르의 소설 속 서점주인처럼 책을 읽지도 않고 몇 시간씩 바라보기만 하기도 한다.[109]

대부분의 독자가 책의 디자인, 무게, 심지어 냄새를 음미하는 등 책과 만나는 물리적 접촉에서 즐거움을 얻는다. 다만 자폐인 독자는 신경전형인이라면 불편하게 느낄 정도로 책에 몰두한다. 앞서 잠깐 언급한 2007년 유튜브YouTube에 올라온 8분 30초짜리 영상 〈내 언어로In My Language〉를 보자. 영상을 제작한 백스는 이마, 광대뼈, 코 등 얼굴 전체를 책 페이지에 열심히 문지른다. 보통 사람이 생각하는 읽기가 아니라 바르기라고 할 만한 행동이다. 백스는 정말 책에 '빠져' 있는 것처럼 보인다. 하지만 이어지는 영상 해설에서는 이런 감각적인 상호작용 그 자체가 인지의 한 형태라고 설명하며 성급한 판단을 방지한다. 평범한 방식으로 책을 읽는 다음 영상을 보면 적절한 읽기 행동에 대한 규범적 기대는 물론, 백스 같은 사람은 독자가 아니라고 깎아내리려는 시도가 벽에 부딪친다. 백스는 책을 맛보고 냄새 맡고 느끼고 듣는 행동을 드러냄으로써 자신이 '생각하는 존재'라고 할 수 있는지 없는지 혼란스럽게 만든다.[110] 백스는 일반적인 '해독하며 읽기'를 하지는 않는다. 하지만 책을 대하는 지적·신체적 활동 모두에서 즐거움을 얻는 백스의 영상을 통해 활자와 관계를 맺는 여러 가지 활동 사이의 확고한 경계가 무너진다.

자폐인은 비*독자가 아니라 오히려 가장 열성적인 독자다. 잠옷으로 갈아입느라 책 읽을 소중한 시간을 빼앗긴다고 불평한 말리야베키를 떠올려보자. 자기가 좋아하는 책을 외우는 아이들이야 많지만 자폐아만큼 자기가 좋아하는 책을 수없이 읽는 경우는 드물다. 케네스 홀Kenneth Hall은 좋아하는 책을 55번이나 읽었다.[111] 《닥터 수스》의 〈모자 속 고양이The Cat in the Hat〉를 수백 번 읽거나 《딥스Dibs in Search of Self》를 종이가 너덜너덜해질 때까지 읽는 아이도 있다.[112] 이렇게 여러 번 읽으면 서사를 깊이 이해할 것이라고 생각하지만 지금까지 살펴봤듯이 반복해서 읽는다고 반드시 더 깊게 이해할 수 있는 것은 아니다. 조지 무어George Moore는 《강아지 이야기The Puppy Book》를 수백 번 읽었지만 이야기를 이해하지는 못했다(심지어 그는 제목의 '강아지'를 '돼지'라고 생각했다).[113]

책의 내용을 모르는데 어떻게 책을 '읽었다'라고 말할 수 있을까? 회의론자들은 표면 읽기를 읽기로 간주하지 않는다. 하지만 읽기를 해독과 이해라는 두 가지 측면으로 나누면 문제가 해결된다. 예를 들어 테레즈 졸리프Therese Jolliffe는 책을 이해하지 않아도 '읽기'를 할 수 있었다고 회상했다.

혼자 있을 때면 나는 책을 읽었다. 그것도 수백 권은 읽었다. 처음에는 그냥 처음부터 끝까지 읽었다. 한 단어도 놓치지 않고 처음부터 끝까지 읽어야 한다고 느낄 때도 있었다. 실제로 읽은 것을 이해하고 내가 하는 행동에서 즐거움을 느끼기까지는 오랜 시간이 걸렸다.[114]

졸리프에게 읽기란 단어를 해독하거나 다시 말소리로 바꾸는 것이지 이해하거나 즐기는 것이 아니었다(결국 둘 다 할 수 있게 되었지만 말이다). 이해는 뒷전이었다. 하지만 그의 증언에서 알 수 있다시피 과독증은 다른 형태의 문해력으로 발전할 수 있는 읽기 유형이다.

앞서 언급한 **의식 없이 읽기**는 오랫동안 심리학자들을 당혹스럽게했다. 하지만 최근 연구에서는 이해가 부족하다는 과독증의 단점에만 주목하지 않고 잠재적인 이점에 초점을 맞춘다. 심지어 일부 연구자는 고급 어휘를 인지하는 이 능력을 장애가 아닌 초능력으로 본다.[115] 오늘날 연구자들은 활자의 변치 않는 성질이 어떻게 누군가에게 위안을 주거나 다양한 읽기 스펙트럼상의 사람에게 안식처가 되는지 잘 알고 있다.[116]

예부터 세상 속에 섞여 살기가 버거운 사람들은 책 속으로 도피해왔다. 돈 프린스휴스Dawn Prince-Hughes는 한때 책에 대해 이렇게 말했다. "이곳에서 우리는 예술과 질서가 있는 평화로운 세계, 우리가 공유할 수 있는 대지를 발견한다."[117]

이 범주에 속하는 사람은 사람보다 책과 함께하는 것을 더 좋아한다. 아스퍼거증후군의 초기 사례연구에는 책에 파묻혀 병동 구석에 앉아 있던 여덟 살 소년이 등장한다.[118] 인간의 행동은 불안정하고 예측하기 어렵지만 책은 언제나 한결같다. 무코파디야이가 학교 친구들보다 책을 더 편안하게 느낀 이유도 비슷하다.

> 책은 내 마음대로 다룰 수 있지만 사람은 그럴 수 없다. 사람과는 양
> 방향으로 상호작용해야 한다. 그래서 사람을 만날 때는 책과 만날 때
> 보다 불확실성이 더 커진다.[119]

책 페이지가 고정되어 있다는 사실은 이 변덕스러운 세상에서 안정감을 준다. 그래서 트레버 타오Trevor Tao의 선생님은 그가 "글자는 사람처럼 변하지 않는다"라는 단순한 이유 하나 때문에 책을 좋아한다고 결론 내렸다.[120]

사진기억, 표면 읽기, 과독증

자폐적 읽기는 일반적인 읽기 방식과 다를 뿐 아니라 그 한계를 넘어서기도 한다. 픽처럼 초능력적인 읽기능력이 있는 서번트를 떠올려보자. 자폐증은 속독의 한계를 뛰어넘는다.[121] 읽기란 선형적이고 점차 누적되는 과정이라고 생각하는 보통 사람이라면 이런 독자가 정보를 흡수하는 속도에 몹시 놀랄 것이다. 데이비드 이스텀David Eastham은 페이지를 흘 낏 보기만 해도 내용을 파악했다. 그의 어머니는 이렇게 말했다. "몇 번만 쳐다봐도 단락이나 페이지를 재빨리 읽을 수 있었어요! 시선이 페이지에서 튕겨 나오듯 몇 번이나 흘낏흘낏 봤죠!"[122] 책에 띄엄띄엄 집중하는 이런 모습은 책에 완전히 몰입하거나 빠져드는 익숙한 모습과는 정반대다. 실제로 이스텀의 부모는 말을 못 하는 아들의 행동이 자기들이 아는 읽기와 달랐기 때문에 아들이 책을 읽는다고는 한 번도 생각하지 않았다. 블랙먼의 보모는 다음에 보모로 올 사람에게 루시의 읽기 습관에 대해 비슷하게 경고했다. "루시는 너무 빨리 읽어서 진짜로 그 페이지를 다 읽었는지 의심스러울 수도 있어요."[123] 주의 깊게 보지 않으면 말을 못 하는 아이가 책 페이지를 다 읽었다는 신호로 손가락을 페이지 끝으로 내리는 행동을 놓치고 만다.

어떤 자폐인은 **사진기억**, 곧 사진에 가까운 기억을 통해 다른 사람보다 더 빨리 읽을 뿐 아니라 더 많이 기억할 수 있다. 토드라는 한 소년은 텔레비전 드라마 〈뿌리Roots〉의 엔딩 크레딧을 한 번 보고도 전체 출연진의 이름을 외웠다. 레스터라는 소년은 슈퍼마켓에서 상자 여러 개를 슬쩍 지나치고도 작은 글씨로 적힌 성분표시 등 라벨의 모든 단어를 외웠다.[124] 많은 자폐인이 책 페이지를 읽는 것이 아니라 스냅숏으로 찍어둔다. 바브 렌텐바흐Barb Rentenbach는 이런 행동을 '정신적 사진'으로 저장해두는 것이라고 설명했다.[125] 나중에 필요할 때 참조할 수 있도록 책 페이지를 이미지로 찍어두는 셈이다. 칼리 플레이시만Carly Fleischmann의 부모는 딸을 복사기에 비유했다. 딸이 책 한 권을 읽는 데 얼마나 걸리냐고 묻자 부모는 이렇게 대답했다. "1분이요."[126]

세상에서 가장 유명한 자폐인 가운데 한 사람인 템플 그랜딘은 사진 기억으로 강화되는 표면 읽기를 설득력 있게 보여준다. 2010년 그랜딘의 삶을 바탕으로 만든 한 영화에서는 그의 비전형적 지각의 관점을 보여주기 위해, 무언가를 읽다가 생각에 잠긴 정형화된 장면 대신 그가 마음의 눈으로 본 것을 정확히 그려냈다. 교사가 그랜딘에게 프랑스어 교과서를 읽으라고 하자 그는 페이지를 흘낏 보고는 이렇게 말한다. "다 읽었어요."[127] 이어지는 장면에서는 그의 얼굴과 그가 기억한 페이지의 이미지를 겹쳐 보여주며 그랜딘이 페이지를 읽지 않고 복사했다는 사실을 암시한다. 그랜딘은 당황해하는 프랑스어 교사에게 "아니, 그냥 봤어요. 그러면 페이지를 기억해서 읽을 수 있거든요"라고 말한다. 그의 자서전 《나는 그림으로 생각한다Thinking in Pictures》의 영어 원제를 빌리자면 '사진으로 읽기'인 셈이다.

많은 표면 읽기 독자처럼 그랜딘의 읽기 방식은 **의미**만큼이나 **매체**

를 중시한다. 그랜딘은 신경다양성의 여러 가지 강점을 완벽하게 보여주며, 자신의 읽기 과정을 기계적 재생산 과정으로 묘사하기도 했다.

> 책을 읽을 때는 글자를 컬러 동영상으로 변환하거나 나중에 읽을 수 있도록 페이지를 사진으로 저장한다. 자료를 검색할 때면 머릿속에서 책 페이지의 복사본을 꺼내본다. 그러면 프롬프터를 보듯이 글을 읽을 수 있다. (…) 기억에서 정보를 꺼내려면 영상을 돌려 봐야 한다. 알맞은 테이프를 찾을 때까지 여러 영상을 돌려 봐야 하기 때문에 빨리 찾지 못할 때도 있다. 시간이 걸리는 일이다.[128]

그랜딘은 자신이 '영상 도서관'이라고 부르는 저장고의 목록을 늘리기 위해서 읽는다.[129] 복사, 사진, 비디오카세트 리코더, CD-ROM, 컴퓨터 모니터, 가장 최근에는 인터넷 검색엔진 같은 기술적 비유는 모두 저장장치와 관련된다. **심상**을 처리하는 과정은 나중에 이뤄지기 때문이다. 그랜딘이 사진기억을 처리하는 순서는 일반적인 읽기와 정반대다. **부호화한 다음 해독**하는 것이다.

사진기억은 정보를 어디서 찾을지 아는 것과 지식 사이의 구분을 흐리게 만든다. 구닐라 게를란드Gunilla Gerland는 《진짜 사람A Real Person》이라는 수기에서 "단어가 그냥 달라붙어서" 긴 글도 힘들지 않게 외울 수 있었다고 회상했다.[130] 그는 동화책을 전부 외웠다. 텍스트의 첫 단어만 알려줘도 "단어 전체가 뱀처럼 술술 입에서 흘러나왔다".[131] 그는 놀라운 기억력으로 사전, 공무원 규정, 국립 식품관리국의 도표 등 모든 것을 흡수했다. 시험 볼 때는 그저 머릿속에 있는 가상의 책장에서 정보를 검색하면 됐다. "시험 때는 머릿속에서 맞는 페이지를 찾아 그냥 거기 있는 내용을 읽었다."[132] 그랜딘과 비슷한 **지연된 해독**delayed decoding의 한 형태다. 게를란드도 과제 글을 읽는 것이 아니라 나중에 찾아볼 수 있도록 파일로 저장했다. "무슨 내용이 있는지는 기억하지 않지만 머릿속에 페이지 복사본을 저장해두고 거기에서 읽어낼 수 있었다."[133] 그 역시 사진으로 읽었다. 머릿속에서 단어를 전혀 시각화하지 못하는 독자와는 대조적이다(이 질환은 5장에서 다룰 것이다). 어떤 면에서 게를란드에게 '읽는다'라는 말은 처음 읽는 내용과 이미 읽은 내용에 똑같이 적용된다.

많은 자폐인 독자는 매체를 내용만큼 중시한다. 사진기억은 단어 너머에 있는 것을 포착한다. 이들은 책 페이지의 접힌 모서리나 여백처럼 포착된 모든 표면을 이야기 자체만큼 잘 기억한다. 표면 읽기 독자의 한 가지 특징은 다른 사람들이 중요하지 않다고 무시하는 불필요한 요소에 집착하는 것이다. 한 어린이는 가장 좋아하는 책인《싸우지 말고, 물어뜯지 말고No Fighting, No Biting》에서 이야기의 제목뿐 아니라 쪽수까지 기억하면서 과독증임이 드러났다.[134] 어떤 자폐증 성인은 집에 찾아온 손님들이 서가에서 무작위로 책을 뽑아 쪽수를 말하면 그 페이지의 특이한 흔적까지 기억해내는 진기명기로 즐거움을 선사했다. 책의 줄거리뿐 아니라 책 페이지 자체를 중요시하는 소설《화씨 451Fahrenheit 451》에 비견할 만한 자폐인의 관점이다.[135] 형식을 내용보다 우선시하는 이런 방식은 이점이 있다. 버치는 책등에서 제목을 찾는 일반적인 방법을 따르지 않고 책등 자체로 식별해 더 빨리 책을 찾았다.[136]

표면 읽기 독자는 줄거리만큼이나 물성을 중시한다. 톰 커틀러[Tom Cutler]는 마크 해던[Mark Haddon]의 《한밤중에 개에게 일어난 의문의 사건[The Curious Incident of the Dog in the Night-Time]》이 지루하다고 생각했다. 글꼴에 가로로 시선을 끄는 세리프가 없어서였다. 하지만 82페이지에 있는 불필요한 글자 간격 때문에 주의가 흐트러졌다고 해서 줄거리를 깊이 이해하지 못했다는 뜻은 아니다. 그는 그저 다른 사람 대부분이 놓친 사소한 부분을 알아차릴 뿐이다.[137] 표면 읽기 독자는 세부 사항에 지나칠 정도로 집중하기 때문에 자연스럽게 교정하는 독자가 된다. 예를 들어 쇼어는 컴퓨터 화면에서 문서를 제대로 보일 때까지 한 픽셀(0.4밀리미터)씩 옮겼다.[138] 그는 다른 사람은 대수롭지 않게 여길 만한 표현에도 감정적으로 강하게 반응했다. 실제로 쇼어는 단어에 -ing를 붙일 때 단어 끝에서 e를 빼는 것이 너무 괴로워서 정신과 의사에게 이 문제를 상담하기도 했다. 의사가 e라고 적힌 종이를 떨어뜨려 핵심을 전달하려고 하자 쇼어는 종이를 받아냈다. 그는 수기에서 "이 글자가 바닥에 버려지다니 너무 안타까웠다"고 적었다.[139]

표면 읽기는 그 용어에서 알 수 있듯이 해독이나 이해가 전혀 필요하지 않다. 실제로 자폐인은 글자의 의미보다는 감각적 특성에 주목하며 글자를 기호가 아닌 형태로 인식하는 경우가 많다. 이들은 보통 독자가 쉽게 간과하는 텍스트적 표현을 음미할 수 있는 독특한 위치에 있다.

새브리스가 자폐인 독자를 연구하며 "의사소통의 매체는 사라지지 않는다"라고 주장한 것과 마찬가지다.[140] 예를 들어 제시 박Jessy Park은 다양한 글꼴을 보는 것만으로도 즐거웠지만, 단어를 깨우쳐야 한다는 부담 때문에 더 이상 엄마와 함께 책을 읽지 않았다. 그에게는 줄거리보다 구두점이 더 큰 즐거움이었다. 23세에 교열자가 된 그는 문단 사이에서 불필요한 공간을 발견하거나 흔치 않은 구두점을 발견할 때마다 흥분했고 하이픈을 보면 "기뻐서 몸이 떨릴 정도"였다.[141]

단어의 모양을 조작하는 **재부호화**를 해독보다 더 좋아하는 표면 읽기 독자도 있다. 블랙먼은 활자의 모양을 스캔해 머릿속에서 패턴을 만들곤 했다. 그에게 《셰익스피어 전집The Collected Works of Shakespeare》과 《영어 구문 펭귄북The Penguin Book of English Verse》은 지혜의 보고가 아닌 '단어 패턴의 보고'였다.[142] 알베르토 프루고네Alberto Frugone는 단어를 '시각적 애니메이션'처럼 보고, 단어 해석보다 언어기호의 윤곽에 더 관심을 기울였다.[143] 그는 특정 자음(예를 들어 문자 C)을 대칭으로 배열하는 등 머릿속에서 단어 모양을 갖고 놀았다. 그는 aria(공기), aereo(비행기), letta(읽다) 같은 이탈리아 단어의 뜻은 전혀 몰랐지만 그 모양에 사로잡혔다. 이처럼 심리학자들이 과소평가해온 표면 읽기가 어떤 독자에게는 많은 위안을 준다.

표면 읽기 독자는 읽기 방법이 얼마나 다양한지를 계속 보여준다. 앞에서 살펴봤듯 자폐인 독자는 줄거리를 파악하기 위해 책을 읽지는 않는다. 미시적인 수준에서 각각의 단어에 더 관심을 가질 수도 있고 거시적인 수준에서 한 번에 여러 권의 책을 읽을 수도 있다. 먼저 미시적인 수준을 살펴보자. 게를란드는 반짝거리는 물건을 좇는 까치처럼 반짝이는 신조어를 찾아다녔다. 책을 훑어보다가 흥미로운 단어가 나오면 바로 읽기 시작했다. 그는 이런 식으로 렌나르트 헬싱Lennart Hellsing의 책을 훑어보며 coppersmiths(구리세공인), croquembouches(크로캉부슈), Constantineapolitans(콘스탄티노플인) 같은 스웨덴어 단어를 자신의 단어 목록에 추가했다.[144] 거시적인 수준도 살펴보자. 자폐인은 이해를 목표로 책을 읽는 것은 아니므로, 하나의 텍스트 안팎을 누비거나 한 번에 여러 가지 텍스트를 넘나들기도 한다. 임상적으로는 '읽지 못하는 사람'으로 분류되었지만 나비에 관한 책 세 권을 동시에 보고 있던 한 청소년을 가리키며 사회복지사는 "그 아이가 이렇게 읽었어요"라고 말했다.[145]

자폐적 읽기의 역사를 기록할 때 만나는 한 가지 장애물은 외부인이 책과 자폐인 사이의 상호작용을 알아채기 어렵다는 점이다. 자폐인이 책을 읽는 것인지 아닌지 구분하기가 언제나 쉽지는 않다. 적어도 신경전형적 독자의 시선에서는 말이다. 자폐인도 기회가 있으면 효과적으로 자신을 변론할 수 있지만, 읽기 같은 활동에 선입견이 있는 사람은 자폐인의 마음이 작동하는 방식을 설명하려는 그들의 노력을 계속 오해한다.[146] 예를 들어 자폐인 독자에게 책 읽기가 재미있는지 물어보기만 해도 담소 수준을 넘어선 순환론적인 대답이 돌아온다. "제가 책을 좋아하는 것 같기는 하지만 정말 그런지는 모르겠어요." 한 청소년은 이렇게 대답했다. "읽기의 핵심은 일단 빠져들 수밖에 없다는 거죠."[147] 이런 답변은 특정

한 책을 넘어 읽기의 본질을 드러낸다. 사람들은 대부분 생각만큼 읽기 과정을 통제하지 못한다.

이들은 현실 도피의 정반대, 곧 현실에 대한 정보에서 즐거움을 얻는다. 즐거움은 상대적인 개념이다. 존 엘더 로비슨John Elder Robison은 자신이 가장 좋아하는 책으로《자동차 기술Automotive Technology》과《급행선High Iron》을 꼽았다.[148] 다만 신경과학자와 인지심리학자의 말처럼 자폐인이 소설에서 즐거움을 느끼지 못한다는 주장은 지나친 일반화다.[149] 자폐스펙트럼지수진단표Autism Spectrum Quotient에조차 '나는 소설을 그다지 좋아하지 않는다'라는 문항이 들어 있긴 하지만 말이다.[150] 이 장에서 반복해서 언급했듯 자폐인 독자는 신경전형인 독자와 마찬가지로 책을 온전히 즐길 수 있다. 숀 배런Sean Barron은 일반적인 소설 팬들과 같은 이유로 토비아스 울프Tobias Wolff의《이 소년의 삶This Boy's Life》속 화자와 자신을 동일시했다. "나는 자폐인이고 그는 자폐인이 아니었지만 그의 감정은 내 감정과 매우 비슷했다."[151]

하지만 고정관념을 피하기 위해 실제로 자폐인 대부분이 사실적인 글을 좋아하는 뚜렷한 경향성을 부정해서는 안 된다. 아스퍼거증후군이 있는 사람은 보통 소설 읽기가 시간 낭비라고 느낀다(이들만 그런 것은 아니지만 말이다[152]). 이런 독자는 소설보다 사전에 빠져들 가능성이 높다. 예를 들어 크리스토퍼는 어려서부터 20개국 이상의 언어를 구사할 수 있는 언어 신동이었으며 동화뿐 아니라 사전, 전화번호부, 국기와 외화에 관한《레이디버드 전집Ladybird Books》등에 빠져들었다.[153] 자폐증 수기에서 백과사전에 빠져드는 것은 거의 클리셰다. 다만 교과서를 읽는 것처럼 무미건조한 읽기 행위에도 정보 습득 이상의 복잡한 동기가 있을 수 있다. 짐이라는 자폐인 남성은 여섯 살 때 사실 정보를 얻기 위해서뿐 아니라 자기가 다른 아이들과 다른 이유를 이해하기 위해《브리태니커 백과사전Encyclopedia Britannica》을 읽었다.154 게를란드가 교과서를 좋아하는 이유는 많은 사람이 소설에 빠져드는 이유와 비슷하다. 바로 자신을 알기 위해서다. 게를란드는 이렇게 설명했다.155 "나는 나 자신을 찾고 있었어요. 책 페이지를 넘기다 보면 불현듯 거기서 저 자신을 발견할 수 있지 않을까요?" 결말이 어땠냐고? 그가 의학 교과서에서 찾아낸 것은 흑색종과 돌연변이뿐이었다.

책을 글자 그대로 받아들이는 사람은 읽는 즐거움도 시련으로 느낄 수 있다. 픽은 독자로서 재능이 많았지만 사실과 허구를 분간하지 못했다. 그의 아버지는 "아무리 터무니없는 이야기라도 그 애에게는 다 진짜였죠"라고 말했다.156 비유적인 언어보다 문자 그대로의 언어를 편안하게 느끼는 사람에게는 허구가 오히려 불편할 수 있다. 수 루빈Sue Rubin은 다른 사람의 유머와 풍자를 이해하기 어려운 '문자 그대로 보는 사고방식literal-mindedness' 때문에 논픽션을 선호했다.157 쇼어 역시 상품 카탈로그에서는 "단어의 의미가 표면에 드러나지만" 창의적인 글은 의미가 모호해서 읽으면 지쳐버렸다.158 "최고의 시대이자 최악의 시대였다"라는 디킨스의《두 도시 이야기》의 유명한 첫 문장도 행간에 숨은 의미를 빼놓고 문자 그대로 본다면 이해하기 어렵다. "단어 이면이나 단어들 사이에 숨은 의미를 해독하기가 어려웠다."[159] 쇼어에게 이 소설은 두 도시 이야기가 아닌 두 암호 이야기였다.

신경다양인 독자는 만화처럼 단순해 보이는 장르도 다양한 방식으로 해석할 수 있다. 어떤 자폐아는 만화라는 장르를 신선하게 받아들였다. 타멧은 《땡땡의 모험The Adventure of Tintin》을 좋아했다. 말풍선에 대화를 넣고, 감정을 굵은 글씨체로 표현하고, 느낌표로 강조하는 등 복잡한 사회역학을 그래픽 기호로 담아냈기 때문이다. 그가 보기에 만화의 한 칸은 그 자체로 '짧은 이야기'를 담고 있었다.[160] 반면 게를란드는 알베르 카뮈Albert Camus, 프란츠 카프카Franz Kafka, 표도르 도스토옙스키Fyodor Dostoevsky의 소설이 만화책보다 쉽다고 생각했다. 만화는 칸의 크기가 고르지 않아서 읽어야 할 순서를 제대로 추측하기 어려웠고, 아무런 주석 없이 독자의 주의를 유도하는 화살표가 달린 칸을 보면 더욱 혼란에 빠졌다. "읽은 것을 곰곰이 되씹었지만 제대로 이해했는지는 확실하지 않았다."[161] 신경전형적 독자라면 단숨에 직관적으로 이해하는 암묵적인 관습도 그는 전혀 이해할 수 없었다.

소설에 열광하는 자폐인은 아직 발달단계를 거쳐가는 중일 수 있다. 윌리엄스는 소설보다 전화번호부를 더 좋아했다. 허구 이야기는 현실 세계와 관련 없어 보였기 때문이다. "사소한 단어가 뒤섞여 의미를 찾을 수 없었다."[162] 책에 집중하려 아무리 애써도 소용없었다. 그에게는 "흰 종이에 얹힌 뚝뚝 끊긴 검은색 줄"이나 "쓸모없는 작은 단어"만 보였기 때문이다.[163] 사실 윌리엄스는 소설을 읽을 때 책에서 자신에게 어떤 '느낌'을 불러일으키는 핵심 단어를 찾으며 더 많은 것을 얻었다.[164] 물론 그가 수기 네 권을 포함해 여러 책을 저술하는 데 이런 것이 방해되지는 않았다.

책과 사람 중에서 선택하라는 말에는 어폐가 있을 수 있다. 많은 자폐인은 사람의 행동을 해독할 때와 비슷한 방법으로 언어를 해독하기 때문이다. 그랜딘은 주로 과학과 축산 관련 서적을 즐겨 읽었고, 복잡한 인간관계를 이해하기 어려워 소설에는 관심이 거의 없었다. 그는 색스에게 셰익스피어의 《로미오와 줄리엣Romeo and Juliet》을 전혀 이해할 수 없다고 말했다("그들이 무슨 일을 꾸미는 건지 전혀 모르겠어요"[165]). 하지만 다양한 스펙트럼상의 사람들이 소설에 매력을 느낀다. 직접 사람을 만나 느끼는 사회적 압박과 예측 불가능성 없이 책 속에서 사람들의 행동을 자세히 살펴볼 수 있다는 흔치 않은 즐거움 때문이다. 책을 읽을 때는 마음껏 시간을 들여 모호한 사회적 예법을 해독할 수 있다.

한편 사회적 예법이 부족하다고 비난받은 사람이라면 세태소설이 특히 버거울 수 있다. 타멧은 이렇게 고백했다. "전 이런 소설은 무서워요." 그는 저녁 식사 모임에서 대화가 지루해 책을 뒤적이다 초대한 사람의 기분을 상하게 한 적이 있다.[166] 하지만 전환점이 찾아왔다. 실제 대화를 박제해둔 소설을 읽을 때는 상대에게 반응해야 한다는 압박 없이 일상에서 사람들이 어떻게 대화하는지 살펴볼 시간이 있었다. 타멧은 이렇게 회상했다. "책을 읽으면서 사람들이 어떤 식으로 대화하는지 깨달았어요. 이런 게 대화구나."[167] 책에 남은 엄지손가락 자국, 주름, 커피 얼록도 자폐인 독자가 상상 속 독자와 만날 기회다. 여백에 적힌 낙서가 등장인물의 행동을 해석하는 데 중요한 단서가 되기도 한다.

자폐인 독자가 정보를 다루는 방식을 인정하며 신경다양적 읽기 방식 소개는 이쯤에서 마무리하겠다. 하지만 표면 읽기 독자의 취향이 다른 독자의 취향보다 더 완고하고 쉽게 변치 않는 것은 아니다. 낱말 사전과 백과사전에서 역사, 전기, 회고록을 거쳐 마침내 소설을 읽게 된 타멧처럼, 사실에 관한 책은 소설로 넘어가기 위한 관문이 되기도 한다. 이와 비슷한 맥락에서 팀 페이지Tim Page도 학창 시절 방대한 분량의 《세계 대백과사전World Book Encyclopedia》을 외우다가 결국 《굿바이 미스터 칩스Goodbye, Mr. Chips》를 읽으며 감동의 눈물을 흘렸다. 그는 성인이 되어 백과사전에서는 찾을 수 없는 위로를 문학에서 발견했다. "나는 코네티컷주 도로망이나 오래된 레코드판 뒷면의 이름과 날짜들보다 나를 정서적으로 더 충만하게 채워줄 길을 문학에서 찾기 시작했다."[168] 더 이상 과거에 백과사전을 외우던 사람과 일반적인 취향을 구분하기는 힘들다. 그들은 표면 읽기 독자에서 평범한 독자가 되었다.

책 읽는 즐거움

표면 읽기를 열등한 읽기 방식이라고 생각하는 것은 실수다. 이 장에서는 체계적이지는 않지만 지난 2세기 동안 서번트증후군과 과독증을 다룬 임상 기록부터 오늘날 자폐인이 직접 쓴 기록에 이르기까지 자폐적 읽기 관행을 두루 살폈다. 이를 통해 책에서 일반적이지 않은 측면을 중시하는 텍스트 참여 형태를 드러냈다. 책이 주는 감각적 만족감, 매혹적인 형태, 책에 푹 빠져 있을 때의 위안, 추출할 수 있는 데이터, 혼란스럽고 예측 불가능한 세상에서 찾을 수 있는 안정감 같은 측면 말이다. 비자폐인 독자와 똑같지는 않아도 자폐인 독자도 책과 만나며 즐거움을 느낀다. 자폐적 읽기 방식을 통해 일반 독자에게 읽기와 다른 활동의 경계가 어디인지, 무엇보다 읽기의 경계를 벗어나 텍스트를 느끼는 그들만의 즐거움에 과소평가된 측면으로는 무엇이 있는지 생각해볼 수 있다.

이 장에서 소개한 독자들은 모두 활자에 대한 변치 않는 관심을 공통적으로 갖고 있다. 세 살이 되기 전부터 읽기 시작한 리안 홀리데이 윌리Liane Holliday Willey는 《정상인 척하기Pretending to Be Normal》에서 읽은 내용을 이해하지 못해도 읽기를 즐길 수 있는 이유에 대해 가장 설득력 있게 설명한다.

나는 흰 종이에 깔끔하게 인쇄된 검은 글씨에서 실로 위안을 얻었다. 리듬감 있는 패턴과 왼쪽에서 오른쪽, 위에서 아래로 시선을 옮기는 흐름을 좋아했다. 구두점에서는 멈춰야 하고, 쉼표나 새 단락 앞에서는 쉬어야 하는 그 규칙이 마음에 들었다. 단어들이 내 혀끝에서 소리 나고, 입의 여러 부분을 움직이게 하는 방식이 마음에 들었다.[169]

월리의 이야기는 읽기라는 경험을 가장 기본적인 형태로 압축해 보여준다. 흰 종이에 얹힌 검은 글자를 눈으로 가로지르며 구두점이나 다른 기호를 따라갈 때의 즐거움, 글자를 만날 때 일어나는 몸의 미세한 반응은 표면에만 집중하는 독자에게도 활자가 얼마나 풍부한 자극을 줄 수 있는지 알려준다. 월리가 활자에 보이는 애정이 일반 독자가 '읽기'라는 말을 사용할 때 떠올리는 것과 똑같지는 않아도, 책 읽는 사람이라면 누구나 그런 애정에 공감할 수 있을 것이다.

3장

하루아침에
읽을 수 없게 된다면

실독증과 '읽는 존재'로서의 인간

> "읽지 못한다는 것은
> 내게 항상 공포였다."

조지 로버트 기싱George Robert Gissing,

《헨리 라이크로프트 수상록The Private Papers of Henry Ryecroft》

샘 마틴Sam Martin은 소설을 펼친 순간 심각한 문제가 생겼다는 사실을 깨달았다. 처음에는 왼쪽 눈 위에서 편두통이 느껴질 뿐이어서 별일 아니라고 무시했지만 매슈 글라스Matthew Glass의 《최후통첩Ultimatum》을 펼치자 문제의 전모가 드러났다. 마틴은 수기에서 이렇게 회상했다. "나는 글을 전혀 읽을 수 없다는 사실을 깨닫고 공포에 빠졌다. 어느 쪽 눈으로 봐도 글자가 뒤죽박죽되어 전혀 의미를 알 수 없었다."[1] 그는 벨파스트의 로열빅토리아병원 뇌졸중 병동에 도착해서야 뇌출혈 때문에 갑자기 글을 읽을 수 없게 되었다는 사실을 깨달았다. 75세의 은퇴한 교수인 마틴은 뇌졸중으로 인한 손상이 크게 심각하지는 않다는 진단을 받고 안도했다. 하지만 한때 벨파스트퀸스대학교의 교수였고 독서광이었던 그는 다시는 책을 읽을 수 없게 되는 것이 아닐까 걱정했다. "내 일상에서 큰 부분을 잃었다는 사실을 깨달았다. 되찾을 수 있을까?"[2]

마틴은 그나마 다행이었다. 그가 읽기장벽을 만난 때는 뇌가 읽기 과정에 끼치는 영향을 이해한 시대였기 때문이다. 2011년 11월 그가 뇌졸중을 일으켰을 때 의료진은 신경학적 장애가 글자 해독능력을 방해할 수 있다는 사실을 알고 있었다. 의료진은 마틴의 눈에는 아무 이상이 없다고 진단했고, 글자는 잘 보이지만 이해하지 못하는 것뿐이라고 설명했다. 의사는 마틴이 퇴원하기 전 컴퓨터단층촬영computed tomography, CT, 자기공명영상magnetic resonance imaging, MRI 등의 검사를 통해 뇌손상 정도를 파악하고 언어작업치료사의 도움을 받아 재활치료를 받도록 처방했다. 이후 마틴은 몇 달 동안 매일 온라인 치료프로그램을 이용해 연습한 끝에 디킨스의 《크리스마스캐럴》을 시작으로 점차 읽기능력을 회복했다. 평균 읽기 속도인 분당 250단어보다는 훨씬 느린 분당 7~30단어 속도이긴 했지만 말이다. 결국 그는 분당 90단어에 도달했고 각고의 노력 끝에 약 4개월 만에 글래스의 《최후통첩》을 비롯해 소설 한 권을 다 읽을 수 있었다. 의학계가 읽기결함을 제대로 이해하지 못하고 이를 치료할 수 없다고 생각했던 지난 세기에 비하면 치료 차원에서 엄청나게 발전한 셈이다.

마틴의 읽기장애에도 이제 이름이 생겼다. 바로 **실독증**이다. 실독증은 더 이상 손글씨나 인쇄된 언어를 읽을 수 없지만 보거나 말하는 등의 다른 일은 계속할 수 있는 신경학적 증후군이다. 그리스어에서 유래한 이 용어는 문자 그대로 '말이 아닌' '말 없는'이라는 뜻이다. 읽기능력 상실은 보통 뇌졸중(마틴의 경우), 종양, 머리손상, 퇴행성 질환으로 인한 뇌손상 때문에 일어난다.[3] 어린이가 읽기를 배우지 못하도록 방해하는 난독증과 달리 실독증은 글을 읽을 줄 아는 성인에게 영향을 끼친다. 평생 책을 읽어온 사람이 갑자기 읽은 것을 하나도 이해할 수 없는 상태가 되기 때문에 후천적 문맹이라고도 한다. 이처럼 읽기장벽은 문해력을 얻을 수도 있지만 잃을 수도 있다는 뼈아픈 교훈을 준다.

후천적 문맹은 당연하게도 대중이 문해력을 얻기 시작했던 시기에 처음 진단이 내려졌다. 19세기 유럽과 미국 대부분 지역에서 문해율이 급격히 높아졌고, 19세기 말에는 이 비율이 영국 성인의 95퍼센트를 넘어서면서 남녀 불문하고 거의 모든 사람이 어느 정도는 읽을 수 있게 되었다.[4] 문맹이 만연했던 시대에는 뇌손상을 겪은 뒤 일어나는 읽기결함을 발견하기 어려웠지만, 문해율이 높아지고 신경학이 의학 분야로 확고하게 자리 잡으면서 읽기결함이 드러나기 시작했다. 이제 글을 읽지 못하는 사람은 군중 속에서 눈에 띄었다.

어느 때보다 많은 사람이 읽기능력을 뽐내기 시작했다. 문해력이 주는 혜택은 정보에 대한 접근성 이상이었다. 읽을 수 있다는 것은 자기 발전의 핵심 단계가 되었고 도덕적·지적·경제적 성장이라는 수사가 따라붙었다.[5] 1859년 새뮤얼 스마일스Samuel Smiles의 《자조론Self-Help》에서 읽기를 "지고의 즐거움이자 자기 계발의 원천"이라고 강조했던 것을 떠올려보라.[6] 오늘날 우리가 알고 있는 19세기는 읽기, 문해, 인쇄술과 떼려야 뗄 수 없는 관계에 있다. 그렇다면 읽기능력을 상실한 사람을 어떻게 봐야 할까?

이 장에서는 19세기 의학저널 속 일화와 보고서에서 시작해 20세기와 21세기에 발표된 책 한 권 분량의 긴 이야기까지, 1세기 넘게 이어지는 뇌손상 환자의 사례를 살펴본다. 이를 통해 읽을 수 있는 능력을 점점 더 중요시하는 사회에서 실독증이 삶, 웰빙, 정체감에 끼치는 지대한 영향을 보여주려 한다. 읽을 수 없게 된 다음에도 독자로서의 정체성을 유지하기 위해 고안된 다양한 대안적 전략, 읽을 수 없게 된 뒤의 삶에 적응하려 애쓰는 여러 사람도 살펴보겠다. 읽을 수 없게 된 사람을 설명할 용어가 마땅치 않기 때문에 이 장에서는 이런 환자를 **문해력 상실인**이라 부르겠다. 이들의 이야기를 들어보면 알겠지만 읽기능력을 잃는다는 것은 단순히 학습한 기술을 잃는 것에 그치지 않는다. 이것은 존엄성을 상실한다는 뜻이며 부분적 인격 또는 불완전한 인격이라고도 표현할 수 있다. 프랜시스 베이컨Francis Bacon은 "독서가 완전한 인간을 만든다"라고 선언했다. 읽기능력을 잃은 사람은 더 이상 자신을 '완전한 인간'이라고 느끼지 못한다.[7] 심리학자 스콧 모스Scott Moss는 뇌졸중을 앓고 나서 말하기, 읽기, 쓰기가 어려워지자 "오랫동안 나 자신을 반쪽짜리 인간이라고 생각했다"라고 고백했다.[8]

실독증을 겪는 사람은 자신이 무엇을 잃었는지 알고 있기 때문에 더욱 고통스럽다. "살려면 읽어야 한다"라는 플로베르의 조언에 공감하는 사람이라면 더 이상 읽을 수 없는 상황이 사형선고처럼 느껴질 것이다.[9] 원래 문맹이었다면 글자 공화국이라는 개념이 처음부터 남 일처럼 느껴질 수 있다. 하지만 원래 읽을 수 있었던 사람은 자신이 어떤 특권을 잃었는지 너무나 잘 안다(독서에 반대한 소크라테스Socrates나 자발적으로 글을 읽는 상태에서 벗어난 드문 경우를 제외하면 말이다). 읽기와 문해력으로 얻을 수 있는 사회적·문화적·경제적 혜택은 역사가와 대중 모두 잘 알고 있다.[10] 현대 사회에서 읽기는 의사소통, 오락, 지식의 원천으로 널리 인식되며 많은 이가 읽기를 의미 있는 삶에 필수적인 지혜의 원천이라고 생각한다. 예를 들어 헬렌 켈러$^{Helen Keller}$는 읽기를 자신의 '유토피아'라고 말했다.[11]

이런 사회에서는 읽기의 반대인 문맹이 무지 때문이라고 낙인찍는다. 새뮤얼 존슨이 '문맹'을 계몽주의적 가치의 반대말이자 "읽지 못하고 무지하고 배우지 못하고 과학으로 계몽되지 못한 사람"이라는 부정적인 의미로만 해석했던 것을 생각해보자.[12] 문맹은 기계적인 기술 부족이 아니라 낮은 지능 등 개인적 결함 때문이라고 치부됐다. '문맹인'은 문맹 퇴치 전쟁에서 사라져야 할 사람이었다. 따라서 평생 글을 읽을 수 있었고 문맹과 문해의 구분에서 혜택을 누리다가 갑자기 문맹인 집단에 속하게 되면 상황은 더욱 절망적으로 느껴졌다. 이들은 '읽을 수 있는 사람'에서 한낱 '읽지 못하는 사람'으로 강등되었다. 이제부터 실독증에 대한 기록을 통해 문맹을 부정적으로 바라본 시대 이후, 어느 날 갑자기 '읽지 못하는 사람'이 되어버린 사람들이 어떻게 대처했거나 대처하지 못했는지 살펴보자.

사라진 읽기능력을 추적하다

단턴은 〈읽기의 역사를 향한 첫걸음〉에서 독자가 단어를 해독할 때 일어나는 '내적 과정'을 이해하려면 신경학적 증거가 필요하다고 말했다.[13] 도서역사학자들은 후속 연구에서 사회적으로 다양한 독자 집단이 있지만 인지능력은 거의 비슷하다는 사실을 전제로 삼았다. 하지만 읽을 수 있는 사람들의 뇌는 읽기의 역사에서 알려진 것보다 훨씬 다채롭다. '들어가며'에서 언급했듯 우리는 '이상적인 독자'를 상정하지 않고 장애 때문에 읽기가 불편하거나 심지어 견딜 수 없게 된 '이상적이지 않은 독자'를 위한 여지를 남겨둬야 한다. 19세기 후반 실독증 진단은 이런 탐구를 시작하는 하나의 출발점이다.

읽기장벽에 대한 기록은 고대로 거슬러 올라간다. 서양 문헌에서 읽기문제가 가장 먼저 언급된 것은 대＊플리니우스, 곧 가이우스 플리니우스 세쿤두스Gaius Plinius Secundus의 기록이다. 이에 따르면 학식 있는 아테네인 한 명이 머리에 돌을 맞은 뒤 읽는 법을 잊어버렸다.[14] 더 자세한 기록도 있다. 1651년 스위스의 한 의사는 뚱뚱하고 얼굴이 붉은 귀족이 혼수상태에서 깨어난 뒤 더 이상 라틴어를 읽을 수 없게 됐다고 썼다.[15] 15년 뒤 단치히에서 뇌졸중을 겪고 살아난 어떤 사람은 언어장애, 부분 마비, 뇌전증 발작에서 회복된 뒤 다음과 같은 상태에 빠졌다.

극복해야 할 마지막 문제가 남아 있었다. 그는 글자를 읽을 수도, 어떤 식으로든 조합할 수도 없었다. 단 한 글자도 읽지 못했고 글자들을 구별하지도 못했다.[16]

다음 세기에도 유럽 전역의 의사들은 갑작스럽게 글을 읽을 수 없게 된 수많은 사례를 보고했다. 대체로 부상이나 질병에 따른 부분적인 기억상실 때문이었다.

의사들이 자기 자신에게 내린 진단 또한 실독증으로 알려진 질환을 기록으로 남기는 데 중요한 역할을 했다. 일반 환자는 자신의 건강 문제를 정확하게 표현하기 어려웠지만 의사는 자신의 증상은 물론 정신상태를 잘 관찰할 수 있다. 몽펠리에의과대학교 생리학 교수였던 자크 로다 Jacques Lordat는 1825년 뇌졸중으로 쓰러진 뒤 읽을 수 없게 되었다. 그는 이렇게 회상했다. "쓰러질 당시 읽던 책을 다시 훑어보고 싶었지만 제목조차 읽을 수 없었다. 내가 느낀 절망을 늘어놓지 않아도 여러분은 충분히 상상할 수 있을 것이다."[17] 로다가 설명한 '깊은 우울과 체념'은 이후 거의 모든 사례에서 나타나는 읽기와 정신건강 사이의 연관성을 입증했다.[18] 하지만 자신의 저서 《히포크라테스 오페라Hippocratis Opera》의 제목을 알아볼 수 있게 되자 그의 정서는 극적으로 좋아졌다. "나는 이 사실에 기쁨의 눈물을 흘렸다."[19]

로다의 **우울장애**는 위로가 가장 필요한 순간에 가장 좋아하는 위로의 원천을 앗아가는 실독증의 심술궂은 힘을 보여준다. 반면 뇌졸중에서 살아남은 사람들 가운데 책에서 위안을 찾을 수 있는 경우도 있다. 예를 들어 전 대법관 토머스 덴먼Thomas Denman은 말하기능력을 잃자 문학을 삶의 자양분으로 삼았다. 덴먼의 전기에 따르면, 그는 매일 성서에서 발췌한 구절이나 자신에게 '무한한 기쁨'을 주는 셰익스피어, 피에르 코르네유Pierre Corneille, 장 바티스트 라신Jean Baptiste Racine 등의 작품을 "읽거나 낭독을 들으며 최상의 위안을 얻었다".[20] 거의 1세기 반이 지난 지금도 뇌졸중 생존자들은 계속해서 책에서 안식을 찾는다. 《독서의 역사》와 다른 책 수기를 쓴 망겔은 뇌졸중을 겪은 뒤 베르길리우스의 〈아이네이스〉에서 위안을 얻었다.[21]

19세기 후반부터 신경과 의사들이 점점 더 대뇌 병리에 관심을 갖고 비정상적인 행동이 뇌의 특정 영역이 손상되었기 때문이라는 사실에 주목하면서 읽기장애에 대한 의학 지식이 발전했다.[22] 폴 브로카Paul Broca는 말하거나 말을 이해하는 능력을 잃는 **실어증**aphasia을 임상적으로 연구하며 언어를 만들어내는 뇌 영역을 밝혔다. 이 영역은 나중에 **브로카영역**Broca's area으로 불리게 된다.[23] 그는 언어상실과 관련된 읽기결함도 발견했다. 후속 연구에서는 읽기나 쓰기 같은 활동이 별개의 피질 영역과 관련 있는지 알아내는 것을 목표로 삼았다. 1869년 유니버시티칼리지 런던의 병리해부학 교수인 바스티안은 자신이 돌보던 실어증 환자가 더 이상 책을 읽을 수 없게 되었다는 사실을 관찰하고 실독증에 관한 최초의 보고서를 썼다. "이 환자는 단어를 봐도 아무런 의미도 깨닫지 못했다."[24] 하지만 의사들은 수년간 임상 관찰을 거치고 나서야 다양한 실독증 유형을 파악했다.

읽기문제가 생긴 성인 대부분은 이를 시각 문제로 생각하고 신경과 의사가 아니라 안과 의사를 찾았다. 이 때문에 치료가 늦어졌다. 예를 들어 시신경이 손상되어 부분적인 시력상실을 겪거나 흑내장amaurosis에 걸리면 인쇄된 글자가 뿌옇게 변하고 뒤섞여 알아볼 수 없는 '검은 덩어리'가 돼버리기 때문에 한 번에 몇 분밖에 읽을 수 없다.[25] 하지만 몇 분 정도 눈을 감고 있으면 다시 읽을 수 있다. 의사들이 뇌졸중 생존자를 대상으로 실행한 설문조사 결과를 보면 안구손상과 뇌혈관손상을 구분하기가 얼마나 어려운지 알 수 있다. 연구 결과에 따르면 통풍을 앓던 리버풀 사람인 I는 사업 때문에 어려움을 겪다가 머리와 팔에 통증을 느끼고 읽기 능력 저하를 호소했다. 처음에는 뇌출혈 때문이라고 생각했지만 새 안경을 맞추자 읽기문제는 간단히 해결됐다.[26]

읽기를 방해하는 질병은 여러 가지다. 런던 성바르톨로메오병원의 한 의사는 편두통 같은 흔한 질환도 단어 처리를 방해할 수 있다는 사실을 발견했다. 한 환자는 "책을 보지만 읽지는 못해요"라며 "더운 여름날 들판에 피어오르는 아지랑이처럼 선이 흔들려요"라고 표현했다.[27] **치매** 역시 고령 독자의 문해력에 영향을 끼친다. 이에 대해서는 6장에서 더 살펴보겠다. 한 정비공은 책을 이해하지 못하는 증상을 보였는데 이는 **정신 붕괴**mental overthrow 또는 **뇌 파괴**brain-wasting의 첫 징후로 판단됐다. 이 환자의 사례기록에 따르면 "단어가 전혀 의미 없어 보이거나 너무 모호해서 한참을 고민해야 이해할 수 있었다".[28] 읽기결함은 다른 신경학적 문제와도 분리하기 어렵다. 영국 국립뇌전증·마비병원에 입원한 한 사무원의 사례를 보면, 유창한 말하기능력과 읽기능력 사이에는 직접적인 상관관계가 없다는 사실을 알 수 있다. 한 의사는 "그가 유창하고 능란하게 말했기 때문에 그가 제대로 읽지 못한다는 사실을 알고는 깜짝 놀랐다".[29] 이 사무원은 올리버 골드스미스Oliver Goldsmith의 《웨이크필드의 목사The Vicar of Wakefield》의 한 구절을 보고 lady(숙녀)를 labour(노

동)로, poverty(가난)를 popery(교회)로, cheerfulness(명랑함)를
cheerlessness(음울함)로 읽는 등 (프로이트적이라 할 만한) 수많은 실
수를 저질렀다. superfluities(과잉)이라는 단어를 보고는 seppertition,
sepperist, sepperit, sepperistis라고 더듬거리다 결국 읽기를 포기해버
렸다. 반대로 낭독을 듣고도 이해하지 못하게 된 환자도 있다. 한때 낭독
을 즐겨 들었던 한 남성은 머리를 다친 뒤 더 이상 낭독을 참을 수 없게
되었다. 그는 아내의 저녁기도를 듣고 "제대로 이해할 수가 없군" "무슨
말인지 도통 모르겠어"라고 불평하다가 그만해달라고 부탁했다.[30]

윌리엄 헨리 브로드벤트William Henry Broadbent는 런던 성모병원에서 실
어중 환자들을 치료하다 읽기결함 사례를 발견하고 최초로 기록했다.
1872년에 발표된 사례연구에는 글을 하나도 읽을 수 없게 된 환자가 등
장한다. 가스 검사관이자 패딩턴 교구 임원이던 59세의 찰스 D.라는 환
자는 의용소방대 대장으로 일하다 떨어지는 목재에 맞아 머리를 다친 뒤
글을 읽지 못하게 되었다. 그는 글자를 보며 "글자가 보이지만 이해할 수
는 없어요"라고 말했다.[31] "글을 읽을 수 없다"를 써달라고 요청하자 그
는 "나는 읽을 수 없다"라고 썼다.[32] 그는 이전까지는 생각조차 해본 적
없는 이 난해한 과정이 어떻게 작동하는지 설명하는 데 애를 먹었다. 찰
스 D.는 병원 이름의 글자를 가리키며 "이 글자를 머릿속 상자에 넣을 수
없어요"라고 설명했다.[33] 평생 거의 힘들이지 않고 글을 읽었던 일부 환
자는 문제를 심각하게 받아들이지 않았다. 병원에서 준 검사지를 읽지
못하는 상황을 재미있어 했던 전직 목수는 두 달 만에 사망했다.[34]

여러 언어를 유창하게 구사하던 사람이 다른 언어는 다 읽을 수 있는데 그중 한 언어만 읽을 수 없게 된 경우는 매우 이해하기 어렵다. 어떤 뇌졸중 생존자는 깨어난 뒤 모국어는 읽을 수 있는데 고대 언어는 읽지 못하게 됐다.[35] 이 환자는 8년 동안 라틴어를 다시 배워 겨우 호라티우스Horatius의 작품을 다시 읽을 수 있었다. 그의 역경은 조지 엘리엇George Eliot의 소설 속 르네상스 시대 학자 발다사레 칼보가 병에 걸린 뒤 가장 중요한 그리스어 읽는 법을 잊은 것과 비슷하다. 화자는 책을 봐도 "내면의 빛 한 점 비치지 않았다"라고 설명한다. 발다사레도 호라티우스의 작품은 물론 다른 어떤 그리스어도 읽을 수 없었다.[36] 이탈리아에 살던 그는 결국 문해력뿐 아니라 사회적 지위도 잃는다. 샐리 셔틀워스Sally Shuttleworth의 말처럼 "발다사레에게 그리스어가 없다면 정체성도 없다".[37] 그는 펼친 책 앞에 서서 고개를 떨구고 "사라졌다, 사라졌어!"라고 탄식할 수밖에 없었다.[38]

읽는 척하기

사람들은 읽기장벽에 어떻게 대처했을까? 임상적 언어로는 읽기문제를 안고 사는 사람이 겪는 사회적·심리적·정서적 어려움을 모두 담을 수 없다. 의사의 관점에서 쓴 보고서는 간결하고 인간적인 면이 부족하며, 진단이라는 목적에 맞게 생리적 증상에 초점을 맞춰 작성한다. 하지만 보고서 여기저기에 불쑥불쑥 나타나는 환자들의 유별난 행동을 통해 문해율이 높아지면서 '사회적 계층화'가 이뤄진 상황에서 환자들이 자신의 달라진 위치에 불안과 불편을 느끼는 것을 엿볼 수 있다.[39] 실제로 많은 실독증 환자는 여전히 글을 읽을 수 있는 척하며 사회적 지위를 유지하려고 애썼다. 이들의 눈속임은 도서역사학자가 오랫동안 관심을 쏟아온 읽기, 이 경우에는 **읽지 않기**의 현상학을 다른 관점에서 보여준다.[40]

환자 대부분은 뇌손상을 입은 뒤 책에 대한 흥미를 완전히 잃었다. 예를 들어 앙리 게니에Henri Guénier는 극심한 두통이 계속되자 읽기를 완전히 그만뒀고 몇 분 정도 책을 뒤적이다 던져버리곤 했다. 이렇게 책 읽기에 흥미를 잃는 현상은 뇌손상 징후로 여겨졌다.[41] 다른 읽기결함도 명백하게 나타났다. 다방면의 책을 두루 읽던 한 독자는 뇌졸중 때문에 요크서 왕립 핼리팩스병원에 입원한 뒤 완전히 딴사람이 되었다. 의사는 그를 "교육받지 못한 귀머거리이자 벙어리"라고 불렀다.[42] 한번은 신문을 거꾸로 놓고 자기에게 왜 신문을 줬는지 묻기도 했고 예전에는 그가 책을 읽었다고 말하자 "그런 것 같네요"라고 두루뭉술하게 대답했다.[43] 전에는 책을 잘 읽었던 그가 이제는 읽기능력을 잃었음은 물론 읽기라는 개념조차 모르는 것 같았다. 동전에 적힌 글자를 보고는 간호사에게 "책에 들어 있는 것과 같은 것인지" 묻기도 했다.[44]

하지만 덜 심각한 상황에서는 읽을 수 있는 척하는 것이 통제력, 존엄성, 사회적 지위를 잃는 것보다 나을 수 있다. 한 신문 기사에 따르면 실독증 환자가 겪는 최악의 공포가 "사람들이 나를 바보라고 생각할지도 모른다"라는 점이었다.[45] 사람들은 보통 실독증을 다른 인지장애와 관련 있다고 생각하기 때문에 읽을 수 있는 척하는 것은 낙인을 피하는 유용한 전략이 된다. 더블린에 사는 75세 뇌졸중 생존자의 사례를 보자. 그는 혼수상태에서 깨어난 뒤 더 이상 읽을 수 없다는 사실을 깨달았다. 그는 의사에게 "글자는 조금 읽을 수 있지만 무슨 뜻인지는 모르겠다"라고 설명했다.[46] 그런데도 이 환자는 신문이나 성서를 계속 읽거나 읽는 척했다. 갑자기 문제를 내보면 속임수가 탄로나기는 했지만 말이다. 의사는 나중에 이렇게 말했다. "이 환자는 읽기는 했다. 하지만 단어들은 연결되지 않았고 아무런 의미도 없었으며 텍스트와 전혀 관련이 없었다."[47] 환자는 신사의 권리를 잃어버릴까 봐 겉모습을 유지하고 싶어했다. 글을 읽지 못하기 때문에 더는 직업을 유지할 수 없다는 법적 판결을 받으면서 그의 걱정은 현실이 되었다.

글을 읽을 수 없다는 낙인이 찍히고 싶지 않았던 환자들이 읽을 수 있는 척 쉽게 의사들을 속였기 때문에 실독증은 잘 보고되지 않았다. 환자의 눈속임을 보면 이런 의문이 든다. 글을 읽는 것과 읽는 척하는 것을 어떻게 구분할까? 사실 눈으로 구분하기는 힘들다. 환자는 이런 모호함을 이용해 계속 읽는 척하면서 '읽을 수 있는 사람'이라는 신분을 유지했다. 예를 들어 마리 켈러[Marie Keller]라는 50세의 프랑스 여성은 뇌전증 발작, 심한 두통, 언어 상실을 겪고 1862년 4월 1일 시립병원에 입원했다. 하지만 켈러는 하루 종일 책을 읽거나 읽는 척했기 때문에 아무도 그가 실독증이라고 생각하지 않았다. 그는 회복되고 나서야 "눈으로만 따라가고 속으로는 전혀 읽지 못했다"라고 고백했다.[48] 이 한 문장으로 그가 읽은 내용을 소화하지 못했다는, 다시 말해 이해하지 못했다는 사실을 알 수 있다. 보통 독자는 읽는 방법보다 읽는 내용에 더욱 주의를 기울이지만 켈러는 정반대로 읽은 셈이다. 이처럼 읽을 수 있다고 여겨지는 것이 때로는 읽기 자체보다 중요하다. 하지만 켈러의 행동은 이해하기 어렵다. 그는 자신이 다시 읽을 수 있게 되었다고 생각했을까? 아니면 현실을 받아들이기 싫었던 것일까? 아니면 그저 다른 사람에게 자신이 읽지 못한다는 사실을 감추려던 것일까? 프로이트의 말을 빌리면 이런 사례를 **마술적 읽기**magical reading(프로이트의 개념 중 마술적 사고magical thinking, 곧 자신의 생각이나 욕망이 바깥 세계에 영향을 끼칠 수 있다는 믿음을 빌린 표현-옮긴이)라고 부를 수 있다. 많은 실독증 독자는 다시 읽고 싶다고 바라면 이뤄질 것이라고 믿었다.[49]

글을 더 이상 이해하지 못하지만 예배에서 계속 위안을 찾는 사람도 있다. 아델 안셀랭Adèle Ancelin은 1년 내내 거의 매일 성모성월 기도문을 읽었다. 그가 항상 같은 장이나 같은 페이지를 읽는다는 사실을 의사가 알아챌 때까지 말이다. 내용을 이해하냐고 묻자 그는 어깨를 으쓱할 뿐이었다.[50] 런던 성토머스병원의 또 다른 환자는 주기도문을 정확하게 읽었지만 외워서 읽은 것이 분명했다. 언제나 책에는 없는 한 줄을 더해 읽었기 때문이다.[51] 말하기와 달리 읽기는 속일 수 있다. 따라서 환자가 실제로 읽을 수 있는지 판단하려면 관찰만으로는 부족하고 질문해서 확인해야 한다. 예를 들어 수레에서 떨어지며 머리를 다친 한 정육점 주인은 성

토머스병원에 입원해 있는 동안 매일 신문을 봤다. 의사는 이해력을 검사하기 위해 신문에서 특정 문장을 읽어보라고 했다. 그는 익숙한 이름은 알아봤지만 전반적인 이해도는 낮았다. 의사는 이렇게 결론 내렸다. "외국어를 단어 몇 개밖에 모르면서 그 언어로 된 책을 읽으려는 사람의 상태와 비슷하다."[52]

어떤 환자는 더 이상 글을 읽을 수 없다는 사실을 스스로 인정하지 않거나 인정하지 못했다. 신학교를 졸업한 뒤 성직자가 될 예정이던 40대 고학력 남성 파케는 사고로 말을 할 수 없게 됐고 반신불수가 되었다. 그는 하루 종일 책을 읽으며 눈으로 책의 행간을 따라가고 적절한 순간에 책장을 넘기기도 했지만 모두 가짜였다. 파케가 같은 동화책을 계속 읽는다는 사실을 알아차린 의사가 문제를 냈지만 그는 무참히 실패했다. 의사는 평범한 독자라면 같은 책에 그렇게 계속 흥미를 느낄 수 없다고 결론지었다. "하루에 같은 이야기를 30번씩 읽다니 견딜 수 없는 고문이나 다름없다." 이 의사는 독서광은 아니었던 것 같다.[53] 어쨌든 이런 행동을 통해 파케가 고학력자라는 과거의 정체성을 유지하거나 외상을 입은 뒤에도 과거의 일상을 고수하며 심리적 만족감을 얻었던 것이 분명하다. 감옥에서 출소한 뒤에도 계속 신발 만드는 일을 했던 《두 도시 이야기》속 마네트 박사처럼 말이다.

어떤 환자는 반박할 수 없는 증거를 눈앞에 두고도 계속 자신이 글을 읽을 수 있다고 주장했다. 특히 눈에 띄는 사례 하나를 보자. 자신의 문해력을 뽐내던 한 남성에게 "존경하옵는 주인님"으로 시작되는 편지를 읽어달라고 부탁하자, 그는 "선생님"이라고 큰 소리로 운을 떼더니 갑자기 멈추고는 앞뒤가 맞지 않는 단어를 웅얼거렸다. 추가 검사를 진행하자 이 남성이 《파리의 수호성인Matron of Paris》을 읽을 수 없다는 사실이 드러났다(그는 '서문'을 '서민'으로 잘못 읽었고 첫 줄도 읽지 못했다). 의사는 "그는 분명히 읽을 수 없다"라고 단언했다.[54] 하지만 남성이 일부러 거짓말을 한 것 같지는 않았다. 그는 다른 사람을 설득하지는 못했지만 스스로를 계속 읽을 수 있는 사람이라고 여겼다.

최초의 실독증 연구

프랑스 신경학자 조제프 쥘 드제린Joseph Jules Dejerine은 실독증을 다룬 선구적인 연구를 통해 읽기의 신경해부학적 기초를 확립한 인물로 널리 알려져 있다. 그전에 독일 의사 쿠스마울은 **단어맹**을 실어증 같은 언어장애와 관련된 증상이 아닌 독립된 임상 증상으로 보았으며 언어, 시각, 지능이 온전한 환자도 '완전한 활자맹'을 겪을 수 있다고 지적했다.[55] 드제린은 후속 연구에서 읽기와 관련된 뇌의 역할을 깊이 있게 연구했다. 그는 비세르트병원 임상신경학 병동을 이끌며 신기하게도 읽지는 못하지만 쓰기는 할 수 있는 환자, 곧 쓰기장벽은 없고 읽기장벽만 있는 환자를 만났다. 이 질환은 실서증agraphia(뇌 특정 부위의 이상으로 글씨를 쓰지 못하는 질환—옮긴이) 없는 실독증 또는 **순수 실독증**pure alexia으로 불린다. 드제린은 환자의 사후에 얻은 해부학적 증거를 바탕으로 실독증 증상을 뇌 병변과 연관시켰다. 이 연구는 지금도 읽기의 뇌과학적 기전을 밝히는 과학 연구의 기준이다.

1887년 11월 15일, 드제린은 은퇴한 직물상인 오스카 C.라는 환자를 면담했다. 그는 오른쪽 팔다리에 마비 증상을 잠깐 경험한 뒤 늘 걸었던 거리의 상점 간판이나 포스터조차 읽을 수 없게 되었다. 사례연구에는 다음과 같이 기록되어 있다. "관찰 결과 68세의 매우 총명하고 교육받은 남성이 4년 동안 글자도 단어도 읽지 못하는 완전한 단어맹을 겪음."[56] 다른 많은 환자처럼 오스카 C.도 당혹감에 휩싸였다. 그는 이렇게 따졌다. "저는 여전히 글자를 쓸 줄 압니다. 진짜예요. 그런데 왜 읽을 수 없나요?"[57]

오스카 C.는 정기적으로 신문을 읽곤 했다. 하지만 이제는 늘 보던 《르마탱Le Matin》은 읽을 수 있어도 처음 보는 신문은 읽을 수 없었다. 그는 각 알파벳의 모양을 설명할 수 있었지만(A를 보고는 이젤을 떠올렸고 P는 버클, Z는 뱀에 빗댔다) 알파벳의 이름을 말하지는 못했다. 오스카 C.를 처음 담당했던 의사는 이렇게 적었다. "그는 자신이 '미쳤다'라고 생각했다. 자신이 말할 수 없는 그 기호가 글자라는 사실을 잘 알고 있었기 때문이다."[58] 하지만 그는 자신이 글을 읽을 수 없다거나 '문해력 상실인'이 되었다는 사실을 받아들이지 않았다. 드제린은 오스카 C.가 "쓸 수는 있지만 읽을 수는 없다는 사실을 절대 받아들이지 않았다"라고 썼다.[59] 아내가 계속 책을 읽어주는 것도 그의 정서에는 거의 도움이 되지 않았다. 오스카 C.는 후천적 문맹 때문에 1892년 1월 16일 사망할 때까지 우울장애에 시달렸고 심지어 자살을 시도하기도 했다.

당시 사람들은 언뜻 상호 보완적으로 보이는 읽기와 쓰기 과정의 차이를 이해하지 못했다. 1882년 파리 살페트리에르병원에 신경학 클리닉을 설립한 장마르탱 샤르코Jean-Martin Charcot에 따르면 환자들은 자기가 쓴 글을 읽지 못한다는 믿기지 않는 사실을 깨닫자 "경악을 금치 못했다".[60] 그의 환자 가운데 한 명은 소설을 능숙하게 읽고 입으로 따라 읽기도 했지만 사냥에서 부상을 입은 다음 자기가 방금 고객에게 쓴 편지를 이해하지 못한다는 사실을 깨달았다. 환자는 이렇게 설명했다. "나는 마치 눈을 감고 쓰듯 편지를 썼고 내가 쓴 것을 읽을 수 없었다."[61] 눈을 감고 쓴다는 것은 대부분의 독자가 눈으로 하는 쓰기 활동을 다시 개념화하는 비유였다. 실독증은 특이한 가면증후군으로 이어졌다. 읽을 수 없는데도 글을 쓰는 것을 결코 진정한 글쓰기로 볼 수 없기 때문이다.

드제린이 이런 연구 결과를 발표하자 유럽 대륙 바깥의 신경과 의사들도 실독증 사례를 보고하기 시작했다. 영국에서는 힌셜우드가 수많은 후천적 문맹 사례를 기록하는 데 앞장섰다. 이 질환은 1장에서 살펴본 '선천적 단어맹', 오늘날에는 난독증으로 알려진 질환과는 다르다.[62] 힌셜우드는 글래스고의 안과 진료소에서 의사로 일하며 시각의 대뇌 기전에 관심을 가졌다. 환자들은 자신의 읽기문제가 눈 때문에 생겼다고 생각했지만, 힌셜우드는 이를 뇌손상과 연관시켰다. 그는 실독증을 실어증과 구분해 치료한 영국 최초의 의사였다. 그는 실독증을 하나의 현상으로 보지 않았고, 읽기결함을 여러 가지로 구분했다. 앞서 살펴봤듯 단어나 글자를 전혀 읽을 수 없는 환자도 있고, 글자는 읽을 수 있지만 단어는 읽을 수 없는 환자(**글자맹 아닌 단어맹**)도 있었으며 그 반대의 경우(**단어맹 아닌 글자맹**)도 있었다. 힌셜우드는 후천적 문맹에 관한 일련의 논문을 《랜싯》과 《영국의학저널British Medical Journal》에 발표했다. 이 논문들은 1900년에 《글자맹, 단어맹, 마음맹Letter-, Word-, and Mind-Blindness》으로 재출간되어 읽기차이를 다룬 기념비적인 연구서로 자리매김했다.

힌셜우드는 1894년 8월 29일, 프랑스어와 독일어를 가르치는 한 교사가 학생의 과제를 읽을 수 없다는 사실을 발견하면서 실독증을 처음 마주했다. 환자는 글자를 볼 수는 있었지만 알파벳 이름을 말하지는 못했었다. 이 사례는 문맹에서 문해로 가는 일반적인 과정과 정반대였다. "그에게 책의 글자는 읽는 법을 한 번도 배운 적 없는 사람과 똑같이 보였다."[63] 이듬해 환자는 교사에서 학생으로 돌아가 다시 알파벳을 배우고 어린이용 입문서로 읽기를 연습했다. 힌셜우드는 "그의 행동은 글을 배우는 어린아이의 행동과 똑같았다"라고 썼다.[64] 이처럼 의사와 환자 모두 실독증을 '어린이가 된다'는 식으로 표현했다. 읽기능력을 상실하면 생계는 물론 성인으로서의 지위도 잃을 수 있었다. 평생 기술을 연마해온 장인도 갑자기 일자리를 잃을 위기에 처했다. 읽기장벽으로 일자리를 잃은 뒤 힌셜우드를 찾아온 45세 재단사의 사례를 보자. 그는 문장 첫머리의 단어 몇 개 읽다가도 갑자기 멈춰야 했고, "바보가 된 것처럼" 글자를 이해하려고 애써야 했다고 말했다.[65] 이런 과정은 고통스럽지는 않지만 정신적으로 지치는 일이어서 재단사는 읽을 때마다 이마에 손을 얹었다. 읽기의 고통도 다른 통증처럼 사라질 수 있다는 듯 말이다.

재단사의 사례는 힌셜우드가 처음에는 난독증으로 분류했던 이 장애가 있는 일부가 글을 읽을 때 겪는 고통과 불쾌감을 잘 드러낸다. 대부분의 실독증 독자는 읽을 때 고통을 느끼지 않지만 단어를 보면 몸이 움찔하는 사람도 있다. 예를 들어 66세의 독일인 B는 몇 단어를 제대로 읽은 다음 "불쾌한 무언가에서 벗어나려는 듯" 책을 옆으로 던져버렸다.[66] 이와 비슷하게 더블린의 한 외과 의사는 연기하는 것처럼 책에서 고개를 돌리는 한 남성의 모습을 보고 "갑자기 혐오감이나 불쾌감이 밀려들어 참을 수 없는 듯했다"라고 기록했다.[67] 읽기는 자주 마음의 극장이나 '가장 내밀한 자아'와 현상학적으로 연결되어왔지만 B 같은 경우는 읽기의 생리적 기반을 뼈아프게 인식할 수밖에 없다.[68] 읽기가 너무 고통스러워 아예 시도조차 하지 못하기도 한다. 제임스 시먼즈James Simmonds의 주치의는 그가 왼쪽 두개골에 부상을 입은 뒤 "너무 어지럽고 머리에 극심한 통증이 느껴져서" 읽기를 거부했다고 적었다.[69]

실독증을 극복하려는 노력

드제린의 시대부터 제1차 세계대전 시기까지 이뤄진 병력연구를 보면, 환자들은 갖가지 감각을 사용해서 읽기장벽을 피해 다시 읽기 위해 기발하고 재치 있는 방법을 고안했다. 촉각은 시각적 과정을 거치지 않고 읽는 한 가지 방법이었다. 예를 들어 C는 눈으로는 더 이상 인식할 수 없는 글자의 모양을 손으로 더듬었다. 한 신경학자는 이를 '손끝으로 읽기'라고 불렀다.[70] 샤르코에게 치료받던 한 환자는 손을 등 뒤로 돌린 채로 엄지손톱으로 글자를 따라 썼다. 샤르코는 이렇게 진단했다. "그는 글을 쓰는 행위를 통해서만 읽는다고 말할 수 있다."[71] 자기가 쓴 글을 읽을 수 없는 환자도 자기가 읽은 것을 쓸 수는 있었다. 이후 의사들은 환자들이 손바닥이나 다른 면에 글자를 따라 쓰는 경우가 많다는 사실을 발견했다.[72] 촉각-운동감각 읽기에 손만 이용한 것은 아니다. 발을 사용하는 환자도 있었고, 심지어 어떤 환자는 혀로 입천장에 글자를 따라 쓰기도 했다. 색스는 이 환자가 "혀로 읽는다"고 묘사했다.[73]

선뜻 이해되지는 않지만 눈 자체도 용도를 변경해 **촉독**tactile reading(촉각을 이용한 읽기-옮긴이)에 사용할 수 있다. 글자를 시각적으로 볼 수 없었던 한 환자는 안구를 움직이지 않은 채 고개를 조금씩 움직이며 글자를 따라갔다.[74] 색스의 말을 빌리자면 일종의 '시각 점자'라 할 수 있다.[75] 신경과 의사들은 환자가 글자 모양에 따라 눈동자를 움직이는 것을 본 뒤 "이 환자는 우리가 글자를 보는 것처럼 움직임을 느끼며 글자를 구성했다"라고 말했다.[76] 부분적인 글자 모양과 문맥을 단서로 내용을 추측하는 법을 연습하면 힘들기는 하지만 읽기 속도를 높일 수 있다. 하지만 표준화되지 않은 활자가 문제였다. 일반적인 독자는 거의 알아보지 못할 정도로 글자 모양이 조금만 달라져도 환자는 읽으려는 시도를 완전히 포기했고, 불필요하게 기울어진 단어는 전혀 이해할 수 없었다. 글자를 따라 고개를 움직이며 입력된 패턴이 교란됐기 때문이다. 누군가가 머리를 움직이지 못하게 고정해도 전혀 읽을 수 없었다. 이는 운동감각을 막는 눈가리개나 다름없었다.

어느 정도 문해력이 유지된 환자 대부분은 느리고 힘겹게 한 글자씩 예전 속도보다 훨씬 느린 속도로 읽었다. 최근 연구에 따르면 실독증 독자는 서너 글자로 된 단어를 읽는 데 16초 이상 걸리며 더 긴 단어는 아예 해독하지 못할 수도 있다.[77] 예상하겠지만 이런 식으로 읽는 사람은 재활치료를 받는 성인이 아니라 어린아이 취급을 받았다. 한 보고서에 등장한 건장한 50대 조선공이었던 G. L.은 개별 글자는 알아봤지만 '처음 글을 배우는 아이처럼' 철자를 하나씩 써보지 않으면 자기 이름은 물론 한 단어도 읽을 수 없었다.[78] C-A-T처럼 개별 알파벳을 소리 내 읽는 것이 그가 단어를 이해하는 유일한 방법이었다. 긴 단어는 읽기 힘들었고 Constantinople(콘스탄티노플)이나 hippopotamus(하마) 같은 아주 긴 단어는 전혀 이해할 수 없었다.

단어맹이 있으면 글자는 읽을 수 있다. 반면 글자맹이 있으면 단어는 읽지만 단어를 구성하는 각 글자는 읽지 못한다. 척수막염으로 글래스고의 서부병원에 입원한 한 환자는 자기 이름인 Tom에 있는 T를 제외하고는 알파벳을 하나도 읽지 못했다. 하지만 electricity(전기), infirmary(의무실), stethoscope(청진기) 같은 단어는 금세 알아봤다. 게다가 JOB이라고 적힌 단어는 읽을 수 있었지만 순서를 뒤집어 BOJ라고 쓰면 읽지 못했다.[79] 또한 철자가 틀렸는지 글자가 뒤집혔는지도 알지 못했다. 글을 전혀 읽지 못하는데도 자기 이름이나 브랜드 로고 같은 단어를 그림으로 인식하는 사람도 있었다. 이들은 단어를 음성적phonetical으로가 아니라 표의적ideographical 또는 표어적logographical으로 읽었다. 신경학자 골드슈타인은 이를 유사 읽기pseudoreading라고 불렀다.[80]

이런 사람도 다시 읽을 수 있다는 희망이 있을까? 예후는 그다지 좋지 않다. 많은 경우 읽기는 잃어버린 낙원으로 기억될 뿐이다.[81] 다시 읽게 되더라도 엄청나게 노력해야 하고 이전에 읽던 속도보다 아주 느려진다. 예를 들어 최근 실독증 임상연구에 참여한 34세의 D. S.는 결국 읽기 능력을 되찾았다. D. S.는 주부이자 두 아이의 엄마로서 예전의 삶을 되찾았고 타자 수업에도 등록했지만 결정적으로 즐거움을 위한 독서는 그만두었다.[82] 읽기 자체가 버겁다면 더는 책으로 피서를 떠날 수 없다.

이런 읽기장벽 이야기는 환자의 근면함과 인내심이 마침내 보답받는다는 깔끔한 줄거리에 들어맞지 않는다(앞서 인용한 스마일스의 말을 떠올려보자). 18세 군인 데릭은 머리에 총을 맞은 뒤 읽을 수 없게 되었지만 다시 글을 배우겠다고 다짐했다. 5년간의 재활로 겨우 한 문장을 해독할 수 있게 되었지만 낙담하지 않았다. 데릭은 의료진에게 "나는 끈기 있고 의욕적인 사람이라 읽기가 전혀 질리지 않아요"라고 말했다.[83] 데릭은 단어를 한 글자 한 글자 소리 내어 읽었고 마침내 13세 수준의 독서를 할 수 있게 되었다. 심지어 즐거움을 위해 군사 서적 같은 책을 다시 읽기도 했다. 하지만 이토록 의욕적인 데릭도 이전 수준의 읽기로 돌아가지는 못했고 지금은 예전과 완전히 다른 방식으로 읽는다. 지금 자신의 읽기능력에 대해 어떻게 생각하는지 묻자 데릭은 "정말 기적이죠"라고 대답했다.[84]

"나는 계속 싸울 것이다"

참혹했던 제1차 세계대전이 끝나자 실독증 보고는 산발적으로만 이뤄졌다. 이처럼 사례보고가 감소한 것은 전체론적 관점을 갖고 있던 신경학자들이 읽기 같은 활동을 대뇌피질의 특정 영역과 연결할 수 있는지에 의문을 제기했기 때문이다.[85] 회의론자들은 읽기 같은 활동을 담당하는 뇌 영역을 정확히 찾아내 '뇌 지도'를 그리려고 한 드제린이나 힌셜우드 같은 과거 신경학자들의 연구를 깎아내렸다.[86] 행동과 뇌 구조 사이의 연관성에 대한 관심이 다시 높아지기 시작한 것은 분할뇌splitbrain(좌우의 대뇌 반구를 분리한 뇌. 신경의학 초기에 뇌전증 등 일부 발작 환자를 대상으로 뇌의 양 반구를 연결하는 뇌량을 끊는 수술법을 시행했다-옮긴이) 환자를 연구한 1960년대에 들어서였다. 행동신경학자 노먼 게슈윈드Norman Geschwind는 '도표나 그리는 사람들'이라는 조롱에 맞서 과거 연구자들을 변호했고, 읽기결함을 일으키는 대뇌 경로에 생긴 병변에 다시 주목하는 데 앞장섰다.[87]

제2차 세계대전이 일어나자 임상조사가 필요한 뇌 부상이 크게 늘었다. 1943년 3월 2일 스몰렌스크전투에서 머리에 총을 맞은 뒤 오랫동안 혼수상태에 빠졌던 러시아 군인 레프 자세츠키Lev Zasetsky는 특히 눈에 띄는 사례다. 그는 깨어났을 때 더 이상 읽고 쓰고 말하고 기억하지 못했고 심지어 자기 몸 일부를 알아보지도 못했다. 이후 수십 년 동안 러시아 신경심리학자 알렉산드르 루리야는 신경심리학자의 관점에서 쓴 분석보고서와 환자 본인의 이야기를 번갈아 배치하며 자세츠키의 부상을 자세히 기록한《지워진 기억을 쫓는 남자The Man with the Shattered World》를 썼다. 30년이라는 오랜 시간 동안 관찰한 내용을 바탕으로 한 이 사례연구서는 의학논문의 간결한 묘사를 뛰어넘는 세밀함과 친밀감이 돋보인다. 덕분에 뇌손상이 정체성에 미친 지대한 영향, 특히 글을 읽을 줄 알았던 23세 참전 군인에서 완전히 다른 사람이 된 느낌이 자세츠키가 직접 설명하는 듯 생생하게 전달된다.

후천적 문맹은 자세츠키에게 큰 충격이었다. 머리손상을 겪은 적이 없는 사람이 대부분 그렇듯 그도 읽지 못하게 되는 일을 상상조차 해본 적 없었다. 전쟁 전에 폴리텍대학교에서 3개 국어를 배웠던 자세츠키는 더 이상 공산당 중앙지인《프라우다Pravda》는 물론 화장실 표지판도 읽을 수 없었다. 눈앞에 빤히 보이는 증거는 "틀렸어" "말도 안 돼" "불가능해"라고 말하는 잔인한 농담 같았다.[88] 자세츠키의 부상 자체도 심각했지만 읽기결함은 그의 독립성, 역량, 의사소통능력을 약화시켜 심리적으로 큰 영향을 끼쳤다. 게다가 신체장애가 생긴 참전 용사라면 사람들의 존경이라도 받았겠지만 자세츠키의 장애는 눈에 보이지 않았기 때문에 연민은커녕 되레 의심만 받았다. "대체 뭐가 문제예요? 글을 못 읽는다고

요?" "그 나이 먹고도 아직 글을 못 읽을 수 있나요?"[89]

《지워진 기억을 쫓는 남자》에서는 실독증을 겪는 심리적 고통을 내밀하게 묘사한다. 이 책은 문해력의 감사함을 깨닫는 가장 확실한 방법은 그것을 얻는 것이 아니라 잃는 것이라는 가혹한 교훈을 준다. 읽기의 힘을 잃은 사람만이 그 힘을 그리워할 수 있기 때문이다. 자세츠키에게 문해력은 곧 자율권이었다.

읽지 못한다니 얼마나 끔찍한 일인가? 사람은 읽기를 통해서만 사물을 이해하고 배울 수 있으며, 자신이 살아가는 세상에 대해 생각하고 이전에는 전혀 알지 못했던 것들을 볼 수 있다. 읽기를 익힌다는 것은 마법의 힘을 얻는다는 뜻이다. 나는 갑자기 이 힘을 잃었다. 비참했고 너무 화가 났다.[90]

자세츠키의 읽기는 천천히 나아졌지만 동화책보다 어려운 책은 힘들었다. "머리가 아프고 쪼개지는 것 같아서 읽기가 고통스러웠다."[91] 동화책을 읽어야 했고 "입문서나 알파벳을 본 적도 없는 아이" 취급을 당하며 수동적인 의존 상태가 된 그는 엄청난 굴욕감을 느꼈다.[92]

자세츠키는 거의 25년 동안 루리야의 책에 실린 3,000쪽 분량의 원고를 작성했다. 그는 이 책에서 자신이 다른 사람, 심지어 인간 이하의 존재처럼 느껴진다고 묘사했다. 그는 "내 처지가 얼마나 비참하고 한심한지 깨닫자 견딜 수 없이 우울해졌다"라고 썼다.

알다시피 나는 문맹이 되었다. 병에 걸렸고 기억도 사라졌다. 나는 이 끔찍한 질병에서 회복할 수 있다는 희망을 지키기 위해 발버둥쳤다. 두통과 어지럼증을 극복하고, 시력과 청력을 회복하고, 지금까지 배운 것을 모두 기억할 수 있을 것이라는 환상을 품기 시작한 것이다.[93]

그가 상상할 수 있는 유일한 미래는 삶을 구성하는 기억, 축적된 지식, 자아에 대한 서사라는 과거를 되돌리는 데 달려 있었다. 루리야는 자세츠키가 뇌손상을 겪었지만 '인간이란 무엇인가'라는 인식은 남아 있었다고 말했다. 따라서 장애를 갖게 된 참전 용사가 문해력을 다시 얻으려는 집념은 베이컨이 '완전한 인간'이라 칭한 동료 인간으로 인정받기 위해 싸우겠다는 결의로 받아들여야 한다. 원고의 제목은 처음에 "끔찍한 뇌손상 이야기"였다가 "나는 계속 싸울 것이다!"로 바뀌었다.[94]

읽기의 빈자리에서 비로소 알게 되는 것

19세기 의학저널에서는 일반적인 유형의 실독증을 진단했지만 20세기와 21세기의 보고서에는 좀 더 흔치 않은 유형의 실독증이 등장한다. 읽기 능력을 잃은 어린이, 점자를 읽을 수 없게 된 시각장애인, 악보를 읽을 수 없게 된 음악가, 뇌 우반구가 손상된 뒤 읽을 수 없게 된 환자 등이다 (보통은 뇌 좌반구가 손상되면 읽을 수 없다).[95] 이처럼 후천적 읽기장애는 폭넓은 영향을 끼친다(후천적 읽기장애를 지닌 환자 대부분이 더 이상 글을 쓸 수 없다는 점을 보면 놀랍지 않다). 하지만 지난 반세기 동안 출판 환경이 달라진 덕에 환자들은 의료 전문가에게 기대지 않고도 자신의 이야기를 직접 전할 수 있게 되었다. 임상 관찰에 기반한 사례기록은 환자의 이야기에서 인간적인 면은 덜어내고 그저 생리적 증상으로 서사를 축소한다. 반면 환자 스스로 전하는 이야기는 뇌손상 때문에 겪었던 심리적 고통에 주목한다.

실독증을 겪는 사람이 쓴 수기는 최근 학계에서 주목하는 읽기의 정서적 차원을 전면에 내세운다.[96] 읽기장벽에 대한 증언을 보면 역설적으로 애초에 읽기가 어떤 느낌인지 이해하는 데 도움이 된다. 보통 사람은 아동기에 문해력의 임계점을 넘어 읽기 시작하면 그 뒤로 읽기가 이뤄지는 과정에는 거의 주의를 기울이지 않는다. 하지만 실독증 환자는 보통의 성인이 당연하게 여기는 이런 읽기 과정의 복잡성을 자세히 설명한다. 읽을 수 있는 성인은 책에 대한 접근성, 책에 대한 흥미, 책을 들고 있을 수 있는 신체적 능력을 잃을까 봐 걱정할 수는 있지만 읽기능력 자체를 잃을까 걱정하지는 않는다. 대부분 사람은 문맹에서 문해로의 발전이 일방향적이라고 생각한다. 이런 사고방식을 고려하면 평생 읽을 수 있다가 갑자기 읽을 수 없게 되는 일이 왜 트라우마가 되는지, 문해력 상실 상태에서 오는 독특한 고통은 무엇인지 이해가 될 것이다.

읽기장벽은 대개는 수월하게 느껴지는 읽기가 복잡한 대뇌적 과정임을 깨닫게 하는 반갑지 않은 신호다. 우리는 이런 장벽을 통해 읽기라는 암실의 내부를 들여다보고 무엇이 잘못되었는지 알 수 있다. 글자를 시각적으로 인식하는 일은 뇌에서 일어나는 여러 가지 작업 단계의 일부에 불과하다. 힌셜우드가 읽기장애에 대한 선도적인 연구를 시작하며 말했듯 "우리는 눈만이 아니라 뇌로도 본다는 사실을 자주 잊는다".[97] 이런 점에서 실독증은 읽기가 지적 활동일 뿐 아니라 생리적 활동이며, 미세하지만 결정적인 수많은 신체적 교환이 제대로 이뤄져야 하는 체화된 행동이라는 점을 드러낸다. 주의력, 시각, 언어 처리 등 읽기 과정의 어느 단계에서라도 문제가 생기면 읽기 효율성이 저하되거나 심지어 읽지 못하게 될 수 있다. 따라서 읽기장벽은 우리에게 읽기란 어떤 것인지 일깨운다. 읽을 수 있었지만 읽지 못하게 된 사람은 역설적으로 온종일 책을 읽으며 보내는 사람보다 "읽기와 쓰기란 대체 무엇인지에 관한 수수께끼"(한 실독증 수기에서 가져온 표현이다)를 더 섬세하게 이해한다.[98]

읽기장벽은 누구의 삶에나 끼어들 수 있다. 하지만 특정 직업을 가진 사람은 다른 사람보다 그 결과를 더욱 심각하게 느낀다. 사실 작가에게 이보다 더 끔찍한 고통은 없을 것이다. 2001년 뇌졸중을 겪은 하워드 엥겔Howard Engel은 소설가로서의 경력이 끝났다며 절망했다. 자칭 '읽기 중독'이자 '활자 중독'이었던 그는 실독증 때문에 소설 읽기뿐 아니라 쓰기도 그만둬야 했다. 더 이상 원고를 다듬을 수 없었기 때문이다.[99] 엥겔은 그냥 독자가 아니었다. 그에게 뇌혈관질환을 겪는다는 것은 에드워드 모건 포스터Edward Morgan Forster의 소설 《하워즈 엔드Howards End》에서 책장에 깔려 죽은 레너드 바스트에게 일어난 사고보다 믿기지 않는 일이었다.

엥겔의 수기《책, 못 읽는 남자The Man Who Forgot How To Read》에는 글쟁이들에게 개인적·직업적 정체성의 근간이 되는 언어를 잃는 것이 어떤 느낌인지 잘 표현되어 있다. 자신이 쓴 글을 읽을 수 없다는 경험에는 그에 관해 글을 쓰고 싶게 만드는 무언가가 있다.

실독증을 현상학적으로 설명할 때는 읽을 수 있는 사람들에게 읽지 못하게 되는 것이 어떤 느낌인지를 이해시켜야 한다는 독특한 과제에 부딪힌다. 토론토 신문《글로브앤드메일Globe and Mail》에 실린 다음 글을 보자. 뇌졸중 생존자의 시선에 관한 설명이다.

단어의 철자를 알아보려고 할 때마다 아지랑이 속을 헤치고 나온 듯 글자가 흔들리고 모양이 바뀌었다. a로 보이던 글자가 한순간에 e로, 그다음에는 w로 보이기도 했다. 마치 주말에 과음해 난시가 생긴 것 같았다. [100]

모습을 바꾸며 교묘히 빠져나가는 글자에 관한 엥겔의 유머러스한 설명은 무미건조한 의학 사례연구 사이에서 돋보인다. 끈질기게 초점을 벗어나는 글자를 안개, 이슬, 아지랑이같이 날씨에 빗댄 은유는 19세기부터 혼란을 느끼는 환자들이 사용해온 표현이다(한 의학저널에서는 흘러가는 '구름'으로 표현하기도 했다).[101] 좀 더 본격적인 설명에서 엥겔은 뇌졸중 생존자의 관점("흐릿해지는" 활자나 "이상하게 뒤틀린 글자")으로 세상을 보려는 노력을 그랜딘의《나는 그림으로 생각한다》처럼 신경다양성과 인지차이가 세상에 대한 지각을 형성하는 방법에 대한 인식을 제고하려는 다른 장애 수기와 나란히 놓는다.[102]

엥겔이 가볍게 설명하긴 했지만 읽기는 그저 어떤 행위가 아니다. 읽기는 정체성이다. 엥겔에게 뇌졸중은 무작위로 일어난 생물학적 사고가 아니라 책에 대한 자신의 사랑을 비뚤어진 표적으로 삼은 '인간적인' 사건이다(그는 의사가 뇌손상을 설명하면서 사용하는 '상해'라는 단어에 모욕이라는 의미도 있다는 사실을 금세 깨달았다).[103] 엥겔은 신경학적으로 글을 읽을 수 없지만 자신을 독자라고 정의한다. 그만큼 읽기라는 말이 가진 힘은 대단하다. 그는 심지어 자신이 '문맹'이라고 공개적으로 밝힌 뒤에도 계속 책을 산다.[104] 작가로서 또 다른 자아를 상상하는 일을 업으로 삼고 있는 그도 문해력 상실인이라는 정체성은 도저히 상상할 수 없었다.

> 나는 여전히 독자였다. 뇌가 터져버렸지만 다른 것이 될 수는 없었
> 다. 읽기는 내 안에 단단히 박혀 있었다. 심장을 멈출 수 없듯 읽기도
> 멈출 수 없었다. 읽기는 내게 뼈, 골수, 림프, 피였다.[105]

이런 부정은 문해력 상실 상태에 대해 우리가 알아야 할 모든 것을 말해준다. 글을 읽지 못하는 '자칭 독자'보다 읽기와 정체성 사이의 관계를 더 잘 드러내는 표현이 있을까? 물론 신경학자는 엥겔의 진술에 동의하지 않을 것이다. 뇌가 터져버리면 사람이 분명 달라지기 때문이다. 하

지만 엥겔은 읽기와 관련된 뇌 영역만 추적하는 학자들에게 반격하며 대뇌피질이라는 좌표를 넘어 이상적인 읽기로 뻗어나간다. 엥겔은 신체적 은유를 통해 읽기란 신경학적으로 축소하거나 생리학적 용어만으로 설명할 수 없다는, 책을 사랑하는 모든 사람에게 익숙한 감각을 표현해낸다.

엥겔은 "나는 '한때 읽을 수 있던 독자'라는 지위를 받아들이지 않겠다"라고 말했다.[106] 하지만 《책, 못 읽는 남자》에서는 그의 의지만으로 신경학에 맞설 수는 없다는 사실 역시 확인할 수 있다. 보통 문해력 서사는 책을 만나서 인생이 달라지는 이점을 누리며 절정에 이르는 행복한 내용이다. 하지만 실독증 서사는 이런 만족스러운 궤적을 무시하고 문맹을 거쳐 문해력 장벽과 맞닥뜨린다. 불확실하고 지리멸렬하며 책에 자연스럽게 빠져드는 즐거움이 결여된 부분적인 읽기능력만 남은 상태다. 문해력 상실인은 매끄럽고 자동적으로 이뤄지던 읽기가 시각적 인식부터 해독, 의미 생성까지 다양한 신경 활동의 복잡하고 까다로운 조합이라는 사실을 명확히 드러낸다. 그리고 이런 활동이 언제든 오작동할 수 있다는 점을 날카롭게 짚는다. 문해력 상실인은 영원한 초보자다. 성숙기로 나아갈 수 있다는 확신도 없이 어린이 수준의 문해력 초기 단계에서 허우적댈 수밖에 없는 운명인 것이다.

엥겔은 자신을 동료 독자 또는 자기 수기의 독자와 동일시하며 한 글자씩 읽는 식으로 읽는 법을 다시 배운 끈질긴 노력에 관해 설명한다. 책에 그다지 관심이 없다면 그렇게까지 책을 읽을 가치가 없다고 생각하겠지만 엥겔은 글을 읽을 줄 아는 성인, 곧 독자로서의 정체성을 지키기 위해 끊임없이 연습한다. 하지만 뇌졸중이 발생한 지 6년이 지난 지금도 그는 여전히 빨리 읽을 수 없다. "달팽이 같은" 속도로 한 음절씩 소리 내 읽는 그의 모습은 인내심 끝에 보상이 찾아온다는 스마일스식 기대를 저버린다.[107] 이런 상태에 대한 인정은 수기의 핵심 질문을 상기시킨다. "나는 영원히 초보 독자처럼 단어를 내뱉을 운명인가?"[108]

책이 일종의 도전이라는 사실을 발견한 엥겔은 실서증 없는 실독증에 관한 수기만으로는 부족하다는 듯 이 주제를 다룬 소설도 썼다. 엥겔의 상태를 더 정확히 진단하면 **서광증**graphomania(글씨를 쓰고 싶어하는 병–옮긴이)을 동반한 실독증이라 할 만하다. 그가 쓴《탐정 베니 쿠퍼맨Benny Cooperman Detective》시리즈의 11권《메모리 북Memory Book》은 보통은 인지장애가 있는 주인공이 등장하지 않는 탐정 소설이라는 장르를 이용해 실독증 환자의 '정신상태'를 표현하는 데 도전한다.[109] 머리를 가격당한 주인공 쿠퍼맨은 혼수상태에 빠졌다가 토론토의 로즈오브샤론재활병원에서 깨어났지만 글을 읽을 수 없게 됐다는 사실을 깨닫는다. 신문을 해독하지 못하는 일, 운전면허를 정지당한 일, 엥겔의 수기에도 잠깐 등장하며 그의 두 책에 후기를 써준 색스를 언급한 일 등 소설 속 이야기는 엥겔 자신의 경험을 살짝 비튼 것이다. 이 소설은 신경학적 결함이 있는 형사가 병원 외상병동에 갇힌 상태에서 살인사건을 해결하는 내용이다. 주인공은 글자를 도둑맞은 상태다. 쿠퍼맨은 "기억상실증에 문맹까지 되다니!"라고 한탄한다.[110] 쿠퍼맨의 매력은 루 아처나 샘 스페이드 같은 이전의 감성이 메마르고 냉철한 하드보일드 소설 주인공과는 차별화된 감성적이고 부드러운 성격이다. 《메모리 북》에서 주인공은 애초에 입원해 있기 때문에 물리적으로 암흑가를 걸을 수 없다.

그 자체로 기억의 책이라 할 수 있는 이 소설의 제목은 기억문제가 있는 사람들이 개인 정보, 약속, 떠오르는 생각 등을 기록하는 노트를 가리킨다. 쿠퍼맨의 '메모리 북'은 탐정 수첩을 의미하기도 한다. 하지만 쿠퍼맨이 이 수첩을 활용하려면 먼저 읽는 법을 다시 배워야 한다. 앞서 살펴봤듯이 읽으려는 시도는 필연적으로 읽기 자체의 본질에 관한 성찰로 이어진다. 하지만 초점은 쿠퍼맨의 지루한 재활에서, 단어가 아니라 단서를 해독해 범죄를 해결하는 탁월한 대안적 능력으로 옮겨간다. 소설의 작가와 달리 쿠퍼맨은 글자를 읽지 못하지만 사건을 해결할 때 그의 문해력은 거의 문제가 되지 않는다. 쿠퍼맨은 살인사건을 해결할 때 자신이 손에 쥔 텍스트 증거에 의존하지도 않는다. 이 독특한 안락의자 탐정은 글을 읽을 수 없는데도, 어쩌면 글을 읽을 수 없기 때문에 살인사건을 해결한다. 쿠퍼맨은 신경전형적 관찰자가 놓친 단서에 집중한다. 엥겔은 문해력 상실인이 된 본인의 불안감을 털어버리고, 실독증 독자가 읽기를 정체성이 아니라 그저 도구로 바라보면 일상을 되살릴 수 있다고 소설을 통해 안심시킨다. 소설에서 쿠퍼맨에게 감명받은 한 경찰이 "어디 가면 나도 그렇게 머리를 맞을 수 있죠?"라고 묻는 것과 비슷하다.[111] 읽기장애가 그렇게 간단한 문제였다면 좋았을 텐데.

읽지 않는 시대의 읽기

실독증 연구는 사람들이 글을 전혀 읽지 않게 될지도 모른다고 걱정하는 오늘날 특히 반향을 일으킨다. 엥겔의 소설 속 탐정은 상당히 다른 차원의 문해력 상실인이다. 여기에서 실독증은 읽기가 쓸모없는 기술이 되어가는 오늘날의 멀티미디어 세계에서 매클루언이 주창하고 미디어 연구 분야에서 널리 인정하는 자발적 문해력 상실과 비슷하다.[112] 모든 사람이 문해력 상실인이 되거나 읽기를 싫어하게 된다면 과거에 읽을 수 있었지만 이제는 읽지 못하게 된 사람도 문맹으로 낙인찍힐까 봐 걱정할 필요가 없다. 허먼 멜빌Herman Melville의 작품 속 필경사 바틀비처럼 글을 읽을 수는 있지만 읽지 않기로 결심하는 것이다. 오디오북부터 텍스트 음성 변환 소프트웨어 같은 보조 기술을 이용해 다양한 방법으로 기존의 문해력을 대체하며 정보에 접근할 수 있게 되면 의료적 개입도 거의 필요 없어질 것이다. 실독증은 더 이상 문자 세계 주변으로 쫓겨날 필요가 없다. 읽기장벽을 겪는 이에게 이보다 더 좋은 시대는 없을 것이다.

하지만 이 장에서 살펴봤듯이 읽기가 정체성의 핵심인 사람에게 실독증은 트라우마다. 앞서 언급한 대안이 있음에도 불구하고 읽기가 자아와 직결된다고 느낀다면 말이다. 결국 이런 사람의 정신건강은 대안적인 읽기 방법과 읽을 수 있는 사람이라는 의미를 조화시키는 데 달려 있다. 문해력 상실 상태는 문해력 포기가 아니라 새로운 문해력 단계다. 따라서 읽기차이 때문에 개인이 직면하는 문제는 뇌뿐 아니라 개인이나 사회 전체가 이런 결함에 부여하는 의미와도 관련 있다. 거듭 말하지만 사람들의 삶에서 읽기가 지닌 가치를 이해하는 가장 좋은 방법은 읽기를 상실한 사례를 살펴보는 것이다.

엥겔의 소설 속 탐정은 실독증과 함께 살아갈 자기만의 방법을 찾았다. 하지만 모두가 그럴 수 있는 것은 아니다. 마지막으로 살펴볼 2014년 사례연구는 읽기가 필요 없다고들 하는 시대에도 실독증이 내면의 삶에 계속 영향을 끼친다는 사실을 보여준다. 40세의 유치원 교사 M. P.는 읽기를 '인생의 열정'이라 표현했던 사람이지만 뇌졸중을 겪고 나서 학교 출석부를 해독하지 못하게 되었다.[113] 독서 교사답게 그는 읽기능력을 회복하기 위해 플래시카드, 쓰기 연습, 여러 가지 교정 기법과 작업 요법을 부지런히 시도했다. 하지만 소용없었다. 그는 스스로 책을 읽고 아이들에게 책을 읽어주며 느꼈던 성취감을 그리워했다. 무엇보다 독자가 되는 일이 그리웠다. 사실 그는 자신이 더 이상 독자가 아니라는 사실을 받아들이기를 거부했지만 계속 부정할 수는 없었다.

어느 날 우리 엄마와 아이들이 함께 있었고 아이들은 모두 나란히 쪼그리고 앉아 책을 읽고 있었다. 순간 눈물이 흐르기 시작했다. 나는 할 수 없는 일이었기 때문이다. 그 자리에 있기는 했지만 함께 책을 펼쳐 읽을 수는 없었다. 읽기란 내가 항상 해오던 일이고 그 일에서 많은 즐거움을 느꼈지만, 이제는 그 즐거움을 누릴 수 없었다.[114]

뇌손상을 입은 수많은 사람도 비슷하게 고통스러운 교훈을 얻었다. M. P.는 정보 접근성, 취업 전망, 심지어 글을 읽을 줄 아는 성인, 곧 '완전한 인간'이라는 지위 따위는 생각하지 않았다. 그는 항상 자기 삶에 목적과 의미를 부여했던 취미를 잃어버렸다는 사실에 안타까워했다. 읽기는 더 이상 그의 삶의 일부가 아니다. 아이들에게 책을 읽어줄 수 없게 된 그는 지역 피트니스센터 영업사원으로 일한다. 하지만 그는 언젠가 자신의 문해력 상실 경험을 수기로 쓰고 싶어한다.

4장

모든 글자가
꽃처럼 피어난다면

공감각자는 같은 페이지를 다르게 지각한다

언어와 내 관계는
상당히 미학적이다.

다니엘 타멧,《브레인맨, 천국을 만나다》

"A는 무슨 색인가?"[1] 이런 질문이 당신에게만 이상하게 들리는 것은 아닙니다. 비트겐슈타인은 많은 사람이 이런 질문을 이해하지 못한다고 지적했다.[2] 하지만 **공감각**이라는 신경심리학적 상태를 느끼는 **공감각자**는 글자마다 독특한 색을 띤다는 개념을 잘 이해한다.[3] 성인 인구의 4퍼센트가 조금 넘는 사람이 읽기라는 평범한 활동 도중에 색을 지각하는 등 독특한 정신 반응을 겪는다.[4] 이런 사람은 비트겐슈타인의 질문에 망설임 없이 대답하고, 다른 사람은 글자에서 색을 보지 않는다는 사실에 놀랄 수도 있다. 우리 곁의 공감각자를 통해 다른 사람들과 매우 다르고 심지어 양립할 수 없는 방식으로 세상을 볼 수 있다는 당혹스러운 사실을 알 수 있다. 모든 독자가 똑같은 방식으로 지각하는 것은 아니다.

'공감각'은 그리스어 syn-(함께)과 aesthesis(지각)에서 파생된 용어로, 어떤 감각이 자발적이고 자연스럽게 다른 감각을 불러일으키면서 발생한다.[5] 음악을 들을 때 색이 총천연색으로 폭발하는 **환시**photism를 겪는 사람도 있다. 프랑스 레지스탕스였던 자크 루세랑Jacques Lusseyran은 오케스트라의 연주를 듣고 "온갖 무지개색이 내게로 넘쳐흘렀다"라고 말했다.[6] 다양한 감각을 동시에 경험하는 공감각으로는 색청colored hearing 처럼 비교적 흔한 것부터 색채 통증^{colored pain}, 심지어 색채 오르가슴^{colored orgasme}처럼 드물고 특이한 것까지 포함해 지금까지 65가지가 넘는 유형이 보고되었다.[7] 한 가지 감각 안에서 나타나는 다양한 공감각 변이는 그 감각에 여러 측면으로 영향을 끼친다. 무채색 활자를 보고 색을 느끼는 공감각은 가장 일반적인 형태다. 예를 들어 어떤 독자는 검은색 글자 A를 보고도 빨간색 A라고 느낀다. 그렇다, 이것이 앞서 비트겐슈타인의 질문에 대한 답이다. 공감각자는 책 페이지를 만화경을 댄 듯이 본다.

나보코프는 《말하라, 기억이여》에서 공감각을 절묘하게 표현했다. 그는 "글자에서 색을 보는 다소 괴상한 재능"을 그답게 자세히 묘사한다.[8]

알파벳(더이상 언급이 없는 한 영어 알파벳을 가리킨다)에서 a는 오래된 나무색이지만 프랑스어 a는 광택 있는 흑단색이다. 검은색 계열로 보이는 글자에는 짙은 타이어 고무색의 g와 그을음 묻고 찢어진 걸래색 r도 있다. 흰색 계열에는 오트밀색 n, 늘어진 국수색 l, 뒷면이 상아색인 손거울 o가 있다. 프랑스어 on에서는 작은 잔에 담긴 술이 찰랑이며 반짝이고 매끈한 표면이 보여 당황스럽다. 파란색 계열에는 강철빛 x, 번개색 z, 블루베리색 k가 있다. 소리와 모양이 미묘하게 상호작용하기도 해서, q는 k보다 좀 더 갈색이고 s는 c 같은 하늘색이 아니라 푸른색과 자개 빛깔이 기묘하게 뒤섞인 색이다.[9]

나보코프의 '공감각자의 고백'(그가 직접 사용한 표현이다)은 색채

스펙트럼으로 먼저 만나는 언어의 매혹적인 아름다움을 한껏 드러낸다. 단색에 만족해야 하는 우리로서는 미학자의 ABC라 할 만한 다채로운 색 글자가 부러워진다. 대부분의 독자는 책을 흑백으로 인지하지만 나보코프 같은 공감각자는 총천연색으로 경험한다. 이런 미적 감각은 배워서 얻을 수 있는 감성이 아니라 타고나는 것이다. 색에 대한 감식안을 기본으로 타고난다는 말이다. 이들은 미학자를 넘어선 신경미학자라 할 만하다.[10] 다른 사람은 지각하지 못하는 색, 질감, 심지어 차원으로 언어를 이해하는 경험에서 보듯이 그들의 머릿속에서는 눈으로만 보는 다른 사람보다 더 많은 일이 일어나고 있다. 이때 문학비평가로서 나는 공감각에 관해 이런 질문을 하게 된다. 알파벳을 빛나는 색으로 지각하는 경험은 읽기 경험에 어떤 영향을 끼칠까?

골턴은 1881년 자신의 저서에서 공감각을 최초로 언급하며, 다른 사람의 마음이 자기 마음과 똑같은 방식으로 작동한다고 가정하지 말아야 한다고 주장했다.[11] 그 뒤 수십 년 동안 이뤄진 신경과학 실험을 통해 사람들이 실제로 세상을 저마다 다르게 경험한다는 사실이 밝혀졌다. 공감각자는 질적으로 다른 지각 세계에 살며, 자신의 현실과 다른 사람의 현실 사이를 오가기도 한다.[12] 특히 책은 완전히 다른 현실에 있다. 모든 독자가 글꼴, 잉크, 배열 등 지면의 시각적 특징이나 서지학적 기호를 똑같이 인식한다고 가정하는 비평가들은 공감각자의 **이중의식** 관점을 이해하지 못할 수밖에 없다.[13] 이들은 마음이 카메라처럼 작동한다고 전제한다. 하지만 현상학자들이 오랫동안 주장해왔듯 **세계**와 그 세계를 보는 **지**

각 사이에는 근본적인 차이가 있다.[14] 인지신경과학자 드앤은 책을 읽을 때 곧장 느껴지는 감각은 정교한 대뇌 작용을 감추는 '환상'이라고 설명한다.[15]

공감각자는 책의 내용 자체에서는 전혀 찾아볼 수 없는 감각을 느낀다. 책을 카메라처럼 본다는 가정에 허점이 있는 것이다. 공감각자는 다른 독자들은 느끼지 못하는 **감각질**qualia을 경험한다. 감각질이란 붉은색 등 현상을 지각할 때 느껴지는 주관적인 경험을 뜻하는 철학 용어다.[16] 이 장에서 살펴볼 신경다양성 독자의 사례는 책에 대한 지각이 어느 정도는 눈뿐 아니라 뇌의 산물이라는 점을 드러낸다.[17] 똑같은 책이라도 서로 다른 사람이라면 완전히 다른 방식으로 지각할 수 있는 것이다. 이런 사실은 미학에 관심 있는 사람에게는 까다로운 문제다. 말하자면 공감각적 측면에서 독자들은 모두 같은 책을 보는 것이 아니다.

개인의 인지적 구성은 텍스트를 받아들이는 데 큰 영향을 끼친다. 읽기의 역사, 문학비평, 읽기의 심리학에 관심 있는 사람이라면 신경다양성의 영향을 고려해야 한다. 단턴이 말한 독자 경험의 '내적 차원'을 입증하는 문헌 자료를 찾아내려면 아직 멀었지만 이 장에서는 공감각자의 현상학적 경험, 나보코프의 말을 빌리면 '공감각 독자의 고백'이라 부를 만한 것을 풀이할 수 있다고 주장한다. 이를 위해 개인적 증언, 언론 보도, 의료 사례연구, 그 밖의 텍스트 증거를 바탕으로 색을 통해 글을 읽는 것이 어떤 느낌인지 설명한다.[18] 공감각은 이중적인 미적 경험이다. 사람들이 널리 공유하는 일반적인 미적 경험을 하는 동시에, 공감각자의 마음에서만 일어나는 개인적인 미적 경험을 하는 것이다. 공감각자였던 물리학자 리처드 파인먼Richard Feynman은 흔히 쓰이는 수학 공식에서 황갈색 J, 보라색 N, 갈색 X를 봤다. 그러고는 그다운 무심함으로 이런 차이를 기록했다. "이것이 학생들에게는 대체 어떻게 보일까?"[19] 우리는 이와 비슷하게 책에 대해 '이것이 공감각자에게는 대체 어떻게 보일까?'라고 질문해야 한다.

역사 속의 공감각

공감각의 역사는 읽기 행위와 함께 시작되었다. '공감각'이라는 현상이 최초로 등장하는 의학 기록은 독일의 의과대학생 게오르크 토비아스 루트비히 작스Georg Tobias Ludwig Sachs가 1812년 발표한 논문이다.[20] 이 논문에서 그는 알파벳에서 색을 보는 현상을 간략히 설명했다. 이후 의사들은 이 현상을 색각과다증hyperchromatopsia, 과감각증hyperesthesie, 유사 색각증pseudochromesthesia 같은 다양한 이름으로 불렀다. 19세기 말이 되자 '공감각'이라는 용어가 널리 사용되었다.[21] 이때까지만 해도 이 현상이 눈 때문에 나타나는지(한 연구자는 색맹의 반대 현상일 수 있다고 주장했다) 다른 감각기관이나 뇌 때문에 나타나는지는 밝혀지지 않았다.

19세기 말 심리학이 과학 분야로 자리 잡으며 **비전형 지각**의 사례가 더 많이 보고되었다. 이 가운데 주목할 만한 연구는 골턴이 1883년에 발표한《인간 능력과 그 발달에 대한 탐구Inquiries into Human Faculty and Its Development》다. 그는 이 책에서 정신적 상상의 본질을 다룬 수백 가지 설문을 통해 발견한 공감각 사례를 소개한다. 예를 들어 응답자 가운데 한 명은 글자 E가 '맑고 차가운 회청색'이라고 묘사했다.[22] 초기 연구에서는 주로 소리에서 색을 느끼는 색청 사례에 주목했지만 그 뒤 이어진 연구에서는 색채 지각과 문해 사이의 독특한 관계에 주목했다. 프랑스 심리학자 알프레드 비네Alfred Binet는 "책을 읽을 때만 색을 지각하는 사람도 있다"라고 언급했다.[23] 이런 읽기 연구들은 비록 당시의 의학 담론에 큰 영향을 받기는 했지만, 역사가들이 더 오래된 출처에서 얻은 기록을 보완하거나 반박하는 귀중한 자료가 되었다.

하지만 1920년대 후반부터 행동주의가 부상하고 정신상태에 대한 주관적 보고에 회의론이 커지면서 공감각에 대한 과학적 관심은 사그라들었다. 색 글자를 보는 사람이 겉으로는 다른 사람과 다르게 행동하는 것 같아 보이지 않았기 때문이다. **심상**과 정신상태에 대한 과학적 관심이 다시 대두된 것은 인지주의가 부상한 뒤였다.[24] 신경영상기술, 정신물리학 실험, 통계적 접근법이 발전하고 인지신경과학이 진보하면서 연구진은 실험을 통해 공감각이 그저 상상이 아니라 신경학적 근거가 있고 실재하는 지각 현상임을 확인할 수 있었다.[25] 실제로 한 실험연구에 따르면 한때 환각, 환상이나 기억의 흔적으로 치부되었던 공감각을 지닌 사람은 일반적인 뇌 활동과는 다른 신경 활동 패턴을 보인다.

19세기 후반 도발적인 실험예술이 이어지며 처음으로 대중이 공감

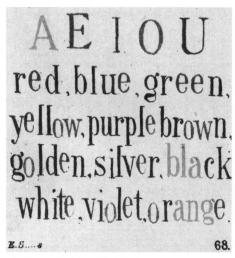

그림 2. 골턴의 1883년 논문의 도판 "색상 연관과 심상"에 나오는 색깔 글자들
출처: Galton Papers, GALTON/2/11/5, UCL Library Special Collections.

각에 관심을 갖기 시작했다.[26] 의사들이 공감각이라는 용어에 합의하기 전부터 작가들은 공감각에서 나타나는 감각 혼합을 활용해 작품을 쓰려고 했다. 샤를 보들레르Charles Baudelaire는 '교응correspondance'이라는 개념을 바탕으로 향, 색, 소리 등을 혼합해 모든 감각을 통합하는 초월적 실재를 구현하려고 한 것으로 유명하다("아기 피부처럼 신선한 향기, 오보에 소리처럼 그윽하고 초원처럼 푸르다" 같은 표현이 이에 해당한다).[27] 아르튀르 랭보Arthur Rimbaud의 시 〈모음들Voyelles〉에서는 색 글자("검은 A, 하얀 E, 붉은 I, 초록빛 U, 파란 O")와 강렬한 주관적 연상("A, 반들거리는 파리의 검은 털")을 더해 공감각 독자의 독특한 감각적 경험에 목소리를 부여했다.[28] 이후 상징주의 운동은 현실 너머의 세계를 보는, 의식의 변형된 형태로서 공감각에 주목했다. 이런 전통은 여러 가지 재료를 정교하게 결합해 혀끝에서 교향악을 울린 조리 카를 위스망스Joris Karl Huysmans의 퇴폐미에서 절정에 이른다.[29]

하지만 교차감각적 은유를 사용해 미적 경험을 강화하며 명성을 얻은 예술운동은 실제 공감각과는 거의 관련이 없는 것으로 밝혀졌다. 이런 실험 대부분을 공감각 상태를 직접 경험하지 않은 사람들이 고안했기 때문이다. 랭보 자신도 그랬을 것이다. "나는 모음들의 색을 발명했다!"라는 시인의 자랑만으로는 그의 상징주의 시가 자신의 경험을 바탕으로한 것인지, 아니면 그저 색 체계를 이용한 것인지 확실히 알 수 없다.[30] 당대의 실험은 외부 자극에 반응해 색을 보는 사람의 지각 상태보다 예술적 목적을 위한 감각 융합, 곧 과학자들이 유사 공감각pseudo synesthesia이라부르는 것에 관심을 가졌다.[31]

책 안팎에서 드러나는 신경다양성에 대한 초기 아이디어를 모두가환영한 것은 아니다. 일부 문화비평가는 노골적으로 적대감을 드러냈다. 의사 막스 노르다우Max Nordau는 특유의 격렬한 태도로 공감각을 예술에 사용하는 것은 "병들고 쇠약해진 뇌 활동"의 증상일 뿐이라고 깎아내렸다.[32] 문학비평가라고 해서 더 관대하지는 않았다. 이들은 문학 연구와공감각이 무관하다고 여겼다. 엠프슨은 공감각을 시를 읽는 진지한 독자에게는 아무런 가치도 없는 "모호한 생리적 도착증"으로 치부했다. 어빙배빗Irving Babbitt은 감각을 혼합하는 시도가 "심리학이나 의학을 전공하는학생이나 신경학 전문가"에게만 의미 있다고 주장했다.[33]

후대 비평가들은 공감각의 미적 잠재력을 훨씬 긍정적으로 받아들였다. 일부 문학비평가는 러디어드 키플링Rudyard Kipling의 "새벽이 천둥처럼 다가온다", 이디스 시트웰Edith Sitwell의 "빛이 나귀처럼 울부짖는다", 프랜시스 스콧 피츠제럴드Francis Scott Fitzgerald의 "노란 칵테일 음악" 등 한 감각을 다른 감각으로 설명하는 이미지 묘사를 세심하게 분석했다.[34] 비평가들의 주된 관심사는 교차감각적 은유를 사용해 미적 경험을 고양하는 것이었다. 한 연구에서는 영국 시인 퍼시 비시 셸리Percy Bysshe Shelley가 공감각적 이미지를 "복합적이고 강렬한 예술적 도구"로 전환시켰다고 호평했다.[35] 다른 연구에서는 소설에서 나타난 공감각적 재현에 주목했다. 나보코프의 소설 《사생아Bend Sinister》의 주인공 애덤 크룩이 '충성심'이라는 단어를 보면 "햇볕 아래 매끈하게 펼쳐진 연노란 비단 위에 놓인 황금 포크"가 떠오른다고 했던 것이 그 예다.[36] 비평가들은 실제로 신경학적 공감각을 경험하는 예술가와, 심리학자 준 다우니June Downey가 '문학적 공감각'이라고 부른 목적을 달성하기 위해 그저 공감각을 모방하는 예술가를 구분하려고 했다.[37] 사실 나보코프를 제외하면 공감각 이미지를 실험한 작가 대부분이 실제로 이 질환을 앓지는 않았다.[38] 이제 공감각에 대한 문학적 재현에서 실제 공감각자의 증언으로 넘어가 이 특이한 형태의 지각이 읽기라는 경험 자체에 어떤 영향을 끼치는지 알아보자.

공감각자가 보는 풍경

공감각자는 책을 읽을 때 무엇을 볼까? 증언들을 살펴보면 이들의 현상학적 경험이 일반 독자의 경험과 얼마나 다른지 알 수 있다. 대부분의 출판사가 지면 배열, 글꼴, 글자 크기 같은 시각적 재현, 곧 서지학자 도널드 프랜시스 매켄지Donald Francis McKenzie가 책의 '표현적' 측면이라 부른 요소에 세심한 주의를 기울인다. 이런 요소가 텍스트를 받아들이는 데 영향을 끼치기 때문이다.[39] 하지만 책의 형태는 출판사의 생각보다도 훨씬 더 표현적일 수 있다. 공감각자는 이런 조합에 자신만의 독특한 색 팔레트를 더한다. 독자반응비평이 떠오르는 지점이다.

보통 독자들과 공감각자들의 가장 큰 차이는 다른 사람이 볼 수 없는 색을 지각한다는 점이다. 공감각자는 단어를 읽거나 듣거나 그저 떠올리기만 해도 머릿속에서 색을 본다. 또한 이런 색을 정밀하게 묘사한다. 골턴의 설문에서 어떤 응답자는 글자 O가 단순한 검은색이 아니라 "두껍고 투명한 얼음 아래로 보이는 깊은 물 색깔"이라고 묘사했다.[40] 게다가 공감각자마다 색 체계가 다르고 모두 자신의 체계가 '옳다'고 생각한다. 1893년만 해도 테오도르 플루노이Théodore Flournoy의 조사에 따르면 공감각자 250명 가운데 단 두 명만이 같은 모음에서 같은 색을 보았다.[41] 색이 비슷해도 색조, 밝기, 질감 같은 특성이 약간씩 다를 수 있다. 나보코프가 오래된 나무색이나 짙은 타이어 고무색처럼 아주 구체적인 비유를 사용했듯이 말이다. 보통 사람뿐 아니라 공감각자 자신도 현실에서는 보지 못할 색을 지각하기도 한다. 공감각자인 한 색맹 남성은 그래픽 기호를 볼 때 '화성색'을 본다고 말했다.[42]

공감각자는 누구나 자기처럼 책을 본다고 생각하며 성장한다. 하지만 읽기는 결코 단일한 활동이 아니다. 사람들은 각자의 방식으로 텍스트를 해석하고 말 그대로 각자 다른 대본을 본다. 거의 모든 공감각자는 어느 순간 다른 사람이 자신과 다른 방식으로 읽는다는 사실을 깨닫게 된다(이런 일은 대부분 학교에서 일어난다). 그러나 아우렐리우스 아우구스티누스Auralius Augustine처럼 느닷없는 깨달음의 순간이 오기 전까지는 누구나 자기처럼 색색의 알파벳을 본다고 생각한다. 예술가 캐럴 스틴Carol Steen은 친구에게 "글자 A는 내가 본 것 중 가장 예쁜 분홍색이야!"라고 말하고 "너 이상해!"라는 반응이 돌아오자 그런 말을 한 것을 후회했다.[43] 이상한 사람으로 낙인 찍힐지도 모른다고 걱정한 그는 20세가 될 때까지 색을 본다는 이야기를 다시는 꺼내지 않았다. 몇몇 학생은 비웃음, 조롱, 수치심을 피하기 위해 특별한 알파벳을 본다는 사실을 숨기는 법을 터득한다. 일부 학생은 다행히도 자신이 별나다는 사실을 오래도록 깨닫지 못한다(골턴은 이를 "자기만의 정신적 특성에 대한 맹목적 무의식"이라고 불렀다).[44] 한 스위스 여성은 60대에 나보코프의 《말하라, 기억이여》를 읽고 모든 사람이 글자에서 색을 보는 것은 아니라는 사실을 처음 알았다.[45]

색이 왜 보이는지는 아무도 모른다. 일반적으로 아이들이 알파벳을 배우는 나이에 이런 증상이 나타나기 때문에 어린 시절 갖고 노는 장난감이 유력한 범인으로 지목되었다. 이런 생각은 오래 이어졌다. 골턴의 설문에서 한 응답자는 어릴 때 갖고 놀던 그림책 때문에 이런 현상이 생겼다고 생각했다.[46] 그 뒤 장난감과 색 글자는 상관관계가 없다는 사실이 밝혀졌지만 글자-색 조합이 실제로 어린 시절에 각인될 수도 있음을 보여주는 예외적인 사례도 있다. 11건의 공감각 사례 모두 냉장고에 붙이는 알록달록한 알파벳 자석 세트를 증상의 원인으로 지목했다.[47] 신경전형적 성인에게 글자마다 색을 입힌 책을 읽게 하는 등 연상 훈련을 해서 글자-색을 짝지으려고 한 실험도 있었다.[48] 공감각자 지망생에게는 유감이지만 이 실험은 성공하지 못했다. 공감각자라면 장난감의 색과 자신의 색 체계가 다르고 따라서 둘 사이에 연관성이 없다는 사실을 진작에 알았을 것이다. 나보코프의 가족은 나보코프가 일곱 살 때 알파벳 블록 색이 '전부 틀렸다'고 아무렇지 않게 말했을 때 그가 공감각자라는 사실을 알게 되었다.[49]

공감각자는 일반 독자와 같은 글자를 보는 동시에 자신만 지각할 수 있는 색채 효과를 지각한다. 후광, 윤곽, 얇은 막, 배경 등이다. 한 공감각자는 색을 "각 글자를 둘러싼 작은 오라"에 비유했다.[50] 어떤 색조는 안정적으로 유지되지만 다른 색조는 불타오르다가 사라지기도 한다. 한 은퇴한 언어 교사는 "활자가 색을 입고 종이에서 튀어나오는 일도 있다"라고 말했다.[51] 아직 밝혀지지 않은 이유 때문에 특정 글자가 다른 글자보다 더 빛나거나 반대로 색이 바래고 씻겨나가거나 심지어 일반 독자가 평범한 글자를 볼 때처럼 아무런 색을 띠지 않기도 한다. 글자의 조합에 따라 색이 달라질 수도 있다. 작가이자 서번트인 타멧의 경우 단어의 첫 글자가 단어 전체의 색을 결정했다. 예를 들어 at은 빨간색, hat은 흰색, that은 오렌지색으로 보이고, 이중모음에서는 모음의 색이 섞이기도 했다. 색과 의미가 꼭 일치하지는 않는다. '라즈베리'는 붉은색으로 보여도 '거위'는 녹색으로 보일 수도 있다.[52] 심지어 구두점에도 색이 있다. 한 소년에게 왜 그렇게 물음표를 경멸하는지 묻자 '끔찍한 벽돌색'으로 보이기 때문이라고 대답했다.[53]

항상 그렇지는 않지만 글자 색은 대문자나 소문자, 이탤릭체나 볼드체, 글꼴이나 크기 등에 상관 없이 일정한 경우가 많았다(예를 들어 Q, q, q 등은 모두 보라색이었다). 청각장애가 있는 사람이 단어를 쓰는 손동작이나 수어에서도 색을 본다는 보고도 있다.[54] 하지만 시각적인 형태 변화에 영향을 받는 유형도 있다. 예를 들어 에어리얼체나 타임스로만체처럼 흔히 쓰는 글꼴은 그렇지 않은 글꼴보다 더 선명한 색을 낸다.[55] 그저 글자를 떠올리기만 해도 색이 보이는 사람도 있다. 글자 모양이 아니라 글자 개념에서 색을 느끼고 상상한 글자가 실제 글자보다 더 빛나는 것처럼 보이는 경우도 많았다. 내가 만난 한 공감각자는 글자가 평범한 검은색으로 바뀌면 집중력이 떨어진다고 말했다.[56]

공감각자가 보는 색은 언어의 장벽을 뛰어넘는다. 한 다국어 교수는 로마자와 키릴문자 모두에서 색을 봤다. 러시아어는 그의 모국어인 영어에서 '파생된 색 체계'를 따랐다. 그래서 영어 단어와 비슷하게 생긴 러시아어 글자는 같은 색을 띠었다.[57] 이런 색 환시는 외국어를 공부할 때

보조기억장치 역할을 했다. 이 여성은 러시아어를 읽을 때 다음과 같은 기법을 사용해 단어를 기억하기도 했다. "빨간 단어였어요. 단어의 나머지 부분을 칠하면 단어가 그냥 튀어나오죠."[58] 그는 공감각 덕분에 언어를 수월하게 배우고 사용했다. 하지만 글자가 전부 흐릿하게 보이는 다른 언어를 습득할 때는 환시가 방해가 됐다. "프랑스어는 전부 옅은 푸른색이에요. 모두 하늘색으로 흐릿하게 보여요."[59] 폴란드어의 색은 러시아어의 색과 섞여서 더욱 혼란스러웠다.

공감각자에게는 모든 글이 환하게 빛나 보인다. 평범한 원고조차 화려하게 보이니 화려하게 장식한 중세 필사본이 따로 필요 없다. 한 독일 여성은 흑백 모음이 "색으로 반짝인다"라고 묘사했다.[60] 많은 공감각자는 주의를 집중한 글자에 스포트라이트가 비친다고 느낀다.[61] 글자가 빛나거나 심지어 "인쇄된 페이지 전체에 조명을 비추는 듯 색을 띤다"고 묘사하는 사람도 있다.[62] 색 글자가 지면 자체에 스며드는 사람도 있다. 공감각의 초기 사례를 기록한 문헌에서 한 여성은 "책에서 a를 보면 종이가 주황색을 띤 분홍색으로 물든다"라고 말했다.[63] 글자를 넘어선 것에서 색을 보기도 한다. 한 공감각자는 특정 책을 특정 색과 연관 지으며 (예를 들어 디킨스의 《두 도시 이야기》는 초록색) 자신이 읽는 책과 정신적 배경색을 맞춰야 한다는 강박을 느꼈다.[64] 이와 비슷하게 오리건대학교의 한 대학원생은 자신이 느끼는 감정에 따라 시야에 색을 투영했다. 이웃의 부고를 읽으면 갑자기 신문이 초록색으로 바뀌었다. "세부 내용을 읽으면서 색은 조금 희미해졌지만 머릿속에는 몇 시간 동안 초록빛이 남았다."[65] 나중에 지인들과 고인에 관한 이야기를 나누며 초록색은 점차 행복한 느낌의 장미색, 난초색, 크림색으로 바뀌었다.

이렇게 놀랍고 만화경 같은 이야기를 보다 보면 공감각이 시각적 현상에만 한정된다고 생각하기 쉽다. 하지만 시각장애인 독자의 경험에서 보듯이 읽기는 몸뿐 아니라 마음에서도 일어난다. 11세에 시력을 잃고 오리건대학교 심리학과에 입학한 토머스 커츠포스Thomas Cutsforth는 점자를 읽으며 손끝으로 색을 지각했다. 이런 환시는 활자와 약간 비슷하거나 점자의 점들을 이은 도형 모양이었다.[66] 최근에는 시력을 잃은 뒤 색을 지각하는 사례도 보고된다. '국경 없는 점자Braille Without Borders'의 공동 설립자인 사브리에 텐베르켄Sabriye Tenberken은 "나는 손가락으로 점자를 읽을 때 손끝 아래로 색이 지나가는 것을 볼 수 있어요"라고 말했다.[67] 망막색소변성증retinitis pigmentosa으로 40대에 시력을 잃은 한 엔지니어는 손끝으로 읽을 때 촉감 때문에 'LED 디스플레이처럼' 색색의 불이 켜진 작은 점들로 된 패턴이 떠오른다고 말했다.[68] 인쇄된 로마자 E를 만질 때는 아무것도 보이지 않지만 점자 E를 만지면 "연한 노란빛이나 주황빛을 띤 분홍색"이 떠오른다고 말했다.[69] 선천적으로 시력이 약한 사람도 색으로 읽을 수 있다. 한 여성은 63가지 점자 조합 모두 고유한 색을 띤다고 말했다. "어떤 글자는 빛을 내거나 다른 빛을 반사하는 것 같기도 해요."[70] 점자 단어를 로마자 글자로 바꿔도 색은 그대로 유지되었다.

공감각에는 명확한 경계가 없다. 색을 보는 경이로운 경험이 책 안팎에서 모두 일어나기 때문이다. 연구자들은 **감각형 공감각자**projector(두정엽과 전두엽의 하향식 메커니즘을 통해 실제로 공감각이 느껴지는 사람-옮긴이)와 **심상형 공감각자**associator(측두엽과 해마의 상향식 메커니즘을 통해 상상으로 공감각을 떠올리는 사람-옮긴이)를 구분하며(국소화자localizer와 비非국소화자non-localizer로 구분하기도 한다) 책 자체, 몸 바깥, 내면 공간 등 환시가 몸 어느 부분에서 일어나는지 찾으려 애썼다.[71] 내적으로 색을 경험하는 사람은 '마음의 눈'이나 '내적 화면' 같은 표현을 사용했다. 한 여성은 이마 안쪽 화면에서 색 글자를 봤다고 했다.[72] 어떤 공감각자는 실제로 보는 책 페이지와 현상적으로 보이는 페이지가 명확하게 다르다고 생각했다. 로즈메리라는 사람은 이렇게 설명했다. "나는 흑백으로 읽지만 색으로 생각해요. 예를 들어 '스코틀랜드'라는 단어는 눈에는 검은색으로 보이지만 머릿속에서는 색이 느껴지죠."[73] 하지만 색 감각이 고루 퍼져 있어 정확한 위치를 찾을 수 없는 경우도 있다. 한 여성은 온몸에 '색 증기' 같은 것이 스며든다고 설명했다.[74] 많은 공감각자가 색이 내면에 머무는 동시에 공간에 떠돈다고 느낀다. 물론 거의 모든 사람이 책을 읽는 동안 이런저런 심상을 경험하고 그러한 경험이 읽기의 핵심인 경우도 많다. 하지만 낱글자grapheme가 유발하는 색 감각은 일반적인 심상보다 더 생생하게 느껴지며, 의식적인 상상이나 문학이 불러일으키는 이미지와는 다르다고 알려져 있다.[75]

공감각자는 책을 읽을 때 글자에 다양한 색이 덮여 있다고 지각하는 **서지학적 이중의식**을 경험한다. MT라는 이니셜로 알려진 한 여성은 이렇게 설명했다. "책 페이지를 보면 실제로는 인쇄된 잉크색을 보고 있는

데도 색이 보여요. 그 색이 진짜가 아니라는 걸 알지만 보이는 건 어쩔 수 없어요. 그 색이 거기 있다는 느낌이 계속 들거든요."[76] 이런 이중의식은 '결코 사라지지 않는 착시'와 비슷하다.[77] 공감각자는 대부분 산만하기는 해도 술술 잘 읽는다. 다른 독자처럼 개별 글자가 아니라 단어의 의미를 해독하는 데 집중할 때도 있고, 다른 독자와 달리 '총천연색으로 보이는 페이지'에 한눈팔 때도 있다.[78]

단색 표면에 색이 겹쳐 보이는 경험은 다양한 은유를 통해 묘사된다. 모린 시버그^Maureen Seaberg는 이렇게 썼다. "나는 신문과 책의 잉크가 검은색이라는 사실을 알고 있지만 더 많은 것을 본다. 글자마다 다른 색의 셀로판지를 올려놓으면 내가 보는 방식과 상당히 비슷하게 볼 수 있을 것이다."[79] '투명한 중첩' '플라스틱 투명판' '아지랑이' 같은 비유도 비슷한 표현이다.[80] 퍼트리샤 린 더피^Patricia Lynne Duffy는 자신의 읽기란 색 팔레트를 겹쳐 흑백 영화를 보는 관객의 경험과 비슷하다고 비유했다.[81] 가게 유리창에 가게 안의 물건과 자기 모습이 동시에 비친 것을 보는 경험에 비유하기도 한다.[82] 이들은 이런 은유를 통해 개인적인 경험을 밝히며 묻혀버렸을지도 모를 또 다른 차원이나 정신적 필터를 신경전형적 독자에게 전한다.

공감각자는 일반적인 사람과 달리 알파벳 전체를 시각화할 수 있다. 일부 공감각자는 공간에 알파벳이 배열된 심상이나 알파벳의 형태를 습관적으로 떠올리며 스캔한다. 수학 영재들이 달력이나 수식을 머릿속에 그리는 것과 비슷하다. 이런 환각 알파벳은 왼쪽에서 오른쪽으로 쭉 이어지는 선을 따라 배열되기도 하고, 중간쯤에서 줄을 바꾸거나 끊어지기도 하며, 알파벳송을 부를 때처럼 덩어리(ABCDEFG/HIJK/LMNOP······)로 나뉘기도 한다.[83] 더 복잡한 모습도 있다. 전체 알파벳이 A와 Z가 연결된 3차원 고리 모양으로 보이기도 하고, 어두운 배경을 바탕으로 글자들이 스포트라이트를 받듯이 빛나며 떠오르기도 한다.[84] 이런 환각 알파벳은 여러 시점에서 볼 수 있다. 더피는 이렇게 말했다. "마음의 눈으로 필요한 글자를 찾아가면 색 알파벳이 보인다. 글자들이 경사를 따라 올라가며 나란히 놓여 있고, 나는 철자를 쓸 때 필요한 글자를 찾아 그 길을 '미끄러지듯' 이동한다."[85] 다른 공감각자와 마찬가지로 그는 알파벳을 색색의 글자로 이뤄진 풍경처럼 공간적으로 묘사한다. 타멧은 잠이 오지 않을 때 머릿속에서 숫자로 이뤄진 풍경 속을 거닐면 마음이 편안해진다고 말했다.[86] 더피는 주황색 A와 초록색 B 사이에 서서 나머지 알파벳이 산책길 저 멀리로 사라지는 광경을 바라봤다.

읽기역사학자가 사람들의 마음속에만 존재하는 신경학적 상태의 흔적을 제대로 기록하고 싶다면 도서관 자료실 같은 익숙한 영역을 벗어나야 한다. 말을 활자로 시각화하는 사람에게 책 자체는 읽기의 필요조건이 아니다. 이렇게 머릿속에서만 일어나는 읽기는 **공감각적 마음 읽기** synesthetic mind reading라고 할 수 있다. 골턴은 이런 읽기 사례를 다음과 같이 기록했다.

어떤 사람들은 마음속에 떠오르는 모든 단어를 활자로 본다. 이들은 단어의 소리가 아닌 시각적 특성에 집중한다. 이들은 상상 속 전신기에서 풀려나오는 긴 종이테이프에 찍힌 글자를 읽듯 마음속 글자를 읽어내려간다.[87]

전신기 독자ticker taper라고 할 수 있는 이런 사람은 가상의 글을 읽는다는 점만 제외하면 일반적인 독자와 비슷하다. 이들의 뇌는 청각 정보를 더 접근하기 쉬운 형태로 변환한다. 해리는 이렇게 말했다. "대화를 할 때 흘러가는 단어가 보여요. 꼭 오토큐autocue(방송 출연자에게 대사를 자동으로 보여주는 장치-옮긴이)를 읽는 것 같아요."[88] 다른 전신기 독자도 이런 식으로 자신만의 생각을 시각화한다. 다른 사람의 마음이 아닌 자신의 마음을 읽는 특이한 사례라 할 수 있다.[89]

전신기 독자는 자신이 색색의 말을 전달하는 통로나 프리즘 역할을 한다고 묘사한다. 장 밀로가프Jean Milogav는 이렇게 말했다. "대화를 읽거나 들을 때 내 몸에서 색이 흘러나옵니다."[90] 그는 자신을 자막이 흐르는 텔레프롬프터에 빗댔다.

타임스퀘어에서 뉴스가 나올 때 지나가는 자막 알죠? 내 머릿속에서 딱 그런 일이 일어나요. 머리에 들어오는 모든 단어가 색을 띠고 흘러가죠.[91]

전신기 독자는 보통 자기 머릿속 화면의 글자를 읽지만, 다른 사람의 입에서 흘러나오는 말을 시각화하는 경우도 있다. 공감각자는 마치 만화책이 눈앞에서 펼쳐지듯 의성어로 적힌 소리를 본다.[92]

머릿속에서 폭발하는 무지개

읽기의 역사에서 색 지각은 서지학적 환상 기행에 지나지 않을 수도 있다. 공감각을 하찮은 것으로 치부한 엠프슨 시대의 문학비평가들이 옳았을지도 모른다. 하지만 실제 공감각 경험을 성급하게 무시해서는 안 된다. 텍스트의 시각적 외양은 환각이든 아니든 텍스트 수용에 영향을 끼치기 때문이다. 글 자체와는 거의 관련 없는 기준이 미적 판단에 영향을 줄 수 있다. 이를 미학적 부작용 또는 부차적 효과라고도 할 수 있다. 이런 독특한 반응은 색 지각이 텍스트와의 만남에 영향을 줄 수 있다는 사실을 보여준다. 예를 들어 마태복음에서 지리멸렬하게 이름을 나열하는 부분("아브라함이 이삭을 낳고 이삭은 야곱을 낳고 야곱은……")이 가장 흥미롭다고 말하는 독자는 거의 없지만, 화가 엘리자베스 스튜어트존스Elizabeth Stewart-Jones는 이 대목에서 자신이 그릴 첫 초상화의 토대가 될 42개의 색 반점을 봤다.[93]

공감각자는 아무런 느낌이 없어 보이는 단어에도 매우 강하게 반응한다. 엔지니어 로베르 카이오Robert Cailliau는 '월드 와이드 웹World Wide Web'이라는 거추장스러운 단어를 좋아했는데, 연이어 나오는 W 세 개가 자신이 좋아하는 초록색이었기 때문이다.[94] 색끼리 충돌하면 불편함을 느끼기도 한다. 한 공감각자는 "글자와 숫자가 항상 '잘못된' 색과 짝지어져 있어 광고만 보면 짜증이 난다"고 말했다.[95] 색이 잘못 연결된 어휘 목록을 보면 의자가 뒤집혀 놓인 방에 들어온 느낌이 들었다.[96] 글자 모양이 제멋대로 어떤 반응을 유발하면서 출판사가 의도치 않은 결과를 낳기도 한다. 바버라 라이언Barbara Ryan은 영국에서 가장 인기 있는 어린이책 시리즈 《레이디버드 전집》을 '공감각 악몽'이라며 피했다.[97] 시각적으로 아름답게 보이도록 디자인된 소문자와 둥글린 글꼴은 오히려 밋밋하게 느껴졌다(a, d, p를 거의 구분할 수 없었다). "글자 각각에 색이 있지만 조판 방식 때문에 심심하고 아무런 느낌이 들지 않았어요."[98]

이름은 어떨까? 공감각자라면 색으로 볼 것이다. 공감각자는 이름과 색을 연결하고 그 색을 선명하게 보기 때문에, 단어의 의미와 글자에서 얻는 고유한 감정적 반응을 분리하기가 어렵다. 머틀이라는 이름은 예쁘고 앨리스라는 이름은 끔찍하다고 느낀다는 한 학생은 이렇게 질문했다. "색이 없으면 다른 사람들은 이름이 예쁜지 아닌지 어떻게 아나요?"[99] 매력적인 글자가 나열된 장소나 사람의 이름은 독특하고 강렬한 반응을 불러일으킨다. 한 여성은 지도에서 캐턴스빌Catonsville이라는 마을 이름을 보고 갈색과 초록색이 뒤섞여 있고 n이 멋지게 빛나는 점이 마음에 들어서 그곳에 살기로 결심했다.[100] 공감각자는 조화로운 글자 배열에서 다른 사람은 알 수 없는 즐거움을 느낀다. 예를 들어 어떤 이들은 나보코프가 가족 이야기를 다룬 소설 주인공의 이름으로 '에이다'를 택한 이유는 이 글자의 색이 작가가 가장 좋아하는 호랑나비처럼 검정-노랑-검정 배열로 보였기 때문이라고 추측한다.[101] 그가 임의로 만든 kzspygv 같은 단어는 문학평론가들이 신경다양성을 마주할 때 부딪히는 어려움을 잘 보여준다. 무의미해 보이는 글자 조합도 나보코프의 머릿속에서는 무지개를 만들어냈다.[102]

이런 사례들을 임의의 글자 조합에 대한 엉뚱한 반응 정도로 치부할 수도 있다. 하지만 이런 반응이 인간관계에 영향을 끼치기도 한다. 한 여성은 아들의 이름을 지을 때 벤저민 데이비드라는 이름은 색이 충돌하지만 벤저민 모건이라는 이름은 '보기 좋다'는 이유로 이 이름을 선택했다.[103] 다른 여성은 아들에게 부모 이름의 색에 맞춰 애덤이라는 노란색 이름을 지어줬다. 파란색이나 보라색 이름을 지어주면 "가족 중에 낯선 사람이 있는 것처럼 느껴진다"라는 이유에서였다.[104]

이런 불안이 내면화되면 색 충돌이 인간관계 문제로도 확대된다. 한 여성은 필이나 리디아처럼 색이 약한 이름을 가진 사람에 대해 "나도 그러면 안 된다는 걸 인정하지만 편견이 있다"고 했고, 다른 여성은 자신이 조화로운 색을 나타내는 이름을 선호하는 것이 '언어적 인종차별'이라고 농담조로 표현했다.[105] 혐오스러운 이름과 그 이름의 주인을 쉽게 분리하지 못하기도 한다. 한 여성은 머리로는 그러면 안 된다는 것을 알면서도 폴이라는 이름을 가진 사람을 싫어한다고 고백했다. "이름 자체가 나쁜 건 아니지만 나한텐 너무 끔찍해요. 그래서 그 사람을 보는 방식에도 영향을 끼쳐요."[106] 반대로 매력적인 이름을 보면 그 이름의 주인에게도 호감을 느꼈다. 이 여성은 예쁜 파란색을 띤다는 이유로 자신의 이름을 알렉산드라로 바꿨다(공감각자들에게는 드물지 않은 일이다).

앞서 살펴봤듯 공감각은 텍스트를 수용할 때 우리가 알아차리지 못하는 역할을 하며 기쁨부터 혐오감까지 다양한 반응을 일으킨다. 공감각은 읽기를 돕거나 방해할 수 있으므로 주목할 필요가 있다. 많은 경우 색은 공감각자가 텍스트에 집중하는 데 도움이 된다. 크리스틴 레이히Christine Leahy는 페이지에서 '다색 모자이크'를 봤다. 그는 이런 능력을 이용해 각 단어와 그 단어만의 고유한 색 배열을 '음미'할 수 있었다. **색채 환각 읽기**chrome reading를 꼼꼼한 읽기의 한 형태로 볼 수 있다는 뜻이다.[107] 하지만 누구나 레이히처럼 문해력과 빛 사이를 마음대로 오갈 수 있는 것은 아니다. 감각이 이해를 압도하면 색이 오히려 혼란을 일으킬 수도 있다. 신경학자 리처드 사이토윅Richard Cytowic은 "드물긴 하지만 감각적 경험이 너무 강렬해서 이성적 사고를 방해할 때도 있다"고 말했다.[108]

과도한 연상작용은 상상 속에서 읽을 때 읽기장벽을 만들어낼 잠재적 위험이 있다. 자폐증연구소에서 심리학자 클로드의 낭독을 들으며 검사를 받았던 무코파디야이의 이야기를 보면 일부 독자가 어떻게 내용보다 색을 우선시하는지 알 수 있다.

그가 뭘 읽고 있는지 알 게 뭐람? 나는 심리학자가 읽고 있는 내용을 들어야 한다는 건 알고 있었다. 그가 그 구절을 다 읽고 나면 질문을 할 것이라는 사실도 알았다. 그의 목소리가 들린다는 것도 알았다. 다만 나는 심리학자가 말하는 단어보다 그의 목소리에 더 귀 기울였다.

클로드가 읽는다. 나는 그의 목소리가 파일 사이사이를 채우고 컴퓨터 모니터 속으로 파고드는 것을 들었다. 그의 목소리가 청사과 색과 노란색이 뒤섞인 긴 천으로 바뀌어 탁자 아래에서 너울거리는 것을 봤다. 아무도 모르겠지만 클로드의 목소리에서 명주실 같은 것이 뽑아져 나왔다.

클로드가 읽는다. 그가 다양한 음조로 완벽에 가깝게 낭독하며 진중한 자폐증 연구자들과 그의 목소리에 조용히 귀 기울이는 사람들에게 깊은 인상을 남기려 애쓰는 동안, 나는 다양한 진폭으로 떨리는 실을 봤다.

클로드가 읽는다. 나는 그의 목소리가 특정 음정에 도달할 때마다 실이 팽팽해졌다 풀어지고 이내 탄성한계에 이르러 결국 끊어지는 것을 봤다. 끊어진 실이 청사과색과 노란색이 섞인 천처럼 엉키고 묶이는 광경을 봤다.

클로드가 읽는다. 나는 그의 목소리를 듣고, 끊어진 채 바닥에 떨어진 명주실이 그 목소리의 진동 때문에 흩날리는 것을 봤다.[109]

무코파디야이의 머릿속에서 마법처럼 색색의 천이 펼쳐지는 생생하고 감각적인 이미지는 언어를 압도한다. 각 단락의 시작 부분에 반복되는 "클로드가 읽는다"라는 구절은 우리에게 연구자가 낭독하고 있다는 사실을 집요하게 상기시키는 동시에, 무코파디야이가 연구자의 목소리를 지각하고 있다는 사실을 알려준다. 그 결과 우리의 주의력은 무코파디야이의 주의력과 함께 떠돌며 연구자가 정확히 무엇을 읽고 있는지는 알지 못한 채 명주 실타래에 빠져든다.

다중 공감각자polymodal synesthete인 솔로몬 셰레셰프스키Solomon Shereshevsky도 비슷한 어려움을 겪었다. 그에게 단어는 기호 이미지를 동반한 다채로운 색으로 보였다. 심리학자 루리야의 《모든 것을 기억하는 남자The Mind of a Mnemonist》에 따르면 셰레셰프스키는 감각 과부하 때문에 간단한 이야기를 이해하는 데도 애를 먹었다. 그에게 읽기는 '시시포스의 형벌'이자 '고통스러운 과정'이었다. "셰레셰프스키는 머릿속에서 계속 떠오르는 이미지와 투쟁"했다.[110] '들어가며'에서 언급했듯, 그는 결을 거스르는 독자가 아니라 뇌를 거스르는 독자였다.

치킨너깃 맛이 나는 글자

지금까지 일반적인 독자와 달리 신경학적으로 유도된 독특한 방식으로 읽는 사람들의 사례를 소개했다. 하지만 이 장의 마지막에서 소개할 공감각 변형에 비하면 색 글자는 지극히 평범해 보인다. 읽기를 여러 집단이 공유하는 일관된 행동으로 생각했다면 더욱 혼란스러울 것이다. 우리는 읽기를 사회경제학적으로는 물론 인지적으로도 다양한 활동으로 봐야 한다.

도서역사학자들은 책의 모양, 느낌, 냄새, 심지어 맛을 느끼는 방식까지 책을 대하는 수많은 감각적 반응을 기록해왔다. 하지만 동시에 신경다양적 독자가 책에서 느끼는 독특한 감각에는 주목하지 않았다. 읽으면서 혀끝, 입천장, 목구멍 뒤쪽에서 특정 맛과 질감을 느끼는 미각 공감각자의 사례를 보자. 이들이 경험하는 맛은 단맛, 짠맛 같은 일반적인 범주를 훌쩍 벗어난다. TD라는 대학생은 '회장'이라는 단어에서 설탕에 절인 체리 맛이 나고, '암시적'이라는 단어에서는 이탈리안 드레싱을 끼얹은 양상추샐러드 맛이, '참석자'라는 단어에서는 새콤달콤한 소스에 찍어 먹는 치킨너깃 맛이 난다고 했다.[111] 미각 공감각자에게 읽기는 시식이나 다름없다. 한 공감각자는 이렇게 설명했다. "어떤 단어는 맛, 질감, 온도가 목뒤, 혀끝처럼 입안의 특정 부위에서 느껴져요. 이런 점에서 단어는 완전한 '경험'이죠. 리처드라는 단어는 초콜릿바 맛이 나고 혀끝에서 따뜻하게 녹아요."[112] 이 여성이 셰익스피어의 《리처드 3세^{Richard III}》에 보통 사람들과 다르게 반응한다고 해도 놀랄 일은 아니다.

이들은 주의가 산만해지지 않을까? 미각 공감각자는 입이 아닌 머릿속 단어에 어떻게 주의를 기울일까? 실제로 보통 집중하지 못한다. 43세의 사업가 제임스 워너튼^{James Wannerton}은 눈으로 페이지를 훑으면서 혀로 다양한 맛을 느낀다. 이렇게 교차하는 감각 덕분에 그는 신문 기사를 읽는 동안 토스트를 먹으며 '뉴욕'에서 나는 달걀노른자 맛을 이용해 인위적으로 맛있는 조합을 만들어낼 수 있었다.[113] 하지만 다른 맛으로 '덮어쓰기'를 하지 않으면 그 맛이 계속 입 안에 남아 있어서, 미각은 배고플

때뿐 아니라 다른 글을 읽는 동안에도 계속 방해가 됐다.[114] '완벽한'(굴 맛)이나 '곡예사'(초콜릿 쿠키 맛) 같은 단어를 볼 때는 기분이 좋지만 '여섯'(구토가 느껴진다)을 보면 모든 것이 엉망이 된다.[115] 다른 공감각 자들도 불쾌한 맛을 유발하는 '못난 단어'를 피했다. 두 여성은 전혀 해롭지 않아 보이는 '초보자' '효모' '신시내티' 같은 단어에 극심한 혐오를 느꼈다.[116] 반응이 이처럼 독특하기 때문에 이들이 텍스트에 어떻게 반응할지 추측만으로 알아내려는 시도는 부질없다. 옛말에 빗대자면 공감각적 독자와 신경전형적 독자는 같은 언어를 쓰지만 갈라진 두 민족이다.

공감각을 감각뿐 아니라 개념 차원에서도 경험할 경우 집중에 큰 어려움을 겪는다. 1891년 미국 최초의 심리학연구소를 설립한 메리 휘튼 칼킨스Mary Whiton Calkins는 사람들이 글자에 개인적·심리적 속성이나 뚜렷한 개성을 부여하는 **낱글자 의인화**grapheme personification 현상을 기록했다. 그는 설문에서 "글자에 정신적이거나 도덕적 특성이 있는 것처럼 보입니까?" "사람처럼 보입니까?"라고 질문했다.[117] 한 실험참가자는 "T는 탐욕스럽고 관대하지 않은 사람입니다"라고 대답했다.[118] 다른 실험참가자는 한술 더 떠서 글자들이 서로 관계를 맺고 있다고 했다. "K는 젊은 여성이고 L의 친구입니다. M의 딸이고요. N은 M의 언니인 이모고 O는 M의 조카인 젊은 남성입니다."[119] 알파벳 글자 모두가 사이가 좋지는 않았다. "Q는 괴상하고 좀 괴팍한 중년 남성입니다."[120] 말할 것도 없이 이런 독자는 주의가 산만해졌다. 칼킨스는 글자들이 "그 자체로 단편 드라마의 배우가 되기도 한다"라며, 이런 감각이 너무 생생하게 느껴지면 글자

체에 대한 집중력이 흐트러진다고 지적했다.[121]

후속 연구에 따르면 이런 변형된 공감각, 곧 일부 의사들이 '유사 공감각'이라고 부르는 감각을 느끼는 사람은 글자에서 성별, 신체적·성격적 특성, 정신상태, 인지능력, 사회적 관계, 직업, 관심사, 태도를 보거나 심지어 감정을 느꼈다.[122] 글자는 무생물이라는 상식이 무색하게도 이들의 진술은 놀랍도록 상세하고 구체적이다. 예를 들어 어떤 사람은 G가 '다소 구식인 여성'이고 O는 '모두의 중심에 서기 좋아하는 약간 과시적인 남성', 전형적인 학자인 E는 '학구적인 독서광에 성격이 침착한 남성'이라고 묘사했다.[123] 중립적인 글자에 매력이나 혐오감을 느끼기도 한다. 한 고등학생은 M은 기분 좋지만 S는 불쾌하다고 말했다.[124]

글자에 인격적 특성을 부여하는 현상은 의식적으로 선택해서 연상하는 기법이 아니라 공감각자 스스로 통제할 수 없는 **과잉정신화**hyper-mentalization라는 점을 기억하라. 한 여성은 왜 글자에 성격을 부여하냐는 질문에 "글쎄요, 잘 모르겠네요"라고 대답했다.[125] 공감각자는 고유한 절차와 위계가 있는 공동체를 관찰하는 관중, 곧 알파벳 인류학자일 뿐이다. 공감각자의 머릿속에서는 책의 줄거리와 무관하게 다채로운 심리극이 펼쳐진다. 어떤 사람은 다양한 글자를 보는 것이 "만찬에서 사람들을 지켜보는 것 같다"라고 묘사했다. 진짜 만찬에서처럼 원한다면 더 오래 광경을 관찰할 수도 있다.[126]

공감각이 감각적 쾌감을 강화하거나 기억력을 향상하는 등 읽기를 돕기도 하지만 생생한 의인화는 텍스트에 전혀 집중하지 못하게 방해하기도 한다. 1897년 19세의 한 학생은 단어의 의미와 거의 관련 없는 심리적 특징과 단어를 연관시켰다. 그는 '병'이라는 단어에서 "거구의 여성이 등받이가 있는 작은 벤치에 웃으며 앉아 있고, 그 앞에 테이블이 놓여 있는 이미지가 떠올랐지만 병에 관련된 다른 이미지는 보지 못했다"라고 말했다.[127] 반대로 원래 단어의 뜻과 밀접하게 관련된 이미지가 떠오르기도 한다. 예를 들어 '고양이'라는 단어를 보면 웃는 듯 입을 삐죽이는 고양이 이미지가 떠오르는 것이다. 하지만 '상어'라는 단어를 보고 큰 말이 떠오르는 등 단어의 뜻과 어울리지 않는 이미지가 보이기도 한다. 이 사례를 보고한 어느 스위스 심리학자는 특히 읽고 있는 책이 지루하면 이런 이미지가 읽기를 방해한다고 지적했다.

공감각이 외부자는 접근할 수 없는 마음의 극장에서만 일어나는 일처럼 보일 수 있다. 그러나 **청각운동**audiomotor의 경우 단어에 몸이 반응한다. 공감각이 운동감각으로 바뀌는 것이다. 인상적인 사례로 헝가리의 한 청소년은 이름을 들으면 몸이 자동으로 움직였다. 그는 요제프라는 이름을 들으면 나비넥타이를 매는 동작을 했고, 다른 이름을 들으면 면도하거나 소맷자락에 손수건을 넣거나 발로 피아노 페달을 밟는 동작을 했다.[128] 이런 공감각자는 모든 책에 반응하며 르네 마그리트René Magritte가 그린 〈순종하는 독자La Lectrice Soumise〉처럼 될 위험이 있다. 나중에 안절부절못하는 독자를 만난다면 이런 사례를 떠올려보라.

읽기의 감각적 아름다움

역사학자는 포괄적인 읽기의 역사 비슷한 것을 만들려고 할 때 난제에 부딪힌다. 글을 수용하는 과정에서 아주 작은 구성 요소조차 다양한 의미를 연상시킨다면, 글의 수용이라는 복합적인 과정을 어떻게 적절하게 설명할 수 있을까? 평범해 보이는 독자도 실제로는 A를 보고 녹색, 차가운 촉감, 불쾌한 맛을 동시에 느끼는 다중 공감각자일 수 있다.[129] 처음에는 이런 반응이 이상하게 보이더라도 공감각은 거의 모든 사람이 인식하는 심상의 극단적인 형태일 뿐이다. 따라서 마음속에서 지각이 해석의 한 형태로 작용하는 공감각자를 이해하면 모든 독자의 마음에서 일어나는 일을 더욱 정교하게 파악할 수 있다. 언어에서 발견한 아름다움에 관한 타멧의 설명에는 모두가 공감할 수 있다. "가끔 책 속 한 문장을 반복해서 읽는다. 그 문장이 내면에서 뭔가를 느끼게 하는 방식 때문이다."[130] 글자를 색으로 보지 않더라도 그의 말을 이해할 수 있다.

지금까지 살펴본 공감각 사례들에서 알 수 있다시피, 신경다양성이 읽기의 역사에서 차지하는 역할을 인정하고 현재와 미래의 독자에게 끼치는 영향에도 주목해야 한다. 신경다양적 독자의 증언은 신경전형성을 넘어서는 폭넓은 읽기 경험은 물론 읽기라는 행위의 풍부한 감각적·인지적 복잡성을 드러낸다. 같은 페이지를 완전히 다른 방식으로 경험할 수 있는 것이다. 예를 들어 흰색 배경에 검은색 잉크로 인쇄된 종이가 다채롭게 반짝이는 콜라주로 보일 수도 있다. 한 세기가 넘는 신경학적 연구에서 얻은 증거들은 책을 읽을 때 일어나는 일에 대한 근본적인 믿음을 흔들고, "A는 무슨 색인가?"라는 처음의 질문으로 우리를 이끈다.

5장

영원히 꿈속을
헤매는 사람들

환각과 심상의 모호한 경계

침대에 누워 이탈로 스베보의 책을 읽다가
문득 아래를 내려다보니
키가 15~18센티미터쯤 되는 작은 분홍색 남자와
분홍 황소가 있었어요.

시리 허스트베트

1879년 계량심리학자 골턴은 **심상**의 본질에 대해 알아보기 위해 설문조사를 실시했다. 골턴은 마음의 눈으로 본 것을 묘사한 수백 명의 답변을 모아 사물을 시각화하는 능력의 차이를 통계적으로 확인했다. 설문지에는 읽기에 대한 다음과 같은 문항이 있었다. "6. 인쇄물: 책의 구절을 떠올릴 때 실제 책이 뚜렷하게 보입니까? 마음속으로 보고 계속 떠올릴 수 있는 페이지는 얼마나 됩니까?"[1] 골턴은 사람마다 시각화하는 방식이 현저히 다르다는 사실을 익히 알고 있었다. 그런데도 소설가 메리 엘리자 하위스Mary Eliza Haweis의 반응은 특히 눈에 띄었다.

> 활자는 항상 얼굴로 보였다. 명확한 표정이 있었고, 특정 얼굴을 보면 특정 단어가 떠올랐다. 가끔 우연을 제외하면 단어는 얼굴과 아무런 연관이 없었다. 내가 보는 것들은 별나고 약간 웃기다. '짐승'이라는 단어를 떠올리면 괴물 석상 같은 얼굴이 떠오른다. '초록'이라는 단어는 괴물 같은 표정을 짓고 있고 이빨이 크다. '파랑'이라는 단어는 우스꽝스러운 표정으로 눈을 깜빡이며 얼굴을 오른쪽으로 돌린다. '관심'이라는 단어는 눈이 왼쪽으로 많이 쏠려 있다.[2]

그림 3. 하위스가 '짐승' '파랑' '관심'이라는 단어를 들었을 때 연상되는 심상을 그린 스케치
출처: Galton Papers, GALTON/2/7/2/5/8 f.18 and f.20, UCL Library Special Collections.

괴물 같은 것은 언급조차 되지 않은 엇비슷한 응답들 사이에서 공감
각과 환상이 뒤섞인, 놀랍도록 생생한 알파벳을 본다는 하위스의 답변은
단연 눈에 띄었다. 골턴은 이 조사를 통해 심상에는 이미지를 거의 떠올
리지 못하는 **아판타시아**^aphantasia부터 환각이라고밖에 할 수 없는 화려한
이미지까지 다양한 스펙트럼이 있다고 결론 내렸다.[3]

환각이란 사람의 마음 바깥에는 존재하지 않는 것을 보거나 듣거나
느끼는 경험이다. 착각^illusion이 대상을 다른 것으로 오인하는 것이라면
환각은 애초에 그 대상이 존재하지 않는다. 정신분석학자 윌리엄 제임스
는 환각이란 존재하는 것 같지만 사실은 존재하지 않는 사물을 감지하는
경험이라고 인상적으로 정의했다.[4] 환각은 기본적인 형태(선, 점, 기하학
적 패턴 등)부터 복잡한 패턴(얼굴, 사물, 동물, 풍경 등)까지 다양한 시각
적 표현으로 나타나며, 누군가 말을 거는 목소리가 들리는 등 다른 종류
의 감각으로 나타나기도 한다. 환청은 종종 낙인으로 연결되었다. 이처

럼 오랫동안 사람들은 환각을 정신질환과 엮어 생각해왔다. 그러나 앞으로 살펴보겠지만 누구나 환각을 겪을 수 있다.[5] 사실 **의식**consciousness 자체도 정교한 환각으로 볼 수 있다. 뇌는 주변 세상에서 감각 데이터를 수집해 현실 감각을 구성한다. 그리고 우리의 내적 추정치는 다른 사람의 추정치와 대부분 일치한다. 그러지 않을 때 환각이라고 부른다.

읽기와 환각 모두 다른 사람이 볼 수 없는 것을 보는 행위라는 점에서 자연스럽게 맞물린다. 노스럽 프라이Northrop Frye도 책에 "환각을 불러일으키는 반짝이는 강렬함"이 있다고 말했다.[6] 읽기는 유도된 환각이라고 볼 수도 있다.[7] 예를 들어 이 문장을 읽을 때 다른 사람에게는 보이지 않는 분홍색 거미가 종이 위를 기어다닌다면 그것은 환각이라 할 수 있다.[8] 하지만 분홍색 거미가 보이는 것은 "분홍색 거미는 생각하지 마!"라는 문장을 읽을 때 예상되는 결과이기도 하다. 환각과 이런 유사 환각의 유사성은 양쪽 모두에 유용하다. 문제는 독자가 둘의 차이를 구분할 수 없을 때 발생한다.

이 장에서는 읽기와 환각의 밀접한 관계를 살피며 두 심상을 얼마나 쉽게 무의식적으로 넘나들 수 있는지 보여줄 것이다. 앞으로 살펴보겠지만 **자세히 읽기**에 지나치게 빠져들었다가 헤어나오지 못하는 독자도 있다. 대부분의 독자도 책을 읽으며 현실 세계와 상상 세계를 넘나든다. 하지만 정신질환자는 두 세계를 구분하기 어렵기 때문에 더 쉽게 이런 늪에 빠진다. 《돈키호테Don Quixote》나 《보바리 부인Madame Bovary》 같은 고전에서는 소설에 지나치게 몰입해 소설 속 세계와 현실을 혼동하지 말라고 경고해왔다. 물론 이런 메타픽션^{metafiction}(독자에게 지금 읽고 있는 내용이 실제가 아니라 허구임을 환기하는 글쓰기 방식−옮긴이)은 책 안에 안전하게 간혀 있으므로 읽기는 현실의 모사라는 매력을 유지한다. 하지만 실제 보바리슴^{bovarysme}(환상에 빠져 스스로를 현실의 분수 이상의 존재로 속이는 정신 작용으로, 허무맹랑한 꿈에 휩쓸리는 《보바리 부인》 여주인공의 성격에서 유래한 용어다−옮긴이)의 사례에서는 책과 바깥 현실의 접점을 끊는 일이 얼마나 위험한지 보여준다. 버지니아 울프^{Virginia Woolf}의 《올랜도^{Orlando}》에서 암시를 받았다고 믿으며 플로리다주 올랜도행 기차표를 끊은 젊은 여성의 삶은 전혀 낭만적이지 않다.⁹

읽기와 환각이 교차하는 지점을 탐구하며, 너무 적게 이해하는 독자에게서 너무 많이 이해하는 독자로 눈을 돌려보자. 지금까지 해독, 곧 그래픽 기호를 의미 있는 정보로 전환하는 과정에 주목했다. 이제부터 당신이 읽고 있는 장(정말 **당신이** 읽고 있는가?)에서는 텍스트에 의미를 중첩하는 잠재적인 능력, 곧 롤랑 바르트^{Roland Barthes}가 **과잉부호화**^{overcoding}라고 부른 능력이 누구에게나 있다는 사실에 주목한다.¹⁰ 앞으로 등장하는 독자들은 다른 사람이 느끼지도 이해하지도 못하는 의미를 감지한다. 이러한 **환각 읽기**^{hallucinatory reading}는 서사 이미지를 받아들이고 변환하는 마음의 역할을 드러내며, 독특한 단어 지각(하위스가 봤던 괴물 등)부터 글자, 단어, 문장, 책, 심지어 다른 사람에게는 보이지 않는 유령 독자까지도 보게 한다. 이 장에서는 환각 읽기에서 시각화된 모든 것을 **그것**이라고 통칭한다.

모든 독자는 환각을 본다

19세기 과학적 조사를 거치면서 **그것**을 보는 일이 생각보다 흔할 수 있다는 불길한 예감이 등장했다. 골턴의 심상 연구 덕분에 학계의 관심은 미친 사람이 보는 환각에서 정상인이 보는 환각까지 확장됐다. 골턴은 〈정상인의 환영The Visions of Sane Persons〉에서 정신질환을 겪은 적이 없는 사람이 경험한 환각 이미지를 열거하며 환각이 생각보다 흔하다는 주장의 근거로 들었다.[11] 환각을 경험한 사람들은 그들이 겪은 환각 이야기를 꺼내는 것이 불편할 수도 있겠지만 말이다. 이 연구에서 제시한 수많은 응답은 골턴의 관점에 힘을 실어줬다. 예를 들어 잡지 《세인트제임스가제트St. James's Gazette》에는 환하게 빛나는 얼굴, 사람, 동물, 풍경, 책 등 '마음의 그림'을 봤다는 여러 사람들의 이야기가 실렸다. 한 응답자는 책 이미지가 눈앞에 구체적으로 나타났다고 묘사했다. "솜털 같은 구름 사이로 표지가 덮인 거대한 책 한 권을 쥔 양손이 나타났다. 그 손이 책을 펼치자 알 수 없는 글자로 뒤덮인 페이지가 보였다가 이내 사라졌다."[12] 정신과적 도움이 필요한 사람만 환각을 보는 것이 아니다. 누구나 환각을 볼 수 있다.

1830년대 임상정신의학이 출현하며 환각을 현대적으로 이해할 수 있게 됐다. 프랑스 의사 장에티엔 도미니크 에스키롤Jean-Étienne Dominique Esquirol은 환각의 의미를 명확히 정의하고 착각이나 꿈 같은 다른 정신상태와 구별하면서 이후 의학 연구의 토대를 마련했다. 특히 그는 처음으로 환각이 정신이상, 곧 당시에는 '광기madness'로 불렸던 증상 중 하나이며, 책을 읽을 때 나타날 수 있다고 규정했다.[13] 당대에는 책이 뇌를 과하게 흥분시킨다는 오해가 퍼져 있었기 때문에 '소설 읽기'는 광기를 유발하는 행동 목록에서 단연 위쪽에 있었다.[14] 독자는 이런 광기를 특히 주의해야 한다. 에스키롤이 엄중하게 소개한 사례에는 범죄자가 처형되는 이야기를 읽은 뒤 피투성이 머리가 여기저기 굴러다니는 모습이 보여 결국 자살에 이른 여성의 이야기도 있었다.[15]

에스키롤을 따르는 학자들은 읽기가 무해한 행위인지 아니면 환각의 병리적 범주로 봐야 하는지 합의하지 못했다. 프랑스 정신의학협회 Société Médico-Psychologique에서는 환각을 병리적으로 보는 견해가 지배적이었다.[16] 하지만 알렉상드르 비에레 드부아몽Alexandre Brierre de Boismont은 정상인과 정신병 환자 모두 환각을 볼 수 있다고 주장하며 이런 통념을 깼다. 비에레 드부아몽은 요한 볼프강 폰 괴테Johann Wolfgang von Goethe나 오노레 드 발자크Honore de Balzac 같은 작가들이 환각 이미지에 그들 스스로를 팔았다면서, 역사적 인물을 회고적으로 진단하는 일에 대해 강력하게 경고하며 주목받았다. 글쓰기와 광기의 관계는 철저하게 기록되었지만 읽기와 광기의 관계는 그다지 주목받지 못했다.[17] 비에레 드부아몽이 1845년 출간한 《환각Des Hallucinations》에 등장하는 환각 읽기 사례는 **환상 책**과 **책 같은 환상**이라는 두 부류로 나뉜다. 먼저 **환상 책**은 현실에 없는 책을 보는 경험이다. 예를 들어 한 젊은 엔지니어는 〈솔로냐평원을 관통하는 운하 건설 계획〉이라는 소책자를 읽다가 갑자기 그 책이 시야에서 사라졌다고 말했는데, 그 책은 실제로는 없는 상상 속의 책이었다.[18] 두 번째 유형인

책 같은 환상은 실제 책을 읽을 때 나타났다. 신앙을 거부하며 방탕하게 생활하던 제임스 가디너James Gardiner 대령은 토머스 왓슨Thomas Watson의 《기독교인 군인 또는 폭풍에 휩쓸린 천국The Christian Soldier, or Heaven Taken by Storm》을 넘겨보다가 종교적 전환점을 맞이한다.

> 가디너가 책을 들고 있는 동안 하나님은 그에게 가장 행복하고 중요한 결과를 가져올 계시를 보여주셨다. 처음에는 책에 기이하게 어른거리는 빛이 등잔불이라 생각했지만, 눈을 들어보니 놀랍게도 십자가에 매달리신 우리 주 예수 그리스도가 영광으로 둘러싸여 계셨다. 그와 함께 다음과 같은 음성이 들렸다. "오 죄인이여! 네 죄로 내가 어떻게 되었는지 보라!"[19]

이런 기록들에 신의 모습이 자주 언급된다는 사실을 통해, 현실과 비현실의 경계를 흐릿하게 만드는 상상이 읽는 마음에 얼마나 쉽게 영향을 끼치는지 알 수 있다. 실제로 19세기 의학논문에는 책과 종교적 계시의 결합이 두드러진다. 포브스 윈슬로Forbes Winslow가 비에레 드부아몽에게 헌정한 《뇌와 마음의 모호한 질병Obscure Diseases of the Brain and Mind》에는 불경하고 음란한 생각이 머릿속에서 떠나지 않아 교구민들에게 성서를 읽어주지 못하는 목사의 사례가 등장한다.[20]

사람들은 책이 환상을 키우기도 하지만 없애기도 한다고 생각했다. 따라서 19세기부터 책은 정신과 치료에서 중요한 역할을 했다. 그 뒤 유럽과 미국에서 정신건강을 바라보는 태도가 달라지며 더욱 인도적인 치료법이 등장했는데, 많은 경우 읽기가 정신건강에 도움이 된다고 평가했다. 오늘날에는 이를 **독서치료**라고 부른다.[21] 벤저민 러시Benjamin Rush는 소설 읽기가 병적인 근심에서 주의를 돌리고 정신 작용을 조절하는데 도움이 된다고 주장한 미국 최초의 의사였다. 러시는 모든 정신병원에 환자에게 책을 읽어주고 환자가 책을 읽는 것을 들어줄 사람을 둬야한다고 주장했다.[22] 1844년 영국 메트로폴리탄 정신병위원회Metropolitan Commissioners in Lunacy가 작성한 보고서에서도 비슷한 논리에 따라 "모든 정신병원에는 도서관이 있어야 한다"라고 제언했다.[23] 베들레헴정신병원에 입원한 환자가 자신이 책을 들고 있는 모습을 찍는다는 조건으로 사진 촬영에 동의한 것도 이런 맥락에서였다. 책을 거꾸로 들고 있기는 했지만 말이다.[24] 하지만 책 자체가 위험할 수 있다는 우려도 늘 뒤따랐다. 1853년 〈정신병자의 독서, 오락 및 놀이에 관한 연구On the Reading, Recreation, and Amusements of the Insane〉라는 제목의 영향력 있는 보고서에 따르면 정신병원 감독관들은 환자가 소설, 신문, 심지어 성서를 통해 정신병적 망상을 구체화할 수 있다고 우려했다.[25]

환각에 취약한 독자에게 독서치료는 자칫 독서고문으로 변질될 우려가 있다. 1860년 제임스 프레임James Frame은 글래스고 왕립정신병원에서 생활한 경험담을 직접 전하며 정신질환자에게 읽기가 얼마나 괴로울수 있는지 보여준다. 그는 "정신이 산만한 사람은 읽기에 집중할 수 없다"라고 말했다.[26] 그에 따르면 조증 삽화를 겪을 때는 모든 문장에 숨겨

그림 4. 베들레햄정신병원의 환자가 책을 들고 있는 모습. 1858년 영국 의학저널 《메디컬타임스앤가제트 The Medical Times and Gazette》에 실렸다.
출처: Wellcome Collection. Public Domain Mark.

진 의미가 있을 것 같고, 그 결과 종교적 열광이 발현되어 "동화책 한 줄 한 줄에서도 지옥을 엿보게 된다".[27] 프레임은 정신질환이 절정에 달했을 때 자기 뱃속에 악마가 산다고 믿었다. 그는 수기에서 악마가 《저주받은 자의 성서 The Bible of the Damned》라는 책을 읽어주는 것을 강제로 들어야 했다며, "책 속 단어들이 내 머리 위로 우박처럼 차갑게 떨어지거나 불길처럼 녹아내렸다"라고 회상했다.[28] 이처럼 상상 속 책이 독자에게 현실적인 영향을 끼칠 수 있다.

그것이 보이면 책에서 눈을 떼게 된다. 병리적인 읽기장벽이다. 19세기 의학 문헌에는 환시가 책에 집중하는 능력을 방해하는 수많은 사례가 제시되어 있다. 환각의 강도와 영향은 다양했다. 스코틀랜드의 정신병원에 있던 한 여성은 책을 펼칠 때마다 주위에 후광이 보인다고 말했지만 이는 약과였다.[29] 러시아 의사 빅토르 칸딘스키Victor Kandinsky의 사례는 훨씬 심각하다. 그는 무언가를 읽을 때 소음이 들리고 불꽃, 별, 움직이는 빛이 빙빙 도는 모습이 보여 방해를 받았다. 그래도 어쨌든 계속 읽을 수 있었다.

> 처음에는 환청이 나를 방해했다. 이어서 환시가 책과 눈 사이를 가로막아 읽기가 어려웠다. 하지만 시간이 지나자 나는 환각을 신경 쓰지 않고 계속 읽을 수 있게 됐다.[30]

삽화episode(정신질환을 겪을 때 특정 성향이나 증상이 짧게 발현되는 현상─옮긴이)가 발현하기 직전의 독자에게 읽기는 서로 경쟁하는 여러 환각을 보여준 셈이다.

이런 기이한 이미지를 보면 19세기 말까지 많은 연구자가 환각이 정신질환이 아닌 초자연적 존재 때문에 일어난다고 생각한 이유를 쉽게 이해할 것이다.[31] 윌리엄 제임스를 비롯한 심령연구협회Society for Psychical Research 창립자들은 허깨비, 귀신, 유령을 조사했다. 당대 많은 사람이 영적 영역이 실재한다고 믿었다. 이런 현상을 목격했다고 증언한 사람들에게 읽기란 상상의 세계가 아니라 실제 세계로 들어가는 문이었다. 협회가 기록한 초자연적 경험 대부분은 슬픔, 피로, 스트레스, 트라우마, 사회적 고립, 감각차단, 단순한 졸음 때문에 환각이 발생한다는 이성적인 설명이 가능하다. 하지만 과학적으로 그럴듯해 보이는 이런 기록들은 세상을 떠난 지인부터 악마에 이르기까지 도리어 초자연적인 것이 존재한다는 대중적 믿음을 강화하는 역효과를 가져왔다.

1882년 심령연구협회가 설립되고 나서 실험심리학자 에드먼드 거니Edmund Gurney와 동료들은 죽는 순간에 사람의 형상을 봤다고 주장하는 5,000명 이상의 증언을 바탕으로 환각에 대한 증거를 수집해《살아 있는 자의 환상Phantasms of the Living》이라는 책으로 펴냈다. 이 책에서 읽기에 관한 사례가 많다는 사실은, 독자가 전혀 다른 세계를 상상하려면 상상의 세계에 몰입하는 것이 중요하다는 점을 시사한다. 책에서 눈을 뗀 순간 세상을 떠난 부모, 배우자, 형제자매, 친척, 친구, 반려동물이 그들 앞에 나타났다. 예를 들어 케이트 볼랜드Kate Bolland는 한때 자신이 알고 지내던 군인의 모습을 봤다.

나는 햇살이 비치는 화창한 오후, 응접실에 누워《킹슬리의 이런저런 이야기Kingsley's Miscellanies》에서 강에 관한 내용을 읽고 있었다. 그때 갑자기 누군가 내게 말을 걸려고 기다리고 있다는 느낌이 들었다. 책에서 눈을 떼니 한 남자가 2미터쯤 떨어진 안락의자 옆에 우두커니 서 있는 것이 보였다. 그는 몹시 진지한 눈길로 나를 유심히 바라보고 있었는데, 내가 말을 걸려고 다가가자 이내 사라져버렸다.[32]

가상의 인물이 있다고 상상하는 것과 죽었든 살았든 실제 사람이 존재한다고 느끼는 것은 엄연히 다른 문제다. 이런 손님은 다른 목격자나 흔적도 없이 갑자기 사라져버렸다. 이는 책 속 허구의 인물과의 또 다른 공통점이다.

읽기와 환각의 경계는 어디쯤일까? 당시 과학적 조사에서는 한 가지 심상이 다른 이미지로 바뀔 수 있다고 경고했다. 심령연구협회가 의뢰한 초자연적 만남에 대한 후속 조사 결과를 담아 1894년에 출판된《환각 통계조사Census of Hallucinations》에 실린 수많은 증언이 '읽기read'와 '공포dread' 사이의 유사성을 보여준다. 가장 오래된 기억으로 표지에 끔찍한 동물이 그려져 있는 동화책을 꼽은 젊은 청년은 이렇게 회상했다. "그 동물은 너무 무서웠다. 어느 날 혼자 방에 들어갔는데 갑자기 카펫 위에 그림에 나온 크기만 한 그 동물이 서 있는 것을 봤다."[33] 그는 그 방에 다시는 들어가지 않았다. 현실과 허구의 경계가 무너진 것이다. 더 흔한 환각은 누군가가 있다는 느낌, 곧 심리학에서 **느껴진 존재**felt presence라고 부르는 것을 보는 일이다. 예를 들어 H는 어느 날 밤늦게 마르쿠스 툴리우스 키케로Marcus Tullius Cicero의《노년에 관하여De Senectute》를 읽다가 어깨너머로 어떤 여자가 함께 책을 보고 있는 것을 느꼈다. 그 뒤 이 유령은 자주 찾아와 어깨너머로 책을 읽었다. 결국 그는 인내심을 잃고 "아, 좀 저리 가!"라고 버럭 화를 냈다.[34]

심령연구협회에서 기록한 여러 가지 사례는 현실 세계와 상상 세계를 뚜렷하게 구분하기가 얼마나 어려운지 잘 보여준다. 또한 이런 상상 속 이미지 대부분이 초자연적 현상이 아니라 마음 자체에서 기원한다는 인식이 점점 확산되었다는 사실을 보여주기도 한다. 책 속 단어를 읽는 것은 지적 능력의 상징이지만 책에 없는 단어를 읽는 것은 인지장애의 징후다. 로버트 윌슨Robert Wilson 목사는 여기저기에서 글자가 보이기 시작하자 뭔가 잘못되었다는 사실을 직감했다.

> 어느 날 한 마을의 묘지를 오랫동안 둘러본 뒤 떠나려는 찰나, 내 눈길이 닿는 곳마다 비문이 보여서 얼마나 놀라고 경악했는지 모른다. 길가의 먼지마저 글자 같았다. 자갈 깔린 도로에는 슬픔과 애도, 비애가 가득 쓰여 있었다. 길 양쪽의 돌로 된 둑으로 시선을 돌리면 뇌에서 미묘한 화학작용이 일어나 닳은 얼룩과 틈이 해독할 수 있는 단어로 변했다. 방금 전 묘지에서 읽었던 것과 같은 느낌의 단어들이었다.[35]

윌슨이 본 환상 비문은 이 장의 뒷부분에서 다룰 텍스트 환각의 사례다. 먼저 과거에도 초자연적 환영이 뇌에서 만들어진다는 사실을 알고 있었음을 기억하라. 인지문학비평에서는 서사가 심상을 생성하는 메커니즘을 규명하는 방식을 크게 진전시켰다. 하지만 이 분야에서도 방금 살펴본 것처럼 텍스트 자체와 거의 관련되지 않은 심상이 생성되는 비전형적인 사례는 아직 발견되지 않았다.

읽기라는 한낮의 꿈

누구나 환각을 볼 수 있다. 차이가 있다면 보통은 적절한 때와 맥락에서 환각을 본다는 점이다. 정신질환자가 텍스트를 왜곡해서 보는 것은 놀랄 일이 아니다. 하지만 일반 독자가 특이한 심상(아판타시아, 공감각 등)을 얼마나 많이 경험하는지에 대해 알고 있는 사람은 거의 없다. 이제부터 정신이상 때문에 발생하는 텍스트 환각에서 사회적으로 용인되는 행동 범위 내에서 보이는 환각으로 초점을 옮겨보자. 앞으로 살펴볼 환각 읽기 사례는 신, 꿈, 마약이라는 세 가지 영역에서 나타난다. 이렇게 계시나 목소리에 빠져드는 일은 다른 맥락에서라면 분명히 병적으로 보일 것이다. 현실 세계와 읽기 세계의 경계는 이처럼 명확하지 않다.

먼저 신의 말씀부터 살펴보자. 기독교 성서에서 보이는 초자연적 사건은 종교적 맥락에서가 아니면 믿기 힘들다. 성서에서 가장 인상 깊은 신의 현현顯現은 바빌로니아 벨사살왕의 연회 도중 벽에 나타난 글자다. 다니엘서에 따르면 손님들은 육체 없는 손이 궁전 벽에 아람어로 "메네 메네 데겔 우바르신Mene, Mene, Tekel, Upharsin(직역하면 '세고 셌으며 무게 달고 나누었다'라는 뜻. 신이 바빌론이 끝나는 날을 세었고, 벨사살왕을 저울질하니 그 덕이 부족했으며, 이제 바빌론을 둘로 나누겠다는 멸망의 예언이다-옮긴이)"이라는 빛나는 글자를 쓰는 모습을 봤다.[36] 왕국 사람 모두 이 글귀를 봤다. 하지만 왕의 파멸이 임박했다고 예고하는 신의 뜻을 알아들은 사람은 다니엘밖에 없었다. 이 경고는 결국 신에게 응답할 모든 사람을 향한 것이므로 문자 그대로를 넘어서는 은유적 의미가 있다.《걸리버 여행기》의 저자 조너선 스위프트Jonathan Swift는 (자신의 시에서 은행가의 몰락을 예고하는 부분에서 이를 인용해) "이는 벽에 나타난 글자와 같으니"라고 인상적으로 표현하기도 했다.[37] 하지만 종교적 맥락을 벗어날 경우 보이지 않거나 감춰진 것, 비유적으로는 벽에 나타난 글자에서 감춰진 의미를 감지하는 능력은 지혜가 아니라 정신질환일 뿐이다. 다음 부분에서 살펴볼 **조현병** schizophrenia도 이런 경우다.

수수께끼 같은 메시지는 신자들의 삶에서도 중요한 역할을 한다. 신자들은 자신이 보는 환영이 자기 마음이 아닌 신의 은총에서 비롯되었다고 확신한다. 종교적 전통에서 환청은 병적인 것으로 생각되지 않고 오히려 칭송받았다. 문학사에서 가장 유명한 환청으로는 기독교로 개종한 성 아우구스티누스를 들 수 있다. 그는 영적 위기의 순간에 '집어 들어 읽어라'라는 뜻의 "톨레 레게Tolle, lege"라는 목소리를 듣는다.[38] 성 아우구스티누스는 이 신성한 계명을 듣고 손에 잡히는 책을 펼쳤다가 그의 삶을 신에게 바치라는 성서 구절을 만난다. 신의 목소리는 다른 상황 속 환청과 달리 현실과 이어지는 끈을 놓쳤다는 신호로 생각되지는 않았다. 오히려 종교에서는 이런 신의 현현을 통해 후대의 독자도 신과 직접 만날 수 있다고 인정했다.

과거에는 읽기를 통해 환각을 경험하도록 장려하기도 했다. 중세에는 내세의 환영을 더욱 잘 볼 수 있도록 신앙심이 충만한 다양한 읽기 형태를 장려했다. 이런 환영은 신의 현현에 예민하게 반응하도록 돕는 기도, 명상, 영적 훈련을 통해 유도됐다.[39] 12세기 이후 성직자들은 신자들이 환각에 가까울 만큼 생생하게 예수의 삶을 볼 수 있도록 《그리스도의 생애에 관한 묵상Meditations on the Life of Christ》 같은 글을 지었다. 수도원이나 수녀원 같은 종교시설에 퍼진 성서 필사본에는 수많은 환영이 등장한다. 그러나 신과 가장 가까이 만나는 경험을 하고 나면 읽기는 뒷전으로 밀려난다. 아빌라의 성녀 테레사Saint Teresa of Ávila는 황홀경에 빠진 뒤 "글자들이 실제로 눈에 보이지만 글을 이해한다고 해도 아무런 도움이 되지 않았다. 열심히 애써봤지만 아무것도 읽을 수 없었다"라고 말했다.[40] 신의 충만함이 있다면 매체는 더 이상 필요 없다.

물론 초월적 세계를 만나는 일은 과거에만 한정되지 않는다. 인류학자 타냐 마리 루어만Tanya Marie Luhrmann은 《신이 대답할 때When God Talks Back》에서 신이 찾아왔다는 오늘날의 수많은 증언을 소개한다. 성서를 통해 신이 말씀하신다는 흔한 느낌부터, 사람들의 이마에 떠오르는 글귀를 보고 그들을 위해 어떤 기도를 해야 할지 안다는 한 남성의 극적인 사례까지 다양하다. 미국의 많은 복음주의 성서 공부모임에서는 참가자에게 하나님의 목소리를 들으라고 권한다. 루어만이 면담한 고등학생은 하나님의 음성을 듣는 일을 "책 속 단어를 기억하는 것"에 비유하며 양쪽을 쉽게 오갈 수 있다는 듯 말했다.[41] 다른 면담자는 하늘에서 직접 내려오는 음성을 들었다. 한 여성은 "Read James(야고보서를 읽으라)"라고 하는 신의 명령을 받은 뒤 새벽부터 성서 공부를 시작했다. 이 여성은 음성의 James를 야고보서라고 이해했지만 나였다면 소설가 제임스의 작품을 읽었을 것이다.[42] 루어만은 자신이 직접 겪은 환영 경험도 숨기지 않고 기록했다. 어느 날 늦게까지 영국 아서왕 시대에 대한 책을 읽다가 잠들었던 루어만은 깨어났을 때 창밖에서 사제 여섯 명이 그들 쪽으로 오

라고 손짓하는 것을 봤다. 침대에서 몸을 일으켰을 때는 이미 그들이 사라진 뒤였다.[43]

꿈에서도 현실과 환상을 구별하기 어렵다. 정신질환이 없는 사람도 종종 낮의 세계와 꿈의 세계를 혼동한다. 이 장 초반에 언급한 골턴의 심상 설문조사에 따르면 예상외로 많은 사람이 잠들기 직전 졸린 상태에서 심상을 본다.[44] 이런 **입면환각**hypnagogic hallucination 이미지는 만화경처럼 희미한 광경부터 선명한 환시(얼굴, 꽃, 동물, 천사), 환청(목소리, 종소리, 음악)까지 강도가 다양하다.[45] 작가들은 적어도 19세기부터 반半의식 상태에서 엿본 이 기이한 광경을 글로 남기려고 애썼다. 예를 들어 나보코프는 선잠에 들었을 때 콧구멍과 귀가 부풀어 오른 붉은 얼굴의 난쟁이가 찾아왔다고 인상 깊게 묘사했다.[46] 이와 비슷한 기괴한 이미지가 수많은 창작물에 나온다. 에니드 블라이튼Enid Blyton, 디킨스, 로버트 프로스트Robert Frost, 괴테, 너새니얼 호손Nathaniel Hawthorne, 카프카, 에드거 앨런 포Edgar Allan Poe, 프루스트, 메리 셸리Mary Shelley, 로버트 루이스 스티븐슨Robert Louis Stevenson, 레프 톨스토이Leo Tolstoy, 마크 트웨인Mark Twain 같은 작가들도 입면상태를 소재로 글을 썼다.[47]

독자도 입면환각에 취약하다. 입면환각은 잠들기 전에 했던 활동에 영향을 받기 때문에 자기 전에 책을 읽으면 읽기 이미지가 활성화된다. 한 연구에 따르면 침대에서 책을 읽는 사람은 다른 사람보다 읽기 자체가 등장하는 입면환각을 경험할 가능성이 더 높다.[48] 예를 들어 역사학자 로버트 찰스 제너Robert Charles Zaehner는 의식을 잃기 전에 책을 읽는 것처럼 느꼈다. "활자가 선명하게 보이고 단어를 구별할 수 있지만 단어에 특별한 의미가 있는 것 같지는 않았다."[49] 물론 의미는 보는 사람에 따라 다르다. 초현실주의 운동은 모두 앙드레 브르통^{André Breton}이 졸다가 우연히 본, 아무런 뜻도 없는 듯한 문장("창문으로 몸이 둘로 잘린 한 남자가 있다")에서 기원한다.[50] 누구나 상상의 대본을 읽을 수 있다고 가정한다면 이 대본은 깨어 있는 동안 현실의 삶에 매우 실질적인 영향을 끼친다.

가장 유명하고 논쟁적인 꿈 읽기 사례는 '꿈속의 환영'이라는 부제가 붙은 콜리지의 시 〈쿠블라 칸^{Kubla Khan}〉일 것이다. 아편에 취해서 꿈을 꾸다가 이 시를 지었다는 설이 있지만 사실인지, 심지어 콜리지가 시를 쓸 때 잠들었던 것은 맞는지조차 정확하지 않다. 어쨌거나 1797년 어느 날, 콜리지는 산책하다가 휴식을 취하러 서머싯의 한 농가에 들렀다. 어떤 설명에 따르면 아편을 복용한 콜리지의 눈앞에 "몽환 속에서" 시구가 떠올랐다.[51] 또 다른 설명에 따르면 그가 여행기를 읽다가 잠이 들었는데, 문학사상 가장 풍성한 이 꿈에서 300행이나 되는 시를 봤다. 잠에서 깨어난 콜리지는 그중 54행을 적다가 시가 불완전하다고 비난하는 익명의 손님 때문에 중단했다.

회의론자들은 콜리지의 설에 허점이 너무 많으며, 그가 그 시구를 꿈에서 본 것은 맞는지에 대해서도 의문을 제기했다.[52] 가장 그럴듯한 설명은 꿈에서 완전한 형태의 시구를 본 것이 아니라 시의 소재 정도를 얻었거나 반쯤 깬 상태에서 시구를 지었다는 것이다. 하지만 환영을 봤다는 콜리지의 명성은 계속 이어지고 있다. 아무도 그가 꿈에서 적어도 한 번

이상은 시를 봤다는 사실에는 이의를 제기하지 않기 때문이다. "불쌍한 콜 여기에 잠들다"로 시작하는 그의 짧은 시는 예술적으로 좋은 평가를 받지는 못했지만 일대기적 검증에서는 무사히 살아남았다.[53] 당연하지만 진짜 꿈에서 나온 시구는 꾸며낸 시구보다 기억에 잘 남지 않는다.

꿈을 읽을 수 있다면 읽기를 꿈꿀 수도 있을까? 보통의 대답은 '아니오'다. 정신과 의사 어니스트 하트만Ernest Hartmann은 〈우리는 세 가지 R을 꿈꾸지 않는다We Do Not Dream of the Three R's〉라는 연구에서 200명 넘는 참가자를 설문조사한 결과 꿈에서는 읽기가 거의 나타나지 않는다고 결론 내렸다. 읽기가 진화사적으로 비교적 최근에 습득한 기술이기 때문이거나 언어 처리를 담당하는 뇌 영역이 잠들었을 때는 비활성화되기 때문일 수 있다. 하트만이 지적했듯 꿈속에서 글을 읽는다고 보고한 연구자조차 실제 단어나 글자를 알아보지는 못했다. 한 연구자는 꿈속에서 책을 읽는 것처럼 느꼈지만 지면은 백지였다.[54] 읽기장벽은 당신이 꿈속에 있다는 것을 알려주는 단서일 수도 있다.

꿈속 풍경에 읽기가 없다는 사실은 선뜻 이해하기 어렵다. 내가 대화를 나눈 많은 사람은 꿈속에서 책을 읽는다고 직감적으로 확신하며 실제로 읽지는 않더라도 분명히 그렇게 느꼈다고 말했다. 꿈속에서 텍스트를 뜯어보면 대부분 말이 되지 않거나 상형문자처럼 보인다. 꿈속 텍스트를 해독할 만한 열쇠가 없기 때문이다. 신비학자 올리버 폭스Oliver Fox는 이런 신비한 읽기장벽을 일찍이 알아본 인물이다. "활자를 읽으려고 할 때까지는 선명하지만 그다음에는 흐릿해지거나 글자가 달아나버리거나 사라지거나 다른 글자로 바뀐다."[55] 꿈꾸는 사람이 보는 것은 책이라기보다 책에 관한 암시다.

하지만 작가는 일반적인 꿈의 법칙에서 벗어나 있다. 보통 사람보다 언어에 대해 더 많이 생각하는 경우 꿈에서 다른 사람보다 더 긴 글을 본다. 작가는 언어적 환각을 더욱 분명하게 느낀다. 특히 시인은 문법이나 구문의 제약을 받지 않고 무의미한 단어가 나열된 듯한 꿈속 텍스트를 더 잘 인식한다. 다른 사람은 말도 안 된다고 무시할 텍스트라도 말이다. 문학평론가라면 공감하겠지만 누군가에게는 쓰레기인 것도 시인에게는 보물이다.

1907년 출간된 《아버지와 아들Father and Son》에서 에드먼드 고스Edmund Gosse는 꿈속에서 계속 한 단어에 사로잡힌다. 엄격한 종교적 성장 과정을 기록한 이 회고록에서 고스는 신비로운 힘이 닿을 수 없는 목표물로 이끄는 꿈을 반복해서 꾼다고 묘사했다. "저 멀리 거대하고 빛나는 소용돌이의 맥박 속에서 나는 진홍빛으로 나타났다 사라지는 목표물을 보았다. 그곳에는 카르민CARMINE이라는 단어, 정확하게는 그 단어로 구성된 무언가가 있었다."[56] 꿈속 메시지는 보통 간결하고 암시적이다. 고스의 꿈이 지닌 의미는 이 단어 자체보다 그 단어가 작가에게 주는 심리적 연관성으로 이해할 수 있다. 시의 화자가 밝힌 것처럼 카르민은 고스의 아버지가 사용하지 못하게 한 값비싼 진홍색 물감의 이름으로, 사치품이면서 종교적 금욕주의보다 쾌락주의를 중시하는 금지된 생활방식을 상징한다. 잠결에 스친 단어 하나가 작가 지망생인 고스를 각성시켰다.

반대로 스티븐슨은 꿈에서 단어뿐 아니라 이야기 전체를 봤다. 스티븐슨은 학생 때 깨어 있는 세상과 이상한 꿈의 세계로 양분된 이중적인 삶을 살았다. 꿈속에서는 책을 읽으며 시간을 보냈다. 이 환각 이야기는 언뜻 조지 페인 레인스포드 제임스George Payne Rainsford James의 역사소설과 비슷해 보이지만 그 어떤 살아 있는 소설가의 이야기도 무의식에서 사로잡힌 이야기와는 비교가 되지 않았다. 스티븐슨이 자신의 수필집《평원을 가로질러Across the Plains》에 실린〈꿈에 관하여A Chapter on Dreams〉에서 밝혔듯 그가 꿈속에서 읽은 이야기는 "어떤 활자화된 책보다 생생하고 감동적"이었다. 그 뒤 스티븐슨은 문학에 불만을 품었다.[57] 그에게 상상의 책은 언제나 실제 책보다 흥미로웠다. 존 키츠John Keats의 말을 인용하자면 "읽지 않은 책이 읽은 책보다 달콤하다".

모든 작가에게 읽기 꿈이 선물이었던 것은 아니다. 환영은 금세 악몽으로 바뀔 수 있기 때문이다. 미국 저널리스트인 피츠 휴 러들로Fitz Hugh Ludlow는 약물을 끊은 뒤 찾아오는 금단증상 때문에 몹시 고통스러운 꿈에 시달렸다. 러들로는《해시시 복용자The Hasheesh Eater》의 속표지에〈쿠블라 칸〉의 한 구절을 인용하며 밤에 불을 끄기 전에 본 것이 어떻게 꿈에 스며드는지 설명했다.

눕기 직전에 책을 덮었다면 어떻게 될까? 마지막으로 읽었던 문장이 어둠 속에서 자막처럼 선명하게 나타난다. 밤이 거의 절반쯤 지날 때까지 나는 그것을 미친 듯 읽고 또 읽는다.[58]

그는 "저주받은 것들이여, 떠나라!"라는 문장 때문에 밤새도록 고통에 시달리며 잠을 이루지 못했다.

악몽 같은 읽기 환영은 이런 불안한 감각을 만들어내는 한편 책에 대해 생각하지 못하게 했다. 비에레 드부아몽이 면담한 아편 중독자는 약물이 꿈에 끼치는 영향에 대해 이렇게 말했다. "머릿속에 갑자기 극장이 열린 것 같았다."[59] 가장 무서운 악몽은 시체(아편 중독자의 경우 꿈에서 자주 무언가 썩어 있는 이미지를 본다)가 방으로 들어와 자신을 껴안는 꿈이었다. 그 중독자는 이렇게 회상했다. "어떨 때는 시체가 어깨너머로 내가 펼친 책을 같이 읽었다. 역겨운 수염이 내 목과 뺨을 긁는 것이 느껴졌다."[60] 시체가 등장하자 낯선 사람이 내 어깨너머로 책을 훔쳐보는 약간 불쾌한 정도의 꿈이 깨어날 수 없는 악몽으로 바뀌었다.

작가의 꿈에서 아편이 자주 언급된다는 사실로 미루어볼 때 정상인이 환각을 보는 세 번째 원인으로 약물을 꼽을 수 있다. 환각제는 신을 만나거나 잠이 들 때 우연히 나타나는 환영을 화학적으로 유도한다. 어떤 약물은 다른 약물보다 **취한 읽기**reading under the influence, RUI를 쉽게 유발한다. 술은 필연적으로 읽기장벽을 만든다. 책이 자신의 생명을 구했다던 이라크 전쟁 참전용사 케빈 파워스Kevin Powers는 맥주 때문에 읽기를 관둬야 했다. 그는 술에 취하면 "떨리는 손으로 책을 대각선으로 들고 한쪽 눈은 가늘게 뜨고 다른 쪽 눈은 감은 채 읽어야 했다. 뭔가 읽으려고만 해도 그저 우스꽝스러워 보였다"라고 회상했다.[61] 결국 그는 술에 취하지 않았을 때나 재활 동안에만 책을 읽을 수 있었다. 알코올의존증 치료모임에서 권장하는《빅

북The Big Book》(알코올의존증에서 회복한 사람들의 경험담을 모은 책-옮긴이)은 취하지 않은 채로 읽는다는 것을 전제로 하기 때문이다.[62] 중독성이 더 강한 약물은 읽기를 직접 방해하지는 않지만 알파벳 자체를 해독할 수 없게 만든다. 음악평론가 팀 페이지는 약물을 끊으면서 이를 몸소 겪었다.

> 이제 잡지 페이지 사이에서 활자가 계속 튀어나오고, 단어가 아무렇게나 떨리거나 기울어지고, 갑자기 타임스퀘어의 뉴스 자막처럼 붉게 불타오르는 낙서가 벽 위로 질주한다.[63]

향정신성 약물을 복용하면 기호 자체가 매력적으로 보인다. 그래서 **해독하지 않고 재부호화**하게 된다.

지난 세기 동안 보고된 환각 중에서도 읽기 경험은 단연 눈에 띈다. 이를 가장 잘 보여주는 사례는 메스칼린mescaline에 관한 것이다. 원주민들이 수천 년 동안 사용했던 이 물질을 1919년 인공적으로 합성해낸 뒤, 정신과 의사나 예술가, 영적 구도자들은 이 물질을 찾아 헤맸다. 메스칼린이 다른 차원의 의식상태를 불러일으킨다는 사실이 널리 알려지자 약물을 통해 정신적 각성을 얻고자 한 것이다. 메스칼린이 유도한 환영을 직접 기록한 글은 수백 건이 넘는다.[64] 20세기 들어 지식인들은 향정신성 약물이 일상에 영향을 주지 않는다는 사실을 몸소 증명하려는 듯 메스칼린을 실험하면서도 계속 읽었다. 자가 실험자들은 활자를 읽으며 겪은 가장 극적인 효과로 색감 증폭을 꼽았다. 의사 사일러스 위어 미첼Silas

Weir Mitchell과 해브록 엘리스Havelock Ellis는 책에 보라색 안개가 끼어 있는 것처럼 보인다고 말했다. 색채 환각 읽기를 화학적으로 유도한 셈이다. 엘리스는 이렇게 썼다. "눈을 고정한 지점 근처에서 옅은 보라색 그림자가 책 페이지 위로 떠올랐다."[65] 엘리스는 보들레르가 해시시hashish를 복용한 경험을 담은 시 〈인공 낙원Les Paradis Artificiels〉을 인용해 자신의 수기 제목을 "메스칼린: 새로운 인공 낙원Mescal: A New Artificial Paradise"이라고 붙였다. 하지만 그다지 긍정적이지 않은 약물 반응이 일어나기도 한다. 약리학자 아서 헤프터Arthur Heffter는 정확히 어떤 물질이 현란한 색 환시를 만드는지 알아내기 위해 메스칼린을 복용했다. 그 뒤 글을 읽으려고 하자 초록색과 보라색 반점이 종이 전체에 퍼져 나가는 것이 보이다가, 이내 악필 때문만은 아닌 고통스러운 메스꺼움이 몰려왔다.[66]

1954년 올더스 헉슬리의 《지각의 문The Doors of Perception》이 출간되며 개인뿐 아니라 사회 전반을 변화시킬 수 있는 메스칼린의 잠재력이 널리 알려졌다. 헉슬리가 환각제에 대한 철학적 성찰을 발표할 당시 향정신성 약물에 대한 연구는 예술가, 보헤미안, 황홀경을 찾는 사람은 말할 것도 없고 생의학자들도 주목하고 있었다. 헉슬리는 서재에 늘어선 책들이 최면을 걸듯 밝은색으로 빛났다며 이 약물에 보인 초기 반응을 기록했다.

> 루비처럼 붉은 책, 에메랄드빛 책, 백옥으로 제본된 책과 마노 무늬가 있는 책, 아콰마린빛과 노란 토파즈색과 청금석색 책까지, 책에서 몹시 강렬한 색채와 본질적인 의미가 느껴졌고, 책들은 내 눈길을 뺏

을 수만 있다면 금방이라도 서가를 떠나 달려들 것만 같았다.[67]

안타깝게도 이렇게 책 표지에 주의를 빼앗기면 책 내용에는 집중할 수 없었다. 그야말로 겉모습만으로 평가하는(책이 소재로 쓰이는 영어 관용구 'judging a book by its cover'를 직역하면 '표지로 책을 판단하다'라는 뜻이다–옮긴이) 상황인 것이다.

자가 실험자가 겨우 책을 펼쳐도 더 나아가지는 못했다. 약물이 수행능력을 억제해 읽는 방법을 잊게 되는 경우도 많았다. 캔자스주 토피카의 재향군인병원 의사 필립 스미스Philip Smith는 메스칼린을 직접 복용해 실험하며 일반적인 읽기 방식에 대해 고찰할 수는 있었지만, 읽기를 최적화하려던 그의 야망 때문에 오히려 분석력이 마비됐다. 스미스는 실험 결과를 다음과 같이 보고했다.

예를 들어 책을 읽으려고 하면 어디서부터 시작해야 할지 다시 정해야 했다. 책이 왼쪽에서 시작해서 오른쪽으로, 윗줄에서 아랫줄로 이어진다는 사실은 똑똑히 알았지만 분명하게 정해진 것은 없는 느낌이었다. 나는 실없이 다른 패턴으로 읽으려고 했다. 이 바보 같은 생각을 억누르거나 잘 학습된 습관적인 읽기 패턴을 떠올리기가 쉽지 않았다. 문장을 여전히 이해할 수 있는지 알아보기 위해 거꾸로 읽어야겠다고 생각하면서도 안 될 거라는 걸 알고 있었다. 한 글자 건너 띄엄띄엄 읽고, 무작위로 글자를 선택하고, 읽으려고 하지 않고, 철자를 '소리 내어' 말하고, 심지어 손으로 두꺼운 종이를 누르며 의미가 손에 저절로 '스며드는지' 확인하려고도 했다.[68]

이런 빗나간 읽기를 시도하면서 해독 측면에서 한 가지 명백한 결론을 얻을 수 있다. 한 매체에서 생성된 심상은 다른 매체에서 생성된 이미지와 충돌한다는 점이다. 이상적인 독자는 메시지를 전달하는 매체를 금방 잊어버리는 반면 약에 취한 독자는 주의가 흐트러질 정도로 지나치게 매체를 의식한다.

게다가 약물로 만들어진 읽기장벽을 영영 허물지 못할 수도 있다. 콜리지가 잠자는 동안 시를 쓸 수 있게 해준 바로 그 약물 때문에 어떤 사람은 결코 꿈에서 깨어나지 못한다. 앞서 언급한 러시아 의사 칸딘스키가 남긴 마지막 메모는 아편 과다복용이 읽는 뇌를 무력하게 만드는 과정을 실시간으로 보여준다. "아편 몇 그램을 흡입했지만 여전히 읽을 수 있다." 그다음에는 이렇게 이어진다. "거의 읽지 못하겠다." 그다음에는 아무 말도 없다.[69]

조현병, 망상, 편집증적 읽기

조현병은 인류학자 루어만과 조슬린 매로우^{Jocelyn Marrow}가 '가장 골치 아픈 광기'라고 불렀던 치명적인 정신질환이다.[70] 이 질환의 정확한 특징에 대해서는 의견이 분분하지만 조현병이 발생하면 인지장애, 정서적 위축, 환각 등이 나타나 책에 집중하기 어려워진다.[71] 한 심리학자는 저널리스트 수재나 캐헐런Susannah Cahalan에게 "조현병 환자는 읽지 않는다"라고 말했다.[72] 하지만 조현병 환자는 실제로 어느 정도 읽기는 한다. 삽화가 발현해 현실과의 접점을 잃어버리고 존재할 수 없는 것을 보거나 사실일 리 없는 생각을 믿는 **비자각적 불신 중단 상태**unwilling suspension of disbelief(콜리지가 자신의 시에 독자의 몰입을 요청하며 사용한 '불신의 중단suspension of disbilief'이라는 표현을 빌린 것으로, 본래는 가짜인 것을 알지만 의도적으로 진짜처럼 상상하며 몰입하는 상태를 가리킨다—옮긴이)일 때도 그렇다.

편집증적 읽기paranoid reading에 관한 가장 영향력 있는 이론적 논의에서는 의도적으로 이런 읽기를 임상적 편집증paranoid과 비교하지 않는다. 이브 코소프스키 세즈윅Eve Kosofsky Sedgwick의 주장에 따르면 편집증적 태도는 다른 사람은 볼 수 없거나 보고 싶어하지 않는 진실을 폭로하는 데 주력하는 현대문학비평의 특징이다. 조현병 환자와 문학비평가 모두 텍스트에 숨은 의미가 경계심 많은 독자에게 발견되게 된다고 생각한다. 이런 점에서 모든 독자는 잠재적으로 편집증 환자다. 하지만 이 용어를 비유적으로 사용하는 것과 병리적으로 사용하는 데는 중요한 차이가 있다. 목적은 같아도 한쪽은 해석 과정을 통제할 수 있지만 다른 쪽은 모든 문장을 해독하거나 오독할 수밖에 없다. "당신은 너무 편집증적이어서 이 수기가 당신 이야기처럼 느껴질 것이다"라는 세즈윅의 도발적인 문장에서 유머를 걷어내고 이해하면, 진짜 편집증 환자는 사실 자신에게 편집

증이 있다는 것을 모른다.[73]

편집증적 독자는 읽기와 현실을 구분하기 어려워한다. 앞서 살펴보 았듯 환각은 19세기부터 정신질환과 연관됐다. 얼마 후 독일 정신과 의 사 에밀 크래펠린Emil Kraepelin은 조현병을 다른 비슷한 병리적 현상과 구분 하며 환청과 환시가 환자의 읽기능력을 방해한다고 지적했다.[74] 환청 때 문에 학업을 포기했던 환자도 있다. 이 남성은 "책을 읽을 때 왼쪽에서 불쾌할 정도로 빠르게 따라 읽는 목소리 때문에 방해받았다"고 설명했 다.[75] 환각도 마찬가지로 방해가 된다. 크래펠린이 본 또 다른 환자는 책 속에서 자신을 보고 웃는 이상한 얼굴을 봤다.[76]

조현병 독자가 겪는 문제는 감각적 교란부터 노골적인 환각까지 다 양하다. 광과민성증후군이 있어서 밝은색과 '지나치게 검게 보이는' 활 자 때문에 읽기가 힘들다고 불평한 여성은 심각하지 않은 편에 속한다.[77] **감각과민증**hyperesthesia이 있거나 감각이 예민한 환자는 시각적 자극을 버 거워한다. 뇌는 대체로 들어오는 시각 자극과 소리를 분간하지만 뇌가 오작동하면 감각 데이터에 맞서느라 인지 활동이 거의 불가능해진다. 조 현병 환자는 시청각 자극을 일관된 전체로 결합하는 데에도 어려움을 겪 는다. 한 환자는 "집에 앉아 책을 읽으려고 하는데, 단어들이 마치 낯은 익지만 이름은 기억나지 않는 옛 친구들 같았다"라고 설명했다.[78] 그는 한 단락을 읽으려고 열 번이나 시도했지만 전혀 이해하지 못하고 결국 책을 덮었다.

잘못된 지각 때문에 읽기 과정이 방해받는 것은 심각한 문제다. 정신질환이 있는 환자는 활자 고정성을 당연한 것으로 받아들이지 못한다. 1장에서 설명한 유동적 페이지 개념이다. 그래서 조현병 환자는 자기가 다른 독자와 같은 페이지를 보고 있는지 확신할 수 없다. 한 여성은 책의 모든 문장이 환각 문장과 맞바뀌었다고 툴툴거렸다. 그의 증언에 따르면 "내가 읽고 있던 한 구절과 다른 구절이 뒤섞이거나 그 자리에 완전히 다른 구절이 나타났다".[79] 다른 사람은 지각하지 못하는 메시지가 보이기도 한다. 1908년 '조현병'이라는 용어(문자 그대로 '분열된 마음split mind'이라는 뜻이다)를 도입한 스위스의 정신과 의사 블로일러는 어떤 환자가 철창이 나타나는 글자를 가렸다며 다른 환자를 폭행하는 장면을 목격했다.[80]

환청은 책을 읽으며 내면에서 생겨나는 목소리를 가려버린다.[81] 특히 자기 목소리만이 아니라 누군가 자신을 따라 읽는 목소리가 들린다면 더욱 그렇다. 메아리 읽기echo reading로 알려진 분열이다. 대부분 메아리는 독자가 책의 단어를 지각하기 전이나 그와 동시에 나타난다. 한 환자는 "내가 책을 읽을 때 환청이 모든 단어를 동시에 같이 읽는다"고 말했다.[82] 평범한 내면의 목소리와 이런 환청이 충돌하면 주의가 쉽게 흐트러진다. 한 40대 여성은 "다섯 살 여자아이들이 내 생각을 그대로 따라 한다"고 불평했다. "내가 책을 읽을 때 그 아이들이 내 말을 계속 따라 한다. 책에 쓰인 대로 말하기도 하지만 제멋대로 말하기도 한다."[83] 내면의 목소리는 쉽게 관심을 뺏긴다. 항상 책 읽기를 좋아했던 한 독일 남성은 이제 50~60명의 여성 합창단이 자신이 읽는 것을 불쾌하게 따라 한다는

사실을 알아차렸다.[84]

싫든 좋든 초자연적 존재가 작가와 독자의 대화를 방해하기도 한다. 신과 대화를 나눈다던 파리의 한 보좌신부는 자신이 책의 단어를 발음하기도 전에 천사의 목소리가 들린다며 뿌듯해했다. 하지만 어떤 교인은 악마가 자신이 이해한 성서의 내용을 변질시키려고 하는 바람에 성서 읽기를 포기했다.[85] 그는 이 거슬리는 "악마의 목소리가 잘못 읽으면 나도 잘못 읽게 되어 읽기를 그만두었다. 그들은 내가 하나님 가까이에 있도록 놔두지 않았다"라고 말했다.[86] 재치 있는 환자는 두 목소리가 서로 싸우게 내버려뒀다. 한 가나 남성은 성서를 읽어 악마의 목소리를 쫓아냈다. 그러자 악마의 목소리는 부드러운 성령의 목소리로 바뀌었다.[87]

목소리가 서로 경쟁하면 아무리 열성적인 독자라도 집중하기 어렵다. 캐럴 노스Carol North의 《반가워, 침묵Welcome, Silence》에 따르면 노스는 읽는 동안 들리는 목소리를 "책에 집중하는 동안 부드럽게 중얼거리는" 정도의 사소한 방해 요소로 여겼다.[88] 하지만 목소리 때문에 짜증이 치밀거나 괴로워하면서 읽기를 완전히 그만둔 사람도 있다. 한 여성은 책을 읽을 때마다 목소리에 시달렸다며 이렇게 말했다. "전에는 책을 읽었지만 몹시 귀찮았다. 너무 많은 목소리가 나를 도와주려고 했다. 목소리들이 나를 방해하고 따라잡았다. 목소리들은 계속 단어를 바꾸려고 애썼지만 똑같은 말을 되풀이할 뿐이었다."[89] 머릿속에서 울리는 방송도 마찬가지로 방해꾼이었다. 유명 지휘자와 뇌를 공유한다고 주장한 한 여성은 자신의 다른 반쪽이 읽고 있다고 느껴지면 자신은 집중할 수 없었다. 가짜

반쪽이 읽기장벽을 만든 셈이다.[90]

많은 조현병 독자는 '저자의 목소리'라는 표현을 비유로만 받아들이지 못한다. 일부 조현병 독자는 인쇄 매체를 통해 목소리에서 벗어나 숨을 돌렸다. 독일 판사 다니엘 파울 슈레버Daniel Paul Schreber는 1903년 출간된《한 신경병자의 회상록Denkwurdigkeiten eines Nervenkranken》에서 책과 신문을 이용해 자신이 듣는 목소리에 어떻게 저항했는지 설명했다. 그는 프리드리히 폰 실러Friedrich von Schiller의 시를 혼자 낭송하며 환청을 가라앉혔다. 아마도 이런 행동이 다른 목소리를 막았을 것이다.[91] 숨을 참거나 입술을 깨물거나 소리 내 읽는 등의 기술도 메아리와 머릿속에 울리는 목소리를 줄여줬다. 크리스티나 모건Kristina Morgan은 책을 통해 자해하라는 목소리에 대항했다. 그는 "읽기는 때로 다른 현실에서 들리는 목소리를 차단해준다"라고 회상했다. 하지만 여기서 '때로'라는 수식어를 간과해서는 안 된다. 이 말을 한 직후 그는 첫 번째 자살 시도를 했다.[92]

조현병은 "살기 위해 읽는다"라는 디킨스의 명언에 새로운 의미를 부여한다.[93] 켄 스틸Ken Steele은 청소년기부터 환청을 들었다. 라디오와 텔레비전에서 흘러나오는 목소리는 그가 쓸모없고 죽어 마땅하다고 말했다. 하지만 모든 매체가 그에게 등을 돌린 것은 아니었다.《데이비드 코퍼필드》 같은 책에 나오는 일인칭화법은 그런 적대적인 목소리를 가라앉혔다. 스틸은《목소리가 멈춘 날The Day the Voices Stopped》에서 이렇게 설명했다. "목소리들이 배경에서 흘러나오는 라디오 소리처럼 희미해졌다. 그래서 나는 책을 탐닉하기 시작했다. 손에 잡히는 것은 무엇이든 읽었다. 하지만 목소리는 마지막 페이지를 넘기기 무섭게 무대로 뛰어오를 준비를 하고 있었다."[94] 이야기에 집중하면 자살하라고 소리치는 목소리에서 주의를 돌릴 수 있었다. 뭐라도 읽기만 하고 있으면 상관없었다. 그는 머릿속에서 들려오는 목소리를 차단하기 위해 세계대백과사전 한 권을 통째로 읽은 적도 있다. 하지만 안타깝게도 책을 다 읽으면 마음의 평화도 끝났다. "책을 읽다가 멈추면 곧바로 목소리가 커졌다."[95] 라디오나 텔레비전 같은 다른 매체는 책과는 정반대로 목소리를 더욱 키웠다. 스틸 같은 조현병 환자에게 미디어는 최악의 매체였다.

조현병 독자는 책에 너무 몰입할 위험이 있다. 많은 사람이 현실에서 벗어나기 위해 책으로 도피하는 반면 정신질환을 안고 사는 독자는 책에서 도피해야 한다는 문제에 직면한다. 캐나다의 외딴 동네에 사는 마크 보니것Mark Vonnegut은 《안나 카레니나Anna Karenina》《전쟁과 평화War and Peace》 같은 사실주의 문학을 읽으며 시간을 보냈다. 하지만 잭 런던Jack London의 《바다 늑대The Sea-Wolf》를 읽으면서부터 사실주의가 도를 넘기 시작했다. 그는 정신질환 삽화를 이렇게 설명했다. "책 중반쯤부터 모든 것이 너무 사실적으로 느껴지기 시작했다." 보니것은 "그저 한 권의 책 이상임이 분명하다"라는 느낌을 떨쳐버릴 수가 없었다. 편집증적 독자는 모든 것이 자신의 이야기라는 망상을 느낀다.[96] 보니것 같은 독자는 이야기가 재밌어서가 아니라 닥쳐올 결말이 두려워서 책을 끝까지 읽고 싶어하지 않는다.

정말 끔찍한 부분에서는 페이지의 단어가 뒤틀리고 흐릿해졌다. 나는 두세 페이지마다 멈춰서 숨을 고르며 읽어야 했다. 결말이 가까워질수록 상황은 더 나빠졌다. 책을 다 읽으면 내가 죽거나 세상이 멸망하거나 더 나빠질 것이라는 생각에 절대 책을 덮으면 안 되겠다는 확신이 들었다.[97]

이런 숨 막히는 긴장감은 책의 줄거리와는 전혀 관련이 없었고, 허구적인 서사와 자신을 과도하게 동일시하거나 마술적 사고에 굴복하기 때문에 생긴다. 책은 세상을 바꿀 수 있지만 조현병 환자가 생각하는 방식으로는 아니다.

편집증적 독자는 그럴듯한 해석부터 말도 안 되는 이야기까지 숨겨진 의미를 잘 알아차린다. 정신질환이 있는 독자가 텍스트를 만날 때 일어나는 강렬하고 비일관적인 주관적 반응을 **조현병적 오류**schizoaffective fallacy라고 한다.[98] 문학비평가들은 텍스트 해석의 정당성에 한계가 있는지 논의해왔다. 에스키모와 전혀 관련이 없는 이야기인 포크너의 소설 《압살롬, 압살롬Absalom, Absalom》에 관해 '에스키모 읽기(포크너의 소설에 등장하는, 중심인물이 아닌 부차적인 인물 에스키모를 중심으로 읽는 방법–옮긴이)'를 할 수 있는가 하는 문제다.[99] 스탠리 피시Stanley Fish는 아무리 엉뚱한 해석이라도 완전히 무시할 수는 없다고 결론 내렸지만, 그 역시도 적절한 해석 전략이 뒷받침되지 않는다면 극단적인 해석은 받아들일 수 없다는 의견에 동의한다. 정말로 편집증적으로 읽는 사람은 자신의 정당성을 다른 사람에게 설득하는 데는 관심이 없다. 다른 사람이 자신의 해석을 옳다고 생각하든 말든 상관없는 것이다. 반면 문학비평에서 '편집중적 읽기'는 임상적 편집중 환자와 달리 설득과 증거에 의존한다. 편집중 환자는 자신의 왜곡된 세계관을 다른 사람에게 납득시킬 자원이나 동기가 부족하며, 환자가 의심까지 많은 성격이면 자기 자신을 잠재적 공모자로 생각하기도 한다.

편집중적 읽기는 독자가 항상 자신의 해석을 통제할 수 있는 것은 아니며, 반대로 해석 과정이 우리를 선택하기도 한다는 사실을 보여준다. 망상증 환자는 책 내용이 자신의 이야기라고 주장한다.[100] 클리퍼드 휘팅엄 비어스Clifford Whittingham Beers는 1908년 저서 《나의 영혼을 만날 때까지A Mind That Found Itself》에서 정신병원을 전전하며 학대받은 경험을 설명한다. 이 책에서 그는 특정 개인과 상관없는 텍스트에서도 개인적인 의미를 찾아내는 능력을 보여준다. 이때 서사는 조현병 독자와 밀담을 나누기 위한 정교한 도구에 불과하다. 그가 처음으로 정신질환 삽화를 겪었을 때 비어스는 사악한 분신으로 바뀐 가족들이 마법의 등불을 사용해 침대 시트에 메시지를 투사한다고 믿었다.

벽에 손으로 쓴 글씨는 정상인의 마음에 공포를 불러일으켰다. 불쾌한 기억 가운데 하나는 침대 시트에서 내 얼굴을 응시하는 손글씨가 보이기 시작한 것이다. 나는 혼자가 아니었고 주위에 가짜 친척들이 서 있거나 앉아 있었다. 내가 뒤집어쓴 새 시트에서는 곧 내 필체로 쓴 단어, 문장, 서명이 보이기 시작했다. 하지만 그중 어떤 단어도 해독할 수 없었다. 나는 주변 사람들이 그 글자들을 다 읽을 수 있으며 그것을 읽지 못하는 내게 문제가 있다고 굳게 믿었다. 그래서 나는 절망했다.[101]

이 구절에서 다니엘서가 떠오른다. 다만 비어스는 편집증 때문에 자신을 비난하는 글을 읽을 수 없는 사람이 됨으로써 성서의 서사를 뒤집는다. 이런 피해망상 때문에 전능한 정보국이 병원에 있는 자신의 대화를 감시하고 암호 메시지를 통해 연락을 주고받는다는 믿음이 더 강해졌다. 비어스는 이렇게 회상했다. "우울장애를 겪는 내내 모든 인쇄물이 내게 보내는, 나만을 위한 이야기인 것 같았다. 책, 잡지, 신문은 모두 날 위한 특별판처럼 보였다."[102] 조지 엘리엇의 소설은 특히 흥미로웠다. 그는 자신을 박해하는 자들이 소설의 한 구절 이상을 변조했다고 의심했다. 이처럼 타인의 삶에 깊이 공감하는 것으로 유명한 소설가의 작품도 편집증적 독자에게는 자신의 삶을 투영할 수단으로 전락한다.

편집증적 독자에게 자신과 관계되지 않는 글이란 존재하지 않는다. 베네딕트 앤더슨Benedict Anderson의 표현을 빌리면 언론으로 대표되는 '상상의 공동체imagined community'는 불신에 빠진 독자가 외부 세계와 접촉하게 도왔지만 결국 그들은 그 공동체 안에서 자신의 특별한 지위를 확인했을 뿐이다.[103] 예를 들어 리처드 매클레인Richard McLean은 멜버른의 신문 만평을 훑어보며 그 속에서 '비밀 메시지'를 찾았고 아니샤 차투르베디Anisha

Chaturvedi는 자신이 범죄 기사에 등장하는 다음 희생자가 될 것이라고 추측했다.[104] 한 네덜란드 교수는 언론이 개인적인 소통 자료라고 생각하면서, 다리가 부러진 아기들에 대한 기사를 읽고 자신이 상상 속 기관의 명령에 복종하지 않으면 지역 병원의 영아 병동이 공격당할 것으로 확신했다고 고백했다.[105] 다른 사람의 불행이 곧 자신의 불행이 될 수도 있다는 위협을 느낀다면 샤덴프로이데schadenfreude(타인의 불행에서 얻는 행복—옮긴이)는 남 이야기가 된다. 한 여성은 "산 채로 관에 넣어진 남자"라는 제목의 기사를 읽은 뒤 생매장 공포증이 생겼다.[106] 그는 너무 무서웠던 나머지 자신의 시체를 발견하면 묻기 전에 모두 토막 내달라는 상세한 메모를 집안 곳곳에 붙였다.

독자라면 모두 어느 정도는 편집증이 있어야 한다. 편집증적 읽기에서 정부 기관, 공산주의자, 마피아가 으레 적수로 등장하는 것이 꼭 억지는 아니다. 평범한 미국 시민이라도 냉전시대 전선에서 기발한 글쓰기 작업을 장려한 미국 중앙정보국Central Intelligence Agency, CIA의 역할을 떠올리면 국가 권력의 범위에 의문을 품기 시작할 수도 있다.[107] 하지만 평범한 사람과 환자의 결정적인 차이는, 진짜 편집증이 있는 독자는 이 음모를 간파하는 사람이 자기뿐이라고 생각한다는 점이다. 조현병 환자는 정부 기관이 자기 생각을 통제하려고 한다고 망상한다. 예를 들어 커트 스나이더Kurt Snyder는 정신병동 간호사가 가져다준 잡지를 보고 CIA가 그 잡지를 통해 자신과 소통하려고 한다고 확신했다. 이런 관점에서 보면 새로운 직업을 찾는 방법에 대한 기사도 그를 포섭하려는 CIA의 그럴듯한 책략으로 보인다.[108] 이와 비슷하게 한 여성은 아이리스 머독Iris Murdoch의 소설 속 철학을 소련 고위 관료들이 작가를 고용해 자신에게 은밀하게 보내는 지시라고 해석하고, 이에 대한 이의는 모두 계획된 공모로 간주했다.[109]

편집중 상태에서는 모든 텍스트를 암호로 본다. 미라 버르토크Mira Bartók의 조현병이 있는 부모는 딸에게 책, 영화, 텔레비전 쇼에 숨겨진 의미를 주의하라고 경고했다. 그의 어머니는 식물에 관한 무해한 책을 다 읽은 다음 "말이나 글로 적힌 것도 대부분 암호고, 있는 그대로의 의미가 아닌 경우가 많아"라고 설명해줬다.[110] 수전 위너Susan Weiner 역시 자기가 미국에 테러를 일으키려는 사악한 독재자와 CIA, 미국 국가안전보장국National Security Agency, NSA이 벌이는 음모의 중심에 있다고 믿었다. 그는 나중에 이 사실을 아는 사람이라면 다른 사람은 볼 수 없는 확인 메시지를 알아볼 수 있다고 했다. "영화, 텔레비전, 신문에는 그 암호를 읽을 수 있는 사람에게 보내는 정보가 넘쳐났다."[111] 실제로 암호 읽는 법을 알았던 위너는 온종일 신문을 뒤적이며 부패한 당국에 맞서는 상상 속 저항군을 돕기 위한 암호문 통신을 찾았다. 결국에는 향정신성 약물을 복용하며 상상속 반란이 끝나고 그럴듯한 음모론과 병리학적인 음모론을 구분할 수 있게 됐지만 말이다.

환청을 듣는 일부 독자는 피해망상을 겪는다. 자세히 읽기가 아닌 **숙주 읽기**host reading다. 미야니시 가쓰코宮西勝子는 환청 때문에 《홋카이도신문北海道新聞》에 보도된 거의 모든 범죄(폭행, 횡령, 공공장소 음란행위, 심지어 살인까지)의 범인이 자신이라고 확신했다.

신문을 읽으면 겐조의 목소리가 들렸다. "네가 했지, 네가 저지른 일이야." 그가 내 귀에 그렇게 속삭이면 나는 그대로 믿었다.[112]

하지만 동시에 그는 자신의 혐의가 보안국을 조종하는 와루오라는 상상 속 야쿠자가 자신의 머릿속 목소리를 조작해서 생겼다고 주장했다. 그는 와루오가 보낸 자객이 자신을 제거하기 전에 혐의를 벗기 위해 입을 열었다. 그제야 그는 자신이 항상 생각해오던 대로 신문 머리기사의 주인공이 되었다.

하지만 편집증이 있다고 해서 책에 사로잡히지 않는다는 뜻은 아니다. 조현병 독자도 다른 사람과 같은 이유로 책에 빠져든다. 실비아 플라스Sylvia Plath의 《벨 자》는 1963년 출간된 이래 정신질환을 안고 사는 사람들에게 큰 영향을 끼쳤다. 소설의 주인공 에스더 그린우드는 평범한 여성인 동시에 정신질환이 있는 인물이기도 하다. 주인공의 증상은 아마도 우울장애나 **양극성장애**로 추정되는 플라스 자신의 고통을 빗댄 것으로 보인다. 1950년대 경직된 미국 사회에서 스스로 만족스러운 역할을 찾으려던 그린우드의 노력에 많은 여성이 공감했다. 하지만 정신질환의 징후를 잘 아는 일부 독자에게는 주인공의 고통스러운 증상이 다른 의미로 다가왔다. 이들은 그린우드가 제임스 조이스James Joyce의 《피네건의 경야 Finnegans Wake》에 집중하지 못하는 이유가 단지 취향이 아니어서만은 아니라는 사실을 알아챘다. 이런 독자는 책장을 넘기다가 눈앞에 환각이 보이거나 비인격화되는 느낌을 알고 있다. "어렴풋이 익숙한 단어들이 유령의 집 거울에 비친 얼굴처럼 이상하게 일그러진 채 지나갔고, 내 머릿속 매끄러운 유리 같은 표면에는 아무런 인상도 남기지 않았다."[113] 그린 우드에게 읽기장벽은 자아 밖으로 나갈 수 없는 마음을 보여준다. 실제로 자신의 마음을 잃어버린 사람만이 이 허구의 인물에게 공감할 수 있다. 한 구절에서 그린우드는 독자에게 이렇게 털어놓는다. "미친 사람이 나오는 이야기만 내 머릿속에 박히고 나머지는 모두 날아가버렸다."[114] 플라스의 열렬한 독자들도 마찬가지로 느꼈을 것이다.

조현병이 있는 여성들은 여러 수기에서 플라스의 소설이 자신에게 끼친 영향을 언급한다. "이 사람 바로 나잖아!"라며 소설 속 주인공과 자신을 동일시하는 것은 젊은 여성 독자의 전형적인 모습이다.[115] 하지만 조현병 독자는 일반 독자를 훨씬 뛰어넘어, 정신질환에서 나타나는 특정 증상을 문자 그대로든 은유적으로든 자신과 동일시한다. 예를 들어 로리 실러Lori Schiller는 환청이 들리기 시작한 바로 그해 고등학교 문학 수업에서 《벨 자》를 처음 접했다. 실러는 일기에 이렇게 썼다. "책을 읽고 이렇게 감정적으로 고양된 적은 처음이다. 망가진 에스더 그린우드, 어쩌면 실비아 플라스의 증상은 내 증상과 꼭 같았다. 물론 전부는 아니지만 아주 비슷했다. 어쩌면 나도 미쳐가고 있는지 모른다."[116] 이는 사회학적 진단이 아닌 정신과적 진단이었다. 보통의 독자들은 자신의 사회생활을 그린우드의 경험과 비교한 반면 실러는 증상을 비교했다. 누가 더 많은 밤을 연속으로 자지 못했는지 비교한 것이다. 23 대 21로 실러가 가까스로 이겼다.

이와 비슷하게 저명한 법학 교수인 엘린 색스^{Elyn Saks}는 플라스가 묘사한 고립, 관계 단절, 사회적 불안이 특히 예민한 독서광 청소년에게 영향을 끼친다는 사실을 깨달았다. 동시에 엘린 색스는 주인공의 정신건강 악화가 작가의 개인적 경험에서 비롯되었다는 사실도 감지했다. 그러던 어느 날 퇴근길에 집에 투영된 "자세히 보면 찾을 것이다"라는 환각 메시지를 본 엘린 색스는 플라스를 떠올렸다."[117] 이 문구는 확증편향 confirmation bias 때문에 **자세히 읽기**가 어느 순간 **너무 자세히 읽기**로 빠져버리는 조현병 독자의 좌우명이 된다.

보이지 않는 글자를 보는 사람들

텍스트 환각은 **마음 읽기**의 가장 극단적인 형태다. 편집증적 독자가 텍스트에서 다른 사람은 보지 못하는 **그것**, 곧 바르트가 말한 과잉부호화의 정신병적 형태를 본다면, 지금부터 살펴볼 환각 독자는 다른 사람에게 보이지 않는 텍스트를 본다. 뇌의 시각 피질, 특히 읽기와 관련해 시각적인 단어 형태를 인식하는 영역이 과도하게 활성화되면 개별 글자가 보이거나 벨사살왕의 연회 이야기처럼 벽에 전체 문장이 나타나는 등 **어휘 환각**이 일어난다. 해독이 아닌 **선행부호화** precoding(해독할 글이나 자극을 스스로 만들어내는 병리적 정신 과정-옮긴이)라 할 만한 텍스트 환각은 적어도 독자의 머리 바깥에는 읽을 것이 하나도 없는 상태에서도 읽기가 가능함을 보여준다.

　환시는 읽기에 다방면으로 영향을 끼친다. 먼로 콜^{Monroe Cole}은 뇌졸중을 겪은 뒤 개, 말, 사람 같은 환영을 보기 시작했다. 그리고 오른쪽 시야를 대각선으로 가로지르는 가느다란 파란 선 때문에 책을 읽으려 할 때마다 주의가 흐트러졌다. 이는 노화 때문에 시야에 작은 점 같은 부유물이 떠다니는 증상과도 비슷하다.[118] 페이지 자체에서 환각을 보는 사람도 있다. 노인 환자들은 신문 사진 속 인물을 실제 사람처럼 대한다. 준^準사회활동이 아닌 그야말로 진짜 사회활동인 셈이다. 방 안을 돌아다니는 이 인물들에게 말을 걸거나 음료수를 권하기까지 한다.[119] 단순히 책을 펼치는 것만으로도 다른 인물들이 찾아오기도 한다. 한 80세 여성은 뇌경색을 겪은 다음 비즈니스 정장부터 카우보이 복장까지 다양한 옷을 입고 "마치 그림자 속에 있는 듯한" 얼굴 없는 남자들이 보이기 시작했다.[120] 우연히 나타난 이 독서모임 회원들은 책을 읽기 시작하자마자 그의 주위로 모여들었고 읽기를 멈추는 순간 흩어졌다.

　신경생리학 실험에 따르면 뇌 속에 가상 캐릭터가 있는 경우도 있다. 뇌전증 치료법의 하나로 샤를 페로^{Charles Perrault}의 《장화 신은 고양이^{Puss in Boots}》를 읽던 한 여성의 사례를 통해 이 사실이 밝혀졌다. 환자의 뇌에 전극을 부착하고 자극하자 동화책에서 본 고양이가 환각으로 나타났다. 여성의 증언에 따르면 찻주전자 정도의 키에 종이처럼 납작한 상상 속 고양이가 눈앞의 책에 나타났다가 침대 옆으로 움직였고 가까이 다가가려고 할 때마다 사라졌다.[121] 실험실 장비로 자극하지 않아도 책 속 이미지가 뇌에서 튀어나오기도 한다. 발작 중 환시를 겪을 때 보통은 얼굴, 사물, 장면이 보이지만 단어가 나타나기도 한다. 한 프랑스 청소년은 머리에 부상을 입은 뒤부터 '낙타' '가위' '자동차' '테이프리코더' 같은 검은색 단어를 보기 시작했다. 모두 발작 전에 사용했거나 생각했던 물건이었다.[122]

노인들은 텍스트 환각을 겪은 뒤 판단력을 잃게 될까 봐 걱정한다. 게르다 손더스Gerda Saunders는 검은색과 빨간색 에어리얼체 글자들이 줄지어 눈꺼풀을 가로지르는 것을 보고 자신이 '멍하니 미쳐간다'고 느꼈다.[123] 치매에 걸린 한 여성은 마치 생각이 공중에 매달려 있는 듯 자기 생각을 읽기 시작했다. 4장에서 설명한 전신기 독자가 떠오르는 마음 읽기다. 이 여성은 이렇게 설명했다. "내 생각이 눈앞에 문장으로 보여요. 예를 들어 친구와 나눈 대화를 생각하면 내가 친구에게 한 말이 문장으로 보여요. 영화 자막을 읽듯이 그 문장을 읽을 수 있어요."[124] 그는 대화 중에도 소리 내어 읽는 습관이 있었다.

시각장애인도 촉각적인 인쇄물을 볼 수 있다는 사실에서 알 수 있듯이 마음 읽기에서는 뇌가 가장 중요하다. B. H.라는 한 미국 여성은 자신이 일했던 공장을 떠올리자 '방위 공장'이라는 글자가 보였다. 그는 이 문구에 대해 "손 글씨나 활자로 떠오르지는 않아요. 점자로 쓰인 글자가 마치 이마나 눈앞에 있는 것 같았어요"라고 설명했다.[125] 이런 이미지는 우리가 눈이나 손가락이 아니라 뇌로 읽는다는 사실을 다시 한번 상기시킨다. 직관적인 생각과 달리 시력을 잃으면 환각이 흔하게 일어난다. 샤를보네증후군Charles Bonnet syndrome(시력장애가 있는 환자가 뇌의 시각 경로가 손상되어 환시를 보는 질환-옮긴이)이 있는 사람들을 대상으로 한 설문조사에 따르면 이들 가운데 약 25퍼센트가 텍스트 환각을 경험했다. 이들 대부분은 낱글자, 개별 단어, 무의미한 글자열이 나타나는 환각을 봤다. 앞서 설명했듯 진짜 사물이 아니라 상상의 **그것**을 보는 것이다.[126] 이들이 보는 텍스트는 검은색으로 타이핑된 문장부터 천장에 쓰인 글씨까지 볼 때마다 형태가 바뀌었고, 꿈에서처럼 의미 없는 언어나 해독할 수 없는 암호로 나타난다. 환각 단어는 올리버 색스가 "글자를 닮은 신비한 룬문자 Runes"라 불렀던, 꿈에서 언뜻 보이는 유사 단어와 비슷하다.[127]

올리버 색스는 벽에 새겨진 글자, 단어, 문장을 보는 사람부터 이메일에 어머니의 얼굴이 겹쳐 보인 여성까지 수많은 텍스트 환각 사례를 기록했다.[128] 색스의 질문에 응답한 사람 가운데 한 명은 어떤 언어에도 속하지 않는 단어를 봤다. 모음이 없는 단어도 있고 모음이 너무 많은 단어(skeeeekkseegsky)도 있었다. 너울거리는 단어 각각을 알아보지는 못하지만 자기 이름의 일부나 왜곡된 부분(Doro, Dorthoy 등)은 알아보기도 했다.[129] 눈앞에 펼쳐진 책에 인쇄된 문장을 무의식적으로 악보로 변환한 환자도 있다. 그는 신문을 '연주'하려고 애썼지만 실패했다. 대부분의 어휘 환각을 알아볼 수 없듯이 이런 환각 악보도 대체로 연주할 수 없다.[130] 색스는 누구나 이런 환각을 겪는다고 적었다. 심지어 자신이 직접 겪기도 했다. 그의 원고에는 적어도 한 번의 어휘 환각을 포함해 자신의 환각 경험에 대한 이야기가 있다. 역사학자 기번이 썼다는 어떤 구절

은 신경과 의사인 색스가 상상으로 지어낸 어휘 환각이라는 사실이 밝혀졌다.[131]

지금까지 언급된 환각은 거의 읽을 수 없다. 하지만 문법적으로 올바른 일관된 문장을 보는 사람도 있다. 78세인 한 사람은 뇌졸중에서 회복된 다음 일주일에 여러 차례 벽에 쓰인 메시지를 봤다. 검은색과 붉은색 글씨로 된 메시지는 주로 지침이나 경고였다. "생선 먹지 마시오." "알약 먹지 마시오." "그들이 당신 돈을 가져간다."[132] 이런 시각적 지시는 조현병 환자가 겪는 청각 명령과 비슷했다. 그는 "내 생각이 적혀 있는 것이 보인다"라고 설명했다.[133] 그는 그 메시지가 실제가 아니라는 것을 알면서도 공중에 떠 있는 메시지를 다른 가족도 읽을 수 있다고 믿은 적도 있고, 심지어 딸에게 뜨거운 차를 부으라는 명령에 따른 적도 있다.

샤를보네증후군이 심해지면 끊임없이 문자를 본다. 읽기로 도피하기는커녕 오히려 탈출구가 없는 방에 갇혀 어쩔 수 없이 읽는 상태에 가깝다. 신경과 의사 에릭 니먼Eric Nieman은 녹내장 때문에 시력이 저하되면서 매일 점점 더 괴로운 텍스트 환각을 보기 시작했다.[134] 눈을 뜨고 있든 감고 있든 눈부신 활자에 짙고 환한 안개가 껴 있는 것 같았다. 어떤 날은 소문자에 옅은 초록색 안개가 껴 있고 다른 날에는 새로운 활자가 덧대진 흰색 대문자에 짙은 회색 안개가 껴 있었다. 자신이 본 의학 용어, 지인의 말, 오디오북이나 라디오에서 들리는 연설 구절들이 환각으로 나타났다. 샤를 보네Charles Bonnet는 이런 환각을 그저 '뇌의 장난'이라고 표현했다. 환각이 무해하다는 사실을 알더라도 괴로움이 줄어들지는 않는다.[135] 한때 독서광이었던 니먼은 자신이 끝없는 이야기에 갇혀버렸다고 생각했다.

읽는 삶의 끝에서

이 장에서는 사람들이 책을 만날 때 환각이 어떤 영향을 끼치는지, 다시 말해 읽기가 해독이 아닌 선행부호화, 재부호화, 과잉부호화 수단으로 작동하는 경우를 살펴보며 시작했다. 벨로가 '만들 필요가 없는 허구'라고 불렀던 환각은 책에서 비롯되는 심상의 극단적인 형태이자 읽기 경험 자체의 모사이기도 하다.[136] 이 책에서 살펴본 다른 질환과 마찬가지로 환각 역시 모든 독자가 인식하는 심상의 스펙트럼으로 생각해야 한다. **그것**이 보이는 일부 독자는 허구와 현실 세계를 구분하는 것을 어려워하며, 뇌가 텍스트 해석에 끼치는 영향을 보여준다. 모든 독자가 자신이 읽고 있는 내용이 진짜인지 확신하지는 못한다. 그럼에도 독자라면 자신을 믿고 앞으로 나아가야 한다. 이런 생각이 독자를 편집증에 빠트릴 수도 있지만 말이다.

자신의 삶을 구하기 위해 책을 읽은 사람부터 책을 읽어서 죽게 된 사람까지 다양한 사례를 살폈다. 하지만 읽기는 여기에서 끝나지 않는다. 놀랍게도 **근사체험**near-death experience 경험담에서도 책이 두드러지게 등장한다. 읽기는 사후에도 계속되는 모양이다. 생존자의 이야기에서는 다양한 감각이 반복해서 나타난다. 이들은 몸 밖을 떠다니거나 빛을 향해 나아가거나 다른 세계로 들어가거나 영적 존재를 만나거나 황홀경을 경험한다.[137] 책과 마주하기도 한다. 사람들이 삶의 마지막 순간에 보는 것 중 하나가 책이다. 많은 생존자가 신약성서 요한계시록을 끌어와 경험을 설명한다. "나는 죽은 사람들이 큰 자나 작은 자나 할 것 없이 모두 그 보좌 앞에 서 있는 것을 보았다. 그리고 책이 펼쳐져 있었다."[138] 행간을 읽을 필요는 없다. 생명의 책에 이름이 기록된 사람은 최후의 심판에서 구원받을 것이고, 그러지 않은 사람은 불구덩이에 던져질 것이다.

벼랑 끝까지 갔다 온 사람들의 증언 속 기독교적 종말론을 은유하는 책은 필연적으로 실제 책의 형태로 나타난다. 책은 문화적으로 구체적인 세부 사항을 기록해 개인의 배경, 믿음, 기대와 일치하는 다른 세상에 대한 비전을 제시한다. 일부 문헌에 따르면 성 베드로 St. Petrus는 천국의 문에서 가죽으로 제본된 고서를 들고 죽은 자를 기다리고 있다. 다른 기록에 따르면 천사들이 높이 1,600미터, 너비 1,200미터에 이르는 책을 넘기고 있다.[139] 텍사스주의 목사 게리 우즈 Gary Woods는 교통사고로 죽을 뻔했다가 살아난 다음 천국의 문에서 책을 들고 있는 천사를 만났다고 증언했다. 그는 다음과 같이 죽은 친구 존의 안내를 받으며 도시를 여행했다고 설명했는데, 이는 사후세계에도 문해가 존재한다고 암시한다.

존은 나를 도서관처럼 보이는 아주 큰 건물로 안내했다. 벽은 순금으로 되어 있고 크리스털처럼 빛나는 돔 천장이 높게 솟아 있었으며 그

사이로 빛이 눈부시게 반짝였다. 그리고 수백 권의 책이 보였다. 책 표지마다 알파벳 글자가 하나씩 금으로 아름답게 새겨져 있었다. 천사들 여럿이 책을 읽고 있었다.[140]

우즈가 본 천국은 내가 상상하는 천국과 몹시 비슷하다. 근사체험 보고를 통해 우리가 천사와 함께 계속 읽으리라는 점을 확인할 수 있다. 성서의 영향 때문일 수도 있고 환각 경험에 책 이미지가 흔하게 나오기 때문일 수도 있고 천사들도 우리만큼 책 읽기를 좋아하기 때문일 수도 있다. 생존자의 증언만 보면 천국에는 읽기를 가로막는 장벽이란 없어 보인다.

6장

읽기는 어떻게
삶이 되는가

'나'의 바탕이 되는 기억과 서사

해마다 《햄릿》을 읽은 소감을 적는 것은
사실 자서전을 쓰는 것과 마찬가지다.

버지니아 울프

테리 프래쳇Terry Pratchett은 2010년 BBC 방송 〈리처드 딤블비 강의Richard Dimbleby Lecture〉에서 "죽음과 악수하기Shaking Hands with Death"라는 제목의 강연으로 강단에 서는 영광을 얻었다. 좀 더 정확히 말하자면 '테리 프래쳇 대역 배우'가 말이다. 많은 사랑을 받는 판타지 소설 작가인 프래쳇은 단어를 해독하는 능력을 서서히 잃는 희귀한 **알츠하이머병**Alzheimer's disease 진단을 받았기 때문이다.¹ 작가에게는 특히 가혹한 형벌이다. 프래쳇은 말기 알츠하이머병 환자가 마주한 어려움에 대한 대중의 인식을 높이기 위해 대역을 써서라도 텔레비전 강연을 하고 싶어했다. 프래쳇은 텔레프롬프터 자막을 따라 읽을 수 없었고 강연 원고도 기억할 수 없었기 때문에 도입부만 직접 강연하는 것에 동의했다. 그는 대역에게 마이크를 넘겨주기 전 청중에게 "유감스럽게도 내가 겪는 병의 특성상 오늘 강연 내용을 끝까지 읽어나가지는 못할 것 같습니다"라고 설명했다.² 프래쳇이 알츠하이머병에 걸린 유일한 작가는 아니었다. 애거사 크리스티Agatha Christie나 아이리스 머독도 알츠하이머병에 걸렸다고 알려져 있다.³ 하지만 프래쳇은 기억장애가 쓰기뿐 아니라 읽기에도 영향을 끼칠 수 있다는 사실을 이례적으로 솔직하게 보여줬다.⁴

인생의 시작에서 읽기를 배우는 일부터 시작한 이 책은 마지막 장에서 인생의 황혼기를 맞아 읽기를 잊는 일을 다루며 큰 순환을 마무리하려고 한다. 문해력은 셰익스피어가 '제2의 유년기'라고 표현했던 노년기에 진입하며 잃게 되는 여러 기술 가운데 하나다.[5] 하지만 이런 일을 일으키는 범인은 나이가 아니라 신경질환으로 밝혀졌다. 치매나 알츠하이머병 같은 뇌질환을 겪는 사람은 책에 집중하거나 정보를 유지하기 어려워한다. 단기 기억력 감퇴, 집중력 저하, 언어능력 저하를 동반하는 점진적인 인지저하 때문이다.[6] 치매가 독자에게 끼치는 영향은 다시 한번 《걸리버 여행기》에서 노년에 접어든 불사인간 스트럴드블럭의 말로 잘 요약할 수 있다. "문장 시작부터 끝까지 기억을 끌고 갈 수 없어서 독서에 재미를 느끼지 못한다".[7]

노년기에 장애를 일으키는 가장 큰 원인인 **치매**에 걸리면 전반적인 인지저하로 이어지는 다양한 증상이 나타난다.[8] "사람의 마음(mentia)에서 떠난다(de-)"는 뜻의 라틴어에서 유래한 치매를 유발하는 원인은 여러 가지지만 가장 흔한 원인은 알츠하이머병이다. 이 질병은 끊임없이 진행되며 결국 인지력을 모두 파괴하는 신경퇴행성 뇌질환이다.[9] **기억상실**은 치매와 알츠하이머병의 특징적인 증상이므로 이 장에서는 두 용어를 함께 사용할 것이다. 인지저하는 질병이며 정상적인 노화 과정이 아니다. 예를 들어 토머스 칼라일Thomas Carlyle은 84세라는 나이에도 셰익스피어의 작품을 읽었다. 치매의 주요 위험 인자는 고령이다.[10] 어느 정도의 기억력 저하는 누구나 겪을 수 있다. 등장인물의 이름을 잊는 등의 인지저하는 읽기장벽이 아니라 심리학자들이 **차폐**^{blocking}(기존의 자극이 새로운 자극의 처리를 방해하는 현상-옮긴이)라고 부르는 증상이다.[11] 하지만 알츠하이머병으로 인한 기억력 저하는 시간이 흐르며 점차 심각해지고 삶에 큰 영향을 끼친다. 정신이 서서히 사라지며 알츠하이머병의 영향을 직접 받는 당사자는 물론 그와 가까운 사람에게도 트라우마를 남긴다.

기억은 우리 삶의 거의 모든 활동에 필요하다. 기억이 없으면 말하지도 사물을 인식하지도 못하며 당연히 읽을 수도 없다. 단어의 의미를 기억하는 능력부터 소설의 줄거리를 떠올리는 능력까지 모두 사라진다. 기억상실을 직접 겪은 한 심리학자는 "단어가 예전의 풍부한 의미를 잃었다"라고 표현했다.[12] 읽기능력 평가는 치매 유무를 판단하는 데도 사용된다. 가장 간단한 검사에서는 의사가 환자에게 어떤 책을 읽고 있는지 묻거나《리더스 다이제스트》에 나오는 이야기를 요약해보라고 한다.[13] 좀 더 전문적인 검사에서는 국가성인읽기검사^{National Adult Reading Test, NART}를 사용해 인지저하 정도를 측정한다.[14]

기억장애는 우리 행동이 기억에 얼마나 많이 의존하는지, 뇌기능에 변화가 일어나면 이런 능력이 얼마나 쉽게 사라지는지 보여준다. 기억이 없다면 대니얼 샥터^{Daniel Schacter}와 일레인 스캐리^{Elaine Scarry}가 **영원한 현재** ^{eternal present}라고 부른 상태에서 살게 된다.[15] 사람들은 지각하고 생각하고 느낀 것을 기억으로 바꾼다. 곧 **부호화** 단계다.[16] 우리는 부호화된 경험을 기억하고 나머지는 잊는다. 따라서 대부분 사람에게 책을 읽는다는 것은 문장을 해독하고 기억에 부호화해서 저장하는 과정 전체를 의미한다. 하지만 이 장을 읽는 독자도 자신이 읽은 것을 기억하지 못할 수 있다. **부호화 없는 해독**이 일어난다는 뜻이다. 조지 로버트 기싱이 쓴 《헨리 라이크로프트 수상록》에서 라이크로프트가 맹세한 대로 "나는 끝까지 읽고, 잊을 것이다"라는 말을 병리학적으로 표현한 것이다.[17]

읽은 내용을 잊는 것이 반드시 노화의 징후는 아니다. 예를 들어 미셸 드 몽테뉴Michel de Montaigne나 찰스 다윈이 읽은 내용을 기억하지 못한다고 인정해도 그들의 정신건강을 걱정하는 사람은 없을 것이다(몽테뉴는 《수상록Les Essais》 중 〈독서에 대하여〉라는 장에서 자신을 "기억을 유지할 수 없는 사람"이라고 묘사했다).[18] 책을 절반쯤 읽었을 때 전에 읽었던 책이라는 사실이 뒤늦게 기억난다고 해서 치매는 아니다. 심리학자들은 일찍이 독자가 읽은 내용 대부분을 잊고 요점만 대략 기억한다는 사실을 알고 있었다.[19] 소설가 쿤데라는 자신이 기억을 유지하는 능력을 잃고 있다는 사실을 실시간으로 기록했다. "책장을 넘기는 사이에 방금 읽은 것을 잊었다."[20] 하지만 이 장에서 다루는 사례는 단순한 인지저하나 기억력 저하 이상의 증상이다. 이 독자들은 윌리엄 제임스의 표현을 빌리면 "망각이 습득보다 우세하며 오히려 습득이 아예 없는" 인생의 어느 시점에 이른 사람들이다.[21] 병적인 기억상실은 결국 읽기장벽에서 절정에 이른다. 은퇴한 뒤 프루스트의 작품을 읽으며 시간을 보내는 사람도 있지만 "프루스트가 누구야?"라고 묻는 사람도 있다.

더 흥미로운 사실은 읽기능력을 잃은 다음에도 책은 여전히 치매 환자들의 삶에 남아 있다는 점이다. 치매를 겪는 사람은 책에 긴 작별을 고

한 뒤에도 밤새 책을 손에서 놓지 못한다. 이들은 가브리엘 가르시아 마르케스Gabriel García Márquez의 《백 년 동안의 고독One Hundred Years of Solitude》에 등장하는 인물들과 비슷하다. '의자' '소' '신은 있다'처럼 기억나는 것을 모두 손으로 써서 기억을 잃지 않으려고 버티는 사람들 말이다.[22] 도식적으로 말하면 치매 초기에는 가끔 기억을 깜빡하는 것 외에는 문제없이 글을 읽을 수 있다. 중기가 되면 이해력이 점차 저하되어 읽은 내용을 이해하거나 문장의 의미를 파악하고 기억하기가 어려워진다. 말기가 되면 읽기에 더 이상 관심을 보이지 않는다. 하지만 말기 단계에도 여전히 책에서 즐거움을 찾는 사람들이 있다. 그 방법이 삶의 끝을 거부하는 것일지라도 말이다.

치매와 함께 살아가는 삶에 관한 증언을 살펴보면 줄거리나 회고적 서사 이해 등에 비해 저평가된 읽기의 측면이 드러난다. 앞으로 살펴보겠지만 치매 환자의 읽기는 전체 서사를 이해하는 것부터 한 페이지, 문장, 구문에 빠져들어 그저 계속 읽어나가는 것까지 다양하다. 책에 얹힌 글자를 이해하지 못하는 사람도 손가락으로 글자를 따라가거나, 이해하지 못한 채로 글자를 발음하면서 단어를 읊조리거나, 책 속의 그림을 보는 것으로 만족한다. 그저 책을 곁에 두는 것에 만족하기도 한다. 따라서 이 장은 읽는 방법을 잊어가는 이야기이기도 하지만, 일반적인 의미의 읽기를 중단한 지 한참 뒤에도 계속 읽는 방법을 찾는 이야기이기도 하다.

너무 많이 기억해도 읽을 수 없다

기억하지 못하는 독자를 살펴보기 전에 잊지 못하는 독자에 관해 잠시 생각해보자. 노망의 반대말은 신동이다. 어린 천재들은 기억력이 뛰어나 어렵지 않게 암기한다. 새뮤얼 존슨은 어릴 때 어머니가 "샘, 이거 외워야 해"라며 주기도문을 주자 몇 분 만에 암송했다.[23] 헤스터 마리아 스레일Hester Maria Thrale이라는 학생은 여섯 살 때 "머릿속에 작은 그리스·로마사 백과사전이 있었다".[24] 두꺼운 책을 전부 기억한다는 아이들도 있다. 빌나 가온Vilna Gaon으로 알려진 유명한 랍비 엘리야 벤 솔로몬 잘먼Elijah ben Solomon Zalman은 네 살 때 히브리어 성경을 암기했고 이후 책 2,500권을 외워 자유자재로 인용했던 것으로 유명하다.[25] 신동은 지능만큼이나 암기력도 뛰어나다. 휘호 흐로티위스Hugo Grotius, 고트프리트 빌헬름 폰 라이프니츠Gottfried Wilhelm von Leibniz, 블레즈 파스칼Blaise Pascal 같은 천재들처럼 존슨 역시 자신이 읽은 내용은 하나도 잊지 않았다고 한다.

책이 귀했던 시대에는 기억력이 귀중한 기술이었다. 고전 교육에서는 시모니데스Simonides가 개발하고 기원전 86~82년경 쓰인 《헤레니우스를 위한 수사학Rhetorica ad Herennium》 등의 교과서를 통해 널리 알려진 기법을 이용한 기억력 훈련을 중요시했다. 대*플리니우스가 기록한 특별한 기억력을 지닌 사람의 목록에는 그리스인 카르마다스Charmadas처럼 책을 통째로 기억하는 사람도 있다. 카르마다스는 "누군가 책의 내용을 인용해달라고 하면 도서관의 어떤 책이든 마치 그 책을 읽는 듯 내용을 암송했다"고 한다.[26] 과거에는 호메로스나 베르길리우스의 책에 담긴 글귀를 하나도 빼놓지 않고 암송하는 일이 흔했다. 예를 들어 아우렐리우스 아우구스티누스는 친구 심플리키우스Simplicius가 베르길리우스의 책을 거꾸로 암송할 수 있다고 주장했다.[27] 토마스 아퀴나스Thomas Aquinas와 아시시의 성 프란치스코San Francesco d'Assisi 같은 중세 학자들은 책 전체를 암송하는 능력으로 유명했다. 극작가 벤 존슨Ben Jonson도 40대에 이르러 기억력이 '많이 떨어졌다'고 불평하기 전까지는 책을 통째로 기억했다.[28]

스마트폰의 시대에도 기억력은 한물간 능력이 아니다. 오늘날의 전문 기억술사mnemonist도 여전히 고대에 책을 기억하기 위해 사용했던 연상기억법mnemotechnique을 사용한다. 최근에도 세계기억력대회World Memory Championships에서는 미발표된 시를 암송하는 과제를 내며 고대와의 유대감을 뽐낸다(제1회 대회의 과제는 테드 휴스Ted Hughes의 시였다). 참가자들은 약 50행의 시를 15분 동안 암기한 다음 30분 동안 가능한 한 많은 연을 철자, 대소문자, 구두점까지 모두 원문과 똑같이 암기해야 했다.[29] 참가자 대부분은 베드로 크리솔로고Peter Chrysologue, 곧 라벤나의 베드로 같은 기억법을 사용했다. 허풍이긴 하겠지만 라벤나의 베드로는 푸블리우스 나소 오비디우스Publius Naso Ovidius의 시 수천 편을 암송했다고 한다.[30] 조슈아 포어Joshua Foer라는 저널리스트는 《1년 만에 기억력 천재가 된 남자Moonwalking with Einstein》 중 〈세계기억력대회의 첫 종목, 시 암송〉이라는 장에서 처음으로 세계기억력대회 출전을 준비하며 '기억의 궁전memory palace'으로 불리는 **장소법**method of loci을 이용해 《노턴 현대 시선집Norton

Anthology of Modern Poetry》을 암송한 자신만의 방법을 설명한다. 캐럴의 무의미시 〈재버워키jabberwocky〉에서 브릴리그brillig(오후 4시)와 슬라이디 토브즈slithy toves(부들부들하고 끈끈한 오소리 같은 괴생물체)라는 단어(둘 다 캐럴의 시에 등장하며 작가 스스로 창조한, 의미를 알 수 없는 신조어−옮긴이)를 심상으로 어떻게 옮겨야 할지 난감해지기 전까지는 이 방법이 먹혔다.[31]

　예비 연상기억자들은 수 세기 동안 1만 줄이 넘는 존 밀턴John Milton의 서사시 《실낙원》을 외우면서 자신의 기억력을 시험했다.[32] 토머스 배빙턴 매콜리Thomas Babington Macaulay와 마티노는 어릴 때 이 시구를 외우는 데 전념했다. 매콜리는 아무것도 읽을 수 없는 상황이 되면 밀턴의 시구를 머릿속에서 정독했다.[33] 독서광이었던 매콜리는 수백 권의 책을 한 번만 봐도 통째로 암송할 수 있었다. 그의 조카는 이 역사학자가 "한 번만 보고도 활자를 완전히 이해하는 범상치 않은 능력"을 지녔다고 회상했다.[34] 수학자 알렉산더 에이킨Alexander Aitken도 청소년기에 밀턴의 서사시를 암기했다. 이런 재능은 제1차 세계대전 도중 그의 소대에서 병사 명부가 사라졌을 때 빛을 발했다. 참호전 때문에 스트레스를 받아 기억과 다중에 빠진 그는 사라진 명부에 기재된 소대원의 이름과 군번이 눈앞에 '마치 그대로 펼쳐지는' 듯 봤다.[35] 하지만 에이킨이 아무거나 기억하지는 않았다. 이름, 날짜, 위치, 숫자, 음악, 문학 등 관심 있는 자료만 기억했다. 그가 혐오스럽다고 생각한 임의의 숫자나 정보는 기억에 남지 않았다.[36] 에이킨의 선택적 기억은 실험심리학자 프레더릭 바틀릿Frederic Bartlett이 말한 '의미를 추구하는 노력effort after mean'에 해당한다. 다시 말해 개인적인 관심, 문화적 기대, 일반적인 지식 같은 주관적 요소가 이야기를 기억하는 능력에 영향을 끼친다.[37]

기억상실은 읽기를 어렵거나 심지어 불가능하게 만들기도 한다. 그렇다고 정반대 상황이 낫다는 것은 아니다. 범상치 않은 기억력 역시 읽기를 방해한다. 언어학자 존 레이든John Leyden은 어떤 문서든 한 번 읽고 외울 수 있었지만 그는 자신의 뛰어난 기억력이 불편하다고 느꼈다. 어떤 내용을 찾으려면 서류함을 뒤지듯 마음속에서 문서 전체를 다시 훑어야 했기 때문이다.[38] 또한 **기억**과 **이해**는 다르다. 기억술사는 정신보다 감각이 우위에 있다는 이유로 비판 받는다. 《탈무드Talmud》 전체를 기억하는 사람도 그 의미는 거의 이해하지 못한다는 의심을 받았다.[39]

완전 기억total recall은 읽기능력에 해를 입히기도 한다. 14세 이후로 일어난 일을 모두 기억한 질 프라이스Jill Price는 최초로 **과잉기억증후군**hyperthymestic syndrome(그리스어로 '과도한 기억'을 뜻한다)을 진단받았다. 이 질환은 오늘날 매우 뛰어난 자전적 기억highly superior autobiographical memory, HSAM으로 불린다.[40] 2장에서 소개한 사람들은 긴 문자열이나 숫자처럼 개인적이지 않은 정보를 기억하는 비범한 능력이 있었지만 프라이스는 개인적인 정보만 기억했다. 날짜를 주면 그날 오후에 무엇을 했는지 정확히 말할 수 있었다. 사실 프라이스는 과거에 관한 생각을 멈출 수 없었다. 멈춤 버튼 없이 머릿속에서 끊임없이 재생되는 홈 비디오와 비슷했다. 아이러니하게도 프라이스의 천재적인 기억이 학업에 거의 도움이 되지 않았다. 암기가 필요한 교육제도에서 뛰어난 기억력은 자산이 될 것 같지만 프라이스는 끊임없이 흐르는 기억 때문에 개인적이지 않은 다른 문제에는 집중하기가 어려웠다. 또한 에이킨처럼 산술, 과학, 언어 등 개인적으로 흥미가 없는 분야는 기억하는 데 애를 먹었다. 그는 이렇게 설명했다. "시를 외울 수는 있지만 몹시 고통스러웠다."[41] 그의 기억은 문학과 삶 사이에 뚜렷한 선을 그었다.

개인적이지 않은 정보를 기억하면 읽기가 특히 어려워진다. 4장에서도 잠깐 소개한 러시아의 연상기억자 셰레셰프스키는 연상기억장치, 타고난 적성, 공감각을 조합해 눈부신 기억력을 선보이며 무대 경력을 쌓았다. 예를 들어 그는 이탈리아어를 할 줄 몰랐지만 단테의 《신곡》 낭독을 들은 지 15년 뒤에도 문장을 정확하게 기억해냈다. 단어를 그래픽 이미지(여러 가지 색의 얼룩, 반점, 선 등)로 변환하는 독특한 공감각 반응 덕분에 그는 기나긴 이야기를 수월하게 기억했다. 심리학자들이 **지각 연쇄**perceptual chaining라 부르는 기술이다.[42] 이처럼 단어에서 생성된 이미지는 읽기에 도움이 되기도 하고 걸림돌이 되기도 한다. 셰레프스키는 신경심리학자 루리야가 이름 붙인 **그래픽 읽기**graphic reading라는 재능 덕분에 다른 독자가 놓치는 모순을 쉽게 짚어냈다. 예를 들어 그는 안톤 파블로비치 체호프Anton Pavlovich Chekhov의 소설 속 인물이 한 장면에서는 모자를 쓰고 있지만 다음 장면에서는 모자를 쓰고 있지 않다는 모순을 지적했다. 셰레셰프스키는 "다른 사람은 읽으면서 생각하지만 나는 모든 것을 본다"라고 말했다.[43] 반대로 끊임없이 생성되는 이미지 때문에 세부 사항에 정신이 팔려 의미를 놓치거나 세부 사항과 의미가 충돌하기도 했다. **해독**해야 할 때 **재부호화**하는 것이다. 셰레셰프스키는 외국어 단어, 수학 공식, 무의미한 음절을 기억하게 도운 바로 그 기술 때문에 책을 읽을 수 없었다. 또한 이야기 낭독을 들으면 "너무 과하다"라며 거부했다. "모든 단어가 이미지를 불러일으킨다. 이미지가 서로 충돌해서 혼란스럽다."[44] 시처럼 비유적인 글쓰기 양식은 그에게 너무 버거웠다. 예를 들어 아가서를 읽으면 여러 가지 이미지가 이어져 문장을 은유적으로 이해할 수 없었다.

셰레셰프스키는 자신이 지는 싸움을 하고 있다는 사실을 알았다. 예를 들어 그는 조지 듀 모리에George du Maurier의 《트릴비Trilby》에서 화자가 다락방을 묘사한 것을 보고 어린 시절 이웃집 방에 대한 기억이 머릿속에서 떠나지 않아 줄거리를 따라갈 수 없었다. 그는 이렇게 한탄했다. "그저 읽을 수 없었다. 시간을 너무 잡아먹기 때문이었다."[45] 머릿속에 떠오르는 이미지 수를 제한하는 유일한 해결책은 **훑어 읽기**였다. 나중에 살펴보겠지만 치매를 겪는 사람에게도 비슷한 방법을 적용한다. 셰레셰프스키의 읽기에 도움이 되었던 것은 좋은 기억력이 아니라 나쁜 기억력이었다. 그의 마음은 과잉이미지 때문에 자신의 사진기억 기술이 한낱 쓰레기에 불과하다고 비유한 호르헤 루이스 보르헤스Jorge Luis Borges의 소설 속 인물의 현현이었다.[46]

영원한 현재시제

치매 환자만 읽은 내용을 잊지는 않는다. 그리스어로 '기억이 없는'이라는 뜻의 **기억상실증**amnesia을 겪는 사람이라면 누구나 그렇다. 하지만 치매가 여러 가지 인지 영역에서 결함을 일으키는 반면 기억상실증은 기억에만 영향을 끼친다. 기억을 만들어내지 못하는 사람은 책을 읽을 가망이 없어 보인다. 한 연구에 따르면 갑자기 일시적으로 기억생성력이 저하되는 일과성 기억상실증transient global amnesia을 겪는 환자는 30분 전에 읽은 내용도 기억하지 못했다.[47] 하지만 다른 기억장애 환자처럼 기억상실증 환자도 활자와 복잡한 관계를 유지한다.

기억상실증을 겪으면 읽은 내용뿐 아니라 읽는 방법 자체를 잊기도 한다. 수 멕Su Meck은 천장 선풍기가 떨어져 머리를 맞은 뒤 읽기는 고사하고 자기 이름도 기억하지 못했다. 수기《나는 기억을 잊었다I Forgot to Remember》에서 그는 자신이 처음 읽은 책이 22세 때 읽은《닥터 수스》시리즈 〈홉 온 팝Hop on Pop〉이었다고 기억했다.[48] 하지만 기억상실증도 기억을 완전히 지우지는 못한다. 기억상실증에 관한 초기 연구에 따르면 기억상실증에 걸려도 말하기·쓰기·읽기능력은 유지된다.[49] 또한 개인적 경험은 잊어도 사실 정보와 기술은 기억한다. 다시 말해 기억상실증이 항상 3장에서 살펴본 실독증으로 이어지지는 않는다.[50] 예를 들어 실라 모크스Sheila Moakes는 더 이상 줄거리를 이해할 수 없어 책 읽기를 중단했지만 매일 몇 시간씩 신문은 읽었다.[51] 더 심각한 기억상실증 환자도 문해력을 유지한다. 항공우주산업 분야에서 일하다 은퇴한 기술자인 E. P.는 하루 일과의 일부로 점심 식사 후 신문을 읽었다.[52] 로니 수 존슨 Lonnie Sue Johnson은 미시간대학교에서 미술 학위를 취득한 기억은 깡그리 잊었지만 책을 읽고 낭독 듣기를 즐겼다(1분 미만의 동화책이 딱 적당했다). 말장난을 좋아했던 존슨은 사전을 어찌나 많이 뒤적거렸는지 떨어진 페이지를 테이프로 다시 붙여야 할 정도였다.[53]

기억상실 때문에 일시적인 읽기장벽이 생기기도 한다. 크리스틴 형옥 리Christine Hyung-Oak Lee가 보인 한 가지 뇌졸중 징후는 커트 보니것Kurt Vonnegut의 《제5도살장Slaughterhouse-Five》의 첫 줄을 이미 읽었다는 사실을 전혀 알지 못한 채 그 줄을 읽고 또 읽는 것이었다. "나는 '이 모든 일은 실제로 일어났다, 대체로는'이라는 문장을 읽고 또 읽었다. 그러고도 무슨 일이 일어났는지 알지 못했다."[54] 일주일이 지나 자신이 뇌혈관 출혈로 쓰러졌다는 사실을 의사에게 듣고 나서야 자신이 그렇게 반복해서 읽었던 일을 기억하지 못한다는 것을 깨달았다. 보니것의 소설을 기억하는지 묻자 그는 "읽은 지 몇 분만 지나도 기억이 희미해지고 띄엄띄엄 사라져서 무엇을 하고 있는지도 모른 채 반복해서 읽어야 했다"라고 말했다.[55] 리는 한때 읽은 내용을 마음에 그려보는 전형적인 대학생이었다. 하지만 지금 그는 한 문장을 다 읽을 때쯤이면 문장의 첫 단어를 잊는 스트럴드블럭을 닮았다. 그럼에도 그는 1년 만에 다시 책을 읽기 시작했고 심지어 《제5도살장》을 완독했다.

읽기장벽에서 끝내 회복하지 못하기도 한다. 잭이라는 소년은 자살 시도 끝에 일산화탄소에 중독된 뒤 사물을 기억하기 어려워졌다. 잭과 그의 부모는 사고 전후 '읽은 것을 기억하는 능력'을 비교하는 문진표 문항에서 '매우 나빠짐'에 표시했다.[56] 기억력 일지에도 "신문이나 잡지를 읽을 때 줄거리를 따라갈 수 없음" "신문이나 잡지의 기사나 책 같은 것을 읽을 때 이미 읽었다는 사실을 깨닫지 못한 채 다시 읽기 시작함" 등으로 표현했다.[57] 재활치료사는 각종 기억법을 이용해 잭이 기억상실을 보완하도록 도왔다. 하지만 그는 자신의 한계를 정확히 인식하고 "저는 소설 안 읽어요"라고 솔직하게 말했다.[58] 잭은 기억력 결함이 삶에 끼친 주된 악영향 가운데 하나가 읽기장벽이라고 생각했다.

하지만 기억상실이 심각한 사람도 어느 정도는 읽기능력을 회복할 수 있다. 클라이브 웨어링Clive Wearing은 뛰어난 음악학자였지만 바이러스에 감염된 뒤 선행성 기억상실증과 역행성 기억상실증을 모두 경험했다. 그는 과거를 기억하지 못하고 새로운 기억을 저장하지도 못하는 이중고를 겪었다. 딱 30초로 제한된 영원한 현재에 살며 현재를 읽었다. 그의 아내 데버라 웨어링Deborah Wearing은 《영원히 오늘Forever Today》에서 이렇게 설명했다. "남편은 자신이 읽고 있는 문장도 기억하지 못했다."[59] 그럼에도 그는 자신이 처한 당황스러운 상황을 설명할 단서를 찾기 위해 매일 《타임스Times》를 샅샅이 뒤졌다. 그 부작용으로 5장에서 설명한 편집증이 생겼다. 웨어링은 신문 1면에 등장하는 모든 사람이 자신을 겨냥한 음모에 가담하고 있다고 믿었다. 요르단 국왕 이븐 후세인 압둘라Ibn Hussein Abdullah, 정치인 제프리 하우Geoffrey Howe, 사회운동가 빅토리아 길릭Victoria

Gillick 모두 한패였다.[60] 앞서 설명한 편집증적 독자와 웨어링의 차이라면, 웨어링은 이런 음모에 어떤 일들이 연루되었는지 알 길이 없었다는 점이다. 해독은 잃어버린 기억을 불러오지 못하고 다른 것으로 채웠다.

과학계에서 가장 유명한 기억상실증 환자는 의심할 여지 없이 헨리 몰레이슨Henry Molaison(심한 뇌전증 때문에 뇌 절개술을 받은 뒤 기억장애를 앓은 인물-옮긴이)일 것이다. H. M.이라는 이니셜로 알려진 그를 다룬 실험만 해도 수백 건이 있다. 반세기 넘게 그의 뇌를 관찰하면서 기억의 작동 방식에 대한 과학적 이해 방식이 바뀌었다. H. M.은 뇌가 망가져 새로운 기억을 만드는 능력을 잃었고 기억을 고작 20초 정도밖에 유지하지 못했다. 대화, 지시, 경험은 일어나자마자 그의 마음에서 빠져나갔다. 그는 신경과학자 수잰 코킨Suzanne Corkin이 **영원한 현재시제**permanent present tense라고 묘사한 상태에 살았다. 이 영원한 현재시제 때문에 H. M.은 다른 기억상실증 환자와 마찬가지로 이야기를 따라가지 못했다.[61] 하지만 H. M.은 읽기를 포기하지 않았다. 그는 끔찍한 수술을 마치고 집으로 돌아와서도 자신도 모르게 좋아하는 소총 관련 잡지를 계속 들고 다니며 같은 호를 몇 번이고 반복해 읽었다.[62] 그는 환자로 치료받으면서도 여가 시간에 읽기를 계속 즐겼다. 신문을 읽고 내려놓았다가 20분 뒤에 마치 처음 보는 듯 다시 읽곤 했다.[63] 그는 매일 미디어를 접하며 사회에서 일어나는 사건에 대한 친숙함을 쌓았고, 전반적인 문해력은 아니어도 문화적 문해력은 키웠다.[64]

기억상실증에 걸려도 소설 읽기를 완전히 포기할 필요는 없다. 물론 줄거리가 기억나지 않는다면 긴 서사를 따라가기는 어렵다. 제2의 H. M.이라고 불리는 제이슨이라는 기억상실증 환자 역시 기억을 몇 초 이상 유지하지 못했다. 하지만 두 환자에게는 결정적인 차이점이 있었다. 제이슨은 H. M.과 달리 소설을 읽는 방법을 고안해냈다. 제이슨은 몇 페이지마다 여백에 줄거리를 요약하며 스티븐 킹Stephen King의 소설을 읽었다.[65] 이런 보완 전략 덕분에 제이슨은 영원한 현재시제에 살면서도 소설을 읽을 수 있었다. 피터 브룩스Peter Brooks의 표현을 빌리자면 '줄거리를 따라가는 읽기'가 아니라 '줄거리를 잊으면서 읽기'라 할 수 있다.[66]

즐거움을 위한 읽기까지는 기대하기 어렵겠지만 기능적 문해력은 기억상실증 환자에게 여전히 필수적이다. 영화 〈메멘토Memento〉에서 이를 생생하게 그린다. 기억이 15분밖에 유지되지 않는 보험사기 수사관 레너드 셸비가 주인공인 네오누아르 영화 말이다. 셸비는 자신의 병에 대해 "항상 방금 깨어난 듯하다"라고 설명한다[67](이는 셸비가 기억상실증임을 보여주기 위한 영화적 장치임에 분명하다. 그가 자신이 기억상실증이라는 사실은 기억하니 말이다). 영화를 끌고 나가는 질문은 이것이다. 기억상실증 환자가 애초에 자기 아내가 살해당했다는 사실을 기억하지 못한다면, 어떻게 아내를 살해한 사람에게 복수할 수 있는가?

영화의 원작인 조너선 놀런Jonathan Nolan의 단편 〈죽음을 기억하라 Memento Mori〉는 전날의 기억을 잊은 채 깨어난 사람의 생존에 문해력이 필수라는 사실을 보여준다.[68] 놀런은 조지타운대학교 심리학 수업에서 H. M. 같은 실제 기억상실증 사례를 연구하며 이 이야기를 떠올렸다. 놀런의 이야기에서 '10분만 기억하는 남자'가 가장 먼저 보는 장면은 확대된 아내의 장례식 사진이다. 이는 원작의 제목을 떠올리는 장치 가운데 하나다.[69] 주인공이 비문을 해독하는 장면 다음에는 이런 질문이 이어진다. "그런데 기억하지도 못할 것을 왜 귀찮게 읽는 걸까?"[70] 기억상실증 환자는 기억을 상기시키지 않으면 복수할 수 없기 때문이다. 따라서 주인공의 방에는 자신의 임무에 집중할 수 있도록 표지, 메모, 수첩, 목록이 전략적으로 배치되어 있다. 당연히 책은 없다. 책은 주의력을 더 길게 유지해야 하기 때문이다. 임무의 가장 중요한 목표는 기록이다. 이 상황을 종결하려면 실행한 일을 확인하는 것이 실행 자체만큼 중요하기 때문이다.

메모에 의존할 때의 문제점은 항상 엉뚱한 곳에서 깨어날 위험이 있다는 것이다. 기억상실자는 이 문제를 문신으로 해결했다. 셸비는 이를 '영구 기록'이라고 부른다. 그의 시선은 손목에 새긴 화살표를 따라 팔뚝, 어깨, 가슴에 이어 경찰이 만든 범인의 몽타주로 이어진다. 다른 것은 아무것도 읽을 수 없지만 자기 몸은 읽을 수 있다. 영화는 이야기를 거꾸로 진행하면서 셸비의 혼란을 그대로 전달하려 시도한다. 이때 전혀 극적이지 않은 읽기라는 행위를 극적으로 만든다. 바로 "존 G.가 내 아내를 강간하고 살해했다"라는 문장을 문신으로 새긴 주인공의 상반신을 거울에 비춰 보여주는 것이다. 이 장면에는 이 기억상실자에게 보내는 사전 경고가 없다. 셸비는 성폭행당한 아내를 매일 아침 어떤 사전 경고도 없이 떠올리며 하루를 시작한다. 영화에서는 셸비의 임무를 소설보다 모호하게 설명하지만 문신은 이야기를 직설적으로 표현한다. 셸비는 시작도 끝도 기억할 수 없는 이야기의 주인공이다. 사태의 전말을 폭로하는 플래시백에서 셸비는 결말을 다 알면서도 같은 소설을 읽고 또 읽는다며 아내를 놀린다. 이것은 셸비 자신에 대한 농담이기도 하다. 마지막에 무슨 일이 일어났는지 알려면 기억상실자는 읽고 또 읽어야 하기 때문이다.

치매도 무너뜨리지 못한 책의 위안

2010년 《뉴욕타임스》의 〈새로운 노년The New Old Age〉 블로그에 "많은 알츠하이머병 환자가 책에서 위안을 얻는다Many Alzheimer's Patients Find Comfort in Books"라는 제목의 기사가 실렸을 때, 치매에 걸렸다고 해서 반드시 읽기를 멈추는 것은 아니라는 사실을 알고 놀란 보호자가 많았다.[71] 반대로 대화를 하는 데 어려움을 겪는 치매 환자도 활자는 완벽하게 이해할 수 있다. 예전과 비슷한 방법으로 문장을 해독하지는 못하더라도 치매 말기까지 문해력을 일부 유지하는 경우도 있다. 어떤 사람은 "나는 사람들이 '읽기'라는 행위를 다양하게 해석해야 한다고 생각한다"라는 댓글을 썼다.[72]

기억력이 저하된 사람이 읽기를 확고한 취미로 삼기란 분명히 어렵다. 치매 환자는 주의력 저하, 단기 기억력 저하, 대화의 어려움 등을 겪는다. 모두 읽기에 도움이 되지 않는 증상이다. 치매는 한 사람이 읽기 같은 평소 좋아하던 활동에서 멀어지게 하고 삶에 악영향을 끼친다. 하지만 치매 환자를 연구하는 심리학자는 상상력이 풍부한 문학 작품을 읽는 독서 모임에 참여하는 것이 도움이 된다고 주장하며, 독서치료사는 문학 읽기 모임이 사회적 상호작용을 촉진하고 자기 표현을 장려하면서 참가자의 웰빙을 향상할 수 있다고 지적한다.[73] 특히 시는 문학뿐 아니라 삶에 대한 흥미를 자극하고 집중력을 유지시키며 심지어 기억을 되살릴 수도 있다. 적어도 학교에서 시를 외우며 자랐다면 말이다.[74] '알츠하이머병 환자에게 시를Alzheimer's Poetry Project' 프로그램의 창립자는 자신이 헨리 워즈워스 롱펠로Henry Wadsworth Longfellow의 〈화살과 노래The Arrow and the Song〉를 낭송하기 시작했을 때 모임에 참가한 어떤 사람이 이어지는 구절을 기억해낸 순간 놀라움과 기쁨을 느꼈다고 회상했다.[75]

물론 치매 환자는 프루스트의 《잃어버린 시간을 찾아서À la recherche du temps perdu》를 더 이상 읽지 못할 수 있다. 읽기와 치매를 다루는 학파에는 두 부류가 있다. 한쪽은 셰익스피어가 말한 '제2의 유년기'를 문자 그대로 받아들여 환자에게 동화책을 읽히고 기억력 저하에 적응하게 한다. 이런 퇴행적 모델에서는 읽기능력이 떨어진 치매 환자가 아이 같은 상태가 되었다고 전제한다. 국제도서관협회연맹International Federation of Library Associations and Institutions, IFLA이 발표한 가이드라인에는 치매가 있는 사람에게는 "크고 선명한 삽화가 있는 어린이용 그림책이 적당하다"라고 명시되어 있다.[76] 이런 주장은 기억 결함이 있는 사람이 독특한 구문, 다양한 어휘, 비유적 표현을 사용하는 성인 문학의 정교한 언어를 이해하지 못한다는 논리를 전제로 한다. 읽기능력을 안정적으로 유지하는 사람도 있지만 읽기 이해력은 치매의 중증도가 심해질수록 낮아지기 때문이다.[77]

이 '제2의 유년기' 접근법은 극단적으로는 단어를 최소한으로 줄이기까지 한다. 치매 환자를 위한 영국의 '건강에 관한 리딩 웰 북스Reading Well Books on Prescription' 목록 가운데 가장 인기 있는 책은 가족, 반려동물, 여행 같은 주제를 담은 사진에 글이 함께 적힌 《함께 읽는 그림책Picture to Share》이다. 보통 휴일의 해변 사진은 현실로부터 도피하라고 속삭이지만 출판사의 표현대로라면 '기억장애가 있는' 성인을 대상 독자로 한 이 책의 목표는 잡아두기다. 곧 독자가 최대한 오래 집중하도록 해서 회상을 유도하는 것이다. 이때 책이 중요하기는 하지만 단어는 최소한의 역할만 한다. 내용에 '비언어적으로 접근'하라고 권하는 사람도 있다.[78] 뉴캐슬 어폰타인의 한 요양원에서 일하는 활동 코디네이터는 "이렇게 글자가 적은 책이 이토록 긍정적인 정서 반응을 끌어내는 것은 본 적이 없어요"라고 말했다.[79]

노인 독자를 대상으로 하는 출판사는 이런 독자가 프루스트의 작품을 읽지 않는다는 사실을 숨겨야 한다는 것을 깨닫는다. 많은 치매 관련 도서는 유치하다고 무시당하지 않는 책을 읽고 싶어하는 성인 독자를 대상으로 한다. 엠마 로즈 스패로Emma Rose Sparrow의 치매 시리즈 판매 전략은 모든 책이 "'진짜' 책처럼 보이도록 위장"하는 것이다. 어린이 책을 읽는 성인이라도 어린이용으로 보이는 책에는 여전히 거부감을 보인다는 사실을 보호자들이 경험으로 알고 있기 때문이다. 스패로는 독자들을 이렇게 안심시킨다.

당신은 치매나 알츠하이머병 환자에게 꼭 맞는 책을 구매하고 있지만, 이 책을 읽을 사람은 눈길이 가고 쉽게 읽을 수 있는 아름다운 책을 받는다는 사실만 안다. 제목이나 책에 담긴 어떤 텍스트에도 이 책이 치매나 기억, 인지 문제가 있는 사람을 위한 것이라는 언급이 없다. 독자가 모욕감을 느끼지 않도록 이런 부분은 철저히 숨겼다.[80]

곧 성인으로서 품위를 유지하며 읽을 수 있기를 바라는 치매 환자들의 소망을 이뤄주는 책인 것이다.

이런 장르의 가장 큰 장점은 나이 든 부모가 스스로 계속 읽을 수 있게 한다는 점이다. 엘리저 소벨Eliezer Sobel의 86세 어머니는 알츠하이머병이 본격적으로 진행되자 더 이상 대화를 나눌 수 없었다. 소벨은 어머니가 이어지는 문장의 의미를 기억하지 못하고 어떤 줄거리도 기억하지 못하기 때문에 당연히 어머니가 앞으로 글을 읽을 수 없을 것이라고 생각했다. 하지만 어머니는 계속 잡지를 뒤적이며 그림에 달린 설명을 소리 내 읽었다. 어머니에게 남은 문해력은 소벨에게 계시처럼 다가왔다. "나는 어머니가 여전히 글을 읽을 수 있다는 사실을 깨달았다. 책 한 권, 문단 하나, 문장 전체는 아니어도 개별 단어나 짧은 문구는 여전히 읽을 수 있었다."[81] 그는 어머니의 기억 결함을 염두에 두고 '성인 그림책'을 고안해 이런 독자가 계속 책을 읽을 수 있도록 도왔다. 이들이 책으로 하는 활동이 더 이상 예전의 읽기 같지는 않더라도 말이다.

치매 관련 책 대부분은 혼자보다는 함께 읽도록 기획되었다. 《함께 읽는 책Two-Lap Books》 시리즈는 제목에서 알 수 있듯 보호자와 환자가 나란히 앉아 읽을 수 있게 만들었다. 한쪽이 잘 읽지 못하면 다른 쪽이 대신 읽는다. 임상심리학자 리디아 버딕Lydia Burdick은 거의 단음절밖에 말할 수 없게 된 어머니를 위해 이 시리즈의 첫 번째 책을 썼다. 어머니가 이 책의 원고를 집어 들었을 때 버딕은 "어머니가 이 문장을 속으로 읽을지, 내게 소리 내 읽어줄지, 아니면 전혀 읽지 않을지 알 수 없었다"라고 회상했다.[82] 버딕의 어머니는 한번씩 문장을 떠올릴 수 있도록 도와주면 모든 단어를 읽어냈다. 무대 뒤에서 누군가 대사를 알려주며 기억을 되살리는 일이 책에서 일어나는 셈이다.

노인 독자에 대한 두 번째 접근법은 동화를 읽히는 것은 유아화라며 거부하고 성인 문학을 읽히는 것이다. 곧《닥터 수스》대신 셰익스피어를 읽히는 것이다.[83] 리버풀에서 활동하는 자선단체 '리더Reader'가 발행한 보고서에서는 문학에 표현된 다양한 인간 경험을 치매 환자가 보지 못하게 막는 시도에 명시적으로 반대한다.[84] 다른 단체도 마찬가지로 고전 읽기를 포기할 필요가 없다고 주장한다. 복잡한 언어를 음미하는 능력이 질병 말기까지도 남아 있을 수 있기 때문이다. 하지만 모든 사람이 반드시 원작을 읽어야 한다는 뜻은 아니다. 도브테일 출판사 편집자들은 "문장이 너무 길면 이해하기 어려울 수 있다"라고 지적했다.[85] 대신 이들은 인물 목록, 큰 글꼴, 삽화, 요약 등 기억 보조 자료를 이용해 책을 '치매 친화적'으로 만드는 방법을 고안했다. 고전문학 작품의 내용을 이해한다고 해서 누구나 그것을 기억할 수 있는 것은 아니기 때문이다.[86]

도브테일 출판사의 **각색**adaptation('요약'보다 적절한 표현이다)은 치매 환자에게 적합하도록 고전 작품을 재구성하는 귀감이 될 만한 방법이다. 추리소설은 특히 기억상실을 겪는 사람에게는 적절하지 않은 것 같다. 대단원에서 일어나는 폭로도 이들은 전혀 폭로인 줄을 모른다. 하지만 편집자들은 《셜록 홈스의 모험》을 재구성해 애초에 일어난 사건을 잊은 한참 뒤에도 독자의 관심을 끌 수 있도록 노력했다. 도브테일 출판사의 판본은 인물 목록에서 홈스를 '유명한 탐정'으로 소개하며 원작의 12가지 이야기를 한 권으로 각색해 재출간했다. 〈푸른 카벙클The Adventure of the Blue Carbuncle〉은 약 8,000단어에서 4,000단어로 절반을 뚝 잘라냈고 독자의 추측을 유도하는 단서는 생략했다.[87] 가령, 여담, '단편적인 인용' 등 흔히 쓰지 않는 문구를 제거해 서사에 대한 접근성을 높이고, 끊어지지 않고 이어지는 원작을 여러 장으로 나눴으며, 각 장에 "이전 장에서는……"이라는 줄거리 요약을 달아 독자의 사라진 기억을 되살린다. 도일의 원작 서사는 '구운 거위roast goose'와 '감옥-새gaol-bird'를 엮는 말장난으로 끝나지만 각색본은 "셜록 홈스는 제임스 라이더가 도둑이라는 사실을 알아낸다"라는 직설적인 요약으로 사건을 마무리함으로써, 한 번 읽고 앞서 일어난 일을 잊은 사람에게 결말을 확실하게 알려준다.[88] 간결한 내러티브는 파불라fabula(시간순으로 사건을 서술한 것-옮긴이)와 슈제트syuzhet(인물 관계나 사건이 전개되는 논리적 체계-옮긴이) 사이의 틈, 다시 말해 사건과 재현 사이의 간격을 좁힘으로써 세상에서 가장 유명한 탐정을 상대로 지혜를 겨루는 심리 게임을 효과적으로 제거한다. 도브테일 출판사

판본의 결말에서는 원작 도입부에서 홈스가 증거를 검사할 때 사용했던 렌즈와 겸자를 없앴다. 독자가 법의학적 분석을 해야 한다는 인지적 부담을 최소화한다는 더 중요한 사명을 위해서다. 이 이야기는 더 이상 한 남자의 중절모를 '지적 문제'로 규정하지도 않고, 홈스가 왓슨 박사라는 대리인을 통해 독자의 추리력을 시험하지도 않는다. 이 이야기는 사소한 오류나 실수에도 지적 즐거움이 아닌 혼란을 느끼는 독자를 위해 각색되었다.

'치매 친화적' 각색이 실제로 중요한 차이를 만든다는 증거가 있다. 디킨스의 《크리스마스캐럴》을 읽는 독서 모임에서는 각 장에 줄거리 요약을 추가하고 대명사를 고유명사로 바꾸며('그' 대신 '스크루지'를 사용했다) 모호함을 제거하는(도브테일 출판본에서는 도입부에서 죽은 말리가 스크루지의 동업자였다는 사실을 명확히 밝힌다) 등 사소한 변화를 준 것에 감사를 표했다.[89] 인지적 부담을 줄이면 줄거리 '때문'이 아니라 줄거리에도 '불구하고' 텍스트를 읽는 사람의 접근성을 높일 수 있다.[90] 브룩스가 '회고에 대한 기대'라고 불렀던 결말은 회고할 수 없는 독자에게는 아무런 호소력이 없다.[91]

두 접근법 모두 인지장애가 있는 사람에게 기존의 서사가 너무 어려울 수 있다는 점에 동의한다. 한때 독서광이었던 사람도 이제는 책을 대충 훑어보기만 하거나 아예 읽지 않을 수도 있다. 따라서 '리딩투커넥트 Reading2Connect'라는 단체를 설립한 언어 병리학자들은 책의 구성, 길이, 구문 같은 형식적인 면을 조정해 문학에 대한 접근성을 높이는 방식을 지지한다. 특히 수동태, 부정사, 절을 자주 사용해 인지적으로 까다로운 문체, 쉽게 말해 헨리 제임스 풍의 문체는 각색 대상이다. 이때 원문에 얼마나 충실한지는 부차적인 문제다. 가장 중요한 문제는 사람들이 계속 책과 이어질 방법을 찾는 것이다. 리딩투커넥트 위원들은 독자에 대해 이렇게 말했다. "텍스트 전체를 이해하든, 몇 페이지에만 머물든, 한 문구를 곱씹든 이미지만 즐기든, 그들은 활자 매체와 상호작용하고 있다."[92] 자료에 접근할 수 있게 도우면 인지 결함이 있는 사람도 책과 계속 만날 수 있다. 나는 이런 방식도 읽기라고 불러야 한다고 주장한다. 비록 그들의 방법이 과거에 읽어왔던 방법과 전혀 비슷하지 않아도 말이다.

어둠 속에서 읽기

치매 수기는 1990년대에 등장하기 시작했다.[93] 그중에는 가족(보통은 딸)이나 보호자가 쓴 수기가 많다. 기억상실을 겪는 사람은 더 이상 자신의 이야기를 할 수 없기 때문이다. 치매 수기는 긴 작별이 아니라 긴 환대라 할 수 있다. 다시 말해 이 장르는 후대를 위해 한 사람의 기억을 기록하고, 더는 '완전한 인간'이 아니게 될 위험에 처한 사람의 삶을 기억하면서 인지저하에 대응한다.[94] 이런 수기에서는 내부자와 외부자 모두의 관점에서 인지저하 경험을 포착한다. 한 여성은 치매를 안고 사는 삶을 이렇게 설명했다. "책을 읽고 있는데 누군가 페이지를 뭉텅 찢어간 것 같다."[95]

가장 유명한 치매 수기는 존 베일리[John Bayley]가 소설가인 아내 머독이 알츠하이머병을 앓는 과정을 그리며 1999년에 출간한《아이리스를 위한 비가[Elegy for Iris]》일 것이다. 이 수기는 1950년대 옥스퍼드에서 책으로 맺어진 두 사람이 교제를 시작할 때부터 소설가인 아내가 1990년대에 인지저하를 겪게 되는 과정으로 이어진다. 그의 아내는 이 과정을 '어둠 속으로의 항해'라고 인상적으로 표현했다.[96] 글자 중심으로 삶을 조직하고 책이라는 프리즘을 통해 세상을 봤던 부부에게 언어를 잃는 일이란 특히 괴로웠다. 머독은 삶을 정리할 무렵 20세기에 가장 유명한 소설가였던 자신이 소설을 썼다는 사실조차 기억하지 못했다.

아내에게 책을 읽어주던 베일리의 노력은 알츠하이머병 진단 전후 머독의 마음에 생긴 골을 드러낼 뿐이었다. 머독이 가장 좋아했던 소설인《겐지 이야기[The Tale of Genji]》나《반지의 제왕[The Lord of the Rings]》을 읽어줘도 '부자연스럽다'고 느꼈다. 더는 상상의 세계에 빠져들기가 쉽지 않았기 때문이다. 베일리는 이렇게 추측했다. "강물이나 바다에 미끄러져 들어가듯 자연스럽게 소설의 세계에 빠져들었던 아내에게, 의식에 엉겨 붙는 어려운 단어가 연속해서 나오는 그 작품이 이제는 지루하고 관심이 없음에 틀림없다."[97] 신경퇴행성 질환 때문에 읽을 수 없게 된 것은 머독만이 아니었다. 베일리 역시 즐거움을 주던 읽기를 멈췄다. 점심마다 함께 책을 읽던 이 지적인 부부는 이제 오후에 〈텔레토비[Teletubbies]〉를 보며 시간을 보냈다.

사랑하는 사람이 책에 대한 흥미를 잃는 모습을 지켜보면 보호자는 도피처를 찾게 된다. 시인 레이철 하더스^{Rachel Hadas}와 그의 남편은 둘 다 프루스트를 사랑했지만 이제 남편은 신문조차 거의 이해할 수 없었다. 남편의 행동은 하더스의 읽기 방식도 바꿨고 익숙한 책도 새로운 관점에서 바라보게 했다. 하더스는 디킨스의 작품에 등장하는 괴상하고 강박적이고 편집증적 트라우마가 있으며 완전히 정신병적인 인물에 점점 더 끌렸다. "디킨스가 치매 환자를 본 적이 있을까?" 그는 남편과 《데이비드 코퍼필드》에 등장하는 괴짜 미스터 딕에게 공통점이 있음을 발견하고 스스로에게 이렇게 물었다.[98]

조지 엘리엇의 《로몰라^{Romola}》에서는 이런 대비가 더욱 두드러진다. 이 소설에서 발다사레 칼보라는 인물은 치매 때문에 겪는 고통을 표현한다. 한때 해박한 그리스어 지식으로 유명했던 이 학자는 3장에서 짧게 다뤘던 사건처럼 언어를 알아들을 수 없게 된다. 한때 "세상을 이루는 마법의 신호"였던 글자는 밋밋한 검은 자국이 되었다.[99] 발다사레는 "사라졌다, 모두 사라졌어!"라며 지식의 망각을 한탄한다.[100] 머독이 '어둠 속으로의 항해'라고 표현하기 1세기 전, 엘리엇은 비슷한 은유를 사용해 치매가 가져온 공허를 표현했다. 노쇠한 발다사레는 "내면의 새로운 어둠"에 사로잡혀 많은 나날을 보낸다. 애태우는 듯한 한 줄기 빛을 볼 때도 있었지만 결국 "다시 다가오는 어둠은 더 끔찍하게 보일" 뿐이었다.[101] 그는 문해력이 다시 돌아올지 알 수 없다는 사실 때문에 더욱더 괴로워한다. 이제 책에는 "내가 완전히 무력하다는 사실을 보여주는 가짜 상징"

만이 가득했다.[102] 한때 위안의 원천이었던 책은 이제 그를 조롱했다.

읽기장벽이라는 사건은 다른 부부에게도 뭔가 잘못되었다는 경고를 보냈다. 진 타일러Jean Tyler는 《사라진 마음The Diminished Mind》에서 열정적인 역사책 독자이자 영감 넘치는 교사였던 남편이 《내셔널 지오그래픽 National Geographic》에 실린 사진만 보는 사람으로 바뀌는 모습을 지켜본다. "남편은 더 이상 책을 읽지 않는다." 타일러는 이 사실을 깨닫고 눈물을 흘렸다. "남편의 지성은 그의 인생에서 가장 흥미로운 부분이었다. 그런데 이제 전부 사라졌다."[103] 스테프 부스Steph Booth는 남편이 소설 속 인물을 실제 사람인 것처럼 이야기하기 시작했을 때 그에게 인지 문제가 있음을 처음 깨달았다. 원래 독서광이었던 남편 토니 부스Tony Booth는 마지막으로 읽은 장, 단락은 물론 방금 읽은 문장조차 기억하지 못했다. 하지만 그는 책을 읽지 못하게 된 뒤에도 계속 책에서 위안을 얻었다. 서점에 가서 새 책을 사고, 심지어 배우 시절 읽던 셰익스피어의 작품에서 내용을 끌어오기도 했다. 스테프는 그에게 시를 읽어주며 "계속 단어를 붙잡고 있을 수 있도록" 남편의 갈망을 채워줬다.[104]

읽지 않은 책과 신문을 쌓아두는 것도 읽기 상실의 또 다른 신호였다. 팸 포크너Pam Faulkner는 프래챗과 비슷하게 알츠하이머병 때문에 자신이 책 페이지의 어디 부분을 읽고 있는지 기억할 수 없게 되자 읽기를 그만두었다. "다음에 어디를 읽어야 하지?" 그는 신문 사설 한 줄을 읽은 다음 한숨을 쉬며 묻곤 했다.[105] 개인 서재에 쌓인 3,000권 넘는 책은 더 이상 건드리지도 않았다.

도서관을 안락하게 느꼈던 사람도 활자가 무엇인지 알지 못하게 될 수 있다. 로망스어 연구로 박사학위를 받은 마리 말리Marie Marley는 '걸어다니는 도서관'이라 불릴 정도로 문학 작품을 좋아하는 한 남성과 사랑에 빠졌다.[106] 하지만 18세기 스위스 미학자 요한 게오르크 줄처Johann Georg Sulzer에 대해 논문을 쓰기도 했던 이 학자는 이제 《뉴욕타임스》 1면을 읽기도 힘들어졌다. 걸어다니는 도서관은 불평했다. "신문을 이해 못하겠어. 이야기가 너무 많아. 정보도 너무 많고. 혼란스럽군."[107] 하지만 신문에서 연속성이라는 안도감을 얻는 사람도 있다. 예를 들어 조너선 코졸Jonathan Kozol은 아버지가 《보스턴글로브The Boston Globe》 읽기를 그만둔지 한참 뒤에 다시 구독을 신청했다.[108] 알츠하이머병 중증 단계인 사람이 하루 종일 신문을 들고 있기도 한다. 그에게 무엇을 하고 있냐고 묻자 "읽고 있죠"라고 대답했다.[109]

자녀가 쓴 수기에서는 부모와 자식의 역할이 바뀐 듯한 당황스러운 사례를 자세히 그린다. 비키 타피아Vicki Tapia는 어머니가 신문을 읽는 것을 듣고 "초등학교 1학년 아이가 책을 읽는 것 같다"라고 묘사했다. 자녀에게 제2의 육아라는 의무를 지우는 제2의 유년기인 셈이다.[110] 이와 비슷하게 한 초등학교 교사는 아이들이 하루하루 읽기를 배우는 반면 자신의 어머니는 하루하루 읽기를 잊는 모습을 보며 씁쓸해했다.[111] 이처럼 성인의 뇌 퇴행은 어린이의 발달과 반대로 일어나는 것처럼 보인다. 아이들은 읽기를 배우고 어른은 읽기를 잊는다. 한 남자의 손녀는 할아버지가 잠들기 전 이야기를 읽어줄 때 끼어들어 "할아버지, 읽는 법 잊어

버렸어요?"라고 물었다.[112]

더듬거리며 읽는 독자는 죄가 아니라 생략을 저지른다. 세라 레빗Sarah Leavitt의 그림 수기《엉킨 기억Tangles》에서는 어릴 때 엄마가 책을 읽어주던 장면과 나이 든 엄마가 어릴 때 좋아했던 단락 전체를 건너뛰며 읽는 장면을 나란히 배치한다.[113] 적어도 이 오독은 대중 앞에서가 아니라 집안에서 일어났다. 하지만 모두가 이처럼 운이 좋은 것은 아니다. 스코틀랜드 저널리스트인 매이미 베어드Mamie Baird는 장례식에서 자기도 모르게 추도문의 같은 부분을 두 번 읽는 바람에 참석자들의 시선이 쏠렸다.[114] 치매 환자는 읽을 수 있는 척하려고 계속 서점에 가거나 주변에 책을 놓아두거나 부적처럼 책을 들고 있다. 하지만 아이들은 부모가 읽기를 멈췄다는 사실을 곧잘 눈치챈다. 검지로 글자를 따라가거나 페이지를 넘기지 않거나 책을 거꾸로 드는 등 몇 가지 단서가 있다.《내게 아이가 있었던가?Did I Ever Have Children?》라는 수기의 저자는 어머니가 디킨스의《두 도시 이야기》를 집어들 때마다 매번 첫 페이지부터 읽기 시작한다고 말한다.[115] 프랭크 커모드Frank Kermode는 "책의 큰 매력 가운데 하나는 끝이 있다는 점"이라고 말했지만 치매 독자에게 책은 끝이 없다.[116]

자녀가 쓴 치매 수기는 언제나 어린 시절 책 읽기를 회상하는 것으로 시작해 이제 부모에게 책을 읽어주는 것으로 끝맺는다. 소피의 자녀들은 어머니가 소설 도입부를 잊었다는 사실을 알고서 책을 대신 읽어주기 시작했다.[117] 동화 속 당나귀 이요르 이야기로 자녀들을 울린 한 아버지에게 이제는 딸이 침대 머리맡에서 성서를 읽어줬다.[118] 어떤 딸은 셰에라

자드(설화 《아라비안나이트Arabian Night》에서 왕에게 1,001일 밤에 거쳐 재밌는 이야기를 해주며 목숨을 건졌다는 왕비─옮긴이)만큼이나 부모에게 많은 이야기를 읽어줬다.[119] 부모의 문해력이 저하되면 자녀들은 사랑하는 사람이 신체적으로는 존재하지만 정신적으로는 사라진 듯한, 치료사가 '모호한 상실ambiguous loss'이라고 부르는 느낌을 경험한다.[120] 알렉스 위철Alex Witchel은 스트럴드블럭처럼 《타임Time》 한 호를 다 읽기 어려워하는 어머니의 모습을 보고 인지저하를 알아차렸다. 어머니는 이렇게 설명했다. "나는 뭔가를 읽기 시작해. 하지만 한 단락이 끝날 때쯤이면 글이 어떻게 시작했는지 기억이 나지 않아."[121] 이와 비슷하게 페이스 마셜Faith Marshall은 어머니가 엉뚱한 책을 읽는 것을 보고 나서야 어머니의 진단을 받아들였다. 딸은 슬픔에 잠겨 한탄한다. "우리 엄마는 정말 독서광이었는데 이제 그런 엄마는 사라져버렸어요."[122]

앤드리아 길리스Andrea Gillies는 감정을 절제하고 담담하게 시부모의 인지저하를 구체적으로 묘사한다. 하지만 길리스의 수기에서도 뇌기능상실을 자아 상실과 동일시한다. 시어머니 낸시(가명)가 교양 있는 할머니에서 입이 험하고 공격적인 편집증 환자로 변해가는 과정을 기록한 길리스의 일기에 밑바탕이 되는 질문은 다음과 같다. 치매를 겪는 사람은 어느 단계에서 자기 자신이 아닌 존재가 될까? 낸시가 글자를 인식하지 못하는 것은 정체성 상실이라는 더 심각한 문제의 징후다. "시어머니는 읽을 수 없다. 더 이상 글을 읽을 수 없다." 낸시가 집 바깥에 걸린 청동 글씨를 손가락으로 더듬는 모습을 본 길리스는 남편에게 이렇게 말한다.

"상실이 너무 완벽하고 구체적이어서 놀라웠어."[123] 낸시가 저녁 식사를 몰래 책장에 쏟아버리는 광경에서는 은유적인 의미를 찾고 싶었다. 샐러드 드레싱이 이디스 워튼Edith Wharton의 소설 페이지 사이로 흘러 들어가고 책장의 책들이 전부 소시지와 야채로 물드는 광경 말이다. 존 베일리에게 일어난 일에서 보았듯 가족 사이에서 읽기장벽은 전염되는 경향이 있다. 소설가인 길리스는 시어머니를 돌보느라 상상의 세계로 도피할 수 없었고 더는 소설을 읽을 수도 없었다.

나는 여전히 독자였다

치매 수기의 역설은 놀랍다. 과거를 기억한다는 **수기**memoir라는 말 자체가 장르의 특성을 규정한다. 사건을 기억하기 어렵고 자신이 쓴 내용을 기억하지 못하며 심지어 언어를 유창하게 구사하기 어려운 사람이 어떻게 자신의 이야기를 하리라고 기대할 수 있을까? 많은 수기는 자신이 같은 이야기를 반복해도 양해해달라는 말로 시작한다. 반복은 정중하게 말해 자신이 쓴 것을 기억하지 못하는 저자가 쓴 수기의 '치매 친화적인' 특성이다. 곧 **다시-기억하기**re-memoir에 빠지는 수기다.[124]

치매를 겪는 사람들은 서사를 재현할 때 독특한 문제가 생긴다. 많은 경우 이들은 **자아**에 필수적인 것을 잃었기 때문이다.[125] 앤 데이비스 배스팅Anne Davis Basting은 "기억을 통해 서사를 구성하는 능력이 망가졌을 때도 '자아'가 있다고 할 수 있는가?"라는 질문을 던진다.[126] 무엇이 개인의 성격을 구성하는지에 관한 생명윤리 논쟁에서 치매는 피할 수 없는 주제다.[127] 철학자들은 기억이 정체성을 구성하고 심리적 연속성을 유지하는데 필수 요소라고 오랫동안 주장해왔다. 기억이 없다면 자아도 없다는 것이다. 기억은 우리가 삶을 찰스 테일러^{Charles Taylor}의 표현대로 **펼쳐지는 이야기**^{unfolding story}의 일부로 이해하도록 **서사**를 형성한다.[128]

다른 불치병 투병기와 달리 치매 서사에는 기억상실이 등장한다. 치매 서사의 저자는 자신이 인간으로서의 입지를 잃을 위험에 처했다는 사실을 잘 알고 있다. 스티븐 포스트^{Stephen Post}가 **과잉인지 문화**^{hypercognitive culture}라 부른, 이성을 특히 중시하는 문화에서는 더욱 그렇다.[129] 그러므로 치매 서사 쓰기란 인간이 아닌 존재로 치부되기를 거부하는 것이다. 이 서사는 기억으로 정의되지 않는 정체성을 개념화하는 대안을 제시한다. 일반적인 나이 듦에 관한 수기가 다시 읽게 된 즐거움을 만끽한다면 치매 수기는 다시 읽지 못하게 되면서 깨닫는 교훈을 전한다.[130]

활자를 읽을 수 없는 문제가 대수롭지 않게 느껴질 수도 있다. 읽기란 오디오북을 듣거나 텍스트 음성 변환 소프트웨어를 사용하는 등 쉽게 대체할 수 있는 기계적인 기술일 수도 있기 때문이다. 하지만 지금까지 살펴봤듯 독자 스스로가 활자 읽기를 기계적인 기술로 보는 경우는 거의 없다. 원래 읽을 수 있었던 많은 독자는 읽기를 계속 자신의 정체성을 구성하는 중요한 속성으로 생각한다. 토머스 드바지오^{Thomas DeBaggio}는 《마음을 잃는다는 것^{Losing My Mind}》에서 이렇게 질문했다. "내 기억 그리고 어린 시절 배운 읽기와 쓰기라는 간단한 기술이 없다면 나는 대체 무엇이란 말인가?"[131]

평생 책을 읽어온 사람은 읽을 수 없게 된 자신의 새로운 정체성을 받아들이기 힘들어한다. 저널리스트 케이트 스와퍼Kate Swaffer는 읽기를 점점 무의미하다고 느꼈다. 자신의 수기 《내 뇌가 도대체 어떻게 된 거야?What the hell happened to my brain?》에서 그는 이렇게 한탄한다. "나는 읽고 잊는다. 읽고 메모하고 또 잊는다. 나는 읽고 밑줄 치고 메모하고 그래도 잊는다."[132] 사실 몇 장 뒤에 이 문장을 똑같이 반복하는 것으로 보아 그는 이 문장을 썼다는 사실 자체도 잊은 것 같다. 메모해도 달라질 것은 별로 없었다. 스와퍼는 리디아 데이비스Lydia Davis의 《거의 아무런 기억이 없는Almost No Memory》에 등장하는, "읽었지만 읽은 기억이 나지 않는 책"을 적은 노트를 책장에 가득 꽂아둔 인물과 다름없다.[133] 독서광이었던 스와퍼는 문해력 상실인이 된 것이 어색하고 품위가 떨어지며 심지어 위협적이라고 느꼈다. 유일하게 자신을 안정시키는 치료법, 곧 자신의 질환에 대해 읽기도 선택할 수 없었다. 그의 수기에서는 치매 증상 자체는 물론 치매 때문에 발생하는 부정적인 감정을 다룬다. 그는 이 애도 기간을 겪으며 자기가 왜 울고 있는지 애초에 기억나지 않는다는 것이 유일한 위안이라고 썼다. 수기가 아니라 반反수기라 할 만하다.

읽기능력을 잃게 될 것이라고 예상하는 일은 실제로 읽기능력을 잃는 것 자체보다 괴롭다. 크리스틴 브라이든Christine Bryden은 46세에 치매 진단을 받고 가장 괴로웠던 점이 기억력을 얼마나 유지할 수 있을지 정확히 알 수 없었다는 것이라고 말했다. 문장을 따라가고 이름을 기억하고 줄거리를 연결하기 어려워지면서 읽기가 점점 힘들어졌다. 필연적으로 브라이든이 책을 보고 처음 하는 질문은 "전에 읽은 책인가?"가 되었다. 어차피 줄거리가 기억나지 않았기 때문에 쓸모없는 질문이었다. 하지만 나쁜 점만 있는 것은 아니었다. 기억상실 덕분에 전에 읽었던 책도 매번 새롭게 느껴졌다. 브라이든은 속독을 하면서 서서히 다가오는 기억력 저하에 맞섰다. 그는 이렇게 설명했다. "처음에는 대충 훑어 읽는다. 그러지 않으면 줄거리를 파악할 수 없기 때문이다."

> 너무 천천히 읽으면 방금 읽은 것도 잊어버리기 때문에 이야기를 머릿속에 조금이라도 남기려면 빨리 읽어야 한다. 마치 너무 많은 단어가 모여 의미를 이루는데 내 머릿속에는 단어를 이야기로 조합하고 줄거리를 따라가도록 단어를 붙잡고 있을 공간이 별로 없는 듯하다.[134]

앞에서 책의 단어 수를 줄이는 출판사를 언급했듯, **훑어 읽기**를 통해 눈에 들어오는 단어 수를 줄일 수 있다. 이런 대안적인 방법은 효과적이긴 하지만 피곤하다. 예를 들어 브라이든은 자기만의 메모법을 고안했지만 너무 고됐고, 결국 알렉산드르 이사예비치 솔제니친Aleksandr Isajevich Solzhenitsyn의 《수용소군도 Gulag Archipelago》를 읽다가 책 속 화자가 아닌 자기 자신이 탈출구를 찾아야 했다. 치매가 있는 독자에게 현실도피란 책을 덮는 것이다.

역사학자보다 기억을 더 잘 보존하는 사람은 거의 없다. 55세에 알츠하이머병 진단을 받은 캐리 스미스 헨더슨Cary Smith Henderson은 문해력이 약해져 조기 은퇴하기 전 2년 동안 역사학 강의를 계속했다. 한 페이지를 읽으려고 몇 시간씩 앉아 있어야 할 때도 있었다. 하지만 마지막까지 역사학자였던 헨더슨은 휴대용 녹음기를 사용해 자신의 읽기장벽을 기록했다. 그가 녹음한 진술에 따르면 단어는 가만히 있지 않고 이리저리 흔들리며 책 페이지를 넘나들어 손에서 빠져나갔다. "단어들은 내가 붙잡을 수 없게 점점 더 멀어졌다."¹³⁵ 단어는 의사소통 수단이 아니라 소통을 방해하는 걸림돌이 되었다. 헨더슨은 이렇게 설명했다.

책을 읽으려 해도 읽을 수 없었다. 실제로 짧은 책이라도 읽으려고 여러 번 애썼다. 하지만 인쇄된 단어를 보면 너무 당황스러웠다. 글자를 볼 수 있고 무슨 내용인지 반쯤은 이해했지만 글자를 논리적인 순서로 나열하려고 하면 읽을 수 없었다.¹³⁶

치매는 헨더슨을 역사적 기록에서 배제된 역사학자로 만들었다.

좌절감을 느끼고 읽기를 완전히 포기하는 은퇴자도 있다. 미국 정보국United States Information Agenc, USIA 외국지원부에서 잡지를 편집하던 빌은 알츠하이머병 진단을 받고 은퇴했다. 평생 단어를 다루며 살아온 그였지만 아주 느린 속도로 읽지 않으면 책에 적힌 내용을 잊어버리거나 어디를 읽고 있는지 놓치기 시작했다. 그는 변화에 적응하는 대신 책에서 완전히 멀어졌다. 책만 보면 자신의 인지저하가 얼마나 심각해졌는지 실감했기 때문이었다. 그는 이렇게 설명했다. "읽으려고 하면 내가 얼마나 나빠졌는지만 알게 될 뿐이었다."137 치매 독자에게 해석학적 순환hermeneutic circle(전체를 이해하려면 부분을 이해해야 하고, 부분을 이해하려면 전체를 이해해야 하므로 전체와 부분의 순환을 따라가야 비로소 완전히 이해할 수 있다는 해석학적 개념-옮긴이)은 매끄러운 원이 아닌 투박한 사각형처럼 느껴질 수 있다.

불치병이라는 진단을 받았을 때 가장 흔한 반응은 그 주제에 대해 가능한 한 모든 정보를 찾아 읽는 것이다. 그러나 치매 환자에게는 이런 선택지가 없다. 리처드 테일러Richard Taylor는 박사학위가 있는데도 읽는 정보마다 잊기 시작했다. 메모도 소용없었다. 나중에는 자신이 쓴 것도 이해할 수 없었기 때문이다. 테일러는 알츠하이머병 환자 지지모임에 참석한 뒤 참석자 절반이 더 이상 읽지 못한다고 인정하는 것을 보고 처음에는 이렇게 생각했다. "어떻게 읽기를 잊을 수 있을까? 글을 읽지 못하는 삶은 어떤 모습일까? 읽지 못하는데도 왜 저들은 당황하지 않을까?"138 하지만 그는 곧 문해력 상실이 문맹보다 훨씬 복잡하다는 사실을 깨달았고, 읽는 법을 아는 것과 진짜 읽을 수 있는 상태를 구분하기에 이르렀다. 그는 단어, 문법, 읽기 원칙을 이해했고 거리 표지판이나 지시문 등을 이해할 수 있었다. 하지만 아무리 애써도 신문 기사 전체를 이해할 수는 없었다. 그는 수기《알츠하이머병 뒤집어 보기Alzheimer's from the Inside Out》에서 이렇게 설명했다. "어떻게 읽는지는 안다! 못 읽을 뿐이다."139

이와 비슷한 사례를 살펴보면 치매가 읽기를 완전히 중단하는 것이 아니라 새로운 읽기 방법을 받아들이는 일과 관련 있다는 사실을 알 수 있다. 웬디 미첼Wendy Mitchell은 모서리를 접어 침대 옆 협탁에 올려둔 책을 보고 싶지 않았다(그는 "움직이지 않는 줄거리에 갇힌 글자"라고 표현했다). 그 책을 보면 과거에 그가 저녁 시간을 어떻게 보내곤 했는지 떠올랐기 때문이다.[140] '페이지가 술술 넘어가는 흥미진진한 책'이라는 말은 방금 무엇을 읽었는지 기억하지 못하는 사람에게는 아무런 의미가 없다. 미첼은 이렇게 설명했다. "내가 같은 페이지를 읽고 또 읽는다는 사실을 깨달았다. 줄거리가 머릿속에 머물지 않아서 결국 읽기를 완전히 그만둬 버렸다."[141] 기억상실을 겪는 독자에게 '책에 빠진다'는 것은 완전히 새로운 의미다. 하지만 미첼은 문해와 문맹이라는 극명한 대척점 사이에서 중간 지점을 찾았다. 소설에서 단편으로 옮겨간 것이다. 짧아진 집중력에 더 안성맞춤인 장르였다. 그는 기억상실 덕분에 예전에는 서사적 관심에서 밀려나 있던 형식적인 요소를 알아보며 더 주의력 있는 독자가 되었다. 그는 "줄거리 자체가 아니라 지면에 얹힌 단어 자체에서 즐거움을 찾는" 사람이 되었다.[142] 줄거리가 아닌 지면 읽기를 통해 미첼은 읽기에 대해 가졌던 고정관념을 버리고 계속 읽을 수 있었다.

허구적인 소설에서도 치매를 안고 살아가는 사람의 달라진 읽기 방법을 추적해왔다.[143] 신경과학자에서 소설가로 변신한 리사 제노바는 서서히 기억을 잃는 하버드대학교 심리학과 교수가 주인공인 소설 《스틸 앨리스》에서 치매가 끼치는 영향을 법의학적 정확성을 담아 추적한다.[144] 소설의 주인공 앨리스 홀랜드 박사는 50세에 조기 알츠하이머병 진단을 받고 기억력 감퇴로 이어지는 기억상실증을 겪는다. 소설은 도입부에서 홀랜드가 같은 문장을 이해하지 못한 채 세 번이나 읽는 장면으로 시작해 마지막에는 자신이 쓴 책을 알아보지 못하는 장면으로 끝난다.[145] 읽기장벽을 묘사하는 이 두 장면 사이에서 시점은 환자의 시점에서 점점 더 제한적인 삼인칭시점으로 좁혀진다. 심리언어학에 대한 전문지식 때문에 홀랜드는 서서히 언어를 잃어가는 일이 더욱 고통스럽다. 그는 자살해야 한다는 자신의 메모도 이해하지 못한다.

신경과학자로서 임상적인 사실을 탁월하게 묘사한 제노바의 소설은 가상의 진단 차트이기도 하다. 홀랜드의 인지저하 증상은 알츠하이머병이 있는 사람이라면 누구나 겪을 수 있다. 홀랜드가 "읽기를 그만뒀는가"라는 문진표 항목에 '예'라고 체크한 직후 우리는 그의 삶에 이 증상이 끼친 영향을 목격한다.

> 읽기는 순식간에 가슴 아픈 일이 되었다. 논지나 서사를 따라가려면 페이지를 읽고 또 읽어야 했다. 일정 시간 책을 내려놓으면 이야기를 따라가기 위해 한 장 전체를 되돌아가 다시 읽어야 할 때도 있었다.[146]

문해력 저하는 아직 시간이 남아 있을 때 고전을 읽으려는 홀랜드의 야심을 꾸준히 짓누른다. 기억력 문제에 시달리는 노쇠한 왕을 다룬 셰익스피어의 《리어왕King Lear》을 몇 페이지밖에 읽지 못하고 《모비 딕Moby

Dick》을 전자레인지 속에 넣어둔 뒤로는 각색한 영화를 보는 데 만족하는 몇 가지 선택지밖에 남지 않았다. 읽기장벽은 홀랜드가 자신의 주장을 이해하는 능력도 앗아갔다. 한때 그는 위엄 있는 강연자였지만 치매 치료 학회에서 기조연설을 할 때 원고에서 눈을 떼지 못한다. 그러지 않으면 어디까지 읽었는지 잊어버리기 때문이다. 원작을 각색한 영화 〈스틸 앨리스〉에서는 홀랜드가 이미 읽은 문장을 따라가기 위해 원고에 형광펜으로 밑줄을 친다.

하지만 치매를 겪는 사람들에게 이 소설이 인기 있다는 사실은 기억력 저하를 둘러싼 더욱 복잡한 이야기를 전한다.《스틸 앨리스》나 이를 각색한 영화는 한동안 치매 진단을 받은 사람들에게 참고 자료였다. 이 작품은 소설로는 최초로 치매를 겪는 사람을 돕는다는 사명을 지닌 영국의 '건강에 관한 리딩 웰 북스' 목록에 올랐다.[147]《스틸 앨리스》가 인지 저하에 대한 생생한 경험을 반영하는 개인적인 이야기를 갈망하는 수요에 부응했다는 사실을 보여주는 일화들이 있다. 그레그 오브라이언Greg O'Brien은 이 소설을 읽는 것을 거울을 들여다보는 일에 비유하며 "여자 옷을 입지 않았을 뿐 나는 앨리스였다"라고 말했다.[148] 웬디 미첼은 이 소설을 세 번 읽었다. 매번 처음 읽는 것 같기는 했지만 말이다.[149]

치매를 겪는 이들 가운데에도 자신이 어떻게 소설을 읽을 수 없게 되었는지, 어떻게 소설을 읽었다는 사실 자체를 기억할 수 없게 되었는지 보여주는《스틸 앨리스》 같은 작품을 아직 읽을 수 있는 경우는 많다. 하지만 기억을 잃는 그날이 오기 전까지 또는 그 뒤에도 치매 독자나 다른 기억장애가 있는 사람 역시 보통 독자처럼 계속해서 서사를 통해 기쁨을 얻을 것이다. 이들이 책으로 무엇을 하든 그것은 여전히 읽기다.

나의 방식으로
읽고, 살고, 나아갈 것

우리가 읽기에 대해 생각하는 방식을 바꾸기 위해 이 책을 집필하기 시작했다. 사람들은 읽기가 단순한 활동이라고 생각하지만 자세히 보면 단일한 공통점이 없는 다양한 활동을 포함하는 용어다. 나는 비전형적인 읽기 방식을 한데 모아 읽기가 우리가 알고 있는 것보다 훨씬 다채로운 현상임을 밝히려고 했다. 읽기가 언어기호를 해독하고 이해하고 해석하는 것으로 한정된 과정이라고 보는 좁은 관점을 넘어, 사람들이 텍스트와 만나는 다양한 방법으로서 읽기를 더 넓게 정의해야 한다. 다양한 인지의 가치를 재조명하는 신경다양성 운동의 핵심 통찰을 바탕으로, 병적이거나 비정상적이거나 '읽기가 아닌 것'으로 치부된 활자와의 상호작용 방식에 주목하면 많은 것을 얻을 수 있다. 난독증, 과독증, 실독증, 공감각, 환각, 치매 등 여섯 가지 읽기장벽은 읽기 과정이 원활하게 작동할 때는 감춰져 있는 읽기의 여러 가지 측면을 조망한다. 이 책 전반에서 설명한 다양한 활동을 포괄하는 스펙트럼으로서 읽기를 바라보며 그 의미를 더욱 풍성하게 이해해보자.

나는 대안적인 읽기 역사를 통해 과거 읽기의 역사에서 간과된 '이상적이지 않은' 신경다양적 독자들의 증언을 되살리고자 했다. 이런 증언들은 비전형적 읽기 경험을 현상학적으로 전달한다는 막중한 임무를 맡는다. 철학자 질리언 로즈^{Gillian Rose}는 난독증을 겪으며 자라는 사람들의 모습을 관찰하면서 "읽기는 그저 단순한 읽기가 아니다"라는 사실을 깨달았다.[1] 뇌와 몸이 조화롭게 작동하며 책 내용을 이해하는 능숙한 독자와 달리 이 책에 등장하는 독자들은 뇌와 몸이 조화를 이루지 못하거나 충돌하는 상태에서 책 페이지를 마주한다. 잠시 멈춰서 읽기의 신경학적 토대가 얼마나 복잡한지, 그 과정이 잘못될 가능성이 얼마나 큰지 생각해본다면 이 사실이 놀랍지 않을 것이다. 여러 가지 읽기장벽 사례는 뇌가 좋은 쪽으로든 나쁜 쪽으로든 읽기 과정에 어떻게 영향을 끼치고 방해하고 가로막는지 보여준다. 나는 이를 '뇌를 거스르는 읽기'라고 불렀다. 하지만 읽기차이를 지나치게 부정적으로만 보지 마라. 이런 대안적인 읽기 과정에도 장점이 있기 때문이다. 앞서 살펴봤듯 읽기장벽을 안고 사는 많은 사람에게도 읽기는 계속 삶의 중심에 있다. 대안적인 읽기 방법에 의존해야 하더라도 말이다. 이런 상황은 '뇌와 함께 읽기'라고 표현하는 것이 더 적절하다.

이 책의 목표는 읽기에 정해진 방법이 있다는 가정에 도전하는 것이다. 이 장도 예외는 아니다. 당신은 이 장을 마지막으로 읽겠지만 다른 독자도 반드시 이 책을 순서대로 읽을 것이라고 장담할 수는 없다. 당신은 거꾸로 읽고 있을 수도 있다. 읽기문제가 있는 사람을 더 이상 '거꾸로 읽는' 독자라고 부르지 않는 편이 좋겠지만 말 그대로 진짜 거꾸로 읽는 사람도 있다. 20세기 들어 의학저널에는 거꾸로 읽는(예를 들어 god

를 dog로 읽는) 사람, 무심코 오른쪽에서 왼쪽으로 또는 끝에서 처음으로 문장을 읽는 사람 등이 여럿 보고되었다.[2] 한 여성에게 책을 읽어달라고 하자 페이지 오른쪽 아래에서부터 단어를 거꾸로 발음하며 읽기 시작했다.[3] 대부분의 독자는 이 책의 제목을 "읽지 못하는 사람들"이라고 읽겠지만 일부 독자는 "들람사 는하못 지읽"이라고 읽을 수도 있다.

지금까지 읽기와 신경다양성의 역사를 살피며 '읽기'라는 용어를 포괄적으로 보여주는 사례들을 만났다. '들어가며'에서는 읽기 방법이 얼마나 다양한지 보여주는 여러 가지 사례를 통해 읽기라는 용어를 정의하는 어려움을 간단히 살폈다. 위에서부터가 아닌 아래에서부터 읽기의 본질을 이해하는 접근법이다. 내 목표는 읽기에 대한 새로운 정의를 제시하기보다 읽기에 포함될 수 있는 모든 활동을 인식하도록 하는 것이다. 이런 의미에서 '읽기장벽'이라는 표현은 신경다양적 읽기뿐 아니라 다른 방식의 읽기를 인정하지 않으려는 사람의 거부감에도 적용할 수 있다.

읽기에 대해 잘 아는 사람은 '읽기'라는 말의 유연성을 인정한다. 문해력 연구자인 제임스 맥스웰James Maxwell은 거의 반세기 전에 "읽기를 정의하는 것보다 읽기에 관한 책 한 권을 쓰는 편이 더 쉬울 것이다"라고 말했다.[4] 오늘날 '읽기'라는 용어를 둘러싼 혼란을 내다본 셈이다. 우리는 읽기라는 하나의 단어를 서로 다르게, 심지어 상충하는 의미로 사용한다. 《아주아주 배고픈 애벌레The Very Hungry Caterpillar》에 나오는 단어를 소리 내 읽는 학생과 《모비 딕》을 탐구하는 문학평론가의 활동에 대해 똑같이 '읽기'라는 용어를 쓰지만 사실 두 인지 활동은 엄연히 다르다. 읽기란 무엇인가를 둘러싼 논쟁은 용어 자체의 유연성을 인정하는 것에서 시작해야 한다.

읽기를 새롭게 정의할 필요는 없다. 활용할 만한 정의가 이미 아주 많기 때문이다. 모든 조합을 포함하려는 정교하지만 다루기 어려운 공식부터, 읽기를 넘어 훨씬 많은 활동을 포함하기 위해 전략적으로 모호함을 취한 공식까지 읽기의 정의는 다양하다. 맥스웰은 '내용 읽기reading content' '독자 읽기reading reader' '과정 읽기reading process'라는 세 가지 범주로 구분해 포괄적으로 읽기를 정의했다. '특정 글자를 조합해 의미를 얻는 것'이라는 플레시의 고전적인 읽기 정의부터 '활자에서 유도된 사고의 형태'라는 최근의 정의까지, 더 간결한 공식도 있다.[5] 각 정의에는 상황에 따라 장점과 한계가 있다. 어떤 정의가 얼마나 유용한가는 어떤 행동이 읽기에 해당하는지를 구분하는 것이 목표인지, 반대로 사람들이 활자와 만나는 다양한 방식을 인지하는 것이 목표인지에 따라 달라진다. 나는 기존 읽기의 정의를 어떤 행동 유형을 배제할지 따질 때뿐 아니라 다른 읽기 방식을 수용할 때도 사용해야 한다고 생각한다. 읽기를 다시 정의할 필요는 없다. 이미 있는 정의를 더욱 유연하게 사용해야 한다.

읽기에 관한 몇몇 유용한 설명은 다양한 읽기 방법에 대해 생각할 여지를 준다. 매리언 울프는 읽기를 "글로 쓰인 언어를 해독하고 이해하는 행위에서 일어나는 다양한 지각적·인지적·언어적·정서적·생리적 과정"으로 본다. 이때 읽기란 누군가 책을 펼쳤을 때 하고 있는 모든 행동을 포착한다.[6] 하지만 이런 정의는 읽기라는 용어를 유연하게 해석할 때만 적용된다. 읽기를 엄격하게 해석(해독 **그리고** 이해)하면 이 책에서 다루는 모든 활동을 배제한다. 반면 포괄적으로 해석(해독 **또는** 이해)하면 완벽하게 규정하지는 못하지만 책과 관련된 훨씬 다양한 행동을 포괄할 수 있다. 읽기를 스펙트럼으로 본다고 해서 읽기와 읽기가 아닌 것을 절대로 구분할 수 없다는 뜻은 아니다. 초등학교 교사라면 어린이가 읽기를 배울 때 도움을 더 받아야 하는지 판단하기 위해 좁은 정의를 사용해도 무방하다. 하지만 우리는 제한적이지 않은 정의도 염두에 두고, 다양한 행위를 구분하는 일보다 이 행위들의 공통점에 초점을 맞춰야 한다. 이 책에서는 읽기를 이해하기 위한 포괄적인 모델을 제시한다. 역사적으로 인정받지 못하고 심지어 배제되었다고까지 할 수 있는 읽기와 읽기 비슷한 모든 행동을 포괄하는 모델이다.

'읽기'라는 용어를 확장해 독특한 읽기 방식까지 포함하는 것은 단지 사회 정의 문제가 아니다. 포괄적으로 읽기를 정의하면 모두에게 도움이 된다. 장애 당사자가 담론에 참여함으로써 어떤 주제에 관한 사고방식을 완전히 바꿀 수 있다. 이것은 이 책이 계속해서 보여준 장애 연구의 기본 원리다. 이들이 내는 목소리의 가치는 건강인문학이라는 더 넓은 기치 아래 교차하는 장애학과 의료인문학이라는 두 분야가 동의하는 핵심이다. 한때 환자의 관점보다 의사의 관점을 중요시했던 의사들도 더 이상 "항상 환자의 말을 들어야 한다"라는 색스의 기본 원칙에 이의를 제기하지 않는다.[7] 이 조언은 인문학자에게도 해당한다. 의료 당국의 방침에 반발하는 수많은 환자의 사례에서 보았듯, 읽기장벽에 대한 경험적 지식은 읽기를 둘러싼 가장 기본적인 가정에 도전한다. 인지차이를 겪는 사람의 관점을 통해 읽기를 한정적으로 이해하는 분야에서는 거의 다루지 않았던 읽기 과정의 다양한 측면에 효과적으로 주목할 수 있다. 무엇보다 이런 증언은 읽기가 아닌 것 같은 누군가의 행동이 어떤 가치를 지녔는지 보여준다.

이 책은 읽지 못하는 사람들, 나아가 보통 사람과 다르게 읽는 사람들의 역사다. 도서역사학자라면 내가 발견한 사실을 통해 신경다양성의 관점에서 역사적 기록을 다시 살펴보기를 바란다. 이 책에서는 이 분야의 선구자들이 예상했던, 과거에 읽을 수 있었지만 그럴 수 없게 된 사람의 인지 과정에 바탕을 둔 내면적인 읽기 역사까지는 나아가지 못했다. 하지만 일화, 개인적 증언, 과학적 사례연구 등 수많은 텍스트적 증거는 신경다양성 독자, 읽기능력 차이보다 인지차이가 우위에 있는 독자가 느끼는 경험을 생생하게 보여준다. 또한 읽기문제에 관한 초기 의학적 진단부터 오늘날 환자가 직접 쓴 수기까지 아우르며, 문해력, 지능, 장애를 바라보는 태도에 따라 달라지는 사람들의 증언을 담기 위한 역사적 틀을 제시한다. 카우저는 장애 당사자의 관점에서 쓴 수기가 최근 크게 늘어나는 현상이 오늘날 생활문의 중요한 발전이라고 설명했다. 난독증, 자폐증, 치매, 그 밖의 신경학적 질환에 특히 주목하는 수기는 여러 가지 사회경제적 다양성과 함께 신경다양성의 영향을 파악하려는 모든 사람에게 귀중한 자료다.[8]

내 연구의 궤적은 인지차이를 겪으며 살아온 사람의 주관적인 경험을 살피는 일부터 디지털 매체를 통해 그들의 이야기를 쉽게 접할 수 있는 오늘날에 이르렀다. 디지털 미디어는 대면 만남보다 온라인 의사소통을 선호하는 자폐인에게 유용하다. 증거 부족이 아닌 과잉이 문제가 될 시대에 인터넷을 통해 확산되는 대화를 추적하는 것은 미래 역사학자들의 몫이다. 다행히 앞으로는 이전까지 상상조차 할 수 없었던 도구를 손에 쥘 수 있다. 신경학적 조건에 대한 문헌을 읽는 것에 머물지 않고 이런 관점 차이를 직접 경험하거나, 난독증, 공감각 같은 질환을 겪는 사람의 감각적 경험과 관점을 재현하는 시뮬레이션을 시행할 수 있기 때문이다.[9]

현재에 집중하는 분야에서도 신경다양성을 고려해야 한다. 우리는 인지과학 덕분에 철학자 앙리 베르그송Henri Bergson이 '신성화divination'라고 부른 읽기라는 신비를 낱낱이 파헤칠 수 있었다.[10] 신경과학의 분석 도구는 책을 펼칠 때 뇌에서 일어나는 숨겨진 정신 작용을 잘 드러낸다. 하지만 인지문학이론가라면 다양한 인지적 특성이 읽기 과정에 어떤 영향을 끼치는지 파악해야 한다. 그러지 않으면 인간 행동의 전체 범주를 설명해내지 못하는 환원주의적 모델에 빠질 우려가 있다. 예를 들어 언어적 서사가 독자의 마음에 이미지를 만든다는 기본 전제는, 어떤 사람은 심상을 전혀 보지 못하지만 다른 사람은 책 속 단어와 거의 연관이 없는 이미지를 본다는 사실을 제대로 설명할 수 있어야 한다. 신경전형적 독자는 읽기 과정에서 그래픽 기호를 의미로 곧잘 변환하지만 비전형적 독자는 그래픽 기호에서 너무 많거나 적은 의미를 얻는다. 이처럼 읽기에는 모든 독자가 공유하는 일련의 정신적 과정이 있기는 하지만, 동시에 각각의 독자가 이 과정을 다르게 경험할 수 있는 읽기 자체의 복잡한 특성이 있다. 다양한 읽기 양식의 연속성과 불연속성을 모두 고려하면 보편적인 독자라는 잘못된 개념에 기반한 모델보다 더 정확하고 견고하며 분명한 모델을 만들 수 있다.

　잘 읽는 독자도 독특한 방식으로 읽는 독자에게 배울 점이 있다. 일상적인 읽기 방식은 리아 프라이스^{Leah Price}의 말처럼 '잘 안다는 착각'을 불러일으킨다. 하지만 이 책에 소개된 사례에서 보다시피 우리는 읽기라는 과정에 대해 아직 잘 알지 못한다.[11] 문학비평가들은 으레 '읽기'를 해석과 동일시하며 애초에 해석을 가능하게 하는 모든 선행 단계를 간과한다. 읽기 과정은 지각 자체에서 시작된다. 1장에서 소개한 난독증 독자 가운데 한 사람은 우리에게 "소설에서 대화만 읽고 나머지 서술은 건너뛰는 읽기는 어떤 효과가 있을지"를 생각해보라고 권했다. 독특한 읽기 방식을 살펴보면 텍스트와의 만남에 지대한 영향을 끼치는 읽기 과정의 여러 가지 측면에 비로소 주목할 수 있다. 사람들은 주의력, 감정, 기억, 지각, 몸, 감각, 심상을 통해 저마다 다른 방식으로 텍스트를 수용한다. 보통은 눈에 띄지 않거나 언급되지 않는 해독과 이해의 측면을 생각해보자. 그러면 해석 과정에 선행하는 이런 구성 요소가 미적 판단에 어떤 영향을 끼치는지 알 수 있을 것이다.

　'전형적인 독자' 따위는 존재하지 않는다는 사실을 잊지 마라. 저마다 독특한 방법으로 책을 읽는 수많은 독자가 있을 뿐이다. 이 점에서 모든 독자는 비전형적이다. 신경다양적 독자의 사례는 읽기 방법에는 다양한 스펙트럼이 있음을 알려주고, 다른 사람과 비슷하거나 다른 자신만의 취향을 되돌아보게 한다. 이 책을 쓰는 동안 나 역시 그랬다. 이 사실을 알면 자신의 읽기 과정에 영향을 끼치는 여러 가지 측면을 이해하는 데 도움이 된다. 이 책을 쓰게 된 동기 가운데 하나는 나만의 독특한 읽기 습관이 다른 사람과 다르다고 느껴서였다. 하지만 논의를 이어나가면서 자신의 읽기 습관이 완전히 '정상'이라고 생각하는 사람은 거의 없을 것이라는 사실을 깨달았다. 당신도 같은 생각을 해왔다면, 혼자가 아니라는 사실에 위안을 얻어도 좋다.

주석

들어가며: 감춰졌던 '읽기'의 세계를 찾아서

1. Charles Dickens, *Great Expectations*, ed. Margaret Cardwell (Oxford: Oxford University Press, 2008), 42.

2. Fran Peek, *The Real Rain Man: Kim Peek*, ed. Stevens W. Anderson (Salt Lake City: Harkness, 1996), 16.

3. Fran Peek and Lisa Hanson, *The Life and Message of the Real Rain Man: The Journey of a Mega-Savant* (Port Chester, NY: Dude Publishing, 2008), 53.

4. '신경다양성'이라는 용어가 만들어진 배경에는 블로그, 언론, 수기, 웹사이트, 학계가 복잡하게 얽혀 있다. 이 개념에 대한 가장 이해하기 쉬운 설명을 찾으려면 다음을 보라. Thomas Armstrong, *The Power of Neurodiversity: Unleashing the Advantages of Your Differently Wired Brain* (Cambridge, MA: Da Capo, 2010).

5. Laura Otis, *Rethinking Thought: Inside the Minds of Creative Scientists and Artists* (Oxford: Oxford University Press, 2015), 3.

6. 예를 들어 다음을 보라. V. S. Ramachandran, *The Tell-Tale Brain: A Neuroscientist's Quest for What Makes Us Human* (New York: W. W. Norton, 2011), 46.

7. Richard E. Cytowic and David M. Eagleman, *Wednesday Is Indigo Blue: Discovering the Brain of Synesthesia* (Cambridge, MA: MIT Press, 2011), 37.

8. Jonathan Swift, *Gulliver's Travels*, ed. Robert DeMaria Jr. (New York: Penguin, 2001), 197.

9. Ludwig Wittgenstein, *Philosophical Investigations*, trans. G. E. M. Anscombe, 2nd ed. (Oxford: Blackwell, 1958), 32 / §67.

10. 이 책에서 다루는 여러 신경학적 읽기장벽은 다음에서 설명하는 과거의 용어와 구분해야 한다. 예를 들어 다음에 등장하는 심리적 장애물은 다음 자료에서 사용한 것이다. Eve Kosofsky Sedgwick and Adam Frank, "Shame in the Cybernetic Fold: Reading Silvan Tomkins," *in Shame and Its Sisters: A Silvan Tomkins Reader*, ed. Sedgwick and Frank (Durham: Duke University Press, 1995), 1-28; 수집한 일화의 출처는 다음과 같다. David Markson, *Reader's Block* (Normal, IL: Dalkey Archive, 1996); 책을 반사회적으로 사용하는 사례는 다음을 보라. Leah Price, "Reader's Block," *Victorian Studies* 46.2 (2004): 231-242; 나이가 들며 동기가 줄어드는 상황에 대해서

는 다음을 보라. Geoff Dyer, "Reader's Block," in *Working the Room: Essays and Reviews, 1999-2010* (Edinburgh: Canongate, 2010), 343-347.

11. Alberto Manguel, *A History of Reading* (New York: Penguin, 1996), 39.

12. Daniel C. Dennett, *From Bacteria to Bach and Back: The Evolution of Minds* (London: Allen Lane, 2017), 75.

13. Mark Seidenberg, *Language at the Speed of Sight: How We Read, Why So Many Can't, and What Can Be Done About It* (New York: Basic Books, 2017), 3; Daniel T. Willingham, *The Reading Mind: A Cognitive Approach to Understanding How the Mind Reads* (San Francisco: Jossey-Bass, 2017).

14. Stanislas Dehaene, *Reading in the Brain: The New Science of How We Read* (London: Penguin, 2009), 219.

15. Steven Roger Fischer, *A History of Reading* (London: Reaktion, 2005), 11.

16. Fischer, *A History of Reading*, 343.

17. William Morris, *News from Nowhere*, ed. David Leopold (Oxford: Oxford University Press, 2003), 25.

18. Philip B. Gough and Michael L. Hillinger, "Learning to Read: An Unnatural Act," *Bulletin of the Orton Society* 30.1 (1980): 179-195.

19. Maryanne Wolf, *Proust and the Squid: The Story and Science of the Reading Brain* (New York: HarperCollins, 2007), 3. 읽기를 위해 뇌신경망의 용도를 변경하는 사례에 대해서는 다음을 보라. Dehaene, *Reading in the Brain*.

20. Sigmund Freud, *On Aphasia: A Critical Study* (New York: International Universities Press, 1953), 75-76.

21. Frank Smith, *Reading Without Nonsense*, 2nd ed. (New York: Teachers College Press, 1985), 93.

22. Anne Castles, Kathleen Rastle, and Kate Nation, "Ending the Reading Wars: Reading Acquisition from Novice to Expert," *Psychological Science in the Public Interest* 19.1 (2018): 5-51, at 6; Keith Rayner et al., "How Psychological Science Informs the Teaching of Reading," *Psychological Science in the Public Interest* 2.2 (2001): 31-74, at 34.

23. Sally Andrews, "Individual Differences in Skilled Visual Word Recognition and Reading: The Role of Lexical Quality," in *Visual Word Recognition, Volume 2: Meaning and Context, Individuals and Development*, ed. James S. Adelman (Hove, UK: Psychology Press, 2012), 151.

24. 해석학에서 벗어나려는 문학 연구의 움직임에 대해서는 다음을 보라. Rachel Sagner Buurma and Matthew K. Gold, "Contemporary Proposals About Reading in the Digital Age," in *A Companion to Literary Theory*, ed. David H. Richter (Chichester: Wiley Blackwell, 2018), 139-150; Deidre Shauna Lynch and Evelyne Ender, "Introduction-Time for Reading," *PMLA* 133.5 (2018): 1073-1082; and "Introduction: Reading Spaces," *PMLA* 134.1 (2019): 9-17; and Matthew Rubery and Leah Price, eds., *Further Reading* (Oxford: Oxford University Press,

2020).

25. N. Katherine Hayles, *How We Think: Digital Media and Contemporary Technogenesis* (Chicago: University of Chicago Press, 2012), 79; Mara Mills, "What Should We Call Reading?" *Flow* (December 3, 2012): https://www.flowjournal.org/2012/12/what-should-we-call-reading/

26. 매클루언은 한쪽시야결손을 다음에서 설명했다. "My Reading Habits (1967)," YouTube (August 29, 2012): https://www.youtube.com/watch?v=Xi8ULoGh8DY

27. Jenni A. Ogden, *Trouble in Mind: Stories from a Neuropsychologist's Case book* (New York: Oxford University Press, 2012), 90.

28. Ludwig Wittgenstein, *The Blue and Brown Books* (New York: Harper & Row, 1958), 19-20.

29. Sarah McNicol and Liz Brewster, eds., *Bibliotherapy* (London: Facet, 2018).

30. John Stuart Mill, *Autobiography*, ed. John M. Robson (New York: Penguin, 1989).

31. Robert Burton, *The Anatomy of Melancholy*, ed. Holbrook Jackson (London: J. M. Dent, 1932), 38.

32. James Boswell, *Life of Johnson*, ed. R. W. Chapman (Oxford: Oxford University Press, 2008), 690.

33. Andrew Solomon, *The Noonday Demon: An Atlas of Depression* (New York: Scribner, 2001), 99.

34. 다음에서 인용. Siegfried Wenzel, *The Sin of Sloth: Acedia in Medieval Thought and Literature* (Chapel Hill: University of North Carolina Press, 1967), 28.

35. Raymond Klibansky, Erwin Panofsky, and Fritz Saxl, *Saturn and Melancholy* (London: Nelson, 1964), 85; Stanley W. Jackson, *Melancholia and Depression: From Hippocratic Times to Modern Times* (New Haven: Yale University Press, 1986), 191.

36. N. S. Sutherland, *Breakdown: A Personal Crisis and a Medical Dilemma*, 2nd ed. (Oxford: Oxford University Press, 1998), 3.

37. Sutherland, *Breakdown*, 3.

38. Matt Haig, *Reasons to Stay Alive* (Edinburgh: Canongate, 2016), 130. 강조는 원문.

39. Daniel Smith, *Monkey Mind: A Memoir of Anxiety* (New York: Simon&Schuster, 2013), 136.

40. Kay R. Jamison, *An Unquiet Mind: A Memoir of Moods and Madness* (London: Picador, 2015), 37.

41. Jamison, *Unquiet Mind*, 95.

42. Jamison, *Unquiet Mind*, 98.

43. Susanne Antonetta, *A Mind Apart: Travels in a Neurodiverse World* (New York: Jeremy P. Tarcher, 2007), 2.

44. R. G. Bickford et al., "Reading Epilepsy: Clinical and Electroencephalographic Studies of a New Syndrome," *Transactions of the American Neurological Association* 81 (1956): 100-102.

45. Herbert Spencer, *An Autobiography*, 2 vols. (London: Williams and Norgate, 1904), 1:467.

46. Spencer, *An Autobiography*, 1:474. 스펜서의 증상에 대해 더 자세히 알아보려면 다음을 보라. Martin N. Raitiere, "Did Herbert Spencer Have Reading Epilepsy?" *Journal of the History of the Neurosciences* 20.4 (2011): 357-367.

47. Abena D. Osei-Lah et al., "Focal Reading Epilepsy—A Rare Variant of Reading Epilepsy: A Case Report," *Epilepsia* 51.11 (2010): 2352-2356.

48. M. Koutroumanidis et al., "The Variants of Reading Epilepsy. A Clinical and Video-EEG Study of 17 Patients with Reading-Induced Seizures," *Brain* 121.8 (1998): 1409-1427, at 1416.

49. Donald F. Weaver, "Font Specific Reading-Induced Seizures," *Clinical Neurology and Neurosurgery* 125 (2014): 210-211, at 210.

50. 다음에서 인용. Oliver Sacks, *An Anthropologist on Mars: Seven Paradoxical Tales* (London: Picador, 1995), 81.

51. John Wiltshire, *Samuel Johnson in the Medical World: The Doctor and the Patient* (Cambridge: Cambridge University Press, 1991), 29-34.

52. Samuel Johnson, *Johnsonian Miscellanies*, ed. George Birkbeck Hill, 2 vols. (Oxford: Clarendon, 1897), 2:297. 이에 관해 다음의 책에서 더 자세히 설명한다. Robert DeMaria Jr., *Samuel Johnson and the Life of Reading* (Baltimore: Johns Hopkins University Press, 1997).

53. 다음에서 인용. Margaret Cheney, *Tesla: Man Out of Time* (New York: Simon & Schuster, 1981), 39

54. 다음 책의 주석 42번을 참조하라. Ezio Sanavio, "Obsessions and Compulsions: The Padua Inventory," *Behaviour Research and Therapy* 26.2 (1988): 169-177.

55. Marc Summers, *Everything in Its Place: My Trials and Triumphs with Obsessive Compulsive Disorder* (New York: Penguin Putnam, 1999), 72-73.

56. Amy Wilensky, *Passing for Normal: Tourette's, OCD and Growing Up Crazy* (London: Simon & Schuster, 2006), 151.

57. Summers, *Everything in Its Place*, 42.

58. Catherine Malabou, *The New Wounded: From Neurosis to Brain Damage* (New York: Fordham University Press, 2012), 9.

59. Tracy Kidder, *Old Friends* (London: Granta, 1994), 30.

60. Manguel, *A History of Reading*, 293.

61. Robert McCrum, *My Year Off* (London: Picador, 1998), 75.

62. 예를 들어 다음을 보라. John T. MacCurdy, *War Neuroses* (Cambridge: Cambridge University Press, 1918), 52.

63. Adhémar Gelb and Kurt Goldstein, "Analysis of a Case of Figural Blind ness," in *A Source Book of Gestalt Psychology*, ed. Willis D. Ellis (New York: Harcourt, Brace, 1938), 317.

64. "Minerva," *British Medical Journal* 318 (1999): 1018.

65. 한 연구에 따르면 일주일에 세 번 뒤집어서 소설을 읽도록 한 집단의 문해력이 극적으로 향상되었다. Elsa Ahlén et al., "Learning to Read Upside-Down: A Study of Perceptual Expertise and Its

Acquisition," *Experimental Brain Research* 232.3 (2014): 1025-1036.

66. 다음에서 인용. Darold A. Treffert, *Islands of Genius: The Bountiful Mind of the Autistic, Acquired, and Sudden Savant* (London: Jessica Kingsley, 2010), 200.

67. Kara L. Swanson, *I'll Carry the Fork! Recovering a Life After Brain Injury* (Los Altos, CA: Rising Star, 1999), 18. 더 직접적인 설명은 라우틀리지 출판사의 다음 시리즈를 보라. *After Brain Injury: Survivor Stories*: https://www.routledge.com/After-Brain-Injury-Survivor-Stories/book-series/ABI

68. Barbara K. Lipska and Elaine McArdle, *The Neuroscientist Who Lost Her Mind: My Tale of Madness and Recovery* (Boston: Houghton Mifflin Harcourt, 2018), 139.

69. Tom Lubbock, *Until Further Notice, I Am Alive* (London: Granta, 2012), 22.

70. Lubbock, *Until Further Notice*, 134.

71. Lubbock, *Until Further Notice*, 129.

72. Marion Coutts, *The Iceberg: A Memoir* (London: Atlantic, 2015), 107.

73. 다음에서 인용. Oliver W. Sacks, *Awakenings*, rev. ed (London: Picador, 2012), 88.

74. Sacks, *Awakenings*, 120.

75. Sacks, *Awakenings*, 132 fn 77.

76. Sacks, *Awakenings*, 212.

77. Ogden, *Trouble in Mind*, 227-249.

78. 장애를 안고 살 때 지닐 수 있는 이점에 대해서는 다음을 보라. H-Dirksen L. Bauman and Joseph J. Murray, eds., *Deaf Gain: Raising the Stakes for Human Diversity* (Minneapolis: University of Minnesota Press, 2014).

79. 다음에서 인용. Barbara A. Wilson, *Case Studies in Neuropsychological Rehabilitation* (New York: Oxford University Press, 1999), 206.

80. Roger Chartier and Guglielmo Cavallo, "Introduction," in *A History of Reading in the West*, ed. Guglielmo Cavallo and Roger Chartier (Cambridge: Polity Press, 1999), 4.

81. Karin Littau, *Theories of Reading: Books, Bodies, and Bibliomania* (Cambridge: Polity Press, 2006), 10.

82. *Reading Sites: Social Difference and Reader Response*, edited by Patrocinio Schweickart and Elizabeth A. Flynn (New York: MLA, 2004) 이 문헌은 문화적 변이를 바라보는 학계의 태도 변화를 보여준다. 이 분야를 전반적으로 살펴보려면 다음을 보라. Shafquat Towheed, Rosalind Crone, and Katie Halsey, eds., *The History of Reading: A Reader* (London: Routledge, 2011); Mary Hammond and Jonathan Rose, eds., *The Edinburgh History of Reading*, 4 vols. (Edinburgh: Edinburgh University Press, 2020).

83. Chartier and Cavallo, "Introduction," 3.

84. Robert Darnton, "First Steps Toward a History of Reading," *Australian Journal of French Studies* 23.1 (1986): 5-30, at 15.

85. Darnton, "First Steps Toward a History of Reading," 7.

86. 대표적인 접근법은 다음에서 볼 수 있다. Lisa Zunshine, ed., *The Oxford Handbook of Cognitive*

Literary Studies (New York: Oxford University Press, 2015). 인지과학을 통해 읽기를 바라본 유용한 논의는 다음을 보라. Paul B. Armstrong, *Stories and the Brain: The Neuroscience of Narrative* (Baltimore: Johns Hopkins University Press, 2020); Elaine Auyoung, "What We Mean by Reading," *New Literary History* 51.1 (2020): 93-114; Andrew Elfenbein, *The Gist of Reading* (Stanford: Stanford University Press, 2018). 이런 연구도 가치는 있지만 신경다양성에는 거의 관심을 갖지 않는다(자폐증에 대한 리사 준샤인(Lisa Zunshine)과 랠프 새브리스의 연구는 특별한 예외이기는 하다). 게다가 이런 연구에서는 다양한 독자를 구별하지 않는 보편적 인지 모델을 주로 받아들인다.

87. 이 표현은 다음에서 인용했다. Wolfgang Iser, *The Act of Reading: A Theory of Aesthetic Response* (London: Routledge & Kegan Paul, 1978), 29; Jonathan Culler, *Structuralist Poetics: Structuralism, Linguistics and the Study of Literature* (London: Routledge & Kegan Paul, 1975), 124. 이 수사학적 용어에 대한 논의를 더 살펴보려면 다음을 보라. Elizabeth Freund, *The Return of the Reader: Reader-Response Criticism* (London: Methuen, 1987).

88. 예를 들어 다음을 보라. Gillian Silverman, "Neurodiversity and the Revision of Book History," *PMLA* 131.2 (2016): 307-323.

89. Oliver Sacks, *The Man Who Mistook His Wife for a Hat* (London: Picador, 1986), x.

90. Oliver Sacks, *On the Move: A Life* (New York: Alfred A. Knopf, 2016), 14.

91. Oliver Sacks, *The Mind's Eye* (London: Picador, 2010), 165. 색스는 자살 충동이 생기는 것에 대해 다음에서 설명했다. *On the Move*, 379.

92. Walter Benjamin, *Selected Writings, Volume 2: 1927-1934*, ed. Michael W. Jennings, Howard Eiland, and Gary Smith, trans. Rodney Livingstone and others (Cambridge, MA: Belknap, 1999), 123.

93. 이에 대한 가장 강력한 비판은 올리버 색스의 다음 글에서 볼 수 있다. *An Anthropologist on Mars in Disability and Society* 11.1 (1996): 137-142. 좀 더 신중한 평가에 대해서는 다음을 보라. Leonard Cassuto, "Oliver Sacks and the Medical Case Narrative," in *Disability Studies: Enabling the Humanities*, eds. Sharon L. Snyder, Brenda Jo Brueggemann, and Rosemarie Garland-Thomson (New York: MLA, 2002): 118-130; G. Thomas Couser, *Vulnerable Subjects: Ethics and Life Writing* (Ithaca: Cornell University Press, 2004), 74-122.

94. 장애인 권리 운동에서 자기 변론의 중요성은 다음에 요약되어 있다. James I. Charlton's *Nothing About Us Without Us: Disability Oppression and Empowerment* (Berkeley: University of California Press, 1998). 개인적 증언의 가치를 살펴보려면 다음을 보라. Arthur W. Frank, *The Wounded Storyteller: Body, Illness and Ethics* (Chicago: University of Chicago Press, 1995); Anne Hudson Jones, "Reading Patients—Cautions and Concerns," *Literature and Medicine* 13.2 (1994): 190-200.

95. 브라이언 허위츠(Brian Hurwitz)는 의학 사례연구에서 중재의 중요한 역할에 대해 다음에서 논했다. "Narrative Constructs in Modern Clinical Case Reporting," *Studies in History and Philosophy of Science* 62 (2017): 65-73.

96. Sacks, *Awakenings*, xxxi.

97. Robin Nunn, "Mere Anecdote: Evidence and Stories in Medicine," *Journal of Evaluation in Clinical Practice* 17.5 (2011): 920-926.

98. William St. Clair, *The Reading Nation in the Romantic Period* (Cambridge: Cambridge University Press, 2004), 5-6.

99. 일화의 유용성에 대한 강력한 변론은 다음에서 볼 수 있다. Catherine Gallagher and Stephen Greenblatt, *Practicing New Historicism* (Chicago: University of Chicago Press, 2000), 49-74; Daniel Allington, "On the Use of Anecdotal Evidence in Reception Study and the History of Reading," in *Reading in History: New Methodologies from the Anglo-American Tradition*, ed. Bonnie Gunzenhauser (London: Pickering and Chatto, 2010), 11-28.

100. Kathryn Montgomery Hunter, *Doctors' Stories: The Narrative Structure of Medical Knowledge* (Princeton: Princeton University Press, 1991), 75.

101. Aldous Huxley, *Point Counter Point* (New York: Modern Library, 1928), 465. 신경성 언어장애와 문학의 관계에 대해서는 다음을 보라. Laura Salisbury, "Aphasic Modernism: Languages for Illness from a Confusion of Tongues," in *The Edinburgh Companion to the Critical Medical Humanities*, ed. Anne Whitehead and Angela Woods (Edinburgh: Edinburgh University Press, 2016), 444-462.

102. Huxley, *Point Counter Point*, 465.

103. Diane Price Herndl, "Disease Versus Disability: The Medical Humanities and Disability Studies," *PMLA* 120.2 (2005): 593-598. 의학적 틀을 넘어 안정된 삶에 영향을 끼치는 사회적·문화적·역사적 차원으로 영역을 확장하며 '의료인문학'이라는 더욱 포괄적인 명칭으로 나아가는 움직임을 살펴보려면 다음을 참고하라. Therese Jones et al., "The Almost Right Word: The Move from Medical to Health Humanities," *Academic Medicine* 92.7 (2017): 932-935.

104. 장애에 대해 서로 상충하는 여러 모델에 대한 통찰력 있는 사고를 보려면 다음을 보라. Tobin Siebers, *Disability Theory* (Ann Arbor: University of Michigan Press, 2008).

105. 이 책에서 사용하는 용어에 대해 간단히 언급해야겠다. 나는 장애가 있는 사람을 존중하는 언어를 사용하고 판단 기준을 개발하면서 문체의 제약 역시 고려했다. 반론 위험이 적으면 '난독증자dyslexic'나 '난독증이 있는 사람dyslexic person'처럼 정체성을 중심으로 하는 단어를 사용하며 간결함을 우선시했다. 하지만 적당한 축약어가 없는 경우에는 '치매를 겪는 사람'처럼 사람을 중심으로 하는 문구를 사용했다. 가능하다면 대체로 이런 장애를 안고 사는 사람들의 선호나 선례를 따라 선택했다.

106. 특히 다음을 보라. Michael Bérubé, *The Secret Life of Stories: From Don Quixote to Harry Potter, How Understanding Intellectual Disability Transforms the Way We Read* (New York: NYU Press, 2016); G. Thomas Couser, *Vulnerable Subjects: Ethics and Life Writing* (Ithaca: Cornell University Press, 2004); Eva Feder Kittay, *Learning from My Daughter: The Value and Care of Disabled Minds* (New York: Oxford University Press, 2019); Ralph James Savarese, *See It Feelingly: Classic Novels, Autistic Readers, and the Schooling of a No-Good English Professor* (Durham: Duke University Press, 2018); Siebers, *Disability Theory*.

107. Kate Brousseau and H. G Brainerd, *Mongolism: A Study of the Physical and Mental Characteristics of Mongolian Imbeciles* (Baltimore: Williams & Wilkins, 1928), 172.

108. Nigel Hunt, *The World of Nigel Hunt: The Diary of a Mongoloid Youth* (New York: Garrett, 1976), 23.

109. Bérubé, *The Secret Life of Stories*, 6-12.

110. Georgina Kleege, *Sight Unseen* (New Haven: Yale University Press, 1999), 167.

111. 시버스는 장애학이 장애의 부정적인 측면과 긍정적인 측면을 모두 인지해야 한다고 주장한다. 다음을 보라. *Disability Theory*, 5; 수전 웬델과 톰 셰익스피어는 이 분야가 장애의 부정적인 면을 부정한다고 비판한다. Wendell, "Unhealthy Disabled: Treating Chronic Illnesses as Disabilities," *Hypatia* 16.4 (2001): 17-33; and Shakespeare, "The Social Model of Disability," in *The Disability Studies Reader*, 4th ed., ed. Lennard J. Davis (New York: Routledge, 2013), 217-218. 크리스티나 크로스비는 상실의 경험에 대해 간결하고 감동적으로 썼다. 다음을 보라. *A Body, Undone: Living on After Great Pain* (New York: NYU Press, 2016); 마이클 데이비슨은 상실의 중요한 가능성에 대해 다음에서 탐구했다. "Cleavings: Critical Losses in the Politics of Gain," *Disability Studies Quarterly* 36.2 (2016): https://dsq-sds.org/article/view/4287

112. Claudia L. Osborn, *Over My Head: A Doctor's Own Story of Head Injury from the Inside Looking Out* (Kansas City, MO: Andrews McMeel, 1998), 91.

113. William Empson, *Seven Types of Ambiguity*, 2nd ed. (Harmondsworth: Penguin, 1973), 32.

114. William James, *The Writings of William James: A Comprehensive Edition*, ed. John J. McDermott (Chicago: University of Chicago Press, 1977), 630.

115. Marcel Proust, *In the Shadow of Young Girls in Flower: In Search of Lost Time, Volume 2*, trans. James Grieve (London: Penguin, 2003), 378.

116. Vladimir Nabokov, *Pale Fire* (New York: Vintage, 1989), 289.

117. 다음에서 인용. William James, *The Principles of Psychology* (Cambridge, MA: Harvard University Press, 1983), 741. 제임스가 언급한 내용은 다음에서 인용했다. Moritz Lazarus, *Das Leben der Seele* (1857), 2:31.

118. Jeanne L. Lee, *Just Love Me: My Life Turned Upside-Down by Alzheimer's* (West Lafayette, IN: Purdue University Press, 2003), 26.

119. Barb Rentenbach and Lois Prislovsky, *Neurodiversity: A Humorous and Practical Guide to Living with ADHD, Anxiety, Autism, Dyslexia, the Gays, and Every one Else* (Knoxville: Mule and Muse Productions, 2016).

1장. 문해력 신화 속 지워진 아이들

1. Macdonald Critchley, *The Dyslexic Child*, 2nd ed. (London: Heinemann Medical, 1970), 112.

2. 더 포괄적인 정의는 다음을 보라. Jim Rose, *Identifying and Teaching Children and Young People with Dyslexia and Literacy Difficulties* (London: Department for Children, Schools and Families DCSF, 2009), 28-34: https://webarchive.nationalarchives.gov.uk/20130321060616/https://www.education.gov.uk/publications/eOrderingDownload/00659-2009DOM-EN.pdf

3. 마크 세이덴버그는 '난독증 스펙트럼'에 대해 다음에서 언급했다. *Language at the Speed of Sight: How We Read, Why So Many Can't, and What Can Be Done About It* (New York: Basic Books, 2017), 178.

4. 다음의 예시를 보라. Thomas G. West, *In the Mind's Eye: Visual Thinkers, Gifted People with Dyslexia and Other Learning Difficulties, Computer Images, and the Ironies of Creativity* (Amherst, NY: Prometheus, 1997).

5. Sally E. Shaywitz, *Overcoming Dyslexia: A New and Complete Science Based Program for Reading Problems at Any Level* (New York: Alfred A. Knopf, 2004), 116.

6. Maryanne Wolf with Stephanie Gottwald, *Tales of Literacy for the 21st Century* (Oxford: Oxford University Press, 2016), 3.

7. Rudolf Flesch, *Why Johnny Can't Read—And What You Can Do About It* (New York: Harper & Brothers, 1955), 130.

8. Isaac Asimov, *In Memory Yet Green: The Autobiography of Isaac Asimov, 1920-1954* (New York: Doubleday, 1979), 48.

9. Charles Dickens, *Great Expectations*, ed. Margaret Cardwell (Oxford: Oxford University Press, 2008), 40.

10. Jean-Paul Sartre, *The Family Idiot: Gustave Flaubert, 1821-1857*, vol. 1 (Chicago: University of Chicago Press, 1981), 8.

11. Critchley, *The Dyslexic Child*, 97.

12. Janice Edwards, *The Scars of Dyslexia: Eight Case Studies in Emotional Reactions* (New York: Cassell, 1994); John Osmond, *The Reality of Dyslexia* (Cambridge, MA: Brookline, 1995); Shirley Kurnoff, ed., *The Human Side of Dyslexia: 142 Interviews with Real People Telling Real Stories* (Monterey, CA: Universal, 2001).

13. 여러 저자가 함께 쓰는 이런 서사는 대부분 '공동 자서전'으로 분류한다. 이 분류에 대해 더 살펴보려면 다음을 보라. Philippe Lejeune, *On Autobiography*, ed. Paul John Eakin, trans. Katherine Leary (Minneapolis: University of Minnesota Press, 1989), 186.

14. Eileen B. Simpson, *Reversals: A Personal Account of Victory over Dyslexia* (Boston: Houghton Mifflin, 1979), viii.

15. Peter A. Harrower, *The World Through My Dyslexic Eyes: Battling Learning Disabilities Depression and Finding Purpose* (self-pub., CreateSpace, 2018).

16. 다음에서 인용. Paul J. Gerber and Marshall H. Raskind, *Leaders, Visionaries, and Dreamers: Extraordinary People with Dyslexia and Other Learning Disabilities* (New York: Novinka, 2014), 26.

17. Jan van Gijn, "A Patient with Word Blindness in the Seventeenth Century," *Journal of the History of the Neurosciences* 24.4 (2015): 352-360. 다른 역사적 사례는 다음을 보라. Arthur L. Benton and Robert J. Joynt, "Early Descriptions of Aphasia," *Archives of Neurology* 3.2 (1960): 205-222.

18. Rudolf Berlin, *Eine besondere Art der Wortblindheit Dyslexie* (Wiesbaden: J. F. Bergmann,

1887).

19. Sylvia O. Richardson, "Historical Perspectives on Dyslexia," *Journal of Learning Disabilities* 25.1 (1992): 40-47.

20. James Kerr, "School Hygiene, in Its Mental, Moral, and Physical Aspects," *Journal of the Royal Statistical Society* 60.3 (1897): 613-680, at 668.

21. W. Pringle Morgan, "A Case of Congenital Word Blindness," *British Medical Journal 2* (1896): 1378.

22. 힌셜우드는 자신이 발견한 사례들을 읽기장애를 다룬 세미나에서 발표했다. *Letter-, Word-, and Mind Blindness* (London: H. K. Lewis, 1900).

23. 다음에서 인용. James Hinshelwood, "Congenital Word-Blindness," *Lancet* 155.4004 (1900): 1506-1508, at 1508.

24. James Hinshelwood, "A Case of Congenital Word-Blindness," *British Medical Journal* 2.2289 (1904): 1303-1304, at 1303; Charles Dickens, *The Personal History of David Copperfield*, ed. Trevor Blount (London: Penguin, 1966), 103.

25. 난독증이 진단명으로 확립된 과정에 대해서는 다음을 보라. Tom Campbell, *Dyslexia: The Government of Reading* (New York: Palgrave Macmillan, 2013).

26. Hinshelwood, "Congenital Word-Blindness," 1508.

27. Peggy L. Anderson and Regine Meier-Hedde, "Early Case Reports of Dyslexia in the United States and Europe," *Journal of Learning Disabilities* 34.1 (2001): 9-21, at 17.

28. Josephine Horton Bowden, "Learning to Read," *Elementary School Teacher* 12.1 (1911): 21-33, at 21.

29. 학습장애에 대한 다른 태도를 보려면 다음을 보라. Scot Danforth, *The Incomplete Child: An Intellectual History of Learning Disabilities* (New York: Peter Lang, 2009).

30. Marion Monroe, *Children Who Cannot Read: The Analysis of Reading Disabilities and the Use of Diagnostic Tests in the Instruction of Retarded Readers* (Chicago: University of Chicago Press, 1932), 1.

31. Samuel T. Orton, "'Word-Blindness' in School Children," *Archives of Neurology and Psychiatry* 14.5 (1925): 581-615, at 611; Samuel Torrey Orton, *Reading, Writing and Speech Problems in Children: A Presentation of Certain Types of Disorders in the Development of the Language Faculty* (New York: W. W. Norton 1937).

32. Orton, "'Word-Blindness' in School Children," 581.

33. 다음에서 인용. Orton, "'Word-Blindness' in School Children," 593.

34. 난독증의 특징에 대한 인식을 제고하려는 노력에 대해서는 다음을 보라. Philip Kirby, "Literacy, Advocacy and Agency: The Campaign for Political Recognition of Dyslexia in Britain (1962-1997)," *Social History of Medicine* 33.4 (2020): 1306-1326.

35. 난독증 운동에 대해서는 다음을 보라. Philip Kirby, "Worried Mothers? Gender, Class and the Origins of the 'Dyslexia Myth'," *Oral History* 47.1 (2019): 92-104.

36. Macdonald Critchley, *Developmental Dyslexia* (London: Heinemann Medical, 1964), vii.

37. 다음에서 인용. Clara Schmitt, "Congenital Word-Blindness, or Inability to Learn to Read," *Elementary School Journal* 18.9 (1918): 680-700, at 682.

38. 용어를 둘러싼 최근 논쟁에 대해서는 다음을 보라. Julian G. Elliott and Elena L. Grigorenko, *The Dyslexia Debate* (Cambridge: Cambridge University Press, 2014).

39. Frank R. Vellutino, *Dyslexia: Theory and Research* (Cambridge, MA: MIT Press, 1979).

40. Stanislas Dehaene, *Reading in the Brain: The New Science of How We Read* (London: Penguin, 2009), 236-261.

41. 다음에서 인용. Saskia van der Stoel, ed., *Parents on Dyslexia* (Clevedon, UK: Multi lingual Matters, 1990), 169.

42. Girard J. Sagmiller and Gigi Lane, *Dyslexia, My Life: One Man's Story of His Life with a Learning Disability: An Autobiography* (Waverly, IA: G & R Publishing, 1995), 116.

43. Naomi Folb, "Introduction," in *Forgotten Letters: An Anthology of Literature by Dyslexic Writers*, ed. Naomi Folb (London: RASP, 2011), 7. 난독증과 수기 저자의 복잡한 관계를 다룬 더 깊은 논의는 다음에서 볼 수 있다. Naomi Folb, "Dyslexic Writers and the Idea of Authorship," *Journal of Writing in Creative Practice* 5.1 (2012): 125-139.

44. Robert Tate, *Former NFL Veteran Robert Tate Reveals How He Made It from Little League to the NFL: Overcoming His Secret Battle with Dyslexia* (self-pub., 2010).

45. John D. Rodrigues, *High School Dropout to Harvard* (self-pub., 2013).

46. Jeff Nichols, *Trainwreck: My Life as an Idoit* (New York: Simon & Schuster, 2009); Sky Rota, *Look Mom, I'm the Dumest One in My Clas!: One Boy's Dyslexic Journey* (Centennial, CO: Wavecloud Corporation, 2017).

47. Argie Ella Hoskins, *Please Don't Call Me Dumb!: Memoirs of Unique Cognitive Processing: Dyslexia, Sequencing, or What?* (Provo, UT: Argies, 2018); Abraham Schmitt and Mary Lou Hartzler Clemens, *Brilliant Idiot: An Autobiography of a Dyslexic* (Intercourse, PA: Good Books, 1994).

48. Nelson C. Lauver, *Most Unlikely to Succeed: The Trials, Travels, and Ultimate Triumphs of a "Thowaway Kid": A Memoir* (New York: Five City Media, 2011).

49. Margaret Rooke, ed., *Dyslexia Is My Superpower (Most of the Time)* (London: Jessica Kingsley, 2018).

50. Richard W. Kraemer, *Dyslexic Dick: True Adventures of My World* (self-pub., CreateSpace, 2012), 뒤표지.

51. Jo Rees, *Don't Forget to … Smile: A Memoir Uncovering the Hidden Difficulties of Dyslexia* (self-pub., Another Way Round, 2017), 4.

52. 다음의 예시를 보라. Barbara Maughan, "Annotation: Long-Term Outcomes of Developmental Reading Problems," *Journal of Child Psychology and Psychiatry* 36.3 (1995): 357-371.

53. "Will, 13, Victoria, Australia," in Rooke, *Dyslexia Is My Superpower*, 96.

54. "Louise Baker" and Margaret B. Rawson, "I Am Me!" *Bulletin of the Orton Society* 25 (1975): 192-193.

55. Schmitt and Clemens, *Brilliant Idiot*, 19.

56. Christopher M. Lee and Rosemary F. Jackson, *Faking It: A Look into the Mind of a Creative Learner* (Portsmouth, NH: Boynton/Cook, 1992), 11-12.

57. 다음에서 인용. Osmond, *Reality of Dyslexia*, 37.

58. Nichols, *Trainwreck*, 13.

59. Nichols, *Trainwreck*, 82.

60. Osmond, *Reality of Dyslexia*, 24.

61. Ruth Fuller Lature, *Dyslexia: A Teacher's Journey: A Memoir* (Louisville: Darby, 2013), xii.

62. "X," "Experiences of a Sufferer from Word-Blindness," *British Journal of Ophthalmology* 20.2 (1936): 73-76, at 74; Victor Villaseñor, *Burro Genius: A Memoir* (New York: Rayo, 2004), 13.

63. Villaseñor, *Burro Genius*, 198.

64. Schmitt and Clemens, *Brilliant Idiot*, 24.

65. Dayle A. Upham and Virginia H. Trumbull, *Making the Grade: Reflections on Being Learning Disabled* (Portsmouth, NH: Heinemann, 1997), 12.

66. Erving Goffman, *Stigma: Notes on the Management of Spoiled Identity* (Englewood Cliffs, NJ: Prentice-Hall, 1963), 5.

67. John Young Stewart, "Sir Jackie Stewart OBE," in *Creative, Successful, Dyslexic: 23 High Achievers Share Their Stories*, ed. Margaret Rooke (London: Jessica Kingsley, 2016), 183.

68. W. Somerset Maugham, *Trio: Original Stories* (Garden City, NY: Doubleday, 1950), 8.

69. Sally E. Shaywitz, "Dyslexia," *Scientific American* 275.5 (1996): 98-104, at 98.

70. Lissa Weinstein and David Siever, *Reading David: A Mother and Son's Journey Through the Labyrinth of Dyslexia* (New York: Berkley, 2003), 214.

71. 다음에서 인용. Lature, *Dyslexia*, xi.

72. 다음에서 인용. Osmond, *Reality of Dyslexia*, 10.

73. Lee and Jackson, *Faking It*, 48.

74. Esme Fuller-Thomson and Stephen R. Hooper, "The Association Between Childhood Physical Abuse and Dyslexia: Findings from a Population-Based Study," *Journal of Interpersonal Violence* 30.9 (2015): 1583-1592.

75. Kenny Logan, "Kenny Logan," in Rooke, *Creative, Successful, Dyslexic*, 120.

76. 다음에서 인용. Lature, *Dyslexia*, 50.

77. Edwards, *Scars of Dyslexia*, 26.

78. 다음에서 인용. Barbara Riddick, *Living with Dyslexia: The Social and Emotional Consequences of Specific Learning Difficulties* (London: Routledge, 1996), 193.

79. W. B. Yeats, *The Autobiography of William Butler Yeats* (New York: Macmillan, 1938), 23. 예이츠가 난독증이었다는 증거는 다음을 보라. Marylou Miner and Linda S. Siegel, "William Butler Yeats: Dyslexic?" *Journal of Learning Disabilities* 25.6 (1992): 372-375.

80. Lauver, *Most Unlikely to Succeed*, 72.

81. 다음에서 인용. Shaywitz, *Overcoming Dyslexia*, 359.

82. Tobin Siebers, *Disability Theory* (Ann Arbor: University of Michigan Press, 2008), 96-119.

83. Simpson, *Reversals*, ix.

84. "X," "Experiences of a Sufferer from Word-Blindness," 75.

85. Howard D. Rome, "The Psychiatric Aspects of Dyslexia," *Bulletin of the Orton Society 21* (1971): 64-70, at 68.

86. Lee and Jackson, *Faking It*, 11.

87. Archie Willard, with Colleen Wiemerslage, *Last Reader Standing: The Story of Archie Willard* (Solana Beach, CA: Bettie Youngs, 2013), 55.

88. Lature, *Dyslexia*, xi.

89. Rees, *Don't Forget to … Smile*, 38.

90. Jennifer Smith, *Dyslexia Wonders: Understanding the Daily Life of a Dyslexic from a Child's Point of View* (New York: Morgan James, 2010), 4.

91. Catherine A. Hirschman and R. Christine Melton, *Backwords Forword: My Journey Through Dyslexia* (self-pub., Hirschman Publishing, 2011), 16.

92. Alby Lee Lewis, *Life with No Words* (self-pub., Lulu, 2016), 53.

93. Simpson, *Reversals*, 8.

94. Osmond, *Reality of Dyslexia*, 14.

95. 최근의 사례에 대해서는 다음을 보라. Alberto Manguel, *Packing My Library: An Elegy and Ten Digressions* (New Haven: Yale University Press, 2018); Rebecca Mead, *My Life in Middlemarch* (New York: Crown, 2014).

96. "X," "Experiences of a Sufferer from Word-Blindness," 74.

97. 다음에서 인용. Gerber and Raskind, *Leaders, Visionaries, and Dreamers*, 26.

98. 다음에서 인용. Anne Boyd Rioux, *Meg, Jo, Beth, Amy: The Story of Little Women and Why It Still Matters* (New York: W. W. Norton, 2018), 125.

99. Simpson, *Reversals*, 78, 79.

100. Louisa May Alcott, *Little Women*, ed. Valerie Alderson (Oxford: Oxford University Press, 2008), 39.

101. Simpson, *Reversals*, 79; Alcott, *Little Women*, 167.

102. Elizabeth L. Eisenstein, *The Printing Press as an Agent of Change: Communications and Cultural Transformations in Early Modern Europe* (Cambridge: Cambridge University Press, 1979), 113.

103. Simpson, *Reversals*, 42.

104. Lois Letchford, *Reversed: A Memoir* (Acorn, 2018); Robert Chilcoate, *My Backward Life with Dyslexia* (Baltimore: PublishAmerica, 2006).

105. Nancy Lelewer, *Something's Not Right: One Family's Struggle with Learning Disabilities: An Autobiography* (Acton, MA: VanderWyk and Burnham, 1994).

106. '글자가 뒤섞여 보이는' 여섯 살 어린이의 이야기에 대해서는 다음을 보라. J. Herbert Fisher, "Case

of Congenital Word-Blindness Inability to Learn to Read," *Ophthalmic Review* 24 (1905): 315-318, at 315.

107. Orton, *Reading, Writing and Speech Problems in Children*, 71.

108. Dehaene, *Reading in the Brain*, 239.

109. Gregg T. Lueder et al., "Learning Disabilities, Dyslexia, and Vision," *Pediatrics* 124.2 (2009): 837-844.

110. 다음에서 인용. Knud Hermann, *Reading Disability: A Medical Study of Word Blindness and Related Handicaps*, trans. P. G. Aungle (Copenhagen: Munksgaard, 1959), 33.

111. Simpson, Reversals, 42. 샘 바클리(Sam Barclay)의 다음 인쇄 시뮬레이션을 참고하라. *I Wonder What It's Like to Be Dyslexic* (self-pub., 2013) 빅터 위델(Victor Widell)의 다음 디지털 시뮬레이션 역시 참고하라. http://geon.github.io/programming/2016/03/03/dsxyliea

112. Susan Hampshire, *Susan's Story: An Autobiographical Account of My Struggle with Dyslexia* (New York: St. Martin's, 1982), 137, 12.

113. Hampshire, *Susan's Story*, 26-27.

114. Arthur Sweeney, "Mirror-Writing, Inverted Vision, and Allied Ocular Defects," *St. Paul Medical Journal* 2 (1900): 374-391, at 378.

115. 다음의 예시를 보라. Orton, "'Word-Blindness' in School Children," 592; 다음도 참고하라. Samuel T. Orton, "Specific Reading Disability—Strephosymbolia," *Journal of the American Medical Association* 90.14 (1928): 1095-1099, at 1096; Critchley, *The Dyslexic Child*, 31. 뇌 손상 생존자는 보통의 글보다 뒤집힌 글을 더 쉽게 읽을 수도 있다. 보통 글보다 거울에 비친 글을 두 배 빨리 읽은 호주 여성의 사례는 다음에 보고되어 있다. Matthew A. Lambon-Ralph, Carrie Jarvis, and Andrew W. Ellis, "Life in a Mirrored World: Report of a Case Showing Mirror Reversal in Reading and Writing and for Non-Verbal Materials," *Neurocase* 3.4 (1997): 249-258.

116. Giorgio Vasari, *The Lives of the Most Excellent Painters, Sculptors, and Architects*, ed. Philip Jacks, trans. Gaston du C. de Vere (New York: Modern Library, 2006), 237.

117. 매리언 울프는 다빈치의 읽기차이에 대해 다음과 같이 상세히 분석했다. "Dyslexia: Through the Eyes of da Vinci," in *Further Reading*, eds. Matthew Rubery and Leah Price (Oxford: Oxford University Press, 2020), 294-308.

118. Macdonald Critchley, *Mirror-Writing* (London: Kegan Paul, Trench, Trubner, 1928), 8.

119. G. D. Schott, "Mirror Writing: Allen's Self Observations, Lewis Carroll's 'Looking-Glass' Letters, and Leonardo da Vinci's Maps," *Lancet* 354.9196 (1999): 2158-2161, at 2159.

120. Kraemer, *Dyslexic Dick*.

121. Upham and Trumbull, *Making the Grade*, 1.

122. 다음에서 인용. Phyllis Steingard and "Gail," "The Unheard Cry—Help Me! A Plea to Teachers of Dyslexic Children," *Bulletin of the Orton Society* 25 (1975): 178-184, at 181.

123. Riddick, *Living with Dyslexia*, 73; Upham and Trumbull, *Making the Grade*, 11.

124. O. FrankOverton Frank Turner, *O. Turtle's Journal: The Captivating Life of an Autistic/Dyslexic* (self-pub., O. Turtle Publishing, 2018), 115.

125. Lee and Jackson, *Faking It*, 107.

126. Lee and Jackson, *Faking It*, 42.

127. Hampshire, *Susan's Story*, 34.

128. Randymary de Rosier, *Dyslexia: I Live with It* (Bloomington, IN: Balboa, 2018), xii-xvii.

129. Simpson, *Reversals*, 14.

130. 다음에서 인용. Rooke, *Creative, Successful, Dyslexic*, 84; John Corcoran, *The Teacher Who Couldn't Read: One Man's Triumph Over Illiteracy* (self-pub., Amazon Digital Services, 2018), Kindle edition, 494.

131. Stephen Sutton, *Life in a Jar: Living with Dyslexia* (Bloomington, IN: Autho rHouse, 2005), 2.

132. Phyllis Dunakin Snyder, *Nothin Keep You Movin Like the Trooth* (self-pub., Amazon Digital Services, 2014), Kindle edition, 82.

133. Osmond, *The Reality of Dyslexia*, 29; Evelyne, "Evelyne, 17, County Whitlow, Ireland," in Rooke, *Dyslexia Is My Superpower*, 200; Jane Austen, *Emma* (New York: Bantam, 1981), 3.

134. Sutton, *Life in a Jar*, 23.

135. Lee and Jackson, *Faking It*, 24.

136. Schmitt and Clemens, *Brilliant Idiot*, 138.

137. Smith, *Dyslexia Wonders*, 20.

138. Osmond, *The Reality of Dyslexia*, 20.

139. Lee and Jackson, *Faking It*, 43.

140. Simpson, *Reversals*, 58.

141. Eva Germanò, Antonella Gagliano, and Paolo Curatolo, "Comorbidity of ADHD and Dyslexia," *Developmental Neuropsychology* 35.5 (2010): 475-493.

142. Schmitt and Clemens, *Brilliant Idiot*, 146.

143. Schmitt and Clemens, *Brilliant Idiot*, 16.

144. Frank Smith, *Reading Without Nonsense*, 2nd ed. (New York: Teachers College Press, 1985), 140.

145. Kate Kelly and Peggy Ramundo, *You Mean I'm Not Lazy, Stupid or Crazy?! The Classic Self-Help Book for Adults with Attention Deficit Disorder* (New York: Scribner, 2006), 4. 과잉행동인 사람의 읽기문제에 대해 더 알아보려면 다음을 보라. Mark Selikowitz, *ADHD: The Facts*, 2nd ed. (Oxford: Oxford University Press, 2009), 34.

146. Gail Saltz, *The Power of Different: The Link Between Disorder and Genius* (New York: Flatiron, 2017), 57.

147. Tom Nardone, *Chasing Kites: A Memoir About Growing up with ADHD* (self-pub., CreateSpace, 2015), 89.

148. 이 사례들은 다음에서 찾아볼 수 있다. Heinrich Hoffmann, *Struwwelpeter, or, Merry Rhymes and Funny Pictures* (London: Blackie & Son, 1903). ADHD의 역사에 관해서는 다음을 보라. Matthew Smith, *Hyperactive: The Controversial History of ADHD* (London: Reaktion, 2012).

149. Robert Reinhold, "Drugs That Help Control the Unruly Child," *New York Times* (July 5,

1970): 96.

150. Robert Reinhold, "Rx for Child's Learning Malady," *New York Times* (July 3, 1970): 27.

151. Nichols, *Trainwreck*, 187.

152. Olive Meares, "Figure/Ground, Brightness Contrast, and Reading Disabilities," *Visible Language* 14.1 (1980): 13-29, at 24.

153. Hirschman and Melton, *Backwords Forword*, 12.

154. 다음에서 인용. Hermann, *Reading Disability*, 154.

155. Paul Nixon, "Paul Nixon," in Rooke, *Creative, Successful, Dyslexic*, 152.

156. 다음에서 인용. Rooke, *Dyslexia Is My Superpower*, 210.

157. Simpson, *Reversals*, 80.

158. 현재 캘리포니아 주지사인 개빈 뉴섬(Gavin Newsom)은 자신의 읽기 습관에 대해 "나는 백일몽을 꾸면서 계속 읽는다"라고 말했다. 다음에서 인용. Gerber and Raskind, *Leaders, Visionaries, and Dreamers*, 22.

159. Hoskins, *Please Don't Call Me Dumb!*, 14.

160. 다음에서 인용. Orton, "'Word-Blindness' in School Children," 587.

161. Rees, *Don't Forget to ... Smile*, 8.

162. Philip Schultz, *My Dyslexia* (New York: W. W. Norton, 2012), 26. 이 장 서두의 인용문 역시 같은 페이지에서 인용.

163. Schultz, *My Dyslexia*, 68.

164. Steingard and Gail, "The Unheard Cry," 184.

165. Natalie Nielson, "Natalie Nielson, Recent Graduate, Brigham Young University," in Kurnoff, *Human Side of Dyslexia*, 297.

166. Lauver, *Most Unlikely to Succeed*, 233.

167. Peter M. Allen, Bruce J. W. Evans, and Arnold J. Wilkins, *Vision and Reading Difficulties* (London: Ten Alps Creative, 2010), 4-7.

168. Arnold J. Wilkins, *Reading Through Colour: How Coloured Filters Can Reduce Reading Difficulty, Eye Strain, and Headaches* (Chichester, UK: John Wiley, 2003), 16.

169. Jeannette Jefferson Jansky, "A Case of Severe Dyslexia with Aphasic-like Symptoms," *Bulletin of the Orton Society* 8 (1958): 8-11, at 10. 이 사례는 다음에서 인용했다. Critchley, *Developmental Dyslexia*, 62.

170. 다음에서 인용. Meares, "Figure/Ground, Brightness Contrast, and Reading Disabilities," 16.

171. 케임브리지대학교 심리학자들은 얼렌의 방법을 언론에서 접한 뒤 다양한 색조의 효과를 확인하기 위해 직관적 색도계(Intutive Colorimeter)를 고안했다. Arnold J. Wilkins, *Visual Stress* (Oxford: Oxford University Press, 1995), xvi.

172. Helen Irlen, *Reading by the Colors: Overcoming Dyslexia and Other Reading Disabilities Through the Irlen Method* (New York: Avery, 1991), 19.

173. 다음에서 인용. Irlen, *Reading by the Colors*, 33.

174. 다음에서 인용. Irlen, *Reading by the Colors*, 35.

175. 다음에서 인용. Irlen, *Reading by the Colors*, 39.

176. 다음에서 인용. Irlen, *Reading by the Colors*, 39.

177. 다음에서 인용. Irlen, *Reading by the Colors*, 41.

178. 다음에서 인용. Irlen, *Reading by the Colors*, 43.

179. Irlen, *Reading by the Colors*, 50.

180. 다음에서 인용. Irlen, *Reading by the Colors*, 43.

181. Lauver, *Most Unlikely to Succeed*, 249.

182. Lauver, *Most Unlikely to Succeed*, 249.

183. 다음에서 인용. David Grant, *That's the Way I Think: Dyslexia, Dyspraxia, ADHD and Dyscalculia Explained*, 3rd ed. (New York: Routledge, 2017), 118.

184. Alison Hale, *My World Is Not Your World*, 2nd ed. (self-pub., CreateSpace, 2017), 22.

185. Hale, *My World Is Not Your World*, 80. 헤일에게 페이지가 어떻게 보였는지 생생하게 알고 싶다면 다음을 보라. http://www.hale.ndo.co.uk/scotopic/index.htm

186. 색안경의 효과에 대해서는 다음을 보라. Philip G. Griffiths et al., "The Effect of Coloured Overlays and Lenses on Reading: A Systematic Review of the Literature," *Ophthalmic & Physiological Optics: The Journal of the British College of Ophthalmic Opticians Optometrists* 36.5 (2016): 519-544.

187. Lee and Jackson, *Faking It*, 57.

188. T. A. McMullin, *Gathering Courage: A Life-Changing Journey Through Adoption, Adversity, and a Reading Disability* (self-pub., Gathering Courage Media, 2016), 185.

189. Simpson, *Reversals*, 158.

2장. 한 살에 책을 펼친 아이

1. Fran Peek and Lisa Hanson, *The Life and Message of the Real Rain Man: The Journey of a Mega-Savant* (Port Chester, NY: Dude Publishing, 2008), 53. 우타 프리스(Uta Frith)는 다음에서 픽을 '인간 구글'이라고 표현했다. *Autism: A Very Short Introduction* (Oxford: Oxford University Press, 2008), 28.

2. Fran Peek, *The Real Rain Man, Kim Peek*, ed. Stevens W. Anderson (Salt Lake City, UT: Harkness, 1996), 6.

3. Peek and Hanson, *Life and Message of the Real Rain Man*, 131.

4. Peek, *The Real Rain Man*, 27.

5. Peek, *The Real Rain Man*, 47.

6. Darold A. Treffert, *Islands of Genius: The Bountiful Mind of the Autistic, Acquired, and Sudden Savant* (London: Jessica Kingsley, 2010), xiv.

7. William James, *The Principles of Psychology*, eds. Frederick Burkhardt, Fredson Bowers, and Ignas K. Skrupskelis (Cambridge, MA: Harvard University Press, 1981), 621 fn 19.

8. 절반 정도의 서번트는 자폐증 징후를 보이고, 자폐인 10명 중 한 명은 서번트증후군에 해당한다. Darold A. Treffert, "The Savant Syndrome: An Extraordinary Condition. A Synopsis: Past, Present, Future," *Philosophical Transactions of the Royal Society B: Biological Sciences* 364.1522 (2009): 1351-1357, at 1352; Francesca Happé and Uta Frith, eds., *Autism and Talent* (Oxford: Oxford University Press, 2010).

9. 이 책에서는 '자폐스펙트럼 질환' 또는 의학 문헌에서 언급한 대로 '자폐스펙트럼장애'의 줄임말로 '자폐증'을 사용한다. 자폐증에 대한 최근 역사에 대해서는 다음을 보라. Bonnie Evans, *The Metamorphosis of Autism: A History of Child Development in Britain* (Manchester: Manchester University Press, 2017); John Donvan and Caren Zucker, *In a Different Key: The Story of Autism* (New York: Crown, 2016); Steve Silberman, Neurotribes: *The Legacy of Autism and the Future of Neurodiversity* (New York: Avery, 2015); Mitzi Waltz, *Autism: A Social History and Medical History* (Basingstoke, UK: Palgrave Macmillan, 2013); and Adam Feinstein, *A History of Autism: Conversations with the Pioneers* (Chichester, UK: Wiley-Blackwell, 2010).

10. 다음을 보라. *The Diagnostic and Statistical Manual of Mental Disorders: DSM-5*, 5th ed. (Washington, DC: American Psychiatric Association, 2013).

11. 이 책에서 '자폐증' '자폐인' '자폐가 있는 사람'이라는 표현을 사용할 때는 자폐증이 있다고 확인된 저자나 자폐증이 있는 자녀를 둔 부모의 선례를 따랐다. 다양한 용어를 사용할 때의 장단점을 둘러싼 사려 깊은 논의에 대해서는 다음을 참고하라. Stuart Murray, *Autism* (New York: Routledge, 2012), xiv; Jim Sinclair, "Why I Dislike 'Person First' Language," in *Loud Hands: Autistic People, Speaking*, ed. Julia Bascom (Washington, DC: Autistic Press, 2012), 223-224; Terra Vance, "On Autism and Intelligence: Language and Advocacy," *NeuroClastic* (April 12, 2020): https://neuroclastic.com/2020/04/12/on-autism-and-intelligence-language-and-advocacy/

12. 다음의 예시를 보라. Steven K. Kapp et al., "Deficit, Difference, or Both? Autism and Neurodiversity," *Developmental Psychology* 49.1 (2013): 59-71.

13. 신경다양인이 지닐 수 있는 장점은 다음을 보라. Laurent Mottron, "The Power of Autism," *Nature* 479.3 (2011): 33-35; Simon Baron-Cohen, "Neuro diversity—A Revolutionary Concept for Autism and Psychiatry," *Journal of Child Psychology and Psychiatry* 58.6 (2017): 744-747.

14. Douglas Biklen, "Framing Autism," in *Autism and the Myth of the Person Alone*, ed. Douglas Biklen (New York: NYU Press, 2005), 57.

15. 마크 오스틴(Mark Osteen)은 인지차이를 겪는 사람이 보이는 문제를 다음에서 논했다. "Autism and Representation: A Comprehensive Introduction," *in Autism and Representation*, ed. Mark Osteen (New York: Routledge, 2007), 6-9. 자폐 사례연구를 사용할 때의 어려움은 다음을 참고하라. Mitzi Waltz, "Reading Case Studies of People with Autistic Spectrum Disorders: A Cultural Studies Approach to Issues of Disability Representation," *Disability & Society* 20.4 (2005): 421-435. 자폐인의 생활문을 자료로 사용할 때 발생할 수 있는 위험은 줄리아 미엘 로다스(Julia Miele Rodas)의 다음 문헌을 보라. *Autistic Disturbances: Theorizing Autism Poetics from the DSM to Robinson Crusoe* (Ann Arbor: University of Michigan Press, 2018), 19-24.

16. 멜라니아 레미 예르고(Melania Remi Yergeau)가 개인적인 반응에서 마음맹 이론으로 옮겨가는 과정에 대해서는 다음을 보라. "Clinically Significant Disturbance: On Theorists Who Theorize Theory of Mind," *Disability Studies Quarterly* 33.4 (2013): http://dsq-sds.org/article/view/3876/3405. 인지문학 연구에서 이 이론을 사용할 때의 논쟁에 대해서는 다음을 보라. Michael Bérubé, *The Secret Life of Stories: From Don Quixote to Harry Potter, How Understanding Intellectual Disability Transforms the Way We Read* (New York: NYU Press, 2016), 22-25, 167-171. 추가적인 오해는 자폐증 자기 옹호 네트워크(Autistic Self Advocacy Network)에서 발간한 다음 문헌에도 설명되어 있다. *Loud Hands: Autistic People, Speaking* (Washington, DC: Autistic Press, 2012).

17. Kamran Nazeer, *Send in the Idiots: Stories from the Other Side of Autism* (London: Bloomsbury, 2007), 38-39.

18. Mel Baggs, "In My Language," YouTube (January 14, 2007): https://www.youtube.com/watch?v=JnylM1hI2jc; Gillian Silverman, "Neurodiversity and the Revision of Book History," *PMLA* 131.2 (2016): 307-323, at 321 fn 19.

19. Silverman, "Neurodiversity and the Revision of Book History"; Ralph James Savarese, *See It Feelingly: Classic Novels, Autistic Readers, and the Schooling of a No-Good English Professor* (Durham, NC: Duke University Press, 2018), 197-198.

20. 다음의 예시를 보라. Ian Hacking, "Humans, Aliens & Autism," *Daedalus* 138.3 (2009): 44-59.

21. Joseph Spence, *A Parallel; in the Manner of Plutarch: Between a Most Celebrated Man of Florence; and One, Scarce Ever Heard of, in England* (London: William Robinson, 1758), 39.

22. 다음을 보라. Theodore W. Koch, "Some Old-Time Old-World Librarians," *North American Review* 200.705 (1914): 244-259, at 245.

23. Spence, *A Parallel*, 15.

24. Spence, *A Parallel*, 28.

25. 인지장애에 대한 용어 사용의 변화 과정에 대해서는 다음을 보라. Patrick McDonagh, *Idiocy: A Cultural History* (Liverpool: Liverpool University Press, 2008). 용어 비판에 대해서는 다음을 보라. Joseph Straus, "Idiots Savants, Retarded Savants, Talented Aments, Mono-Savants, Autistic Savants, Just Plain Savants, People with Savant Syndrome, and Autistic People Who Are Good at Things: A View from Disability Studies," *Disability Studies Quarterly* 34.3 (2014): https://doi.org/10.18061/dsq.v34i3.3407

26. Edward Seguin [Édouard Séguin], *New Facts and Remarks Concerning Idiocy, Being a Lecture Delivered Before the New York Medical Journal Association, October 15, 1869* (New York: William Wood, 1870), 17.

27. John Langdon Down, *Mental Affectations of Childhood and Youth* (London: MacKeith, 1990), 58.

28. Down, *Mental Affectations of Childhood*, 58.

29. "The Life of Jedediah Buxton," *Gentleman's Magazine* (1754): 251-252. 계산 영재에 대해 좀 더 알아보려면 다음을 보라. Steven B. Smith, *The Great Mental Calculators: The Psychology,*

Methods, and Lives of Calculating Prodigies, Past and Present (New York: Columbia University Press, 1983).

30. Edward Seguin [Édouard Séguin], *Idiocy: And Its Treatment by the Physiological Method* (New York: William Wood, 1866), 444.

31. Down, *Mental Affectations of Childhood*, 59.

32. Down, *Mental Affectations of Childhood*, 59.

33. A. F. Tredgold, *Mental Deficiency*, 2nd ed. (London: Baillière, Tindall and Cox, 1914), 306.

34. 다음에서 인용. A. A. Brill, "Some Peculiar Manifestations of Memory with Special Reference to Lightning Calculators," *Journal of Nervous and Mental Disease* 90.6 (1940): 709-726, at 720-721. 출처는 다음과 같다. Eugen Bleuler, *Die Mneme als Grund lage des Lebens und der Psyche* (Berlin: Julius Springer, 1933), 14.

35. 다음에서 인용. Sarah Warfield Parker, "A Pseudo-Talent for Words," *Psychological Clinic* 11.1 (1917): 1-17, at 6.

36. 론 서스킨드(Ron Suskind)가 자신의 아들이 디즈니 영화를 통해 커뮤니케이션하는 방법을 설명한 다음의 글과 비교해보라. *Life, Animated: A Story of Sidekicks, Heroes, and Autism* (New York: Kingswell, 2014).

37. Hans Asperger, "'Autistic Psychopathy' in Childhood," in *Autism and Asperger Syndrome*, ed. Uta Frith (Cambridge: Cambridge University Press, 1991), 75.

38. Hiram Byrd, "A Case of Phenomenal Memorizing by a Feeble-Minded Negro," *Journal of Applied Psychology* 4.2-3 (1920): 202-206, at 205. 호스킨스의 삶에 대해 좀 더 자세히 알아보려면 다음을 보라. Jesse Bering, "Eugene Hoskins Is His Name," *Slate* (February 15, 2012): https://slate.com/technology/2012/02/eugene-hoskins-the-black-autistic-man-who-crossed-paths-with-william-faulkner.html

39. "Remarkable Powers of Memory Manifested in an Idiot," *Lancet* 173.4475 (1909): 1641.

40. Harold Ellis Jones, "Phenomenal Memorizing as a 'Special Ability,'" *Journal of Applied Psychology* 10.3 (1926): 367-377, at 375.

41. Jones, "Phenomenal Memorizing," 371.

42. Jones, "Phenomenal Memorizing," 376.

43. Michael J. A. Howe, *Fragments of Genius: The Strange Feats of Idiots Savants* (New York: Routledge, 1989), 46.

44. Martin Scheerer, Eva Rothmann, and Kurt Goldstein, "A Case of 'Idiot Savant': An Experimental Study of Personality Organization," *Psychological Monographs* 58.4 (1945): 1-63, at 14.

45. 다음에서 인용. Scheerer, Rothmann, and Goldstein, "A Case of 'Idiot Savant'," 9.

46. 이 개념은 다음 문헌에서 찾을 수 있다. Rosemarie Garland-Thomson, "What We Have to Gain from Disability," Disabling Normalcy Symposium (July 29, 2014), University of Virginia.

47. 다음을 보라. Stuart Murray, *Representing Autism: Culture, Narrative, Fascination* (Liverpool: Liverpool University Press, 2008), 65-103.

48. 서번트증후군과 자폐증의 관계를 살피려면 다음을 보라. Pamela Heaton and Gregory L. Wallace, "Annotation: The Savant Syndrome," *Journal of Child Psychology and Psychiatry, and Allied Disciplines* 45.5 (2004): 899-911.

49. Straus, "Idiots Savants."

50. Asperger, "'Autistic Psychopathy' in Childhood," 56.

51. Leo Kanner, "Autistic Disturbances of Affective Contact," *Nervous Child* 2 (1943): 217-250, at 243.

52. Warren Burton, *The District School as It Was: By One Who Went to It* (Boston: Carter, Hendee, 1833), 59.

53. 다음에서 인용. Burton, *The District School*, 62.

54. Burton, *The District School*, 62.

55. Parker, "A Pseudo-Talent for Words," 12.

56. Leta Stetter Hollingworth, *Special Talents and Defects: Their Significance for Education* (New York: Macmillan, 1923), 52.

57. Marion Monroe, *Children Who Cannot Read; the Analysis of Reading Disabilities and the Use of Diagnostic Tests in the Instruction of Retarded Readers* (Chicago: University of Chicago Press, 1932), 1.

58. Norman E. Silberberg and Margaret C. Silberberg, "Hyperlexia-Specific Word Recognition Skills in Young Children," *Exceptional Children* 34.1 (1967): 41-42, at 41.

59. N. E. Silberberg and M. C. Silberberg, "Case Histories in Hyperlexia," *Journal of School Psychology* 7 (1968): 3-7, at 4; C. C. Mehegan and F. E. Dreifuss, "Hyperlexia. Exceptional Reading Ability in Brain-Damaged Children," *Neurology* 22.11 (1972): 1105-1111, at 1106.

60. Yvan Lebrun, Claudie Van Endert, and Henri Szliwowski, "Trilingual Hyperlexia," in *The Exceptional Brain: Neuropsychology of Talent and Special Abilities*, eds. Loraine K. Obler and Deborah Fein (New York: Guilford, 1988), 253-264.

61. Mehegan and Dreifuss, "Hyperlexia," 1106.

62. Mehegan and Dreifuss, "Hyperlexia," 1106.

63. Audra Jensen, *When Babies Read: A Practical Guide to Help Young Children with Hyperlexia, Asperger Syndrome and High-Functioning Autism* (London: Jessica Kingsley, 2005), 15.

64. Alexia Ostrolenk et al., "Hyperlexia: Systematic Review, Neurocognitive Modelling, and Outcome," *Neuroscience & Biobehavioral Reviews* 79 (2017): 134-139, at 139.

65. Darold A. Treffert, "Hyperlexia III: Separating 'Autistic-like' Behaviors from Autistic Disorder; Assessing Children Who Read Early or Speak Late," *WMJ: Official Publication of the State Medical Society of Wisconsin* 110.6 (2011): 281-286, at 281.

66. P. R. Huttenlocher and J. Huttenlocher, "A Study of Children with Hyperlexia," *Neurology* 23.10 (1973): 1107-1116, at 1108.

67. 다음에서 인용. Luke Jackson, *Freaks, Geeks and Asperger Syndrome: A User Guide to*

Adolescence (London: Jessica Kingsley, 2003), 117.

68. 다음을 보라. Nancy Ewald Jackson, "Precocious Reading of English: Origins, Structure, and Predictive Significance," in *To Be Young and Gift* ed, ed. Pnina S. Klein and Abraham J. Tannenbaum (Norwood, NJ: Ablex, 1992), 171-203.

69. 1827년 2월 15일 프랜시스 골턴이 아델 골턴(Adèle Galton)에게 보낸 편지를 다음에서 인용. Karl Pearson, *The Life, Letters and Labours of Francis Galton*, 4 vols. (Cambridge: Cambridge University Press, 1914), 1:66.

70. Amy Wallace, *The Prodigy* (New York: E. P. Dutton, 1986), 23.

71. John Stuart Mill, *Autobiography*, ed. John M. Robson (New York: Penguin, 1989), 39.

72. Jean-Henri-Samuel Formey, *The Life of John Philip Baratier* (London: Golden Lion, 1745), 245-248. 조숙한 읽기에 대한 더 많은 사례는 다음에서 볼 수 있다. *Genetic Studies of Genius, Volume 2, The Early Mental Traits of Three Hundred Geniuses*, ed. Catharine Morris Cox (Stanford: Stanford University Press, 1926).

73. Richard Holmes, *Coleridge: Early Visions* (New York: Viking, 1990), 130.

74. John Matteson, *The Lives of Margaret Fuller: A Biography* (New York: W. W. Norton, 2012), 1; Joan Von Mehren, *Minerva and the Muse: A Life of Margaret Fuller* (Amherst: University of Massachusetts Press, 1994), 12.

75. Harriet Martineau, *Autobiography*, ed. Linda Peterson (Peterborough: Broadview, 2007), 62.

76. Lewis M. Terman, "An Experiment in Infant Education," *Journal of Applied Psychology* 2.3 (1918): 219-228, at 219.

77. Terman, "An Experiment in Infant Education," 219.

78. Jane M. Healy, "The Enigma of Hyperlexia," *Reading Research Quarterly* 17.3 (1982): 319-338, at 333.

79. Stephanie Allen Crist, *Discovering Autism, Discovering Neurodiversity: A Memoir* (self-pub., CreateSpace, 2015), 107; Silberberg and Silberberg, "Case Histories in Hyperlexia," 5.

80. Healy, "The Enigma of Hyperlexia," 324.

81. Michael Lewis, "Gifted or Dysfunctional: The Child Savant," *Pediatric Annals* 14.10 (1985): 733-742, at 737.

82. Joan Goodman, "A Case Study of an 'Autistic-Savant': Mental Function in the Psychotic Child with Markedly Discrepant Abilities," *Journal of Child Psychology and Psychiatry* 13.4 (1972): 267-278, at 270.

83. Mehegan and Dreifuss, "Hyperlexia," 1107.

84. Huttenlocher and Huttenlocher, "A Study of Children with Hyperlexia," 1109.

85. Stephen Best and Sharon Marcus, "Surface Reading: An Introduction," *Representations* 108.1 (2009): 1-21.

86. Savarese, *See It Feelingly*, 54.

87. Alison Hale, *My World Is Not Your World*, 2nd ed. (self-pub., CreateSpace, 2017), 5.

88. David Miedzianik, *My Autobiography* (Nottingham: University of Nottingham, Child

Development Research Unit, 1986), 36.

89. Crist, *Discovering Autism*, 132.

90. Barry Neil Kaufman, *Son-Rise: The Miracle Continues* (Tiburon, CA: H. J. Kramer, 1994), 325.

91. Donna Williams, *Nobody Nowhere: The Extraordinary Autobiography of an Autistic* (New York: Times Books, 1992), 25. 이 장의 첫 부분에 인용한 글귀는 원전 126쪽에 있다.

92. Clara Claiborne Park, *The Siege: The First Eight Years of an Autistic Child: With an Epilogue, Fifteen Years Later* (Boston: Little, Brown, 1982), 264.

93. Tito Rajarshi Mukhopadhyay, *The Mind Tree: A Miraculous Child Breaks the Silence of Autism* (New York: Arcade, 2003), 120.

94. Lucy Blackman, *Lucy's Story: Autism and Other Adventures* (London: Jessica Kingsley, 2001), 121, 173, 145.

95. Jim Sinclair, "Bridging the Gaps: An Inside-Out View of Autism Or Do You Know What I Don't Know?," in *High-Functioning Individuals with Autism*, eds. Eric Schopler and Gary B. Mesibov (New York: Plenum, 1992), 298.

96. Barry Nurcombe and Neville Parker, "The Idiot Savant," *Journal of the American Academy of Child Psychiatry* 3.3 (July 1964): 469-487, at 473.

97. Sparrow Rose Jones, *No You Don't: Essays from an Unstrange Mind* (self-pub., Unstrange Publications, 2013), 31.

98. Mary Ann Tirone Smith, *Girls of Tender Age: A Memoir* (New York: Free Press, 2006), 52.

99. Trevor Clark, *Exploring Giftedness and Autism: A Study of a Differentiated Educational Program for Autistic Savants* (New York: Routledge, 2016), 14.

100. Catherine Maurice, *Let Me Hear Your Voice: A Family's Triumph over Autism* (New York: Alfred A. Knopf, 1993), 50.

101. 다음에서 인용. Bruno Bettelheim, *The Empty Fortress: Infantile Autism and the Birth of the Self* (New York: Collier Macmillan, 1972), 235.

102. Bettelheim, *The Empty Fortress*, 252.

103. Bettelheim, *The Empty Fortress*, 252.

104. Stephen M. Shore, *Beyond the Wall: Personal Experiences with Autism and Asperger Syndrome*, 2nd ed. (Shawnee Mission, KS: Autism Asperger Publishing, 2003), 55.

105. Ralph Savarese, *Reasonable People: A Memoir of Autism & Adoption: On the Meaning of Family and the Politics of Neurological Difference* (New York: Other Press, 2007), 33. 많은 자폐인 독자가 전형적인 방법으로도 책을 읽는다는 사실을 다시 말해둘 필요가 있겠다. 《허클베리 핀의 모험》 같은 고전소설을 읽는다는 데이비드 제임스 새브리스의 설명에 대해서는 다음을 보라. "Coming to My Senses," *Autism in Adulthood* 1.2 (2019): 90-92.

106. Tito Rajarshi Mukhopadhyay, *How Can I Talk If My Lips Don't Move? Inside My Autistic Mind* (New York: Arcade, 2008), 202.

107. Jen Birch, *Congratulations! It's Asperger's Syndrome* (London: Jessica Kingsley, 2003), 98.

108. Macdonald Critchley, *The Divine Banquet of the Brain and Other Essays* (New York: Raven, 1979), 173.

109. Gustave Flaubert, *Bibliomania: A Tale*, trans. Theodore Wesley Koch (Evanston: Northwestern University Library, 1929), 10. 독서광의 역사에 대해서는 다음을 보라. Nicholas A. Basbanes, *A Gentle Madness: Bibliophiles, Bibliomanes, and the Eternal Passion for Books* (New York: Henry Holt, 1995).

110. Baggs, "In My Language."

111. Kenneth Hall, *Asperger Syndrome, the Universe and Everything* (London: Jessica Kingsley, 2001), 36.

112. Frith, *Autism*, 93; Shore, *Beyond the Wall*, 58.

113. Charlotte Moore, *George and Sam: Autism in the Family* (London: Viking, 2004), 39.

114. Therese Jolliffe, Richard Lansdown, and Clive Robinson, "Autism: A Personal Account," *Communication* 26.3 (1992): 12-13.

115. Elena L. Grigorenko, Ami Klin, and Fred Volkmar, "Annotation: Hyperlexia: Disability or Superability?," *Journal of Child Psychology and Psychiatry, and Allied Disciplines* 44.8 (2003): 1079-1091, at 1079.

116. Grigorenko, Klin, and Volkmar, "Annotation," 1084; Ostrolenk et al., "Hyperlexia," 146.

117. Dawn Prince-Hughes, *Songs of the Gorilla Nation: My Journey Through Autism* (New York: Harmony, 2004), 26.

118. Asperger, "'Autistic Psychopathy' in Childhood," 56.

119. Tito Rajarshi Mukhopadhyay and Douglas Biklen, "II. Questions and Answers," in *Autism and the Myth of the Person Alone*, ed. Douglas Biklen (New York: NYU Press, 2005), 142.

120. Jean Bryant, *The Opening Door* (self-pub., 1993), 151.

121. 자폐증은 느린 읽기의 한계도 확장한다. 로이스 프리슬로프스키(Lois Prislovsky)는 공항이나 공공장소에서도 흥미진진한 책을 읽을 때 자의식에 빠져들어 아주 천천히 한 페이지에서 다음 페이지로 넘어가는 바람에 다른 사람들의 눈길을 끌었다. Barb Rentenbach and Lois Prislovsky, *Neurodiversity: A Humorous and Practical Guide to Living with ADHD, Anxiety, Autism, Dyslexia, the Gays, and Everyone Else* (Knoxville: Mule and Muse Productions, 2016), 162.

122. Margaret Eastham and Anne Grice, *Silent Words: The Story of David Eastham* (Ottawa: Oliver-Pate, 1992), 58.

123. 다음에서 인용. Blackman, *Lucy's Story*, 137-138.

124. Bernard Rimland and Deborah Fein, "Special Talents of Autistic Savants," in *The Exceptional Brain: Neuropsychology of Talent and Special Abilities*, eds. Loraine K. Obler and Deborah Fein (New York: Guilford, 1988), 480; Jeanne Simons and Sabbine Oishi, *The Hidden Child: The Linwood Method for Reaching the Autistic Child* (Rockville: Woodbine House, 1997), 226.

125. Rentenbach and Prislovsky, *Neurodiversity*, 195.

126. Arthur Fleischmann and Carly Fleischmann, *Carly's Voice: Breaking Through Autism* (New

York: Touchstone, 2012), 181.

127. *Temple Grandin*, dir. Mick Jackson (New York: HBO Home Entertainment, 2010), DVD.

128. Temple Grandin, *Thinking in Pictures: And Other Reports from My Life with Autism* (New York: Vintage, 1996), 31.

129. Grandin, *Thinking in Pictures*, 38.

130. Gunilla Gerland, *A Real Person: Life on the Outside*, trans. Joan Tate (London: Souvenir, 2003), 52.

131. Gerland, *A Real Person*, 52.

132. Gerland, *A Real Person*, 228.

133. Gerland, *A Real Person*, 150.

134. Priscilla Gilman, *The Anti-Romantic Child: A Memoir of Unexpected Joy* (New York: Harper Perennial, 2012), 45.

135. Nazeer, *Send in the Idiots*, 80.

136. Birch, *Congratulations! It's Asperger's Syndrome*, 93.

137. Tom Cutler, *Keep Clear: My Adventures with Asperger's* (London: Scribe, 2019), 304.

138. Shore, *Beyond the Wall*, 51.

139. Shore, *Beyond the Wall*, 57.

140. Savarese, *See It Feelingly*, 43.

141. Park, *The Siege*, 281.

142. Blackman, *Lucy's Story*, 69.

143. Alberto Frugone, "II. Salient Moments in the Life of Alberto as a Child, a Youth, a Young Man," in *Autism and the Myth of the Person Alone*, ed. Douglas Biklen (New York: NYU Press, 2005), 186.

144. Gerland, *A Real Person*, 125.

145. 다음에서 인용. Biklen, "Framing Autism," 68.

146. 말하기와 자폐증의 복잡한 역사를 보려면 다음을 참고하라. Melanie Yergeau, *Authoring Autism: On Rhetoric and Neurological Queerness* (Durham: Duke University Press, 2018).

147. 다음에서 인용. Silberman, *Neurotribes*, 96.

148. John Elder Robison, *Look Me in the Eye: My Life with Asperger's* (New York: Crown, 2007), 267.

149. 다음 예시를 보라. Francesca G. E. Happé, "The Autobiographical Writings of Three Asperger Syndrome Adults: Problems of Interpretation and Implications for Theory," in *Autism and Asperger Syndrome*, ed. Uta Frith (Cambridge: Cambridge University Press, 1991), 223.

150. Simon Baron-Cohen et al., "The Autism-Spectrum Quotient (AQ): Evidence from Asperger Syndrome/High-Functioning Autism, Males and Females, Scientists and Mathematicians," *Journal of Autism and Developmental Disorders* 31.1 (2001): 5-17, at 15.

151. Judy Barron and Sean Barron, *There's a Boy in Here* (New York: Simon & Schuster, 1992), 256.

152. Frith, *Autism*, 8.

153. N. V. Smith and Ianthi-Maria Tsimpli, *The Mind of a Savant: Language Learning and Modularity* (Oxford: Blackwell, 1995), 1-2.

154. "Jim," in *Aquamarine Blue 5: Personal Stories of College Students with Autism*, ed. Dawn Prince-Hughes (Athens: Swallow Press/Ohio University Press, 2002), 67.

155. Gerland, *A Real Person*, 126.

156. Peek and Hanson, *The Life and Message of the Real Rain Man*, 47.

157. Sue Rubin, "II. A Conversation with Leo Kanner," in *Autism and the Myth of the Person Alone*, ed. Douglas Biklen (New York: NYU Press, 2005), 87.

158. Shore, *Beyond the Wall*, 87.

159. Shore, *Beyond the Wall*, 87.

160. Daniel Tammet, *Every Word Is a Bird We Teach to Sing: Encounters with the Mysteries and Meanings of Language* (New York: Little, Brown, 2017), 6.

161. Gerland, *A Real Person*, 145.

162. Williams, *Nobody Nowhere*, 43.

163. Williams, *Nobody Nowhere*, 116.

164. Williams, *Nobody Nowhere*, 43.

165. Oliver Sacks, "Foreword," in Grandin, Thinking in Pictures, 14. 색스의 설명에 대한 반론을 보려면 새브리스의 다음 책에서 그랜딘의 문학 감수성을 논의한 설명을 보라. *See It Feelingly*, 155-190.

166. Tammet, *Every Word Is a Bird We Teach to Sing*, 10; Daniel Tammet, *Born on a Blue Day: Inside the Extraordinary Mind of an Autistic Savant: A Memoir* (New York: Free Press, 2007), 130.

167. Tammet, *Every Word Is a Bird We Teach to Sing*, 11.

168. Tim Page, *Parallel Play* (New York: Anchor, 2010), 74.

169. Liane Holliday Willey, *Pretending to Be Normal: Living with Asperger's Syndrome* (London: Jessica Kingsley, 1999), 20.

3장. 하루아침에 읽을 수 없게 된다면

1. Sam Martin and June Martin, *A Stroke of Luck: Learning How to Read After a Stroke* (self-pub., 2013), 5. 이 장 서두의 글귀는 다음 책에서 인용됐다. George Gissing, *The Private Papers of Henry Ryecroft* (Westminster: Archibald Constable, 1903), 165.

2. Martin and Martin, *A Stroke of Luck*, 9.

3. 포괄적인 설명을 보려면 다음을 참고하라. Alexander Leff and Randi Starrfelt, *Alexia: Diagnosis, Treatment and Theory* (London: Springer-Verlag, 2014).

4. David F. Mitch, *The Rise of Popular Literacy in Victorian England: The Influence of Private Choice and Public Policy* (Philadelphia: University of Pennsylvania Press, 1992), xvi.

5. Carl F. Kaestle, "Preface," in *Literacy in the United States: Readers and Reading Since 1880*, ed. Carl F. Kaestle et al. (New Haven: Yale University Press, 1991), xix.

6. Samuel Smiles, *Self-Help, with Illustrations of Character, Conduct, and Perseverance*, ed. Peter W. Sinnema (Oxford: Oxford University Press, 2002), 274.

7. Francis Bacon, *The Essayes or Counsels, Civill and Morall*, ed. Michael Kiernan (Oxford: Clarendon, 1985), 153.

8. C. S. Moss, "Notes from an Aphasic Psychologist, or Different Strokes for Different Folks," in *Injured Brains of Medical Minds: Views from Within*, ed. Narinder Kapur (Oxford: Oxford University Press, 1997), 79.

9. 1857년 6월 귀스타프 플로베르가 마리소피 르로예 드샹피(Marie-Sophie Leroyer de Chantepie) 부인에게 보낸 편지. Gustave Flaubert, *Correspondance: Nouvelle Édition Augmentée: Quatrième Série (1854-1861)*, 9 vols. (Paris: Louis Conard, 1927), 4:197. 강조는 원문을 따름.

10. 읽기의 이점에 대한 다양한 견해는 다음에서 볼 수 있다. Shafquat Towheed, Rosalind Crone, and Katie Halsey, eds., *The History of Reading: A Reader* (London: Routledge, 2011); Frank Furedi, *The Power of Reading: From Socrates to Twitter* (London: Bloomsbury, 2015).

11. Helen Keller, *The Story of My Life* (London: Doubleday, Page, 1903), 117.

12. Samuel Johnson, "Illiterate," in *Johnson's Dictionary Online, A Dictionary of the English Language* (1755, 1773), eds. Beth Rapp Young et al. (2021): http://johnsonsdictionaryonline.com/?p=14863

13. Robert Darnton, "First Steps Toward a History of Reading," *Australian Journal of French Studies* 23 (1986): 5-30, at 15.

14. 다음을 보라. Pliny, *Natural History*, 5 vols., trans. Harris Rackham (London: Folio Society, 2012), 1:346. 이 사례와 실독증을 다룬 다른 역사적 사례는 다음에 기록되어 있다. Arthur L. Benton and Robert J. Joynt, "Early Descriptions of Aphasia," *Archives of Neurology* 3.2 (1960): 205-222.

15. Jan van Gijn, "A Patient with Word Blindness in the Seventeenth Century," *Journal of the History of the Neurosciences* 24.4 (2015): 352-360.

16. Benton and Joynt, "Early Descriptions of Aphasia," 209.

17. 다음에서 인용. Walther Riese, "Auto-Observation of Aphasia: Reported by an Eminent Nineteenth-Century Medical Scientist," *Bulletin of the History of Medicine* 28 (1954): 237-242, at 238. 실독증 자가 보고에 대한 문항은 다음에서 볼 수 있다. Claude Scott Moss, *Recovery with Aphasia: The Aftermath of My Stroke* (Urbana: University of Illinois Press, 1972), 185-199. 이 문헌에서는 자신의 읽기 싸움을 "위험하고 복잡한 일"이라고 설명했다.

18. 다음에서 인용. Riese, "Auto-Observation," 238.

19. 다음에서 인용. Riese, "Auto-Observation," 238.

20. Joseph Arnould, *Memoir of Thomas, First Lord Denman Formerly Lord Chief Justice of England*, 2 vols. (London: Longmans, Green, 1873), 2:343.

21. Alberto Manguel, "Some Thoughts About Thinking," *Cognitive and Behavioral Neurology*

28.2 (2015): 43-45.

22. 뇌기능 국소화에 대한 초기 연구에 대해서는 다음을 보라. Edwin Clarke and L. S. Jacyna, *Nineteenth-Century Origins of Neuroscientific Concepts* (Berkeley: University of California Press, 1987), 212-307.

23. 19세기 실독증 연구의 등장에 대해서는 다음을 보라. L. S. Jacyna, *Lost Words: Narratives of Language and the Brain, 1825-1926* (Princeton: Princeton University Press, 2000).

24. . H. Charlton Bastian, "On the Various Forms of Loss of Speech in Cerebral Disease," *British and Foreign Medico-Chirurgical Review* 43 (1869): 209-236, 470-492, at 484. 강조는 원문을 따름.

25. James J. Adams, "On the Amaurosis and Painful Affections Which Attend Strabismus," *Provincial Medical and Surgical Journal* 2.30 (1841): 66-68, at 66.

26. Thomas Inman, "Remarks upon the Treatment of Threatened Apoplexy and Hemiplegia," *British Medical Journal* (November 14, 1857): 944-947.

27. John Buckley Bradbury, "A Discussion on Headaches and Their Treatment," *British Medical Journal* (November 4, 1899): 1241-1243, at 1242.

28. J. Crichton Browne, "Clinical Lectures on Mental and Cerebral Diseases," *British Medical Journal* (May 6, 1871): 467-468, at 467.

29. John Hughlings Jackson, "On a Case of Loss of Power Expression; Inability to Talk, to Write, and to Read Correctly After Convulsive Attacks," *British Medical Journal* (July 28, 1866): 92-94, at 93.

30. William Henry Broadbent, "On the Cerebral Mechanism of Speech and Thought," *Medico-Chirurgical Transactions* 55 (1872): 145-194, at 166.

31. 다음에서 인용. Broadbent, "On the Cerebral," 163.

32. 다음에서 인용. Broadbent, "On the Cerebral," 164.

33. 다음에서 인용. Broadbent, "On the Cerebral," 164.

34. Broadbent, "On the Cerebral," 151.

35. John Thomas Banks, "On the Loss of Language in Cerebral Disease," *Dublin Quarterly Journal of Medical Science* 39.77 (1865): 62-80, at 78.

36. George Eliot, *Romola*, ed. Dorothea Barrett (London: Penguin, 1996), 273.

37. Sally Shuttleworth, *George Eliot and Nineteenth-Century Science: The Make Believe of a Beginning* (Cambridge: Cambridge University Press, 1984), 111.

38. Eliot, *Romola*, 352.

39. Jack Goody and Ian Watt, "The Consequences of Literacy," *Comparative Studies in Society and History* 5.3 (1963): 304-345, at 335.

40. 다음의 예시를 보라. Georges Poulet, "Phenomenology of Reading," *New Literary History* 1.1 (1969): 53-68.

41. Armand Trousseau, *Lectures on Clinical Medicine, Delivered at the Hôtel Dieu, Paris*, 5 vols., trans. P. Victor Bazire (London: Robert Hardwicke, 1866), 1:238.

42. Alfred Mantle, "Motor and Sensory Aphasia," *British Medical Journal* (February 6, 1897): 325-328, at 325.

43. 다음에서 인용. Mantle, "Motor," 326.

44. 다음에서 인용. Mantle, "Motor," 326.

45. "Phases of Aphasia," *Saint Paul Globe* (Minn.)· (September 10, 1899): 22, *Chronicling America: Historic American Newspapers*: http://chroniclingamerica.loc.gov/

46. 다음에서 인용. Banks, "On the Loss," 75.

47. Banks, "On the Loss," 75.

48. Trousseau, *Lectures*, 224. 강조는 원문.

49. 프로이트는 마술적 사고의 개념에 대해 다음에서 논했다. Sigmund Freud, *The Origins of Religion: Totem and Taboo, Moses and Monotheism and Other Works*, The Pelican Freud Library, trans. James Strachey, vol. 13 (London: Penguin, 1985), 143-145.

50. Trousseau, *Lectures*, 260.

51. J. S. Bristowe, "The Lumleian Lectures on the Pathological Relations of the Voice and Speech," *British Medical Journal* (May 17, 1879): 731-734, at 732.

52. Bristowe, "The Lumleian Lectures," 731.

53. Trousseau, *Lectures*, 260-261.

54. Trousseau, *Lectures*, 258.

55. Aldolph Kussmaul, "Disturbances of Speech," in *Cyclopaedia of the Practice of Medicine*, ed. Dr. Hugo von Ziemssen, trans. E. Buchanan Baxter et al. (New York: William Wood, 1877), 14:770, 14:775. 쿠스마울의 글은 독일어로도 출간되어 있다. 다음을 보라. *Die Störungen der Sprache* (Leipzig: Verlag von F. C. W. Vogel, 1877).

56. 다음에서 인용. Willy O. Renier, "Jules Dejerine," in *Reader in the History of Aphasia: From Franz Gall to Norman Geschwind*, ed. Paul Eling (Amsterdam: John Benjamins, 1994), 207. 이 책에 수록된 사례연구는 다음 문헌에 번역되어 있다. "Contribution à l'étude anatomique et clinques des différentes variétés de cécité verbale," *Mémoires de la Société de Biologie* 4 (1892): 61-65.

57. 다음에서 인용. Daniel N. Bub, Martin Arguin, and André Roch Lecours, "Jules Dejerine and His Interpretation of Pure Alexia," *Brain and Language* 45.4 (1993): 531-559, at 542.

58. 다음에서 인용. Israel Rosenfeld, *The Invention of Memory: A New View of the Brain* (New York: Basic Books, 1988), 34. 로젠펠드가 번역한 것이다.

59. 다음에서 인용. Rosenfeld, *Invention*, 36.

60. J. M. Charcot, *Clinical Lectures on Diseases of the Nervous System*, ed. Ruth Harris (London: Tavistock/Routledge, 1991), 133.

61. 다음에서 인용. Charcot, *Clinical Lectures*, 136.

62. James Hinshelwood, "The Treatment of Word-Blindness, Acquired and Congenital," *British Medical Journal* 2.2703 (1912): 1033-1035, at 1033.

63. James Hinshelwood, *Letter-, Word-, and Mind-Blindness* (London: H. K. Lewis, 1900), 12.

64. Hinshelwood, *Letter-*, 14.

65. Hinshelwood, *Letter-*, 38.

66. Hinshelwood, *Letter-*, 44.

67. Henry R. Swanzy, "The Bowman Lecture on the Value of Eye Symptoms in the Localisation of Cerebral Disease," *British Medical Journal* (November 17, 1888): 1089-1096, at 1095.

68. Poulet, "Phenomenology of Reading," 54.

69. William Ogle, "Aphasia and Agraphia," in *St. George's Hospital Reports*, 10 vols., eds. John W. Ogle and Timothy Holmes (London: John Churchill and Sons, 1867), 2:83-122.

70. H. Charlton Bastian, "The Lumleian Lectures on Some Problems in Connection with Aphasia and Other Speech Defects," *British Medical Journal* (May 1, 1897): 1076-1080, at 1077.

71. Charcot, *Clinical Lectures*, 139. 강조는 원문.

72. Bub et al., "Jules Dejerine," 547.

73. Oliver Sacks, *The Mind's Eye* (London: Picador, 2010), 78: Oliver Sacks, "Afterword," in Howard Engel, *The Man Who Forgot How to Read* (New York: Thomas Dunne Books/St. Martin's Press, 2007), 149-157.

74. 이 사례는 다음에 설명되어 있다. Adhémar Gelb and Kurt Goldstein, "Analysis of a Case of Figural Blindness," in *A Source Book of Gestalt Psychology*, ed. Willis D. Ellis (London: Kegan Paul, Trench, Trubner, 1938), 315-325.

75. Oliver Sacks, "Afterword," in Howard Engel, *Memory Book* (New York: Carroll & Graf, 2006), 245.

76. Kurt Goldstein, *The Organism: A Holistic Approach to Biology Derived from Pathological Data in Man* (New York: Zone, 1995), 196.

77. J. Richard Hanley and Janice Kay, "Monsieur C: Dejerine's Case of Alexia Without Agraphia," in *Classic Cases in Neuropsychology*, 2 vols., eds. Chris Code et al. (Hove, UK: Psychology Press, 2002), 2:64.

78. A. Hughes Bennett, "Clinical Lectures on Diseases of the Nervous System," *British Medical Journal* (February 18, 1888): 339-342, at 340.

79. Hinshelwood, *Letter-*, 70.

80. Kurt Goldstein, *Language and Language Disturbances: Aphasic Symptom Complexes and Their Significance for Medicine and Theory of Language* (New York: Grune & Stratton, 1948), 124.

81. 실독증을 치료해서 얻을 수 있는 이점의 한계에 대해서는 다음을 보라. Randi Starrfelt, Rannveig Rós Ólafsdóttir, and Ida-Marie Arendt, "Rehabilitation of Pure Alexia: A Review," *Neuropsychological Rehabilitation* 23.5 (2013): 755-779.

82. Marlene Behrmann, "Pure Alexia: Underlying Mechanisms and Remediation," in *Converging Methods for Understanding Reading and Dyslexia*, eds. Raymond M. Klein and Patricia McMullen (Cambridge, MA: MIT Press, 1999), 156.

83. 다음에서 인용. Barbara A. Wilson, *Case Studies in Neuropsychological Rehabilitation* (Oxford:

Oxford University Press, 1999), 217.

84. 다음에서 인용. Wilson, *Case Studies*, 221.

85. 빅터 헨더슨(Victor Henderson)은 20세기의 상반된 방법을 다음에서 설명했다. "Alexia and Agraphia," in *History of Neurology*, eds. Stanley Finger, Francois Boller, and Kenneth L. Tyler (Edinburgh: Elsevier, 2010), 583-601, esp. 596-599.

86. Goldstein, *The Organism*, 203.

87. Norman Geschwind, "Disconnexion Syndromes in Animals and Man Part I," *Brain* 88.2 (1965): 237-294, at 239. '도표나 그리는 사람들'이라는 용어는 원래 다음에서 사용되었다. Henry Head, *Aphasia and Kindred Disorders of Speech*, 2 vols. (Cambridge: Cambridge University Press, 1926), 1:54.

88. 다음에서 인용. A. R. Luria, *The Man with a Shattered World: The History of a Brain Wound*, trans. Lynn Solotaroff (Cambridge, MA: Harvard University Press, 1972), 64.

89. 다음에서 인용. Luria, *The Man*, 62, 63.

90. 다음에서 인용. Luria, *The Man*, 64.

91. 다음에서 인용. Luria, *The Man*, 99.

92. 다음에서 인용. Luria, *The Man*, 75.

93. 다음에서 인용. Luria, *The Man*, 35.

94. Luria, *The Man*, xxi.

95. Philippe F. Paquier et al, "Acquired Alexia with Agraphia Syndrome in Childhood," *Journal of Child Neurology* 21.4 (2006): 324-330; C. A. H. Fisher and A. J. Larner, "Jean Langlais (1907-91): An Historical Case of a Blind Organist with Stroke Induced Aphasia and Braille Alexia but Without Amusia," *Journal of Medical Biography* 16.4 (2008): 232-234; Ian McDonald, "Musical Alexia with Recovery: A Personal Account," *Brain* 129 (2006): 2554-2561; Jordan S. Robinson, Robert L. Collins, and Shalini V. Mukhi, "Alexia Without Agraphia in a Right-Handed Individual Following Right Occipital Stroke," *Applied Neuropsychology: Adult* 23.1 (2016): 65-69.

96. 다음의 예시를 보라. Rachel Ablow, ed., *The Feeling of Reading: Affective Experience and Victorian Literature* (Ann Arbor: University of Michigan Press, 2010). 메리 파브르(Mary Favret)는 읽기를 어렵게 느끼는 사람의 경험을 고려했다. 다음을 보라. "The Pathos of Reading," *PMLA* 130.5 (2015): 1318-1331, esp. 1320-1321.

97. Hinshelwood, *Letter-*, 2.

98. Engel, *The Man Who Forgot How to Read*, xiv.

99. Engel, *The Man Who Forgot How to Read*, xiii, 7. 엥겔의 사례는 색스의 다음 책에 자세히 설명되어 있다. Sacks, *The Mind's Eye*, 53-81.

100. Engel, *The Man Who Forgot How to Read*, 28.

101. Banks, "On the Loss," 78.

102. Engel, *The Man Who Forgot How to Read*, 43, 29.

103. Engel, *The Man Who Forgot How to Read*, 37.

104. Engel, *The Man Who Forgot How to Read*, 73.

105. Engel, *The Man Who Forgot How to Read*, 41.

106. Engel, *The Man Who Forgot How to Read*, 99.

107. Engel, *The Man Who Forgot How to Read*, 133.

108. Engel, *The Man Who Forgot How to Read*, 134.

109. Engel, *The Man Who Forgot How to Read*, 129.

110. Engel, *Memory Book*, 13.

111. Engel, *Memory Book*, 226.

112. '문해력 상실 시대'를 예견한 설명에 대해서는 다음을 보라. Marshall McLuhan, *The Gutenberg Galaxy: The Making of Typographic Man* (London: Routledge & Kegan Paul, 1967), 2.

113. 다음에서 인용. Jason Cuomo, Murray Flaster, and José Biller, "Right Brain: A Reading Specialist with Alexia Without Agraphia: Teacher Interrupted," *Neurology* 82.1 (January 7, 2014): e5-e7, at e5.

114. 다음에서 인용. Cuomo et al., "Right Brain," e7.

4장. 모든 글자가 꽃처럼 피어난다면

1. Gladys A. Reichard, Roman Jakobson, and Elizabeth Werth, "Language and Synesthesia," *Word* 5.2 (1949): 224-233, at 224.

2. Ludwig Wittgenstein, *Zettel*, eds. G. E. M. Anscombe and G. H. von Wright, trans. G. E. M. Anscombe (Oxford: Basil Blackwell, 1967), 32e.

3. 변이가 많은 공감각에 대한 상세한 설명은 다음을 보라. Julia Simner and Edward M. Hubbard, eds., *The Oxford Handbook of Synesthesia* (Oxford: Oxford University Press, 2013). 다음 책도 좋은 출발점이 될 수 있다. Richard E. Cytowic, *Synesthesia* (Cambridge, MA: MIT Press, 2018).

4. Julia Simner et al., "Synaesthesia: The Prevalence of Atypical Cross-Modal Experiences," *Perception* 35.8 (2006): 1024-1033.

5. 줄리아 심너는 공감각의 주요 특징을 다음에서 확인했다. "Defining Synaesthesia," *British Journal of Psychology* 103.1 (2012): 1-15. 다음도 참고하라. Jamie Ward and Julia Simner, "Synesthesia: The Current State of the Field," in *Multisensory Perception: From Laboratory to Clinic*, eds. Krishnankutty Sathian and V. S. Ramachandran (Amsterdam: Academic, 2019), 283-300.

6. Jacques Lusseyran, *And There Was Light: The Autobiography of a Blind Hero in the French Resistance* (Edinburgh: Floris, 1985), 76. 색청의 다양한 사례는 다음에서 볼 수 있다. Oliver W. Sacks, *Musicophilia: Tales of Music and the Brain* (London: Picador, 2007), 165-183.

7. Isador H. Coriat, "An Unusual Type of Synesthesia," *Journal of Abnormal Psychology* 8.2 (1913): 109-112; Janina Nielsen et al., "Synaesthesia and Sexuality: The Influence of Synaesthetic Perceptions on Sexual Experience," *Frontiers in Psychology* 4 (2013): https://

doi.org/10.3389/fpsyg.2013.00751. 숀 데이(Sean Day)는 다양한 공감각 형태에 대한 포괄적인 목록을 다음에 제시한다. http://www.daysyn.com/Types-of-Syn.html

8. Vladimir Nabokov, *Strong Opinions* (London: Penguin, 2012), 34.

9. Vladimir Nabokov, *Speak, Memory: An Autobiography Revisited* (London: Penguin, 2012), 17. 나보코프가 본 글자에 대한 예술가의 해석은 다음에서 볼 수 있다. Jean Holabird, Vladimir Nabokov, and Brian Boyd, *Vladimir Nabokov: AlphaBet in Color* (Corte Madera, CA: Gingko, 2005).

10. 새롭게 떠오르는 신경미학 분야는 예술적 만남의 신경적 토대를 이해하고자 한다. 다음이 좋은 출발점이 될 수 있다. G. Gabrielle Starr, *Feeling Beauty: The Neuroscience of Aesthetic Experience* (Cambridge, MA: MIT Press, 2015).

11. Francis Galton, "Visualised Numerals," *Journal of the Anthropological Institute of Great Britain and Ireland* 10 (1881): 85-102, at 85.

12. Sean A. Day, "Some Demographic and Socio-Cultural Aspects of Synesthesia," in *Synesthesia: Perspectives from Cognitive Neuroscience*, eds. Lynn C. Robertson and Noam Sagiv (Oxford: Oxford University Press, 2005), 27.

13. Jerome J. McGann, *The Textual Condition* (Princeton: Princeton University Press, 1991), 57.

14. Maurice Merleau-Ponty, *Phenomenology of Perception*, trans. Colin Smith (London: Routledge, 2005); André J. Abath, "Merleau-Ponty and the Problem of Synaesthesia," in *Sensory Blending: On Synaesthesia and Related Phenomena*, ed. Ophelia Deroy (New York: Oxford University Press, 2017), 151-165.

15. Stanislas Dehaene, *Reading in the Brain: The New Science of How We Read* (New York: Penguin, 2009), 225.

16. Michael Tye, "Qualia," in *The Stanford Encyclopedia of Philosophy*, ed. Edward N. Zalta (Stanford: Stanford University, 2017): https://plato.stanford.edu/archives/win2017/entries/qualia/

17. Max Velmans, *Understanding Consciousness*, 2nd ed. (New York: Routledge, 2009), 121-148.

18. Robert Darnton, "First Steps Toward a History of Reading," *Australian Journal of French Studies* 23.1 (1986): 5-30, at 7.

19. Richard P. Feynman, "*What Do You Care What Other People Think?,*" *Further Adventures of a Curious Character* (New York: W. W. Norton, 1988), 59.

20. 작스의 논문은 라틴어로 작성되었고 이후 다음과 같이 번역되었다. 영문 번역서는 없다. 다음을 보라. Jörg Jewanski, Sean A. Day, and Jamie Ward, "A Colorful Albino: The First Documented Case of Synaesthesia, by Georg Tobias Ludwig Sachs in 1812," *Journal of the History of the Neurosciences* 18.3 (2009): 293-303.

21. Jörg Jewanski et al., "The Development of a Scientific Understanding of Synesthesia from Early Case Studies (1849-1873)," *Journal of the History of the Neurosciences* 20.4 (2011): 284-305.

22. 다음에서 인용. Francis Galton, *Inquiries into Human Faculty and Its Development* (London:

Macmillan, 1883), 110. 다음도 보라. David Burbridge, "Galton's 100: An Exploration of Francis Galton's Imagery Studies," *British Journal for the History of Science* 27.4 (1994): 443-463, at 443.

23. Alfred Binet, "The Problem of Colored Hearing," *Popular Science Monthly* 43 (1893): 812-823, at 815; 다음에서 번역했다. "Le problème de l'audition colorèe," *La revue de deux mondes* 113 (1892): 586-614.

24. John E. Harrison, *Synaesthesia: The Strangest Thing* (Oxford: Oxford University Press, 2001).

25. Lynn C. Robertson and Noam Sagiv, eds., *Synesthesia: Perspectives from Cognitive Neuroscience* (Oxford: Oxford University Press, 2005).

26. 공감각자의 예술적 실험이 거쳐온 역사에 대해서는 다음을 보라. Crétien van Campen, *The Hidden Sense: Synesthesia in Art and Science* (Cambridge, MA: MIT Press, 2008).

27. Charles Baudelaire, "Correspondences" "Correspondances", in *The Flowers of Evil*, trans. James McGowan (Oxford: Oxford University Press, 1993), 19.

28. Arthur Rimbaud, "Voyelles," in *Selected Poems and Letters*, trans. Jeremy Harding and John Sturrock (London: Penguin, 2004), 211-212.

29. Joris-Karl Huysmans, *Against Nature* (Harmondsworth: Penguin, 1973), 58. 공감각자들이 예술에서 낭만주의적 이상을 고수해온 과정에 대해서는 다음을 보라. Kevin T. Dann, *Bright Colors Falsely Seen: Synaesthesia and the Search for Transcendental Knowledge* (New Haven: Yale University Press, 1998).

30. Arthur Rimbaud, *Collected Poems*, trans. Oliver Bernard (Harmondsworth: Penguin, 1997), 327. 다음에서 인용. Lawrence E. Marks, *The Unity of the Senses: Interrelations Among the Modalities* (New York: Academic, 1978), 235.

31. Simon Baron-Cohen and John Harrison, "Synaesthesia," in *Encyclopedia of Cognitive Science*, ed. Lynn Nadel, 4 vols. (London: Nature Publishing, 2003), 4:296.

32. Max Nordau, *Degeneration* (London: William Heinemann, 1896), 142.

33. William Empson, *Seven Types of Ambiguity*, 2nd ed. (Harmondsworth: Penguin, 1973), 33; Irving Babbitt, *The New Laokoon: An Essay on the Confusion of the Arts* (New York: Houghton Mifflin, 1929), 175.

34. Rudyard Kipling, *Rudyard Kipling's Verse* (London: Hodder and Stoughton, 1940), 418; Edith Sitwell, *Façade* (London: Duckworth, 1987), 33; F. Scott Fitzgerald, *The Great Gatsby*, ed. Matthew Joseph Bruccoli (New York: Scribner, 2003), 44.

35. Glenn O'Malley, *Shelley and Synesthesia* (Evanston: Northwestern University Press, 1968), 178.

36. Vladimir Nabokov, *Bend Sinister* (London: Penguin Classics, 2012), 104; 퍼트리샤 린 더피는 허구적 재현을 유용하게 조사했다. 다음을 보라. "Synesthesia in Literature," in *The Oxford Handbook of Synesthesia*, eds. Julia Simner and Edward M. Hubbard (Oxford: Oxford University Press, 2013), 647-670.

37. June E. Downey, "Literary Synesthesia," *Journal of Philosophy, Psychology and Scientific Methods* 9.18 (1912): 490-498, at 490.

38. Harrison, *Synaesthesia*, 115-140.

39. D. F. McKenzie, *Bibliography and the Sociology of Texts* (London: British Library, 1986), 8.

40. 다음에서 인용. Galton, *Inquiries into Human Faculty*, 150.

41. Théodore Flournoy, *Des Phénomènes de Synopsie Audition Colorée: Photismes, Schèmes Visuels, Personnifications* (Paris: Félic Alcan, 1893), 79.

42. V. S. Ramachandran and Edward M. Hubbard, "Synaesthesia—A Window into Perception, Thought and Language," *Journal of Consciousness Studies* 8.12 (2001): 3-34, at 26.

43. 다음에서 인용. Patricia Lynne Duffy, *Blue Cats and Chartreuse Kittens: How Synesthetes Color Their Worlds* (New York: Times Books, 2001), 55.

44. Galton, *Inquiries into Human Faculty*, 47.

45. Richard E. Cytowic and David M. Eagleman, *Wednesday Is Indigo Blue: Discovering the Brain of Synesthesia* (Cambridge, MA: MIT Press, 2009), 2.

46. Galton, "Visualised Numerals," 99.

47. Nathan Witthoft and Jonathan Winawer, "Learning, Memory, and Synesthesia," *Psychological Science* 24.3 (2013): 258-265; Peter Hancock, "Synesthesia, Alphabet Books, and Fridge Magnets," in Simner and Hubbard, *Oxford Handbook of Synesthesia*, 83-99.

48. Nicolas Rothen and Beat Meier, "Acquiring Synaesthesia: Insights from Training Studies," *Frontiers in Human Neuroscience* 8 (2014): https://doi.org/10.3389/fnhum.2014.00109

49. Nabokov, *Speak, Memory*, 18.

50. Alexandra Dittmar, *Synaesthesia: A "Golden Thread" Through Life?* (Essen: Verl Die Blaue Eule, 2009), 43.

51. Richard E. Cytowic, *Synesthesia: A Union of the Senses* (Cambridge, MA: MIT Press, 2002), 34.

52. Daniel Tammet, *Born on a Blue Day: Inside the Extraordinary Mind of an Autistic Savant: A Memoir* (New York: Free Press, 2007), 11. 이 장 서두의 글귀는 원전의 160쪽에서 인용했다.

53. 다음에서 인용. Sean A. Day, *Synesthetes: A Handbook* (Granada: International Foundation Artecittà Publishing, 2016), 31.

54. Joanna Atkinson et al., "Synesthesia for Manual Alphabet Letters and Numeral Signs in Second-Language Users of Signed Languages," *Neurocase* 22.4 (2016): 379-386.

55. Simner, "Defining Synaesthesia," 4.

56. 메리 해리스(Marie Harris)에게 2017년 11월 1일에 보낸 이메일 회신.

57. Carol Bergfeld Mills et al., "The Color of Two Alphabets for a Multilingual Synesthete," *Perception* 31.11 (2002): 1371-1394, at 1375.

58. 다음에서 인용. Mills et al., "The Color of Two Alphabets," 1374.

59. 다음에서 인용. Mills et al., "The Color of Two Alphabets," 1375.

60. 다음에서 인용. Dittmar, *Synaesthesia*, 143.

61. Cytowic, *Synesthesia*, 34.

62. Mary Whiton Calkins, "A Statistical Study of Pseudo-Chromesthesia and of Mental-Forms," *American Journal of Psychology* 5.4 (1893): 439-464, at 459.

63. 다음에서 인용. Mary Whiton Calkins, "Synæsthesia," *American Journal of Psychology* 7.1 (1895): 90-107, at 98.

64. Mary Collins, "A Case of Synaesthesia," *Journal of General Psychology* 2.1 (1929): 12-27, at 13.

65. 다음에서 인용. Thomas D. Cutsforth, "The Role of Emotion in a Synaesthetic Subject," *American Journal of Psychology* 36.4 (1925): 527-543, at 539: https://doi.org/10.2307/1413908

66. Raymond H. Wheeler, "The Synaesthesia of a Blind Subject," *University of Oregon Publications* I (1920): 3-61, at 49.

67. 다음에서 인용. Dittmar, *Synaesthesia*, 127.

68. 다음에서 인용. Megan S. Steven and Colin Blakemore, "Visual Synaesthesia in the Blind," *Perception* 33.7 (2004): 855-868, at 859.

69. 다음에서 인용. Steven and Blakemore, "Visual Synaesthesia in the Blind," 864.

70. 다음에서 인용. Cytowic, *Synesthesia: A Union of the Senses*, 27.

71. 다음을 보라. Christine Mohr, "Synesthesia in Space Versus the 'Mind's Eye': How to Ask the Right Questions," in Simner and Hubbard, *Oxford Handbook of Synesthesia*, 440-458.

72. Mills et al., "The Color of Two Alphabets for a Multilingual Synesthete," 1374.

73. 다음에서 인용. Jamie Ward, *The Frog Who Croaked Blue: Synesthesia and the Mixing of the Senses* (New York: Routledge, 2008), 5.

74. Collins, "A Case of Synaesthesia," 16.

75. 허구 서사에서 정신적 이미지가 생성되는 것에 대해서는 다음을 보라. Elaine Scarry, *Dreaming by the Book* (Princeton: Princeton University Press, 2001).

76. 다음에서 인용. Cytowic, *Synesthesia: A Union of the Senses*, 36.

77. Cytowic, *Synesthesia: A Union of the Senses*, 29.

78. Cytowic and Eagleman, *Wednesday Is Indigo Blue*, 74.

79. Maureen Seaberg, *Tasting the Universe: People Who See Colors in Words and Rainbows in Symphonies* (Pompton Plains, NJ: Career Press/New Page Books, 2011), 21.

80. Cytowic, *Synesthesia: A Union of the Senses*, 34.

81. Duffy, *Blue Cats and Chartreuse Kittens*, 25.

82. Ward, *The Frog Who Croaked Blue*, 83.

83. Clare N. Jonas et al., "Visuo-Spatial Representations of the Alphabet in Synaesthetes and Non-Synaesthetes," *Journal of Neuropsychology* 5.2 (2011): 302-322.

84. Cytowic, *Synesthesia: A Union of the Senses*, 199.

85. Duffy, *Blue Cats and Chartreuse Kittens*, 18.

86. Tammet, *Born on a Blue Day*, 9.

87. Galton, *Inquiries into Human Faculty*, 96.

88. 다음에서 인용. David Grant, *That's the Way I Think: Dyslexia, Dyspraxia, ADHD and Dyscalculia Explained* (New York: Routledge, 2017), 102.

89. Noam Sagiv and Chris D. Frith, "Synesthesia and Consciousness," in Simner and Hubbard, *Oxford Handbook of Synesthesia*, 934.

90. 다음에서 인용. Cytowic and Eagleman, *Wednesday Is Indigo Blue*, 74.

91. 다음에서 인용. Cytowic, *Synesthesia: A Union of the Senses*, 35.

92. Charlotte A. Chun and Jean-Michel Hupé, "Mirror-Touch and Ticker Tape Experiences in Synesthesia," *Frontiers in Psychology* 4 (2013): https://doi.org/10.3389/fpsyg.2013.00776

93. Alison Motluk, "Two Synaesthetes Talking Colour," in *Synaesthesia: Classic and Contemporary Readings*, eds. Simon Baron-Cohen and John E. Harrison (Oxford: Blackwell, 1997), 271.

94. Seaberg, *Tasting the Universe*, 69.

95. 다음에서 인용. Cytowic, *Synesthesia: A Union of the Senses*, 1.

96. Ward, *The Frog Who Croaked Blue*, 84.

97. 다음에서 인용. Dittmar, *Synaesthesia*, 224.

98. 다음에서 인용. Dittmar, *Synaesthesia*, 224.

99. 다음에서 인용. William O. Krohn, "Pseudo-Chromesthesia, or the Association of Colors with Words, Letters and Sounds," *American Journal of Psychology* 5.1 (1892): 20-41, at 29.

100. Mills et al., "The Color of Two Alphabets for a Multilingual Synesthete," 1376.

101. Cytowic and Eagleman, *Wednesday Is Indigo Blue*, 175.

102. Nabokov, *Speak, Memory*, 18.

103. Mills et al., "The Color of Two Alphabets for a Multilingual Synesthete," 1376.

104. 다음에서 인용. Ward, *The Frog Who Croaked Blue*, 5-6.

105. 다음에서 인용. Alison Motluk, "Living with Coloured Names," *New Scientist* 143.1938 (1994): 36; Mills et al., "The Color of Two Alphabets for a Multilingual Synesthete," 1376.

106. 다음에서 인용. Cytowic, *Synesthesia: A Union of the Senses*, 45.

107. 다음에서 인용. Sacks, *Musicophilia*, 175 fn 8.

108. Richard E. Cytowic, "Synaesthesia: Phenomenology and Neuropsychology," in *Synaesthesia: Classic and Contemporary Readings*, eds. Simon Baron-Cohen and John E. Harrison (Oxford: Blackwell, 1997), 19.

109. Tito Rajarshi Mukhopadhyay, *How Can I Talk If My Lips Don't Move? Inside My Autistic Mind* (New York: Arcade, 2008), 200-201. 이 부분은 다음에서 논의된다. Ralph James Savarese, "What Some Autistics Can Teach Us About Poetry: A Neurocosmopolitan Approach," in *The Oxford Handbook of Cognitive Literary Studies*, ed. Lisa Zunshine (Oxford: Oxford University Press, 2015), 406.

110. A. R. Luria, *The Mind of a Mnemonist: A Little Book About a Vast Memory*, trans. Lynn Solotaroff (Cambridge, MA: Harvard University Press, 1987), 113.

111. 다음에서 인용. Mathew H. Gendle, "Word-Gustatory Synesthesia: A Case Study," *Perception* 36.4 (2007): 495-507, at 502.

112. 다음에서 인용. Cytowic and Eagleman, *Wednesday Is Indigo Blue*, 145.

113. Ward, *The Frog Who Croaked Blue*, 55-56.

114. Jamie Ward and Julia Simner, "Lexical-Gustatory Synaesthesia: Linguistic and Conceptual Factors," *Cognition* 89.3 (2003): 237-261, at 240.

115. Ward, *The Frog Who Croaked Blue*, 43.

116. Olympia Colizoli, Jaap M. J. Murre, and Romke Rouw, "A Taste for Words and Sounds: A Case of Lexical-Gustatory and Sound-Gustatory Synesthesia," *Frontiers in Psychology* 4 (2013): https://doi.org/10.3389/fpsyg.2013.00775; Gendle, "Word Gustatory Synesthesia," 497.

117. Calkins, "Synæsthesia," 107.

118. 다음에서 인용. Calkins, "Synæsthesia," 107.

119. 다음에서 인용. Calkins, "A Statistical Study of Pseudo-Chromesthesia and of Mental-Forms," 454.

120. 다음에서 인용. Calkins, "A Statistical Study of Pseudo-Chromesthesia and of Mental-Forms," 454.

121. Calkins, "Synæsthesia," 100.

122. Noam Sagiv, Monika Sobcak-Edmans, and Adrian L. Williams, "Personification, Synaesthesia, and Social Cognition," in *Sensory Blending: On Synaesthesia and Related Phenomena*, ed. Ophelia Deroy (Oxford: Oxford University Press, 2017), 304.

123. 다음에서 인용. Maina Amin et al., "Understanding Grapheme Personification: A Social Synaesthesia?" *Journal of Neuropsychology* 5.2 (2011): 255-282, at 261.

124. Daniel Smilek et al., "When '3' Is a Jerk and 'E' Is a King: Personifying Inanimate Objects in Synesthesia," *Journal of Cognitive Neuroscience* 19.6 (2007): 981-992, at 986.

125. 다음에서 인용. Sagiv, Sobcak-Edmans, and Williams, "Personification, Synaesthesia, and Social Cognition," 298.

126. 다음에서 인용. Smilek et al., "When '3' Is a Jerk and 'E' Is a King," 987.

127. Théodore Flournoy, "Strange Personifications," *Popular Science Monthly* 51 (1897): 112-116, at 113. 다음에서 번역했다. "Un cas de personnification," *L'Année Psychologique* 1 (1894): 191-197.

128. G. Devereux, "An Unusual Audio-Motor Synesthesia in an Adolescent. Significance of This Phenomenon in Psychoanalytic Therapy," *Psychiatric Quarterly* 40.3 (1966): 459-471, at 463.

129. Henry Laures, *Les synesthésies* (Paris: Bloud, 1908), 44.

130. Tammet, *Born on a Blue Day*, 161.

5장. 영원히 꿈속을 헤매는 사람들

1. 원래의 문항은 다음 논문의 표 1에 제시되어 있다. David Burbridge, "Galton's 100: An Exploration of Francis Galton's Imagery Studies," *British Journal for the History of Science* 27.4 (1994): 443-463, at 448. 최종본은 다음의 부록에 있다. Francis Galton, *Inquiries into Human Faculty and Its Development* (New York: Macmillan, 1883), 378-380.
2. 다음에서 인용. Francis Galton, "The Visions of Sane Persons," *Fortnightly Review* 29 (1881): 731-732.
3. 정신적 이미지를 떠올리지 않는 읽기에 대한 개인적 설명에 대해서는 다음을 보라. *Alan Kendle, Aphantasia: Experiences, Perceptions, and Insights* (Oakamoor, UK: Dark River, 2017). 이 장 서두의 글귀는 다음에서 인용했다. Siri Hustvedt, "Lifting, Lights, and Little People," Migraine blog, *New York Times* (February 17, 2008): https://migraine.blogs.nytimes.com/2008/02/17/lifting-lights-and-little-people/
4. William James, *The Principles of Psychology*, 2 vols. (Cambridge, MA: Harvard University Press, 1981), 2:759.
5. Johanna C. Badcock, Hedwige Dehon, and Frank Larøi, "Hallucinations in Healthy Older Adults: An Overview of the Literature and Perspectives for Future Research," *Frontiers in Psychology* 8 (2017): https://www.frontiersin.org/articles/10.3389/fpsyg.2017.01134/full
6. Northrop Frye, *The Great Code: The Bible and Literature* (Toronto: Academic, 1981), 218.
7. 다음의 예시를 보라. Elaine Scarry, *Dreaming by the Book* (New York: Farrar, Straus and Giroux, 1999).
8. Fiona Macpherson, "The Philosophy and Psychology of Hallucination: An Introduction," in *Hallucination: Philosophy and Psychology*, eds. Fiona Macpherson and Dimitris Platchias (Cambridge, MA: MIT Press, 2013), 1.
9. Pamela Spiro Wagner and Carolyn S. Spiro, *Divided Minds: Twin Sisters and Their Journey Through Schizophrenia* (New York: St. Martin's Press, 2005), 218.
10. Roland Barthes, *The Rustle of Language*, trans. Richard Howard (Berkeley: University of California Press, 1989), 42.
11. Galton, "The Visions of Sane Persons," *Fortnightly Review*, 740.
12. "D.," "Faces in the Dark," *St. James's Gazette* (February 15, 1882): 6.
13. 정신질환을 둘러싼 정신과적 접근법의 발전에 대해서는 다음을 보라. Andrew Scull, *Madness in Civilization: A Cultural History of Insanity from the Bible to Freud, from the Madhouse to Modern Medicine* (Princeton: Princeton University Press, 2015). 저먼 엘리아스 배리오스 (German Elias Barrios)와 이바나 S. 마르코바(Ivana S. Marková)는 정신질환을 분류하는 데 사용되는 용어의 변화에 대해 다음에서 논했다. "The Epistemology and Classification of 'Madness' since the Eighteenth Century," in *The Routledge History of Madness and Mental Health*, ed. Greg Eghigian (New York: Routledge, 2017), 115-134.
14. Jean-Étienne Dominique Esquirol, "Rapport statistique sur la Maison Royale de Charenton,

pendant les années 1826, 1827 et 1828," *Annales D'Hygiène Publique et de Médecine Légale* 1 (1829): 101-151, at 122.

15. Jean-Étienne Dominique Esquirol, *Mental Maladies: A Treatise on Insanity*, trans. E. K. Hunt (Philadelphia: Lea and Blanchard, 1845), 109.

16. 토니 제임스(Tony James)는 환각 상태에 대한 논의를 다음에서 추적한다. *Dream, Creativity, and Madness in Nineteenth-Century France* (Oxford: Clarendon, 1995).

17. 다음의 예시를 보라. Louis A. Sass, *Madness and Modernism: Insanity in the Light of Modern Art, Literature and Thought* (Cambridge, MA: Harvard University Press, 1994); Allen Thiher, *Revels in Madness: Insanity in Medicine and Literature* (Ann Arbor: University of Michigan Press, 1999).

18. A. Brierre de Boismont, *Hallucinations: Or, the Rational History of Apparitions, Visions, Dreams, Ecstasy, Magnetism, and Somnambulism* (Philadelphia: Lindsay and Blakiston, 1853), 369-370.

19. De Boismont, *Hallucinations*, 306.

20. Forbes Winslow, *Obscure Diseases of the Brain and Mind*, 3rd ed. (London: Robert Hardwicke, 1863), 61.

21. Philip J. Weimerskirch, "Benjamin Rush and John Minson Galt, II: Pioneers of Bibliotherapy in America," *Bulletin of the Medical Library Association* 53.4 (1965): 510-526.

22. Benjamin Rush, *Medical Inquiries and Observations upon the Diseases of the Mind*, 5th ed. (Philadelphia: Grigg and Elliot, 1835), 123, 239.

23. *Report of the Metropolitan Commissioners in Lunacy* (London: Bradbury and Evans, 1844), 130.

24. John Conolly, "The Physiognomy of Insanity: No. 9.—Religious Mania," *Medical Times and Gazette* 38.982 (1858): 81-83, at 83.

25. John M. Galt, "On the Reading, Recreation, and Amusements of the Insane," *Journal of Psychological Medicine and Mental Pathology* 6.24 (1853): 581-589, at 584.

26. [James Frame], *The Philosophy of Insanity* (Edinburgh: MacLachlan and Stewart, 1860), 64.

27. [Frame], *The Philosophy of Insanity*, 64.

28. [Frame], *The Philosophy of Insanity*, 24. 직감으로 읽기를 설명한 것은 프레임만이 아니었다. 다음 문헌에서는 바로 텍스트를 누르며 읽었다는 한 여성의 사례를 인용한다. James Cowles Prichard, *A Treatise on Insanity and Other Disorders Affecting the Mind* (Philadelphia: E. L. Carey & A. Hart, 1837), 300.

29. W. A. F. Browne, "II. Cases of Disease of the Organs of Perception," *Phrenological Journal* 14 (1841): 77-79, at 77.

30. 다음에서 인용. William W. Ireland, *The Blot upon the Brain: Studies in History and Psychology* (Edinburgh: Bell and Bradfute, 1885), 11.

31. 다음을 보라. Janet Oppenheim, *The Other World: Spiritualism and Psychical Research in England, 1850-1914* (Cambridge: Cambridge University Press, 1985).

32. 다음에서 인용. Edmund Gurney, Frederic W. H. Myers, and Frank Podmore, *Phantasms of the Living*, 2 vols. (London: Society for Psychical Research, 1886), 1:542.

33. 다음에서 인용. Henry Sidgwick et al., "Report on the Census of Hallucinations," in *Proceedings of the Society for Psychical Research*, vol. 10 (London: Kegan Paul, Trench, Trübner, 1894), 152.

34. 다음에서 인용. Sidgwick et al., "Report on the Census of Hallucinations," 87.

35. 다음에서 인용. Gurney, Myers, and Podmore, *Phantasms of the Living*, 1:490.

36. Daniel 5:1-31.

37. Jonathan Swift, "The Run upon the Bankers," in *Jonathan Swift: Major Works*, eds. Angus Ross and David Woolley (Oxford: Oxford University Press, 2003), 409. 강조는 원문.

38. Saint Augustine, *Confessions*, trans. Henry Chadwick (Oxford: Oxford University Press, 2008), 152.

39. Barbara Newman, "What Did It Mean to Say 'I Saw'? The Clash Between Theory and Practice in Medieval Visionary Culture," *Speculum* 80.1 (2005): 1-43.

40. Saint Teresa of Ávila, *The Life of St. Teresa of Avila, Including the Relations of Her Spiritual State*, Written by Herself, trans. David Lewis (London: Burns and Oates, 1962), 123.

41. 다음에서 인용. T. M. Luhrmann, *When God Talks Back: Understanding the American Evangelical Relationship with God* (New York: Alfred A. Knopf, 2012), 69.

42. Luhrmann, *When God Talks Back*, 138. 강조는 원문.

43. Luhrmann, *When God Talks Back*, 191-192.

44. Galton, *Inquiries into Human Faculty*, 155-177.

45. 다음을 보라. Andreas Mavromatis, *Hypnagogia: The Unique State of Consciousness Between Wakefulness and Sleep* (London: Routledge & Kegan Paul, 1987).

46. Vladimir Nabokov, *Speak, Memory: An Autobiography Revisited* (New York: Penguin, 2012), 17.

47. 입면환각과 문학의 관계에 대해서는 다음을 보라. Peter Schwenger, *At the Borders of Sleep: On Liminal Literature* (Minneapolis: University of Minnesota Press, 2012).

48. Maurice M. Ohayon, Robert G. Priest, Malijaï Caulet, and Christian Guilleminault, "Hypnagogic and Hypnopompic Hallucinations: Pathological Phenomena?" *British Journal of Psychiatry* 169 (1996): 459-467, at 464.

49. R. C. Zaehner, *Mysticism, Sacred and Profane: An Inquiry into Some Varieties of Praeternatural Experience* (Oxford: Oxford University Press, 1961), 212.

50. André Breton, *What Is Surrealism? Selected Writings*, ed. Franklin Rosemont (New York: Pathfinder, 1978), 162.

51. 새뮤얼 테일러 콜리지에 대한 후기. "Kubla Khan," the Crewe manuscript (c. 1797-1804), Add MS 50847, British Library: https://www.bl.uk/collection-items/manuscript-of-s-t-coleridges-kubla-khan

52. 콜리지의 꿈에 대한 설명은 다음을 보라. Alethea Hayter, *Opium and the Romantic Imagination*

(London: Faber, 2015).

53. 1803년 9월 16일 새뮤얼 테일러 콜리지가 토머스 웨지우드(Thomas Wedgwood)에게 보낸 편지에
     서 인용. *Collected Letters of Samuel Taylor Coleridge*, 6 vols., ed. Earl Leslie Griggs (Oxford:
     Clarendon, 1966), 2:520.

54. Ernest Hartmann, "We Do Not Dream of the 3 R's: Implications for the Nature of Dreaming
     Mentation," *Dreaming* 10.2 (2000): 103-110.

55. Oliver Fox, *Astral Projection: A Record of Out-of-the-Body Experiences* (New Hyde Park,
     NY: University Books, 1962), 46.

56. Edmund Gosse, *Father and Son*, ed. Michael Newton (Oxford: Oxford University Press,
     2004), 87.

57. Robert Louis Stevenson, *Across the Plains: With Other Memories and Essays* (London:
     Chatto and Windus, 1892), 234.

58. Fitz Hugh Ludlow, *The Hasheesh Eater: Being Passages from the Life of a Pythagorean* (New
     York: Harper and Brothers, 1857), 242.

59. 다음에서 인용. de Boismont, *Hallucinations*, 329.

60. 다음에서 인용. de Boismont, *Hallucinations*, 331.

61. Kevin Powers, "What Kept Me from Killing Myself," *New York Times* (June 16, 2018): https://
     www.nytimes.com/2018/06/16/opinion/sunday/books-saved-me-from-suicide.html

62. 회복 과정에 영향을 끼치는 읽기의 역할에 대해서는 다음을 보라. Trysh Travis, *The Language of
     the Heart: A Cultural History of the Recovery Movement from Alcoholics Anonymous to
     Oprah Winfrey* (Chapel Hill: University of North Carolina Press, 2009).

63. Tim Page, *Parallel Play: Growing Up with Undiagnosed Asperger's* (New York: Doubleday,
     2009), 103.

64. Mike Jay, *Mescaline: A Global History of the First Psychedelic* (New Haven: Yale University
     Press, 2019).

65. Havelock Ellis, "Mescal: A New Artificial Paradise," *Contemporary Review* 73 (1898): 130-
     141, at 132; S. Weir Mitchell, "The Effects of Anhelonium Lewinii The Mescal Button," *British
     Medical Journal* 2 (1896): 1625-1629.

66. Bo Roland Holmstedt and Göran Liljestrand, eds., *Readings in Pharmacology* (London:
     Pergamon, 1963), 208.

67. Aldous Huxley, *The Doors of Perception and Heaven and Hell* (New York: Perennial
     Classics, 2004), 19.

68. Philip B. Smith, "A Sunday with Mescaline," *Bulletin of the Menninger Clinic* 23.1 (1959):
     20-27, at 22.

69. 다음에서 인용. Vladimir Lerner and Eliezer Witztum, "Victor Kandinsky, MD: Psychiatrist,
     Researcher and Patient," *History of Psychiatry* 14.1 (2003): 103-111, at 107.

70. T. M. Luhrmann and Jocelyn Marrow, eds., *Our Most Troubling Madness: Case Studies in
     Schizophrenia Across Cultures* (Oakland: University of California Press, 2016).

71. 조현병 독자가 마주하는 어려움에 대해 자세히 알아보려면 다음을 보라. Robyn Lynette Hayes and Bethany Maree O'Grady, "Do People with Schizophrenia Comprehend What They Read?" *Schizophrenia Bulletin* 29.3 (2003): 499-507.

72. 다음에서 인용. Susannah Cahalan, *The Great Pretender: The Undercover Mission That Changed Our Understanding of Madness* (Edinburgh: Canongate, 2020), 277.

73. 이 문장은 다음 자료에서 가져왔다. "Paranoid Reading and Reparative Reading, or, You're So Paranoid, You Probably Think This Essay Is About You," in Eve Kosofsky Sedgwick, *Touching Feeling: Affect, Pedagogy, Performativity* (Durham: Duke University Press, 2003), 123-152.

74. 정신질환을 분류한 크래펠린의 역할에 대해서는 다음을 보라. Richard Noll, *American Madness: The Rise and Fall of Dementia Praecox* (Cambridge, MA: Harvard University Press, 2011), 49-73. 이후 개념으로 진화한 조현병에 대해서는 다음에서 추적한다. Kieran McNally, *A Critical History of Schizophrenia* (London: Palgrave Macmillan, 2016).

75. 다음에서 인용. Emil Kraepelin, *Dementia Praecox and Paraphrenia*, trans. R. Mary Barclay, ed. George M. Robertson (Chicago: Chicago Medical Book, 1919), 105.

76. Emil Kraepelin, *Manic-Depressive Insanity and Paranoia*, trans. R. Mary Barclay, ed. George M. Robertson (Edinburgh: E. & S. Livingstone, 1921), 9.

77. "Anonymous," "An Autobiography of a Schizophrenic Experience," *Journal of Abnormal and Social Psychology* 51.3 (1955): 677-689, at 681.

78. 다음에서 인용. E. Fuller Torrey, *Surviving Schizophrenia: A Family Manual*, 7th ed. (New York: Harper Perennial, 2019), Adobe Digital Edition EPUB, 21.

79. 다음에서 인용. Torrey, *Surviving Schizophrenia*, 38.

80. Eugen Bleuler, *Dementia Praecox or the Group of Schizophrenias* (New York: International Universities Press, 1950), 106.

81. 환청의 본질과 유병률에 대해서는 다음을 보라. Charles Fernyhough, *The Voices Within: The History and Science of How We Talk to Ourselves* (London: Profile, 2016).

82. 다음에서 인용. Marjorie C. Meehan, "Echo of Reading: Impersonal Projection in Schizophrenia," *Psychiatric Quarterly* 16.1 (1942): 156-166, at 156. 다음도 참고하라. Ferdinand Morel, "L'Écho de la lecture: Contribution a l'étude des hallucinations auditives verbales," *L'Encéphale* 28.3 (1933): 169-183.

83. 다음에서 인용. Meehan, "Echo of Reading," 160.

84. William W. Ireland, *The Blot upon the Brain: Studies in History and Psychology* (Edinburgh: Bell and Bradfute, 1885), 28.

85. Jean-Étienne Dominique Esquirol, *Mental Maladies: A Treatise on Insanity*, trans. E. K. Hunt (Philadelphia: Lea and Blanchard, 1845), 323.

86. 다음에서 인용. Meehan, "Echo of Reading," 162.

87. Damien Droney, "Demonic Voices: One Man's Experience of God, Witches, and Psychosis in Accra, Ghana," in Luhrmann and Marrow, *Our Most Troubling Madness*, 122.

88. Carol S. North, *Welcome, Silence: My Triumph over Schizophrenia* (New York: Simon & Schuster, 1987), 78.

89. 다음에서 인용. Meehan, "Echo of Reading," 160.

90. Michael D. Kopelman, Elizabeth M. Guinan, and Philip D. R. Lewis, "Delusional Memory, Confabulation and Frontal Lobe Dysfunction," in *Broken Memories: Case Studies in Memory Impairment*, eds. Ruth Campbell and Martin A. Conway (Oxford: Blackwell, 1995), 145.

91. Daniel Paul Schreber, *Memoirs of My Nervous Illness*, trans. Ida MacAlpine and Richard A. Hunter (New York: New York Review of Books, 2000), 203.

92. Kristina Morgan, *Mind Without a Home: A Memoir of Schizophrenia* (Center City, MN: Hazeldon, 2013), 31.

93. Charles Dickens, *David Copperfield* (Oxford: Oxford University Press, 1994), 56.

94. Ken Steele and Claire Berman, *The Day the Voices Stopped: A Memoir of Madness and Hope* (New York: Basic Books, 2001), 7-8.

95. Steele and Berman, *Day the Voices Stopped*, 15.

96. Mark Vonnegut, *The Eden Express: A Memoir of Insanity* (New York: Seven Stories, 2002), 119.

97. Vonnegut, *Eden Express*, 119-120.

98. 이 조어는 '조현병적 장애'라는 진단명과 문학 비평 용어인 '감정적 오류'를 조합한 것이다. 이에 대한 설명은 다음을 참고하라. William K. Wimsatt, with Monroe C. Beardsley, *The Verbal Icon: Studies in the Meaning of Poetry* (Lexington: University of Kentucky Press, 1954).

99. Stanley Fish, *Is There a Text in This Class?: The Authority of Interpretive Communities* (Cambridge, MA: Harvard University Press, 1980), 346.

100. 다음 예시를 보라. A. Paula McKay, Peter J. McKenna, and Keith Laws, "Severe Schizophrenia: What Is It Like?," in *Method in Madness: Case Studies in Cognitive Neuropsychiatry*, eds. Peter W. Halligan and John C. Marshall (Hove, UK: Psychology Press, 1996), 100.

101. Clifford Whittingham Beers, *A Mind That Found Itself: An Autobiography*, 3rd ed. (London: Longmans, Green, 1913), 32.

102. Beers, *A Mind That Found Itself*, 53-54.

103. Benedict Anderson, *Imagined Communities: Reflections on the Origins and Spread of Nationalism*, rev. ed. (London: Verso, 1991), 6.

104. Richard McLean, *Recovered, Not Cured: A Journey Through Schizophrenia* (New South Wales: Allen & Unwin, 2003), 15; Amy June Sousa, "Diagnostic Neutrality in Psychiatric Treatment in North India," in Luhrmann and Marrow, *Our Most Troubling Madness*, 46.

105. May-May Meijer, "In the Garden of Eden: The Content of My Psychoses," *Schizophrenia Bulletin* 44.3 (2018): 469-471, at 469.

106. D. Walton and M. D. Mather, "The Application of Learning Principles to the Treatment of Obsessive-Compulsive States in the Acute and Chronic Phases of Illness," *Behaviour*

Research and Therapy 1.2-4 (1963): 163-174.

107. 다음을 보라. Eric Bennett, *Workshops of Empire: Stegner, Engle, and American Creative Writing During the Cold War* (Iowa City: University of Iowa Press, 2015).

108. Kurt Snyder, Raquel E. Gur, and Linda Wasmer Andrews, *Me, Myself, and Them: A Firsthand Account of One Young Person's Experience with Schizophrenia* (Oxford: Oxford University Press, 2007), 62.

109. Blake Morrison, "The Woman on the Doorstep," in *Mind Readings: Writers' Journeys Through Mental States*, eds. Sara Dunn, Blake Morrison, and Michèle Roberts (London: Minerva, 1996), 403-409.

110. Mira Bartók, *The Memory Palace* (New York: Free Press, 2011), 92.

111. Susan K. Weiner, "First Person Account: Living with the Delusions and Effects of Schizophrenia," *Schizophrenia Bulletin* 29.4 (2003): 877-879, at 877.

112. 다음에서 인용. Karen Nakamura, *A Disability of the Soul: An Ethnography of Schizophrenia and Mental Illness in Contemporary Japan* (Ithaca: Cornell University Press, 2013), 178.

113. Sylvia Plath, *The Bell Jar* (London: Faber, 2005), 120.

114. Plath, *The Bell Jar*, 149.

115. Elyn R. Saks, *The Center Cannot Hold: My Journey Through Madness* (New York: Hyperion, 2007), 29.

116. Lori Schiller and Amanda Bennett, *The Quiet Room: A Journey Out of the Torment of Madness* (New York: Grand Central, 2011), 17.

117. Saks, *The Center Cannot Hold*, 29.

118. Monroe Cole, "When the Left Brain Is Not Right the Right Brain May Be Left: Report of Personal Experience of Occipital Hemianopia," *Journal of Neurology, Neurosurgery and Psychiatry* 67.2 (1999): 169-173, at 170.

119. G. E. Berrios and P. Brook, "Visual Hallucinations and Sensory Delusions in the Elderly," *British Journal of Psychiatry* 144.6 (1984): 662-664.

120. 다음에서 인용. John C. M. Brust and Myles M. Behrens, "'Release Hallucinations' as the Major Symptom of Posterior Cerebral Artery Occlusion: A Report of 2 Cases," *Annals of Neurology* 2.5 (1977): 432-436, at 432.

121. Reinhard Schulz, Friedrich G. Woermann, and Alois Ebner, "When Written Words Become Moving Pictures: Complex Visual Hallucinations on Stimulation of the Lateral Occipital Lobe," *Epilepsy and Behavior* 11.1 (2007): 147-151.

122. Marc Rousseaux, Dominique Debrock, Maryline Cabaret, and Marc Steinling, "Visual Hallucinations with Written Words in a Case of Left Parietotemporal Lesion," *Journal of Neurology, Neurosurgery, and Psychiatry* 57.1 (1994): 1268-1271.

123. Gerda Saunders, *Memory's Last Breath: Field Notes on My Dementia* (New York: Hachette, 2017), 9.

124. 다음에서 인용. Bun Yamagata, Hitomi Kobayashi, Hideki Yamamoto, and Masaru Mimura,

"Visual Text Hallucinations of Thoughts in an Alexic Woman," *Journal of the Neurological Sciences* 339.1-2 (2014): 226-228, at 226.

125. 다음에서 인용. Walter Freeman and Jonathan M. Williams, "Hallucinations in Braille: Effects of Amygdaloidectomy," *Archives of Neurology and Psychiatry* 70.5 (1953): 630-634, at 631.

126. D. H. Ffytche, J. M. Lappin, and M. Philpot, "Visual Command Hallucinations in a Patient with Pure Alexia," *Journal of Neurology, Neurosurgery and Psychiatry* 75.1 (2004): 80-86, at 80.

127. Oliver Sacks, *Hallucinations* (London: Picador, 2012), 26.

128. Sacks, *Hallucinations*, 13, 140.

129. Sacks, *Hallucinations*, 13.

130. Sacks, *Hallucinations*, 81.

131. Sacks, *Hallucinations*, 222.

132. Ffytche, Lappin, and Philpot, "Visual Command Hallucinations," 81.

133. 다음에서 인용. Ffytche, Lappin, and Philpot, "Visual Command Hallucinations," 82.

134. Eric Nieman, "Charles Bonnet Syndrome," *Practical Neurology* 18.6 (2018): 434-435. 이 자료를 공유해준 도미닉 피치(Dominic Ffytche)에게 감사한다.

135. 다음을 보라. Thomas M. Cox and Dominic H. Ffytche, "Negative Outcome Charles Bonnet Syndrome," *British Journal of Ophthalmology* 98.9 (2014): 1236-1239, at 1236.

136. Saul Bellow, *Ravelstein* (New York: Penguin, 2001), 209.

137. 근사체험에 대한 과학적 설명은 다음을 참고하라. Susan Blackmore, *Seeing Myself: The New Science of Out-of-Body Experiences* (London: Robinson, 2017).

138. Apocalipsis 20:12.

139. 이 세부 내용은 다음에서 가져왔다. Marvin J. Besteman, *My Journey to Heaven: What I Saw and How It Changed My Life* (Grand Rapids, MI: Revell, 2012); Richard Sigmund, *My Time in Heaven: A True Story of Dying and Coming Back* (New Kensington, PA: Whitaker House, 2010).

140. Gary L. Wood, *A Place Called Heaven* (Kingwood, TX: RevMedia, 2008), 26.

6장. 읽기는 어떻게 삶이 되는가

1. Terry Pratchett, *Shaking Hands with Death* (London: Corgi, 2015), 21. 강연을 끝까지 이어간 배우는 1983년부터 1989년까지 방영된 BBC 텔레비전 시리즈인 〈블랙에더(Blackadder)〉에서 볼드릭 역으로 잘 알려진 토니 로빈슨(Tony Robinson)이었다.

2. Pratchett, *Shaking Hands with Death*, 21.

3. 다음을 보라. Ian Lancashire, "Vocabulary and Dementia in Six Novelists," in *Language Development: The Lifespan Perspective*, eds. Annette Gerstenberg and Anja Voeste (Amsterdam: John Benjamins, 2015), 77-108.

4. 프래쳇은 기억상실이 문해력에 어떤 영향을 끼쳤는지 다음에서 논했다. *Terry Pratchett: Living with Alzheimer's* (BBC, 2009). 이 기록은 다음에서 볼 수 있다. https://www.youtube.com/watch?v=KmejLjxFmCQ

5. William Shakespeare, *The Complete Works of Shakespeare*, ed. David Bevington, 4th ed. (New York: HarperCollins, 1992), 305. 이 장 서두의 글귀는 다음에서 인용했다. Virginia Woolf, "Charlotte Brontë," *Times Literary Supplement* 743 (April 13, 1916): 169.

6. 다양한 읽기결함에 대해서는 다음을 보라. Enrico Ripamonti, "Reading Impairment in Neurodegenerative Diseases: A Multiple Single-Case Study," *Aphasiology* 31.5 (2017): 519-541.

7. Jonathan Swift, *Gulliver's Travels*, ed. Robert DeMaria Jr. (New York: Penguin, 2001), 197.

8. 치매의 유병률과 영향에 대해 더 많은 정보를 살펴보려면 〈세계알츠하이머보고서World Alzheimer Reports〉를 보라. https://www.alz.co.uk/research/world-report

9. 이 이름은 알로이스 알츠하이머(Alois Alzheimer)가 기억력이 급격히 감소하는 중증 치매를 겪는 환자를 치료한 데에서 나왔다. 그는 환자가 "책을 읽을 때 문장을 생략하고 모든 단어의 철자를 읊거나 억양 없이 읽는다"라고 설명했다. Alois Alzheimer, "A Characteristic Disease of the Cerebral Cortex," in *The Early Story of Alzheimer's Disease: Translation of the Historical Papers by Alois Alzheimer, Oskar Fischer, Francesco Bonfiglio, Emil Kraepelin, Gaetano Perusini*, eds. Katherine Bick, Luigi Amaducci, and Giancarlo Pepeu (Padova, Italy: Liviana Press, 1987), 2.

10. 1878년 2월 20일, 에드워드 피츠제럴드(Edward Fitzgerald)가 찰스 엘리엇 노튼(Charles Elliot T Norton)에게 보낸 편지. Edward Fitzgerald, *Letters and Literary Remains of Edward Fitzgerald*, ed. William Aldis Wright, 3 vols. (London: Macmillan, 1889), 1:412.

11. Daniel L. Schacter, *How the Mind Forgets and Remembers: The Seven Sins of Memory* (London: Souvenir, 2001), 5.

12. Malcolm L. Meltzer, "Poor Memory: A Case Report," in *Injured Brains of Medical Minds: Views from Within*, ed. Narinder Kapur (Oxford: Oxford University Press, 1997), 9.

13. 다음의 예시를 보라. Niall Tubridy, *Just One More Question: Stories from a Life in Neurology* (London: Penguin, 2019).

14. 읽기능력을 사용해 치매를 진단하는 사례는 다음을 보라. Hazel E. Nelson, *The National Adult Reading Test NART: Test Manual* (Windsor, UK: NFER-Nelson, 1982).

15. Daniel L. Schacter and Elaine Scarry, "Introduction," in *Memory, Brain, and Belief*, eds. Daniel L. Schacter and Elaine Scarry (Cambridge, MA: Harvard University Press, 2000), 1. 현대적 질환으로서의 기억상실에 대해서는 다음을 보라. Francis O'Gorman, *Forgetfulness: Making the Modern Culture of Amnesia* (London: Bloomsbury, 2017).

16. 기억 형성을 넘어선 인지적 메커니즘에 대해 살펴보려면 다음을 보라. Daniel L. Schacter, *Searching for Memory: The Brain, the Mind, and the Past* (New York: Basic Books, 1996); Charles Fernyhough, *Pieces of Light: The New Science of Memory* (London: Profi le Books, 2012).

17. George Gissing, *The Private Papers of Henry Ryecroft* (Westminster, UK: Archibald Constable, 1903), 53.

18. Charles Darwin, *The Autobiography of Charles Darwin, 1809-1882*, ed. Nora Barlow (New York: W. W. Norton, 1969), 140; Michel de Montaigne, *The Complete Works: Essays, Travel Journal, Letters*, trans. Donald M. Frame (London: Everyman's Library, 2003), 359.

19. 문학비평에서 이런 말을 얼마나 많이 사용하는지 살펴보려면 다음을 보라. Andrew Elfenbein, *The Gist of Reading* (Stanford: Stanford University Press, 2018).

20. Milan Kundera, *The Curtain: An Essay in Seven Parts*, trans. Linda Asher (London: Faber, 2007), 150.

21. William James, *The Principles of Psychology*, 2 vols. (Cambridge, MA: Harvard University Press, 1981), 1:622.

22. Gabriel García Márquez, *One Hundred Years of Solitude*, trans. Gregory Rabassa (New York: Penguin, 2000), 48-49.

23. James Boswell, *Life of Johnson*, ed. R. W. Chapman (Oxford: Oxford University Press, 2008), 30.

24. Mary Hyde, "The Thrales of Streatham Park," *Harvard Library Bulletin* 24.2 (1976): 125-179, at 163.

25. Fred Barlow, *Mental Prodigies; An Enquiry into the Faculties of Arithmetical, Chess, and Musical Prodigies, Famous Memorizers, Precocious Children and the Like* (New York: Greenwood, 1969), 151.

26. Pliny, *Natural History*, trans. Harris Rackham, 5 vols. (London: Folio Society, 2012), 1:346.

27. *The Virgilian Tradition: The First Fifteen Hundred Years*, eds. Jan M. Ziolkowski and Michael C. J. Putnam (New Haven: Yale University Press, 2008), 76.

28. David Bevington, Martin Butler, and Ian Donaldson, eds., *The Cambridge Edition of the Works of Ben Jonson*, 7 vols. (Cambridge: Cambridge University Press, 2012), 7:517.

29. 미국 기억력대회에서는 여전히 시를 사용해 검증한다. 표본시인 퍼트리샤 앤 핀슨(Patricia Anne Pinson)의 〈카르페 디엠(Carpe Diem)〉은 기관의 홈페이지에서 찾아볼 수 있다. https://www. usamemorychampionship.com/events/

30. Mary Carruthers, *The Book of Memory: A Study of Memory in Medieval Culture*, 2nd ed. (Cambridge: Cambridge University Press, 2008), 143.

31. Joshua Foer, *Moonwalking wiTheinstein: The Art and Science of Remembering Everything* (New York: Penguin, 2011), 107-135.

32. 윌리엄 제임스는 시 하나를 외우면 다른 시를 더 쉽게 외울 수 있는지 실험하기 위해 《실낙원》 제1권을 암송했다. 하지만 하루 20분씩 총 38일 동안 《실낙원》 전체를 외웠지만 실제로는 다른 구절을 외우는 속도가 느려졌다. William James, *The Principles of Psychology*, 2 vols. (Cambridge, MA: Harvard University Press, 1981), 1:627 fn 24.

33. Barlow, Mental Prodigies, 137; George Otto Trevelyan, *The Life and Letters of Lord Macaulay* (Oxford: Oxford University Press, 1978), 199; Harriet Martineau, *Autobiography* (Peterborough, Canada: Broadview, 2007), 62.

34. Robert E. Sullivan, *Macaulay: The Tragedy of Power* (Cambridge, MA: Harvard University

Press, 2009), 28.

35. Alexander Aitken, *Gallipoli to the Somme: Recollections of a New Zealand Infantryman* (London: Oxford University Press, 1963), 107.

36. Ian M. L. Hunter, "An Exceptional Memory," *British Journal of Psychology* 68.2 (1977): 155-164, at 163.

37. F. C. Bartlett, *Remembering: A Study in Experimental and Social Psychology* (Cambridge: Cambridge University Press, 1932), 44.

38. John Abercrombie, *Inquiries Concerning the Intellectual Powers, and the Investigation of Truth* (Boston: Otis, Broaders, 1843), 80.

39. George M. Stratton, "The Mnemonic Feat of the 'Shass Pollak,'" *Psychological Review* 24.3 (1917): 244-247.

40. Elizabeth S. Parker, Larry Cahill, and James L. McGaugh, "A Case of Unusual Auto-biographical Remembering," *Neurocase* 12.1 (2006): 35-49.

41. Jill Price, with Bart Davis, *The Woman Who Can't Forget: The Extraordinary Story of Living with the Most Remarkable Memory Known to Science: A Memoir* (New York: Free Press, 2008), 24. HSAM의 후속 사례는 다음에 기록되어 있다. Linda Rodriquez McRobbie, "Total Recall: The People Who Never Forget," *Guardian* (February 8, 2017): https://www.theguardian.com/science/2017/feb/08/total-recall-the-people-who-never-forget

42. A. R. Luria, *The Mind of a Mnemonist: A Little Book About a Vast Memory*, trans. Lynn Solotaroff (Cambridge, MA: Harvard University Press, 1987), 30. 책을 읽으면서 체스나 브리지를 동시에 두는 등 오늘날 연상기억자가 보이는 특징에 대해서는 다음을 보라. Earl Hunt and Tom Love, "How Good Can Memory Be?," in *Coding Processes in Human Memory* (Washington, DC: V. H. Winston, 1972), 237-260.

43. 다음에서 인용. Luria, *The Mind of a Mnemonist*, 112.

44. 다음에서 인용. Luria, *The Mind of a Mnemonist*, 65.

45. 다음에서 인용. Luria, *The Mind of a Mnemonist*, 116.

46. Jorge Luis Borges, *Labyrinths: Selected Stories and Other Writings*, eds. Donald A. Yates and James E. Irby (New York: New Directions, 1964), 64.

47. John R. Hodges, "Transient Global Amnesia" in *Mental Lives: Case Studies in Cognition*, ed. Ruth Campbell (Oxford: Blackwell, 1992), 243.

48. Su Meck and Daniel de Visé, *I Forgot to Remember: A Memoir of Amnesia* (New York: Simon & Schuster, 2014), Adobe Digital Edition EPUB, 38.

49. Théodule-Armand Ribot, *Diseases of Memory: An Essay in the Positive Psychology* (London: Kegan Paul, Trench, 1882), 95.

50. 기억상실증과 관련된 선택적 손상에 대해서는 다음을 보라. Alan J. Parkin, *Memory and Amnesia: An Introduction*, 2nd ed. (Hove, UK: Psychology Press, 1997).

51. Narinder Kapur and David Moakes, "Living with Amnesia," in *Broken Memories: Case Studies in Memory Impairment*, eds. Ruth Campbell and Martin A. Conway (Oxford:

Blackwell, 1995), 1-7.

52. Lisa Stefanacci, Elizabeth A. Buffalo, Heike Schmolck, and Larry R. Squire, "Profound Amnesia After Damage to the Media Temporal Lobe: A Neuroanatomical and Neuro-psychological Profile of Patient E. P.," *Journal of Neuroscience* 20.18 (2000): 7024-7036, at 7024. 래리 라이언 스콰이어(Larry Ryan Squire)는 기억상실증이 있는 사람이 습관적으로 계속 신문을 읽을 수 있다고 주장했다(2020년 5월 20일 주고 받은 이메일에서 인용).

53. Michael D. Lemonick, *The Perpetual Now: A Story of Amnesia, Memory, and Love* (New York: Doubleday, 2016), 135-136. 습득한 활동을 계속하는 존슨의 능력에 대해서는 다음을 보라. Emma Gregory, Michael McCloskey, Zoe Ovans, and Barbara Landau, "Declarative Memory and Skill-Related Knowledge: Evidence from a Case Study of Amnesia and Implications for Theories of Memory," *Cognitive Neuropsychology* 33.3-4 (2016): 220-240.

54. Christine Hyung-Oak Lee, *Tell Me Everything You Don't Remember: The Stroke That Changed My Life* (New York: Ecco, 2017), 14.

55. Lee, *Tell Me Everything*, 33.

56. Barbara A. Wilson, *Case Studies in Neuropsychological Rehabilitation* (Oxford: Oxford University Press, 1999), 30.

57. Wilson, *Case Studies*, 33, 32.

58. 다음에서 인용. Wilson, *Case Studies*, 42.

59. Deborah Wearing, *Forever Today: A Memoir of Love and Amnesia* (London: Corgi, 2005), 187.

60. Barbara A. Wilson and Deborah Wearing, "Prisoner of Consciousness: A State of Just Awakening Following Herpes Simplex Encephalitis," in *Broken Memories: Case Studies in Memory Impairment*, eds. Ruth Campbell and Martin A. Conway (Oxford: Blackwell, 1995), 18.

61. Suzanne Corkin, *Permanent Present Tense: The Unforgettable Life of the Amnesic Patient, H. M.* (New York: Basic Books, 2013), xii.

62. Philip J. Hilts, *Memory's Ghost: The Strange Tale of Mr. M. and the Nature of Memory* (New York: Simon & Schuster, 1995), 116.

63. Hilts, *Memory's Ghost*, 19.

64. Corkin, *Permanent Present Tense*, 216-217. 도널드 맥케이(Donald MacKay프는 몰레이슨이 말한 읽기결함의 본질에 대해 다음에서 상세히 논했다. *Remembering: What 50 Years of Research with Famous Amnesia Patient H. M. Can Teach Us About Memory and How It Works* (Amherst, NY: Prometheus, 2019).

65. Luke Dittrich, *Patient H. M.: A Story of Memory, Madness, and Family Secrets* (New York: Random House, 2016), 258. 이 사례에 대해 추가 정보를 전해준 루크 디트리히(Luke Dittrich)에게 감사를 전한다.

66. Peter Brooks, *Reading for the Plot: Design and Intention in Narrative* (New York: Vintage, 1985).

67. *Memento*, dir. Christopher Nolan, 2000 (Santa Monica: Lionsgate, 2012), DVD/Blu-ray.

68. 기억상실증 수기에 대해 더 알아보려면 다음을 보라. Jonathan Lethem, ed., *The Vintage Book of Amnesia: An Anthology* (New York: Vintage, 2000).

69. Jonathan Nolan, "Memento Mori," in James Mottram, *The Making of Memento* (London: Faber, 2002), appendix p. 193. 이 이야기는 원래 다음에 나와 있다. *Esquire Magazine* (March 1, 2001): 186-191.

70. Nolan, "Memento Mori," 183.

71. Milt Freudenheim, "Many Alzheimer's Patients Find Comfort in Books," "The New Old Age" blog, *New York Times* (April 22, 2010): https://newoldage.blogs.nytimes.com/2010/04/22/many-alzheimers-patients-find-comfort-in-books/

72. Laura Bramly, Gilbert, AZ (April 26, 2010): https://newoldage.blogs.nytimes.com/2010/04/22/many-alzheimers-patients-find-comfort-in-books/. 로라 브램리(Laura Bramly)는 다음 책의 저자다. *ElderCareRead: Life Scenes 1: Scenes from Everyday Life for People with Moderate to Advanced Alzheimer's Disease and Other Forms of Dementia to See, Read, and Talk About* (self-pub., 2008).

73. 읽기의 잠재적인 이점에 대해서는 다음을 보라. Julie M. Latchem and Janette Greenhalgh, "The Role of Reading on the Health and Well-Being of People with Neurological Conditions: A Systematic Review," *Aging and Mental Health* 18.6 (2014): 731-744; Dawn DeVries et al., "The Impact of Reading Groups on Engagement and Social Interaction for Older Adults with Dementia: A Literature Review," *Therapeutic Recreation Journal* 53.1 (2019): 53-75.

74. Martin Orrell, Tom Dening, Nusrat Husain, Sally Rimkeit, Gillian Claridge, and Dalice Sim, "Reading for Dementia," in *Reading and Mental Health*, ed. Josie Billington (Cham: Palgrave Macmillan, 2019), 395-418.

75. Gary Mex Glazner, ed., *Sparking Memories: The Alzheimer's Poetry Project Anthology* (Santa Fe: Poem Factory, 2005).

76. Helle Arendrup Mortensen and Gyda Skat Nielsen, "Guidelines for Library Services to Persons with Dementia," *IFLA Professional Reports* 104 (2007): 1-16, at 9.

77. Jeffrey L. Cummings, John P. Houlihan, and Mary Ann Hill, "The Pattern of Reading Deterioration in Dementia of the Alzheimer Type: Observations and Implications," *Brain and Language* 29.2 (1986): 315-323.

78. Cynthia R. Green and Joan Beloff, *Through the Seasons: An Activity Book for Memory-Challenged Adults and Caregivers* (Baltimore: Johns Hopkins University Press, 2008), x.

79. Rosie May Walworth, "Adapting the Books on Prescription Model for People Living with Dementia and Their Carers," in *Bibliotherapy*, eds. Sarah McNicol and Liz Brewster (London: Facet, 2018), 149. 《함께 읽는 그림책》 목록은 다음에서 볼 수 있다. https://picturestoshare.co.uk/

80. 엠마 로즈 스패로의 책 사용 설명서. "What the Wind Showed to Me: Volume 1 Books for Dementia Patients," Amazon (July 2, 2014): https://www.amazon.com/What-Showed-Books-Dementia-Patients/dp/1500664685/

81. Eliezer Sobel, *Blue Sky, White Clouds* (Faber, VA: Rainbow Ridge, 2013).

82. Lydia Burdick, *Wishing on a Star: A Read-Aloud Book for Memory-Challenged Adults* (Baltimore: Health Professions Press, 2009).

83. 다음 예시를 보라. Michael P. Jensen, "'You Speak All Your Part at Once, Cues and All': Reading Shakespeare with Alzheimer's Disease," *Borrowers and Lenders: The Journal of Shakespeare and Appropriation* 8.2 (2013/2014): https://openjournals.libs.uga.edu/borrowers/article/view/2256/2201

84. Melvyn Bragg, *Read to Care: An Investigation into Quality of Life Benefits of Shared Reading Groups for People Living with Dementia* (2014), 69: https://www.liverpool.ac.uk/media/livacuk/iphs/Read,to,Care,with,Melvyn,Bragg-1.pdf

85. Dovetale Press: http://www.dovetalepress.com/about-us

86. Sally B. Rimkeit and Gillian Claridge, "Literary Alzheimer's: A Qualitative Feasibility Study of Dementia-Friendly Book Groups," *New Zealand Library and Information Management Journal* 56.2 (2017): 14-22, at 18.

87. Arthur Conan Doyle, *Sherlock Holmes: The Adventure of the Blue Carbuncle*, adapted by Gillian Claridge and B. Sally Rimkeit (Wellington: Dovetale, 2016), 6.

88. Doyle, *Sherlock Holmes*, 63.

89. Charles Dickens, *A Christmas Carol*, adapted by Gillian Claridge and B. Sally Rimkeit (Wellington: Dovetale, 2016), 7.

90. 기억 결함을 겪는 독자에게 적합한 시각적 단서 전략에 대해 자세히 알아보려면 다음을 보라. Michelle S. Bourgeois, *Memory and Communication Aids for People with Dementia* (Baltimore: Health Professions Press, 2014), 84-87.

91. Brooks, *Reading for the Plot*, 23.

92. Susan Ostrowski and Peter S. Dixon, "Reading and Dementia," *Perspectives of the ASHA Special Interest Groups* 1.15 (2016): 26-36, at 32. 이 기관의 웹사이트도 참고하라. https://www.reading2connect.com/

93. G. Thomas Couser, "Memoir and Lack of Memory: Filial Narratives of Paternal Dementia," in *New Essays on Life Writing and the Body*, eds. Christopher Stuart and Stephanie Todd (Newcastle upon Tyne: Cambridge Scholars, 2009), 223-240.

94. 제시 밸런저(Jesse Ballenger)는 치매를 겪는 사람의 부정적인 관점에 대해 살폈다. 다음을 보라. *Self, Senility, and Alzheimer's Disease in Modern America: A History* (Baltimore: Johns Hopkins University Press, 2006).

95. Lisa Snyder, *Speaking Our Minds: Personal Reflections from Individuals with Alzheimer's* (New York: W. H. Freeman, 1999), 1.

96. John Bayley, *Elegy for Iris* (New York: Picador, 1999), 259.

97. Bayley, *Elegy for Iris*, 62.

98. Rachel Hadas, *Strange Relation: A Memoir of Marriage, Dementia, and Poetry* (Philadelphia: Paul Dry, 2011), 73.

99. George Eliot, *Romola*, ed. Dorothea Barrett (New York: Penguin, 2005), 334.

100. Eliot, *Romola*, 447.

101. Eliot, *Romola*, 267.

102. Eliot, *Romola*, 310.

103. Jean Tyler and Harry Antifantakis, *The Diminished Mind: One Family's Extraordinary Battle with Alzheimer's* (Blue Ridge Summit, PA: TAB Books, 1991), 110.

104. Steph Booth, *Married to Alzheimer's: A Life Less Ordinary with Tony Booth* (London: Rider, 2019), 163.

105. Joseph Jebelli, *In Pursuit of Memory: The Fight Against Alzheimer's* (New York: Little, Brown, 2017), 183. 알츠하이머병 때문에 활자화된 문장을 따라가기 어려운 문제에 대해서는 다음을 보라. Keir X. X. Yong et al., "Facilitating Text Reading in Posterior Cortical Atrophy," *Neurology* 85.4 (2015): 339-348.

106. Marie Marley, *Come Back Early Today: A Memoir of Love, Alzheimer's and Joy* (Olathe, KS: Joseph Peterson, 2011), 32.

107. 다음에서 인용. Marley, *Come Back Early Today*, 192.

108. Jonathan Kozol, *The Theft of Memory: Losing My Father One Day at a Time* (New York: Crown, 2015), 208.

109. Robert B. Santulli and Kesstan Blandin, *The Emotional Journey of the Alzheimer's Family* (Hanover: Dartmouth College Press, 2015), 88.

110. Vicki Tapia, *Somebody Stole My Iron: A Family Memoir of Dementia* (Amarillo: Praeclarus, 2014), 167.

111. Candace Minor Comstock, *Remember Joan: An Alzheimer's Story* (self-pub., CreateSpace, 2011), Kindle edition, 135.

112. Richard Taylor, *Alzheimer's from the Inside Out* (Baltimore: Health Professions Press, 2007), 97.

113. Sarah Leavitt, *Tangles: A Story About Alzheimer's, My Mother, and Me* (New York: Skyhorse, 2012), 54.

114. Sally Magnusson, *Where Memories Go: Why Dementia Changes Everything* (London: Hodder and Stoughton, 2015), 149.

115. Marilyn Stevens, *Did I Ever Have Children?: An Alzheimer's Journey in Two Voices* (self-pub., CreateSpace, 2015), Kindle edition, 84.

116. Frank Kermode, *The Sense of an Ending: Studies in the Theory of Fiction* (Oxford: Oxford University Press, 2000), 23.

117. Jenni Ogden, *Trouble in Mind: Stories from a Neuropsychologist's Casebook* (Oxford: Oxford University Press, 2012), 368.

118. Sue Miller, *The Story of My Father: A Memoir* (New York: Alfred A. Knopf, 2003), 144.

119. Pamela Horner, *The Long Road Home* (self-pub., CreateSpace, 2017), Kindle edition, 247.

120. Pauline Boss, *Ambiguous Loss: Learning to Live with Unresolved Grief* (Cambridge, MA:

Harvard University Press, 1999), 9.

121. Alex Witchel, *All Gone: A Memoir of My Mother's Dementia. With Refreshments* (New York: Riverhead, 2012), 138.

122. Faith Marshall, *I Miss You, Mom: A Daughter's Journey into Dementia Land* (self-pub., CreateSpace, 2018), Kindle edition, 25.

123. Andrea Gillies, *Keeper: One House, Three Generations, and a Journey into Alzheimer's* (New York: Broadway, 2009), 24.

124. Kate Swaffer, *What the Hell Happened to My Brain?: Living Beyond Dementia* (London: Jessica Kingsley, 2016), 19.

125. 치매 환자가 쓴 서사에 대해 대략적으로 살펴보려면 다음을 보라. Martina Zimmermann, *The Poetics and Politics of Alzheimer's Disease Life-Writing* (Cham: Palgrave Macmillan, 2017).

126. Anne Davis Basting, "Looking Back from Loss: Views of the Self in Alzheimer's Disease," *Journal of Aging Studies* 17 (2003): 87-99, at 88. 치매 환자 생활문의 윤리에 대해 더 알아보려면 다음을 보라. Rebecca A. Bitenc, *Reconsidering Dementia Narratives: Empathy, Identity and Care* (London: Routledge, 2020).

127. 예를 들어 개인의 성격에 대한 다양한 개념은 다음에 설명되어 있다. Paul Higgs and Chris Gilleard, "Interrogating Personhood and Dementia," *Aging and Mental Health* 20.8 (2016): 773-780.

128. Charles Taylor, *Sources of the Self: The Making of the Modern Identity* (Cambridge, MA: Harvard University Press, 1989), 47. 서사가 정체성 형성에 끼치는 영향에 대해 알아보려면 다음에서 제시한 반대 의견을 보라. Jerome Bruner, *Making Stories: Law, Literature, Life* (New York: Farrar, Straus and Giroux, 2002); Galen Strawson, "Against Narrativity," in *Real Materialism and Other Essays* (Oxford: Clarendon, 2008), 189-208. 마야 셰츠먼(Marya Schechtman)은 서사의 역할에서 삼인칭시점에 대해 설명했다. 다음을 보라. *Staying Alive: Personal Identity, Practical Concerns, and the Unity of a Life* (Oxford: Oxford University Press, 2014), 103-109.

129. Stephen G. Post, *The Moral Challenge of Alzheimer Disease: Ethical Issues from Diagnosis to Dying*, 2nd ed. (Baltimore: Johns Hopkins University Press, 2000), 5.

130. 다음의 예시를 보라. Patricia Meyer Spacks, *On Rereading* (Cambridge, MA: Harvard University Press, 2013).

131. Thomas DeBaggio, *Losing My Mind: An Intimate Look at Life with Alzheimer's* (New York: Free Press, 2003), 43.

132. Swaffer, *What the Hell Happened to My Brain?*, 31.

133. Lydia Davis, *Almost No Memory* (New York: Picador, 1997), 136.

134. Christine Bryden, *Dancing with Dementia: My Story of Living Positively with Dementia* (London: Jessica Kingsley, 2005), 119-120.

135. Cary Smith Henderson, *Partial View: An Alzheimer's Journal* (Dallas: Southern Methodist University Press, 1998), 23.

136. Henderson, *Partial View*, 23.

137. 다음에서 인용. Lisa Snyder, *Speaking Our Minds: Personal Reflections from Individuals with*

Alzheimer's (New York: W. H. Freeman, 1999), 49.

138. Richard Taylor, *Alzheimer's from the Inside Out* (Baltimore: Health Professions Press, 2007), 97.

139. Taylor, *Alzheimer's from the Inside Out*, 97.

140. Wendy Mitchell and Anna Wharton, *Somebody I Used to Know* (London: Bloomsbury, 2018), 111.

141. Mitchell and Wharton, *Somebody I Used to Know*, 111.

142. Mitchell and Wharton, *Somebody I Used to Know*, 112.

143. 기억상실을 다룬 허구적 재현에 대해 더 알아보려면 다음을 보라. Sarah Falcus and Katsura Sako, *Contemporary Narratives of Dementia: Ethics, Ageing, Politics* (London: Routledge, 2018).

144. 알츠하이머병 이야기에서 지식인을 주인공으로 삼는 것은 유구한 전통 가운데 하나다. 에미상 수상작인 1985년작 텔레비전 프로그램 〈사랑을 기억하나요(Do You Remember Love)〉에는 괴짜 영어 교수가 등장한다. 그의 독특한 행동은 인지저하 징후와 구별하기 어렵다.

145. 일화에 따르면 나이 든 칼 폰 린네(Carl on Linnaeus)는 자기가 쓴 책을 읽으며 "정말 아름답네! 이런 책을 쓸 수 있다면 얼마나 좋을까!"라고 탄식했다고 한다. 다음에서 인용. Théodule-Armand Ribot, *Diseases of Memory: An Essay in the Positive Psychology* (New York: D. Appleton, 1882), 55.

146. Lisa Genova, *Still Alice* (New York: Simon & Schuster, 2007), 82, 165-166.

147. Walworth, "Adapting the Books on Prescription Model for People Living with Dementia and Their Carers," in McNicol and Brewster, *Bibliotherapy*, 141-151.

148. Greg O'Brien, *On Pluto: Inside the Mind of Alzheimer's* (Brewster, MA: Codfish, 2018), 56.

149. Mitchell and Wharton, *Somebody I Used to Know*, 140.

나가며: 나의 방식으로 읽고, 살고, 나아갈 것

1. Gillian Rose, *Love's Work: A Reckoning with Life* (New York: New York Review of Books, 2011), 40.

2. 거꾸로 읽기에 대한 보고는 다음에서 볼 수 있다. Arthur Sweeney, "Mirror-Writing, Inverted Vision, and Allied Ocular Defects," *The St. Paul Medical Journal* 2 (1900): 374-391, at 386; Byrom Bramwell, "Mirror Reading and Mirror Writing in a Left-Handed Epileptic Boy," *Clinical Studies: A Quarterly Journal of Clinical Medicine* 8 (Edinburgh: R. & R. Clark, 1910): 370-371; J. E. Downey, "On the Reading and Writing of Mirror-Script," *Psychological Review* 21.6 (1914): 408-441, at 409.

3. John Hughlings Jackson, *Selected Writings of John Hughlings Jackson*, ed. James Taylor, 2 vols. (London: Hodder and Stoughton, 1932), 2:149. 거꾸로 읽기에 대한 현대적 사례는 다음에서 들을 수 있다. "Meet the Backwards-Speaking Girl," *Weekend Edition Sunday*, National Public Radio (February 7, 2010): https://www.npr.org/templates/story/story.php?storyId=

123463760&storyid=123463760&t=1565682068688?storyId=123463760&storyid=123463760
&t=1565682068688

4. James Maxwell, "Towards a Definition of Reading," *Literacy* 8.2 (1974): 5-12, at 8.

5. Rudolf Flesch, *Why Johnny Can't Read—And What You Can Do About It* (New York: Harper and Brothers, 1955), 3; Alan G. Kamhi, "The Case for the Narrow View of Reading," *Language, Speech, and Hearing Services in Schools* 40.2 (2009): 174-177, at 175.

6. Maryanne Wolf, with Stephanie Gottwald, *Tales of Literacy for the 21st Century* (Oxford: Oxford University Press, 2016), 2-3.

7. Oliver Sacks, *Migraine: Understanding a Common Disorder* (Berkeley: University of California Press, 1985), 222. 강조는 원문.

8. G. Thomas Couser, "Disability, Life Narrative, and Representation," *PMLA* 120.2 (2005): 603-604.

9. 난독증 시뮬레이션은 빅터 위델의 웹사이트 디실리아(Dsxyliea)에서 볼 수 있다. http://geon. github.io/programming/2016/03/03/dsxyliea. 공감각 경험을 재현하는 디지털 도구에는 미비주얼 라이저(Me Visualiazer, https://synesthesia.me/), 신테시아(VRSynesthesia VR, https://www. synesthesia.world/en/vr-experience), 시네시타이즈(Synesthetize, https://chrome.google. com/webstore/detail/synesthetize/ldljgghnflf phlnpneghciodeehilana?hl=en) 등이 있다.

10. Henri Bergson, *Matter and Memory*, trans. Nancy Margaret Paul and W. Scott Palmer (London: Allen & Unwin, 1911), 126.

11. Leah Price, "Reading: The State of the Discipline," *Book History* 7 (2004): 303-320, at 312.

찾아보기

ㅈ

읽지 못하는 사람들

초판 발행 • 2024년 5월 29일

지은이 • 매슈 루버리
옮긴이 • 장혜인
발행인 • 이종원
발행처 • (주)도서출판 길벗
브랜드 • 더퀘스트
출판사 등록일 • 1990년 12월 24일
주소 • 서울시 마포구 월드컵로 10길 56(서교동)
대표전화 • 02) 332-0931 | **팩스** • 02) 323-0586
홈페이지 • www.gilbut.co.kr | **이메일** • gilbut@gilbut.co.kr
대량구매 및 납품 문의 • 02) 330-9708

기획 및 책임편집 • 이민주(ellie09@gilbut.co.kr), 박윤조 | **편집** • 안아람 | **제작** • 이준호, 손일순, 이진혁
마케팅 • 정경원, 김진영, 김선영, 최명주, 이지현, 류효정 | **유통혁신팀** • 한준희 | **영업관리** • 김명자, 심선숙 | **독자지원** • 윤정아

디자인 • 서주성 | **교정교열 및 전산편집** • 상상벼리 | **인쇄 및 제본** • 예림인쇄

ISBN 979-11-407-0997-7 03020
(길벗 도서번호 040267)

정가 22,000원

독자의 1초까지 아껴주는 정성 길벗출판사
(주)도서출판 길벗 | IT교육서, IT단행본, 경제경영서, 어학&실용서, 인문교양서, 자녀교육서 **www.gilbut.co.kr**
길벗스쿨 | 국어학습, 수학학습, 어린이교양, 주니어 어학학습, 학습단행본 **www.gilbutschool.co.kr**

페이스북 **www.facebook.com/thequestzigy**
네이버 포스트 **post.naver.com/thequestbook**